学术共同体文库

中国政法大学县域法治研究中心 ｜ 主办

杨玉圣 ｜ 主编

韩铁　历史学博士，南开大学历史学院教授、博士生导师。

刘东　女，武汉大学外国语学院教授。

杨玉圣　法学博士，中国政法大学法学院教授、博士生导师。

谨以本书的编纂与出版
深切追悼历史学家、社会学家刘绪贻教授
并纪念刘绪贻教授一百零七周岁冥诞

扉页题签：王健樑

学術之樹長青

——刘绪贻教授追思集

In Memory of Professor Liu Xuyi

韩铁　刘东　杨玉圣　主编

社会科学文献出版社

SSAP

SOCIAL SCIENCES ACADEMIC PRESS (CHINA)

刘绪贻教授，1913~2018 年

刘绪贻先生百年华诞庆典暨学术思想研讨会

刘绪贻教授百岁生日之际与部分弟子合影

刘绪贻教授与原武汉大学校长刘道玉先生合影

刘绪贻教授与武汉大学美国史研究室同仁合影。前排左起：谭君久、
王锦瑭、刘绪贻、李存训、李世洞；后排左起：何宏非、李世雅、
姚玉萍、温敏、张屏

刘绪贻教授与杨生茂教授合影

刘绪贻教授与李慎之先生合影

刘绪贻教授与丁则民教授合影

刘绪贻教授与弗洛伦斯教授合影

刘绪贻周世英夫妇合影

左起：齐文颖教授、刘绪贻教授、周颖如编审、黄安年教授

刘绪贻教授与李世洞教授合影

刘绪贻教授与弟子韩铁教授合影

刘绪贻教授与弟子何宏非合影

刘绪贻教授与弟子徐以骅教授合影

刘绪贻教授与弟子赵林教授合影

左起：黄安年教授、刘绪贻教授、杨玉圣教授

刘绪贻教授与任东来教授合影

刘绪贻教授与李剑鸣教授合影

左起：李工真教授、刘绪贻教授、
谭君久教授、徐以骅教授

刘绪贻教授与杨玉圣教授合影

刘绪贻教授与协助整理刘先生回忆录下卷的赵晓悦合影

刘绪贻教授

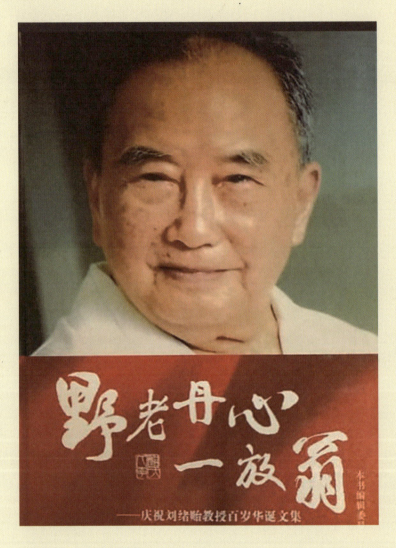

《野老丹心一放翁》书影

目 录

CONTENTS

中　编

下　编

附录一

他创造了奇迹

——沉痛悼念刘绪贻先生（序一）

刘道玉 [*]

昨日，从网上得知绪贻先生不幸逝世，我的心情一下子沉重了下来。去年，他还出版了一本杂文集、一本论文集，没有任何征兆，怎么来得这样突然？我立即向他的儿子刘末求证，他说消息确实，是 10 日上午 10 时 50 分走的。随后，我给他的长女刘东教授打电话，对先生的逝世表示悼念，对他们家人表示深切慰问！先生的逝世，使我失去了良师益友，中国失去了一位著名的史学家、社会学家和教育家。

绪贻先生是武汉大学迄今享年最高的人，也是武汉大学集德高、学高和寿高于一身的一位令人敬仰的学者，他真正创造了诸多奇迹！

先生要长我整整 20 岁，我们亦师亦友，前后交往有 55 年的历史，在珞珈山上共同度过了 65 年的风风雨雨。我们师生可谓志同道合，情深谊长，有相同的价值理念。我们不趋炎附势，只说真话，绝不说假话，因而我们都是"不合时宜"的人。进入晚年，我们的联系和学术讨论日益多了起来，其原因是我们都是布衣教授。

大约 2008 年 5 月，先生打电话给我，说要送一本书给我。我放下电话，径直到达他的住所。先生见到我甚是高兴，虽然已是 95 岁高龄，但他思维清晰，记忆力仍然很强，他从书橱中取出一本新书《中国的儒学统治》，副标题是"既得利益抵制社会变革的典型事例"。这是先生在美国芝加哥大学留学时，用英文写的硕士学位论文，时年他只有 34 岁。时隔 60 多年，先生

---

[*] 刘道玉，武汉大学原校长。

又将它翻译成中文，由中国人民大学出版社出版，而且一版再版，可见这部著作非常受欢迎。他在出版说明中写道："中国近代现代化失败的原因，一直是我知识活动的主流。我想探本溯源，先求这个问题的历史、文化原因，并以《中国的儒学统治》作为我的论文题目。经过研究，我认为中国之所以极难迈出工业化、现代化的步伐，是和中国 2000 多年的儒学统治分不开的。"

湖南《书屋》刘文华先生联系我们，说我们年事已高，希望我们做一次对谈，把我们的思想留给后代。我们答应了该杂志的请求，于 2012 年元月 1 日和 2 日，用两个上午做了近 6 个小时的对谈，王郢博士为我们录音，后来整理出来四篇文稿，分别是《立学以读书为本》《对"国学热"的反思》《中国知识分子应有的担当》《中国教育问题与救赎》，总共有两万多字。后来，《书屋》杂志刊出了前两篇。

2012 年 1 月 24 日，壬辰年正月初二，我去给先生拜年。这一年绪贻先生 99 岁（俗称白寿），为了表示对先生的敬意，我特地购买了一盆硕大的开得正盛的杜鹃花，由我小儿子刘维东用汽车运到他的楼下，然后帮我搬到先生的家里。我数了一下，大约开放了 128 朵杜鹃花，我对先生说一朵杜鹃花象征一岁，衷心祝愿先生长寿！那天先生很高兴。

2012 年 6 月初，我们的学生——著名作家胡发云携夫人杨俊邀请绪贻先生和我到东湖水上餐厅"水云乡"小聚，作陪的有绪贻先生长女刘东教授和江汉大学文艺理论家姜弘教授。发云用心良苦，选择水上餐厅，让我们欣赏东湖美景，品赏东湖产的各种新鲜鱼类佳肴和小吃，过了一个愉快的周末。在回家的路上，我对刘东说："名誉、职衔、地位都是身外之物，绪贻先生有些没有得到，但是，绪贻先生得到了人心，收获了丰硕的学术成果，我国学术界无不崇敬他，他的学术成就和高尚的品德是我国学术界的巨大财富。"

按照中国习俗，给老人祝寿"祝九不祝十"，2012 年 5 月 13 日是先生白寿，历史学院在学校工会大楼会议厅举行绪贻先生百岁庆典，有他的弟子和校外友人百余人参加，党委书记李健致贺词，并宣读了正在国外访问的李晓红校长的贺信。5 月上旬，武汉天气乍暖还寒，而先生穿着一件短袖衬衫，在致谢词时声音洪亮，精神矍铄，没有丝毫老态。在会上，先生向来宾赠送了《野老丹心一放翁——庆祝刘绪贻教授百岁华诞文集》，文集洋洋洒洒 140 多万字。以"野老"和"放翁"自居，充分反映出他的精神特质，这是他创造奇迹之源。我为该书写了一篇代序，题目是《风骨凛然的杜鹃精神》，这是我对他"野老"和"放翁"高贵品德的回应，再次说明我们师生心心相印。

2013 年春节，绪贻先生在家过年，不慎摔了一跤，头部有点出血，后住进中南医院得到及时治疗，并且完全康复了。我到医院探视，鼓励他还要积极思考，继续写作。他说："好，国家兴亡，匹夫有责嘛！"之后的每年春节，我都会去探视他，虽然交流逐渐少了，但我虔诚地祝福他！

先生毅力极强，在抗争多年以后，他终于走完了充实和充满奇迹的人生。绪贻先生，您创造了许多奇迹，您的人生没有遗憾，请安息吧！

敬献挽联一副：

学富五车　著作等身　珞珈深林隐瑰宝
道高一丈　德寿比岳　荆楚野老怀放翁

刘道玉哀挽
2018 年 11 月 12 日

反对歪风邪气　维护学术圣洁

——刘先生的重要精神遗产之一（序二）

李世洞[*]

刘先生走了，我又失去了一位良师益友。尽管他是高寿而终，但仍然引起我深深的悲痛和哀伤。

这种思绪把我带回遥远的往昔，让我回忆起与他相处的点点滴滴。本想把这些内容整理归纳出一篇比较全面的文字作为最后的怀念，但现实情况（视力、脑力及其他因素）使我难以如愿，只好弃繁就简，仅谈谈他对学术不正之风的批判与鞭挞，对维护学术殿堂圣洁的坚定与执着。

1997 年，刘先生女儿刘东评上教授职称。他写了一首诗："绛帐春风宜自许，滥竽充数叹当今。真才须是千锤炼，大器原来应晚成。"这固然是对女儿的肯定与祝贺，但也反映了他对当今学术界抄袭剽窃、弄虚作假、滥竽充数等歪风邪气的不满和义愤。他的这种学术情怀，在我们的交往及他对我后来遭遇的态度中表现得更加明显。

议论学术不正之风，是我们平常交谈的主要内容之一。

记得有一次去他家，他拿出一大摞揭发某教授抄袭剽窃的材料侃侃而谈，时而义愤填膺，时而鄙视厌恶，时而又显得无奈。尽管表情不同，但他爱什么恨什么、赞成什么反对什么的价值取向是很明显的。更加难能可贵的是，刘先生践行这一原则从无远近亲疏之别。他有一个十分欣赏的硕士研究生，毕业后去美国发展，后来该学生涉嫌抄袭剽窃，他得知后同样不能容忍，对其进行批评、贬斥。

---

* 李世洞，武汉大学教授。

　　在我的小册子《拾贝栽刺集》出版前，刘先生阅读了书稿并写了题词："读其书，度其腹：做老实人，办踏实事，文如其人，真正是摆事实讲道理。"这段题词固然是对我的鼓励、鞭策，但从书稿中学术批评文章占很大比例这一点看，也说明他对批评学术不正之风这一行动是支持与肯定的。

　　刘先生不仅旗帜鲜明地反对学术界抄袭剽窃的歪风邪气，对某些学者以权威自居、盛气凌人的作风也颇不以为然。他曾不止一次地对我说，人再有学问，在学术大海中都仍然只是点滴，永远需要谦虚谨慎。他本人就是典范。尽管他学富五车，但他在和我们这些"小字辈"讨论问题时，从不摆权威架子，平等地和我们讨论，听取我们的不同意见。对于他认为正确的他会毫不犹豫地接受并改变自己的看法。我和他讨论问题时没有任何压力，怎么想就怎么说，从来没有怕得罪他的顾虑。

　　如今，刘先生已驾鹤西去，但对他的这种维护学术圣洁和学术尊严的言行，我们应该视为宝贵的精神遗产继承、发扬、光大，使我们的学术事业在健康的道路上阔步前进，更上一层楼。我觉得这也是我们对刘先生的最好纪念。

　　刘先生安息，刘先生千古。

2018 年 11 月 11 日

师恩浩荡　往事悠悠

——怀念恩师刘绪贻先生（序三）

韩　铁[*]

　　1979 年秋，我考取了刘绪贻先生的美国史硕士研究生，离开了当时任教的湖北省荆州中学，回到我已阔别 11 年的江城武汉桂花飘香的珞珈山。刚刚从"文化大革命"中走出来的武汉大学，就像中国所有在这场浩劫中饱受摧残的高等院校一样，百废待兴。而有幸成为刘先生招收的首批硕士研究生的王受之、郭晓源、张大化和我，都是在"文革"中失去了接受高等教育机会的所谓"老三届"。我们知道仅仅凭高中的底子与自学积累的文化知识来研究美国史还有太多欠缺，我们也知道当时这所著名的高等学府要为我们提供完整且正规的学术课程还有不少困难。

　　然而，当我们四人第一次去当时还在行政大楼的美国史研究室见刘绪贻先生时，我们的眼前突然一亮。在这个面积不大的房间里，除了刘先生与资料员张屏老师的办公桌以外，四周满是高高的书架，上面几乎全是有关美国史的英文原著。后来听说，这些书原本都放在老图书馆或者堆在外文系（老法学院）楼上，满是灰尘，无人问津。刘先生发动研究室全体人员到这些地方把全校能找到的弃置多年的有关英文著作都搜罗到了美国史研究室。这是他和美国史研究室的老师们为今后的研究，也是为我们这批研究生，所做的最初也是最重要的准备。

　　在四壁是书的办公桌前端坐的刘先生一头乌发、腰板笔挺、目光炯炯。如今即便是博士生导师到了 65 岁也要收山退休了，可刘先生当时已 66 岁，

* 韩铁，南开大学教授。

且直到当时才有了为中国的美国史研究一展拳脚的机会。不过，先生完全看不出一点老态。后来我们常常惊叹他在珞珈山骑自行车不带刹车直冲下坡的勇气。一席交谈仅几句话下来，我们就知道刘先生对我们的要求很高，同时给我们的自由度也很高。他要求我们在学习期间扎扎实实打好基础，为将来进入学术前沿做好准备。可是由于美国史的教学与研究已停止多年，美国史研究室还无法给研究生开设全面而系统的专业课程。刘先生便要我们选听世界史的一些课程以弥补我们没有受过历史学本科教育的不足，同时还允许我们去外系旁听与美国问题或英语有关的课程。这可能是当时应对"文化大革命"给美国史教学造成的困境的唯一办法。正是先生的这种激励与安排给了我们克服这些困难的勇气与自由。

我们进入武汉大学学习美国史的 1979 年，适逢中国美国史研究会在武汉召开的世界史学术研讨会上成立。作为武汉大学的研究生，我们近水楼台先得月，有幸参加了会议。从那时起，我们就发现刘先生这位中国美国史研究会秘书处的首任秘书长将相当大一部分精力都花到研究会的发展上去了。他不仅要负责年会的组织和日常事务的处理，而且要承担研究会通讯的编辑和分发工作。我记得当时的研究会通讯是油印的，要先刻蜡版，再用油印机一页一页推出来，装订好后才能成捆搬到邮局寄出。由于这些工作费时、费力、费神，刘先生那时几乎是坐班制。我们每天到美国史研究室去都可以看到他，有问题请教也就不用预约，几乎没有什么时间限制。现在回想起来，先生当时真是不辞劳苦，令后辈汗颜。

我们入学不久，刘先生组织几位老师翻译美国著名史学家阿瑟·林克等撰写的《一九〇〇年以来的美国史》。先生将我和王受之也吸纳到这个翻译班子里去，让我们承担该书下册部分章节的翻译工作。这是我们第一次做这样的工作，自然兴奋不已。做了之后看到先生对我们译文修改的神来之笔，始知其中的学问之大远非我们所能想象。其实先生要我们翻译下册有关章节的用心，并非仅仅为了让我们练练翻译的笔头功夫，还有他学术研究上更长远的考虑。由于史学界长期以来不敢触碰战后美国史，担心其与当代国际政治关系过于密切，先生便有了突破这不利于美国史研究总体发展障碍的想法。因此，他不仅非常鼓励自己的研究生选择战后美国史方面的课题做研究，而且在翻译原著的工作中也让我们向这个方向发展。后来，刘先生接过了中国美国史研究会组织编写的六卷本《美国通史》第六卷《战后美国史》的撰写任务。他即刻找我和王受之谈话，问我们敢不敢写这一卷。我们在接受任务的同时也清楚地意识到，先生是在一步一步地将我们引向当时的学术前沿。他对学生的栽培，可谓用心良苦。

我 1982 年毕业后留校任教，先生要我全力以赴撰写《战后美国史》，所以课都不要我去上。后来由于系里对青年教师上课有一定要求，我才去给本科生上"战后美国史"的选修课。那时高校教师出国成风，很多人都在准备考 TOEFL 和 GRE，我也有些心动。可是先生一再对我说，书稿完成前不得出国。于是，我定下心来写书。先生虽然对完成书稿要求很严，但是在他的好友美国著名历史学家斯坦利·柯特勒教授来华访问时，却让我参与接待，甚至让我陪同他们夫妇去北京一游。这样，我和柯特勒教授结下了友谊。到 1986 年完成书稿后作为富布赖特学者访美时，我便去了柯特勒教授所在的威斯康星大学。柯特勒教授亲自到机场接我，并要我住在他家直至租到住房。后来和我同住一栋公寓楼的中国访问学者与学生都很奇怪，问这个美国教授怎么三天两头地开车接我出去。正是由于柯特勒教授的介绍，我在那里认识了不少在我所研究的课题上颇有造诣的美国、以色列和日本的学者。他们甚至在柯特勒教授主持下每两周举行一次与我的课题有关的讨论。同样是由于柯特勒教授的引荐，我认识了旅美的著名华人学者林毓生教授。后来在柯特勒教授和曾到武汉大学访问的威斯康星大学副校长尤金·特兰尼的帮助下，我作为富布赖特学者的时间还延长了一年。刘先生就是为我牵线搭桥的人。

没有想到的是，当我 1988 年从美国回来时，刘先生竟然退休了，而此时武汉大学美国史研究室还没有出现像刘先生一样在美国史学界声望卓著的学术带头人。回来后，先生曾对我寄予厚望，并推荐我当美国史研究室的副主任。可惜我素来不是适合当领导的人，对此也没有多大兴趣。不过我还是按照他的要求，尽力争取他已看中的研究生留校任教，以图研究室后继有人。无奈人微言轻，又不习惯去游说，最后自然是无功而返。可叹刘先生为武汉大学美国史研究室的壮大殚精竭虑，退休后仍不忘宏图，结果却心愿难成，遗恨绵绵！

所幸刘先生的视野和事业所及不只是武汉大学美国史研究室，还有中国的美国史研究和改革开放。如今中国的美国史研究早已不是 1979 年时的情景，新人辈出，成果累累。美国史研究力量的布局也早已不是什么"北有南开，南有武大"。放眼望去，美国史研究在全国已呈星罗棋布之势，"重镇"林立。就连武汉大学历史学院在美国史研究室偃旗息鼓多年之后，也由于新生力量的注入而建立了美国历史与文化研究中心。尽管这个中心离刘先生的理想还有距离，但是我想可以告慰先生的是，这些在武汉大学历史学院专攻美国史的年轻人一定会像他当年一样，为武汉大学的美国史研究撑起一片天，将武汉大学的美国历史与文化研究中心一步步办好，办大，办得有声有色。

先生是有梦想的，否则他就不会在耄耋之年还奋笔疾书，说要把余年全部用于呼吁民主与法治。这梦想实际上在芝加哥大学写硕士学位论文《中国的儒学统治：既得利益抵制社会变革的典型事例》时就有了，也是他在1948 年写《人民自己作主人才是真正的民主——论"民本"不是"民主"》时的追求。先生深知，能否做到民主与法治是中国在改革开放的道路上能否不断前进的关键所在。他心有所念，期望甚深，故而不断提醒国人，有些梦想与追求是切切不可忘怀的。

如今我也过了古稀之年，但将近 40 年前去美国史研究室见我们的导师刘先生的情景犹在眼前。先生以 105 岁的高龄驾鹤西去，但他的音容笑貌在我们这些学生后辈的心中是不会消失的。

改革开放前期刘绪贻教授的学术探索

——对一位美国史学科奠基者的追思（序四）

李剑鸣[*]

　　在美国史研究奠基一代的学者中，除了先师杨生茂教授，我和刘绪贻教授的个人交往应是最为密切的。我认识刘先生，算起来也是三十多年前的事了。1985 年夏初，我到武汉大学查找关于西奥多·罗斯福的资料，经朋友引荐，在历史系美国史资料室见到了刘先生。那时刘先生已经年过七旬，可是看上去却像一个中年人。刘先生当时是中国美国史研究会秘书处的秘书长，研究会的具体事情由他操持。我向他提出加入研究会的申请，也领到了入会申请表。我还乘机向他请教如何学习美国史，只是刘先生具体说过什么，我现在全然记不得了。这段往事，我在《在珞珈山的浓荫里读书》一文中曾有提及。

　　转年，我考入南开大学，在张友伦教授门下读硕士研究生。我对西奥多·罗斯福的事迹仍有兴趣，张先生也同意我选这个题目来写硕士学位论文。南开大学美国史研究室有一套《西奥多·罗斯福著作集》和一套《西奥多·罗斯福书信集》，还有其他一些同罗斯福有关的书。不久，我又访得北京图书馆和北京大学也有不少相关的资料，感到有条件写成一本小书。我听说刘先生正主编一套"美国现代史丛书"，规划中有一本就叫"西奥多·罗斯福的新国家主义"。于是，到校不出一周，我就贸然给刘先生写信请缨，要他把这本书的写作任务交给我。我当时也真是"不知轻重"，一个刚入学的硕士研究生，居然敢奢望写书和出书。其实，把信发出后，我心里也

---

* 李剑鸣，复旦大学教授。

很忐忑，担心刘先生不会理睬我。

没想到，刚过 12 天我就收到了刘先生的回信。按照当时平信的邮递速度推算，刘先生应当是接到我的信后马上就写了回信。那时，南开大学历史研究所的办公室在大中路尽头的一片平房里，出来不远就是小尹河。我从办公室拿到刘先生的信，沿着小尹河边的大路走回十八宿舍，边走边看。当时正值中午，路上人来车往，大多是刚下课的学生，有的回宿舍，有的去食堂吃饭，我不时和路人擦肩而过，却也全然不觉，因为刘先生的答复让我觉得难以置信：他竟同意由我来写这本书。我不免有点恍若梦中，回到宿舍，便与同学兴奋地谈论这件事，他们也颇为羡慕。当时那种两颊胀热、心绪激荡的感觉，现在回想起来都还是那么真切。

随后，我和刘先生又有多次书信往返，大多是我汇报拟书的主旨和提纲的一些想法，刘先生则谈他的意见。有一次，刘先生还随信寄来一篇他刚写的论文。可是，这套丛书最终只出三本就中止了。我记得，第一本是韩铁的《艾森豪威尔的现代共和党主义》，另一本是时殷弘的《尼克松主义》，还有一本是张红路的《麦卡锡主义》。我设法把这几本书都弄到手，平时认真揣摩，争取自己也能写得像他们一样好。关于丛书告停的事，刘先生给我写信解释过，只是我几度搬家，过去的信件大都没有保存下来。虽然拟写的书没能成功，但功夫并没有白费。我以西奥多·罗斯福改革的思想和实践为题，完成了硕士学位论文。后来又在这个基础上加以扩充和深化，写出了我的第一本书，这就是《大转折的年代——美国进步主义运动研究》。

现在回过头来看，那时刘先生主编的"美国现代史丛书"，只是他正在进行的一项重要工作的一部分。刘先生致力于研究罗斯福新政，主持六卷本《美国通史》第五、六卷的编写，指导研究生逐一探讨二战后美国历任总统的主张和政策，组织人员翻译关于 20 世纪美国历史的新书，其目的都是同一个，就是要本着"解放思想""实事求是"的精神，拨乱反正，正本清源，改变国内美国史学科的知识构成和思想取径。

对于改革开放的国策，特别是由此形成的政治风气和意识形态领域的可喜变化，刘先生不仅衷心拥护，而且力图以自己的专业工作来推动这一进程。他坚持马列主义的基本原理，接受当时正在更新的主流政治话语，认为此前和当时对美国历史上许多问题的评价，都带有"抱着昨天的理论不放"的教条主义倾向。于是，他大力倡导破除偏见，回归史实，用发展的眼光对待经典作家的具体论断，重构国内的美国史知识框架。

在今天看来，这样做似乎也不是什么特别了不得的事。而且，刘先生当时的研究方式和在写作中所使用的语言，同当前的学术标准也有明显的不同。可是，我们在评价刘先生当初所做的工作时，不能忽略两个关键的问题：一是 1976 年以前所留下的知识和思想遗产；二是刘先生当时的年纪和工作状态。

没有经历过那个时代的人，可能难以想象当时知识界和思想界的状况。那时，政治和学术之间毫无分界。在整个世界史学科，很少有人理会或理解国外史学的进展，写文章不重材料，不讲学理，所关心和讨论的往往不是学术问题，而是政治问题；判断和评价的依据、逻辑和语言，基本上来自经典作家语录、领导人讲话、通行的政治经济学读本和报刊社论，发表的文字通常只是"经典作家论断的注脚"，或者是"政治批判的材料"。而且，教科书和教学体系也不健全，培养出来的学生一时也不具备基本的学术素养。

美国史的情形犹有过之。由于中美政治体制和意识形态的对立，关于美国历史的任何问题都不可能展开真正学术意义上的讨论。刘先生曾这样概述当时中国学界的"美国观"：

> 一般说，当时的美国史研究似乎有一个公式：从经济方面说，是经济危机日益频繁而严重，几近崩溃；从政治方面说，是实行资产阶级假民主，实质则是剥削压迫广大人民群众，阶级斗争日益严重，政权不稳；从社会、文化方面说，是自私自利，腐朽淫逸，前景黯淡；从对外关系说，是侵略扩张，失道寡助。因此，美国的综合国力是日益下降，世界的大格局是"东风压倒西风"。总之，美国正是一个列宁说的腐朽的、垂死的帝国主义国家。

这番话说得极为凝练和精当，清晰地揭示了当时中国对待美国及其历史的思想取向。刘先生深感这一套扭曲而自欺的说法极大地妨害了对美国的理解，对中美关系乃至国际共运都有不利的影响。因此，他大力倡导在坚持马列主义基本原理的前提下，打破阻碍思想的条条框框，重新解释美国史特别是 20 世纪的美国史。

刘先生以重评罗斯福新政为切入点，探析 20 世纪美国政治、经济和社会的发展变化，一方面填补战后美国史无人涉猎的空白，另一方面也试图阐发资本主义的新规律。他相信，既然 20 世纪美国资本主义并非行将就木，而是在改革、调整中继续生存，那么就一定可以从中找出资本主义的新规律。从

1981 年开始，刘先生陆续发表多篇文章，重新评价罗斯福新政，分析罗斯福新政的方方面面，进而对罗斯福新政的意义和历史地位加以"概念化"。

在 1981 年刊登于《历史教学》的文章中，刘先生提出了一个尖锐的问题：20 世纪初就被判定为"腐朽"而"垂死"的美国资本主义，何以在 80 多年后的今天仍有生命力，使美国仍是世界超级大国？这说明美国的制度和政策是有调节能力的，能够"缓和生产关系和生产力之间的矛盾"，"改善中下层人民处境"。他认为，罗斯福新政所体现的正是这种调节能力，所发挥的正是这种"缓和"与"改善"的作用。因此，罗斯福新政延长了美国资本主义的生命，这是它最突出的历史意义。

接着，刘先生又在《世界历史》发表一篇文章，更系统地重新评价罗斯福新政，进一步肯定了罗斯福新政的改良性质。他认为该种改良具有积极意义，因为它改善了人民的生活境况，有助于调节资本主义的基本矛盾，延长美国资本主义的生命，避免法西斯式的国家垄断资本主义。他相信，正是这一点反映了垄断资本主义发展的新规律。刘先生同时指出，资本主义的生命虽然得到延长，但终归要过渡到社会主义。可见，他一方面着力重新评价罗斯福新政，另一方面又反对过高地估计罗斯福新政的意义。他在 90 年代明确指出，罗斯福新政并未改变资本主义的性质，并没有促成"社会资本主义"的产生，因为国家并未超乎垄断资本的利益，而只是通过限制个别垄断资本来保护垄断资本的整体利益。

之后，刘先生进一步发挥自己的观点，把从杜鲁门到约翰逊的社会经济政策都视作罗斯福新政的延续，进而提出"罗斯福'新政'式国家垄断资本主义"的概念。他把这个概念称作对资本主义发展新规律的概括，并把其内涵界定为，政治上非法西斯化，国家干预经济和社会生活，走"福利国家"的道路。

从这一论断出发，刘先生指出，不仅战后的美国历史需要重写，而且整个世界现代史的体系也需要重新考虑。他建议从国家垄断资本主义的新阶段着眼，搭建一个新的世界现代史的框架。在这个时期，国内对战后世界史的研究相当薄弱，刘先生提这种体系性的观点，是要把一个因为冷战和对立而政治化的领域变成学术探讨的对象。

刘先生开展这些工作，并非仅凭一己之力，而是用心搭建了一个学术团队，其中既有他在武汉大学美国史研究室的同事，也有韩铁、何宏非、李洪山这些极为出色的研究生。刘先生组织和带领他们开展系列研究，一起编书和译书，并且出版丛书，力图在新的基础上构建 20 世纪美国史的知识体系。

尤其令人惊叹的是，刘先生在做这一切的时候，正步入耄耋之年，早已过了正常退休的年龄。多数人在这个年纪都在含饴弄孙，安享晚年，可是他却在思考大问题，打开新局面，不是为了职称和待遇，而是一心要提升国内美国史研究的水准。我们知道，刘先生早年留学美国，在芝加哥大学拿到了社会学的硕士学位，回国后一度从事自己的本行。后来社会学专业被取消，刘先生离开大学，改行做了一段时间的行政工作。1964 年，国家号召开展外国问题研究，他回到武汉大学，参与创建美国史研究室。可是，实际研究工作还没有起步，就遇上了"文革"。直到 70 年代末，刘先生自称终于迎来了学术生命的"春天"。这时，他已年过花甲。

大画家齐白石有"衰年变法"的佳话，刘先生则创造了暮年学术崛起的奇迹。这固然得益于他的健康长寿，更重要的是缘于他有强烈的事业心和责任感。仅凭在改革开放前期所做的工作，刘先生就足以被写进中国世界史学科的发展史，更何况除了研究美国史，他在社会学、时事评论和散文写作等方面同样有独到的建树。

正当举国纪念改革开放四十周年之际，刘先生这位对这个时代的美国史研究有开拓之功的奠基者，却以 106 岁的高龄谢世，这不免在人们心里引起特别的哀思和感叹。我觉得，刘先生生前应当感到十分欣慰，因为他得享高寿，而且一直身体康健，思维清晰，能够亲眼看着他参与开创的事业不断发展，出现可喜的局面，并且显示出更加可喜的前景。

2018 年 12 月 3 日写于上海

上　编

怀念亲爱的爸爸妈妈

刘　东

1. 这是我亲爱的爸爸妈妈，九十多岁的他俩还是那么恩爱和谐。他们二人共同度过了长达 74 年的岁月。

2. 妈妈出生在一个受西化影响较深的家庭，外公是宜昌某洋行高级职员，他骑马、打网球、打高尔夫球、弹钢琴样样精通。妈妈聪明好学，学习成绩一直非常优秀。上高中时妈妈来到武汉，在武汉女子高中就读。在一次全省统考中，妈妈得了第三名，中学毕业后她考入了武汉大学生物系。

3. 爸爸出生在黄陂一个农村小学教师家庭，家境虽贫穷，但祖父却不放弃对儿子的培养，爸爸从小饱读诗书，古文底子打得很牢。1932 年，爸爸考进武汉省高，学习成绩也一直很优秀。在省高的一次全省活动中，爸爸妈妈相识了，恋爱了。

4. 1936 年，爸爸以优异的成绩考取清华大学公费生，后就读于西南联大。

5. 1940 年，他们在重庆结婚了。

6.1942 年，他们的第一个孩子出生了，就是我。接着大弟出世。爸爸考取湖北公费留学生，即将远赴美国留学。

7. 爸爸在芝加哥大学努力学习，获取新知识。1947 年，获得芝加哥大学硕士学位。他远在他乡，心中牵挂着国内的妻子和孩子。

8. 1947 年，爸爸回国，到武汉大学任教，全家人终于团聚了。

9. 1949 年，二弟出世。1952 年，小妹出世。1954 年，小弟也来到了世上，爸爸手里抱着的就是他。

10. 从 1954 年起，爸妈开始经历蹉跎岁月，凡十五载。

11. 爸妈终于被平反，我和爸妈团聚了。我的儿子出生了，爸妈当上了外公外婆。我的三个弟弟也成长了，看他们多帅！

12. 这是我们的全家福。

13. 他们有曾外孙了。小孙女的千金，也来给太爷爷太奶奶拜寿了。

14. 这是我爸妈晚年的幸福合影。

我的朋友们都很羡慕我，因为在我们中间只有我还有爸爸妈妈可叫，我72岁时最后一次叫妈妈，在失去妈妈的时刻我痛哭不已，我的天仿佛塌了，我的支撑点没了。现在我76岁，又痛失了我的父亲，我的两个至亲至爱的、最最难舍难失的人永远地离去了。

　　我多次想过，没有了他们，我该怎么活，是他们给了我生命，是他们养育了我，是他们在我生活遭遇痛苦时给了我生活的勇气，他们是我的保护伞，是我的支柱，是我的护卫者，是我的安慰。如今他们都走了，我该怎么办？

　　无情的自然规律——生死交替、新陈代谢，我不得不顺从。没有了他们，我的生活还要继续，我要永远带着珍爱他们的心好好活，好好保护自己！

　　我爱我的爸爸妈妈，永远永远地爱他们，想念他们！

忆父亲

——尴尬坎坷的岁月（1947～1978 年）

刘　东

在我的印象里，父亲是一个深刻认识到国民党政府腐败堕落的知识分子，坚定不移地信仰共产主义，崇敬毛泽东，所以回国后他始终如一地投身共产党的地下工作，冒着被国民党特务抓捕的危险，担负起党的外围组织新民主主义教育协会武汉大学分会的支部书记，与协会同仁们一起为党顺利接管武汉大学做出了应有的贡献。也因为他的信仰，他舍弃了从小树立的做学问、做科研的理想，果断地走上了做行政的新途。新中国成立后的 29 年里，他分别在武汉市教育工会、武汉市总工会、湖北省高等教育厅任职。其间，正如他所说，他被各种运动所裹挟，有时心甘情愿，有时心不甘情不愿地参与到各项运动中。他的态度是积极的、忘我的，因而在那个年代，为了他的事业，他置家庭于不顾，忽略了对孩子们的关心和培养。他自己曾说，从1950 年起，从事工会工作和高教行政工作，一共 15 年。在这 15 年中，他的时间和精力几乎完全花在工作上，每年规定的假期都没有享受，对家庭甚至可以说基本没有照顾，没有尽到，至少是没有足够地尽到丈夫和父亲的责任。

但他毕竟是从旧社会走出来的知识分子，读过清华大学，接受过西南联大洗礼，在美国芝加哥大学留学过，即使再努力，一场无妄之灾还是降临到他的头上。我清晰地记得，1954 年的一天，我从外面回来，看见正怀着小弟的妈妈挺着大肚子坐在门外的小板凳上，家里其他人也都站在外面。我不明白家里到底发生了什么事，就问妈妈，妈妈没说话，旁人告诉我，家里来了警察，正在搜查什么东西。我们在外面等了很久，后来警察什么也没说就走了。回家一看，父亲的书架被翻乱了，书桌也被翻乱了。父亲被禁止回家，以至于那年12月妈妈生小弟时父亲都没能守在身边，那时我还很小，完全不懂是怎么回事。在父亲被禁的几个月里，每当发工资的时候，妈妈就派我从武汉大学到汉口万松园路的市总工会去取工资，我一人坐公共汽车去到那里，对门房说明来意，问能不能进去见我父亲，他们说不行，要我在门房里等，我只好等着他们去把父亲的工资取来，然后回家。记得当时心里好沮丧，因为过去我和大弟只要去市总工会找他，他都会带我们去附近的中山公园玩，还给我们钱，让我们买我们自己喜欢吃的东西，那是多么美好和难得的岁月。可那时我来了，却连面也见不着，父亲已好久没回家，多么地想他啊！

据父亲回忆说，肃反运动中，他被错定为肃反对象，受到审查、批斗甚至审讯达4个月之久。本来到工会工作并不是他自愿选择的，是党组织调他过来的，他却被毫无根据地污蔑为国民党的特务，是钻到共产党的心脏（指工会宣传部）里面来的。面对这些捕风捉影的污蔑，父亲当时内心是很委屈很难受的。1958年，武汉市总工会宣布撤销他的预备党籍。这对他又是一次打击，但是，他仍然对党充满感情，加倍努力工作，热忱地渴求重新加入中国共产党。之后他在湖北省高等教育厅又工作了6年，他自觉行政工作实在是不适合他，于是决定放弃，坚决要求回到武汉大学，重新恢复他的教学和科学研究工作，回到他曾经的梦想中去。

1964年3月，他回武汉大学后，被分配到历史系，从事美国黑人运动研究。他本来可以安心地、脚踏实地地、心情畅快地好好工作，却没想到这年10月他又被派往孝感县去参加"四清"运动，直到1965年5月才回来。刚回来没一个月就赶上红卫兵南下，安静的武汉大学校园顿时混乱起来，我的父亲也在这惊涛骇浪中被裹挟，他不无犹豫地投身到造反派的队伍中去。我想这与他参加了"四清"运动有关，经过这个运动，他的确认为党内存在走资本主义道路的当权派，另外，他一直在争取入党，担心会在运动中落后。可事与愿违，"文革"的走向越来越脱离他的想象，学校两派之间的斗争越来越激烈。从1968年6月开始，他反反复复地受到各种批斗。

1970年4月下旬，他被送进"湖边学习班"。这里还有一件事值得回忆。记得学习班结束时，父亲想见我一面，我们已两年没见面了，于是在一个学生的看管下，他来到我的宿舍，我们父女见面，内心都很高兴、很激动。他还请我去校门口的小餐馆吃了饭。

对自己在"文革"中的表现，父亲后来进行了反思，他说他必须承认，运动初期他积极投入运动确实是受私心杂念影响，他希望在运动中证明自己符合共产党员的标准。自 1958 年武汉市总工会撤销他的预备党籍至此时，他争取入党的"长征"已有十余年，他想好好表现，以实现愿望。1972 年暑假，父亲终于从襄阳分校回到珞珈山，这时"文化大革命"虽未结束，但父亲已基本上与它脱离了关系，组织上只要求他学学有关文件，对某些有关事件表表态。暑假后，他回到美国史研究室工作，心里非常高兴。可没做一年，1973 年，他的美国史研究室工作再次被打断，为完成上级交下的紧急任务，他被派往武汉大学翻译组，与几位老教授一起做国务院分配给武汉大学的几本国别史的翻译工作。从那以后，直到 1978 年底，一共 6 年，他的正式工作便是翻译历史书籍。这 6 年他共翻译了《芬兰史》《中东简史》《世界史编年手册（古代和中世纪部分）》等书，其中最后一本书，他花费的时间和精力最多，前后共 3 年，后来这本书于 1981 年 12 月由三联书店出版。

好在 1979 年中央的改革开放政策下达，中国的学术界迎来了活跃的春天。父亲也于 1979 年 1 月 1 日正式被任命为武汉大学美国史研究室主任。时年他 66 岁。66 岁啊，正是现在的老年人享受退休的快乐，研究怎样养生、怎样长寿的时刻，父亲却以饱满的精力正式投入美国史的研究中去。老骥伏枥，志在千里，他以奇迹般的活力和毅力在余下的 40 年里出版了 900 万字的专著和译著，发表了美国史相关论文和其他文章 76 篇、译文 3 篇，3 次获省部级奖，2 次获国家奖。他没有辜负自己的初心，这令他非常欣慰，他终于能给自己的一生画上圆满的句号了！

忆父亲

刘　南

一

在兄弟姐妹中，我是与父亲相处时间最少的一个。我4岁才离开外婆到武汉大学。1950年初，我还不到6岁，父亲就从我们居住的武汉大学调往汉口工作，先后任职于武汉市教育工会和武汉市总工会。新中国成立后的那些年，工会还是比较热的单位，远不像后来那样被边缘化。那时父亲的工作相当繁忙，只在周末能回家，忙时周末也回不来。父亲回家既少，家里孩子又多，每个孩子能够分得的管教和慈爱就很少。1951年底，离世叔叔的两个孩子也加入我们家庭，到1954年小弟刘末出生，孩子数量增加到7个；另外，父亲相对喜欢女孩子。所以小学期间，我与父亲相处的机会，越到后来越少。

从1955年11周岁起，我先后到湖北师专附中（现为马房山中学）和华师一附中住读。1961年，我赴北京上学，毕业后被分配到浙江。这样，从我记事起，基本上没有与父亲长聚一起的经历。

由此，我对父亲的记忆都是片段性的，总体来说，我记忆中父亲所占比重并不大。在儿童和青少年时期，我铭刻心怀的记忆，反而是六七岁的姐姐对自己的关爱和保护、弟弟刘西对自己的不舍和依恋，还有母亲对自己的关怀，等等。

也正因此，这些天我构思本文，想用精练的语句来概括、勾画父亲，以便文章主题鲜明、结构紧凑，但想了好多天，竟未成。父亲是哪种类型的？严父？慈父？循循善诱、诲人不倦？好像都不是，又都是。是哪种类型的知识分子？洋派的？民国的？旧文人？也好像都是，又都不是。父亲清高、简朴、爱国、爱党、不钻营、不溜须、不懂厚黑学，是职场中的二愣子……还有土气难消、农民本色等。也许，这一切的综合才是父亲的形象。当然，每个人都是多面特征的综合，不奇怪。不过，我不能精简地概括父亲，也可能是因为我对父亲的了解还不够多。例如，我记忆中父亲谈不上严厉，这就与弟妹的感受不同，他们少年时期与父亲长住一起，有机会品尝"严父打手板心"的滋味。

因此，下面我只能以一些零散的记忆来完成本文。

二

50 年代，除非有公事，父亲周末一准回家。周六晚上到家，周一一大早离开。星期天，只要天气尚可，父亲总是带着全家爬珞珈山，中午在山上野餐。这是从美国带回的习俗。野餐的食物除卤鸡蛋外，具体有哪些，已记不得了，反正还包括我们家平时基本没有的零食，自然吸引着孩子们。

野餐的乐趣只是周末爬山的一部分。那时的珞珈山，生物多样性远胜于今，有很多现今已消失的植物和昆虫。印象尤深的是找寻并采摘野山楂和松菌。父亲称野山楂为"小苹果"，我们也都这样称呼，长大后才知道那叫"山楂"。珞珈山上的野山楂不少，个头没有后来种植的大，但很好吃，孩子们采到后往往当场解决。相比野山楂，发现松菌困难得多。父亲寻找松菌有经验，很多次都是他找到的。找到的松菌带回家，成为星期天晚餐的美食。那美味的菌菇汤，后来我再也没有吃到过。

周末爬山的乐趣还在于，在珞珈山上，父亲和我们一样，全身心投入大自然的野趣。如果在家里，父亲有时还训训话，给孩子们以"教条式"的教育，但在山上，这些都没有。在我的记忆中，珞珈山上的父亲，是微笑、和蔼的形象。这样的星期天给孩子们留下了美好的记忆。

到汉口探亲也是少时最美好的记忆之一。汉口的亲人出自湖北宜昌名门——宜昌近代新学的开拓者王步点家。我的外婆是王步点的女儿，也是王家才女，嫁给在宜昌工作的宁波人周楚江，即我的外公。周家和王家同住在宜昌的一个大宅子中，亲如一家。抗战开始后，两家多数迁往汉口。王步点之子，即我的舅爷爷一家住在江汉关宿舍；我的外公和外婆，先后住在离舅爷爷家不远的二姨、三姨家。我们每年都不止一次到汉口玩，一去就住好几天。对我们来说，最诱人的是汉口的繁华。武汉大学一片清幽，我们到汉口，有如乡下孩子进城，吃的、玩的、看的，琳琅满目，令人眼花缭乱；亲戚们待我们又好，餐餐丰盛，胜似过年。

大约在 1952 年，有一次到汉口，住在舅爷爷家。舅爷爷有 8 个孩子，其中 3 个大的已在外省市工作。留在武汉的 5 个子女中，最大的是惠姨。惠姨当时在武汉卫生学校读书，积极上进，是校团委干部、党的培养对象。有一天晚上，大人们打发小孩们睡下，我没睡着，听到布帘子那一边传来惠姨的哭声和父亲的劝慰声。惠姨哭诉说："刘哥，我真不知道该怎么办。"惠姨那一辈的亲戚一概称父亲为"刘哥"，因为王、周两家那一辈中，我父母年龄最大。惠姨接着说："我爱陶轩，可他那个家庭……"陶轩的本家前辈是陶希圣。父亲接卜来说了很多话，大意是家庭出身不能选择，关键是看陶轩自己是否追求进步，云云。后来，惠姨和陶轩终成眷属。这件事使我感到，父亲在那一辈亲戚中还是有一定威望的。

还有两件印象深刻的事。

大约是 1952 年夏秋的一个周末，父亲没回家，反而让母亲带着我们几个孩子到汉口，观看从苏联引进的话剧《曙光照耀着莫斯科》。那时中苏友好，这部话剧在当时正火热。演出地是位于汉口闹市区的武汉职工电影院。我们到达时，话剧已经快开演了，电影院已经满座。我们母子几人被工作人员引进去后，站在走廊上有点尴尬，但我发现父亲一脸轻松。不一会，工作人员搬了几只靠背木椅过来，并把椅子安放在最佳观剧处。我们一家就坐在这些椅子上看完了话剧。父亲说，武汉有两家电影院归属于武汉市总工会，职工电影院是其中之一，我们是总工会干部家属，可以加座。这是我们唯一的一次"享受特权"，给我留下了深刻的印象。

再一件事。1953 年"六一"儿童节是我特别快乐的一天。那天早饭后，母亲把我和姐姐叫到身前，告诉我们，让我们享受"六一"儿童节免费乘公交汽车的快乐，一路观光，到汉口见父亲。那时，弟妹们或还小，或未临世，只有 11 岁的姐姐和我"有资格"独立出行。母亲说："今天，我和爸爸让你们尽情地玩，尽情地吃，过一个快乐的儿童节！"说完，母亲把身上所有的零钱都掏出来交给姐姐，一共是 1 块 6 角 6 分钱。

那时，1 分钱可买一小把花生或一只毛桃，1 块 6 角 6 分钱可不是一个小数目。姐姐和我受宠若惊。要知道，在我们家，除非住读，孩子们平日没有零用钱，过年没有压岁钱，亲戚间来往也从无红包习俗。我们小时候常常羡慕有零用钱能买零食的邻家孩子。现在，一下子得到1块6角6分钱，惊喜极了。

我们从武汉大学乘公交汽车到江边，乘渡轮，再乘汉口的公交汽车到市总工会。等车、换车时我们就地玩耍，买零食吃。1953年，个体经济比现在还普遍，也没有城管干预，街上随处可见小商铺和个体商贩，其中有不少挑担子进城的郊区农民。那天天气晴好，还不是很热。一路上，灿烂的阳光与我们的快乐交融着。本来，我们武汉大学的孩子到市区，就有如乡下人进城。不仅如此，以往进城是由大人带着的，而今天独立自主，更是兴奋莫名。那个时代，孩子们平日油水不多，肚子远比现今的孩子空虚。姐姐和我心情既好，腹中又空，一路吃来，总不觉饱。不知不觉，到市总工会见到父亲时，1块6角6分钱已被我们吃光了。

父亲在市总工会见到大老远过来的我们，非常高兴。他招待我们吃午饭。有趣的是，已经挥霍1块6角6分钱的我们，仍然吃得很香。那天中午，父亲没有对我们讲大道理，而是亲切地询问我们的路途行程，以及途中的所见所闻。父亲下午还有工作要忙，没有很多时间，分别前，父亲问："妈妈给你们多少钱零花？""1块6角6分。"我回答。父亲又问："还剩多少？"我们不好意思地低下了头，答道："花光了。"说完，我们等待父亲的批评。没想到，父亲不但没有责怪我们，反而表现出罕见的慷慨。他微笑着说："我也给你们1块6角6分。"

返回的路上，我们的肚子终于盛不下了。我记得，乘轮渡回到武昌码头时，我和姐姐买桃子，已不像上午那样好吃了。时间尚早，我和姐姐决定少坐车，多走路，记忆中，从傅家坡到街道口我们都在步行。走一段路，肚子有些空余了，又会馋嘴。不过，这时花钱不像上午光买吃的。我记得买过牛皮糖吹的动物，还玩过路边"游戏机"等娱乐项目。那时的游戏机都是手动的，有些就是现代电子游戏机的原型。例如，玻璃弹子被手动弹射到倾斜木板的上端后，在下落路径上被一些木板上的钉子阻隔而改变路径，最后落入奖励各不相同的终点。

那天晚上到家，钱一分不剩。一天就花了3块3角2分钱，难忘的儿童节！

三

10岁以后的记忆没有小时候那么温馨。1954年，因父亲离开武汉大学已4年，我们家不得不搬出教授住宅，迁到条件较简陋的职工住宅——东中区。那年12月初的一天上午，我还在床上睡懒觉，几名警察闯进家里，翻箱倒柜，进行搜查。我们全家人被勒令站在屋外。母亲怀着半个月后将出生的小弟，挺着大肚子坐在门外12月的寒风中。全家都沉默着，面对这突如其来的变故，大人孩子们都懵了。那以后的几个星期，父亲都没有回来。近年来从父亲回忆录得知，那次变故是受胡风反革命集团事件波及的结果。几个月后，1955年下半年，父亲又一次成为肃反运动的对象，被关押了4个多月。

还好，调查到的事实证明，父亲虽然集体参加过国民党，介绍人是社会部正、副部长，交过党费，在考取公费留美出国前，参加过公费生必须经历的特务组织培训，但都没有实质性地参与国民党及其特务组织的活动。父亲虽然没有被定为"历史反革命"，但他的党籍被撤销，职务被降级，武汉市总工会的部长职务被撤销，而且，从此成为被"控制使用"的对象。这个"身份"，父亲直到"文革"结束才得知。1957年反右之交，父亲调往湖北省高等教育厅。我觉得父亲这是因祸得福，因为凭他那直性子、二愣子脾气，反右期间，若一直在一个单位，很难躲过被划为右派的厄运。还好那时他已深受打击，处于沉沦中，又正好调往新单位，这不是"因祸得福"吗？

1955年9月，我11周岁，到位于傅家坡的湖北师专附中住读。父亲规定，初中住读，每月1块零用钱。那时学校的伙食费是每月7块5角钱，8个人一桌，每桌两小陶盆素菜，只有周六中午加一盆荤菜"打牙祭"。肚中缺油水，便成天渴望零食。我最喜欢挑担小贩的糕点，尤其是糯米糕。糕点5分钱一个，而我的零用钱每天平均不到5分钱。因此，我常常纠结于"今天是否忍着不吃糕点"。我曾请求父亲稍许增加点零用钱，但父亲不同意。还好，我周末步行上学，把母亲给的公交车票钱省下来，补充零用。

初二暑假，我决定打点小工，自己挣点零花钱。我有一个要好的同班同学叫朱谱治，是母亲同事的弟弟。朱谱治带我到关山的一个建筑工地挑砖，每天1块2角8分钱。我只有13岁，还没发育，又不曾肩挑锻炼，挑砖力不从心，可怜巴巴。但朱谱治和那些成年的工友们都同情我，照顾我，让我少挑，却仍给我上报一个整工。6天后，我再也不好意思受照顾了，也自感难熬，败下阵来。我领到7块8角4分的工钱，除给弟妹买了点东西外，其余的钱像宝贝一样地揣着。没想到父亲得知此事后，竟然要我交出钱。我说这是自己打小工的血汗钱，父亲说，你挣的钱也是家庭的收入，应该统一交给大人。我抗争不交，父亲后来也没有坚持。这是我少时对父亲意见最大的一件事，不过现在回想，父亲不会在乎这点钱，他是担心小孩口袋里装这么多钱不好。

所以，少时的我一直觉得父亲"抠门"。正是因为这个印象，我对 1953 年"六一"儿童节父亲破例的慷慨才记忆尤深。后来才知道，那个时代很多大人，尤其是干部，都要求孩子们艰苦朴素。他们自己从苦境中奋斗出来，自身也比较节俭，自然严格要求孩子们。这事实上对孩子们的成长有好处。

1958 年，教育大发展，各学校抢生源。我、朱谱治跟随另外两个同学，冲破所在初中不允许考外校的禁令，报考了华师一附中。我到华师一附中住读后，成为一个拔尖生。父亲对此自然高兴，但基本上没有夸奖过我，也从未给过我特殊待遇。

1959 年，父亲买了一辆崭新的"飞鸽"牌自行车。我想学自行车，暑假时便和弟弟刘西商量，偷偷到外面找个空场地，请他帮助我学车。刘西与我最亲，但那时他才 10 岁，我只要求他在车后扶着车子不动，等我跨上车子踩脚踏启动后，就放手。小刘西极好地履行了"职责"，有时还跟着扶车跑一段，但我骑不远就会摔倒。有一次摔得较重，连人带车把脚踏的金属柄压弯了，以致脚踏转动到车架被卡住。我们不敢回家，就地找石头把金属柄砸直，柄上留下好些被砸的痕迹。闯祸了，好担心。但事已如此，就横下心来继续练习。终于，感谢小刘西，在那个骄阳似火的下午帮我学会了骑自行车。那以后的一段时间，我天天惴惴不安，唯恐父亲发现宝贝新车的"伤痕"，时刻准备着"挨骂"。幸运的是，父亲上班很近，很少骑车，他始终没有发现新车的"伤痕"。这也说明，父亲关心公事和大事，对家务细节不甚上心。

那年秋天（或次年春天？），我就是骑着这辆自行车，到百里外母亲劳动的农场运回了几头死亡的小猪。农场缺粮，幼猪饿死，每个职工分得几头。我早上出发，回家时已满天星斗。那时湖北省还没到最饥饿的时期，十五六岁的我，奔波十几个小时，一路心情愉快，丝毫不觉得累。这件事，在父亲的《箫声剑影》（二）里也提到过。

四

1961 年是最饥饿的年份，正值我高考，学校餐桌上通常只有一小陶盆无油的什锦咸菜，每人每餐仅两个比大拇指略大、硬邦邦的黑面馒头。极度的经济困难使国家不得不进行政策调整。高校招生名额一下子减少到1960年的1/5。不过，这与我无关，我自信上清华、北大如囊中取物。我最感兴趣的是文科，尤其是文学，但父亲说，他做高教工作很了解党的政策，党鼓励工农搞文科；像我这种人，学文科成"三门"（家门、校门、机关门）干部，党不看好，也不支持"三门"干部搞文科。再者，那年头拔尖学生没有学文科的。因此，我断了文科念想。后来知道父亲的意见是对的。

理工科，只能选清华大学。父亲有清华情结，我亦觉非清华大学不去。那么，读清华什么系呢？我看中从事高能物理、核物理教学的清华大学工程物理系，那年该系全国仅招9名学生。我一心想成为顶级物理学家，倒不是最爱核物理学，只是认为顶级物理学家是最高级的科学家。但是，该系涉及核弹人才的培养，保密程度极高，我明白，家庭有问题的学生最好不要报考。委决不下，我想到住在楼下的省高等教育厅人事处的田处长，他是个老革命，正兼任省高校招生委员会的领导，应该很内行。我专门找田处长问我这样的家庭能不能报考清华大学工程物理系，田处长说可以。这是我下决心填写工程物理系的缘由。

没想到这一决定打碎了父亲寄托在我身上的清华情结，当父亲得知我被录取到第二志愿北京师范大学天文系时，一脸落寞，他喃喃叹息：没能上清华，我们家没人上清华……我满脸羞愧。一年前，我姐上武汉大学，今年我又……其实我心中的苦，又怎会比父亲少！

若干年后，我才懂得，我根本就不应当去问田处长，问他，他能说不可以吗？父亲被"控制使用"当时是秘密。父亲是厅里唯一的非党员处级干部，处境不佳，很多厅里的活儿却靠他做。田处长不可能说我家不适合工程物理。

我因家庭问题不被录取，还有几个佐证。高中时我三次通过军事单位的体检，但皆无下文。特别是飞行员体检，每一关都淘汰一批人，整个学校最后通过所有体检关口的，只有我和另一人，但复查通知却没有我。我当时并未意识到我政审不合格。再者，那时高考分数不公开，考生本人不知道分数。但进大学后，班主任不止一次地说，天文专业是北京师范大学仅有的两个非师范专业之一，今年招到的最好的新生，高考成绩在清华、北大录取线之上。后来，系主任亲口对我说，我是系里招到的最好的学生。不过，我从未在父亲面前提过我没进清华大学很可能与他的历史问题有关，从来没有因此让父亲伤心过。

1961年秋，我到北京师范大学就读。大学期间仍然常感饥饿。因此，记忆较深的事常与"吃"相关。北京的伙食同武汉相比，有如天上地下。第一次吃玉米窝窝头，觉得就像奶油蛋糕，美味无穷。不过，尽管到北京能吃到较足量的粮食，但一个月只1两肉，腹中没油水，大学生们仍然饥肠辘辘，每夜做梦都是"吃"。1962年某天，父亲到北京东交民巷的一个高级饭店开会，把我叫去，一来谈谈话，二来让我改善一顿。当时国家在贯彻《高教六十条》，对高校的教学和教师重新给予一定尊重。该会议面向高级知识分子，故餐饮水准较高。不难想象，我坐在会议餐桌上，内心有多么贪婪。不过，我还得装绅士，8个人一桌，菜量毕竟有限，我没敢造次，举止文雅地补充营养。

会议结束后，父亲带我看望中国科学院的叶笃正院士（那时称"学部委员"）。叶先生在中关村的一个饭店招待我们，于是我又得以改善了一餐。叶先生是中国现代气象学主要奠基人之一、中国大气物理学创始人。2006年，他获得2005年度国家最高科学技术奖。叶笃正和父亲的友谊，源于他们在芝加哥大学留学时同居一室。父亲说过，叶笃正不会烧饭，但经济条件比他强，两人的伙食，叶笃正多出钱，父亲多出力，父亲厨艺不错，烧饭两人共享。从此两人成为密友。

当时，叶先生的儿子就读于北京大学物理系，我因为没上清华大学，有点抬不起头。叶先生说，搞科学，物理是根本。因此，他让自己的孩子上北京大学物理系，而不学某种专业物理，例如他自己从事的大气物理。叶先生说，物理基础打好了，搞什么都不难。我十分赞同这个观点。我们天文系，五年制，其中一到四年级，与物理系同学一起上完整整四年的全套物理课程。

1964~1965年，国家经济形势有所好转，我不时收到父亲给我寄来的全国粮票。那时的全国粮票比什么都宝贵。这是我一生中，来自父亲的最温馨的关爱。

大学期间，我只回家三次。前两次父亲还在高等教育厅，很忙，与我接触时间有限。第三次是1965年暑假，父亲已经调回武汉大学，常在家，所以我有机会与父亲聊天。当时他正在从事美国黑人运动研究，我记得与他讨论过美国研究问题。我认为美国黑人运动研究不值得长期做。后来才知道，父亲那时候也没有多少研究的自由。

五

"文化大革命"开始了。当我听说父亲积极地参加"文革",参加造反派时，我为他捏着一把汗。父亲常常口无遮拦，又不把自己的历史问题当回事，十分危险。果然，1968 年 6 月下旬，父亲就被对立组织作为"历史反革命分子""揪出来"批斗。

1970 年春节我回家探亲，父亲还不时遭批斗。姐姐和弟弟告诉我，父亲是全校最顽抗的被批斗者。我觉得，父亲不承认自己是"历史反革命分子"可以理解，问题是，他会反过来批判、刺激审讯他的人，他会根据领袖和中央"文革"小组的话来辩驳，会顶撞军、工宣传队，还会教训前来找他外调的人员，说他们的做法不符合党的政策，等等。他甚至会在大会上站起来打断校领导讲话，说领导不对。姐弟的诉说，使我同他们一样担心。我们觉得父亲的这种莽撞行为对自己和家人都不负责任。在我的提议下，我们召开了家庭会议，批判父亲的对抗行为。我们的主旨思想是，希望他无论如何，为了自己和家人不要去对抗；可以沉默以对，可以用别的办法，但绝不要顶撞。但父亲说他做不到。父亲坚持认为他所做的符合中央"文革"小组的精神，他的历史问题总工会已经做出结论。所以他一定要坚持真理。若干年后才知道，这次家庭会议没有达到目的。父亲不仅心不服，更异常伤心，因为在家庭会议上，包括母亲在内的所有家庭成员都没有站在他的一边，都批评他的对抗。因此，他认为，大家在他受苦的时刻为自身利益抛弃了他，造成了亲人离心。他在日记里记下这件事，并写在《箫声剑影》(二)初稿中。他没有想到，这只是家庭内的互动，即使家人怕他成"反革命"而牵涉家人，也无可厚非；何况家人并没有到外面去出卖他、伤害他。当然，他的难过也能理解，苦难中的他渴望家人的慰藉；再说，作为家长被孤立，他也很受打击。

不过，残酷的事实最终还是迫使父亲不得不放弃"硬顶"。那年春天，父亲被定为"死不悔改的顽固派"；夏季，他被送进"湖边学习班"。在那里，父亲终于领悟到"对抗"不是办法。尽管如此，父亲在学习班毕业前举行的交心会上，又犯了一次险。他声明说，这是你们让我交心的，如果我说错话，你们不能计较。见对方点了头，父亲说："自从我受批斗以来，我把大家批判我的那些话都当作放屁。"

交心会的这些内容引自《箫声剑影》（二）文稿，不知虚实。这里引述之，因为这是父亲二愣子性格的一个例证。这种性格也是父亲后来敢于冲破禁区，提出美国现代史新观点的一个原因。

1971 年春节，我带着新婚的妻子回家探亲。那时，父亲已到武汉大学襄阳"五七"干校劳动，春节不允许回家，我们只好与母亲一起奔赴襄阳去看望父亲。那一次，是我此生与父亲最温馨的聚会。其一，我们远赴乡下陪父亲过年，他甚是触动。其二，我的妻子是个杭州姑娘，父亲看到如此温婉的儿媳，甚是高兴。其三，"五七"干校位于襄阳卧龙岗，孔明出山之地，父亲和我都酷爱古代典籍和诗词，在卧龙岗聚会，我们心旷神怡，甚是惬意！那几天，过年的物资虽然匮乏，但我们论古谈今，游山玩水，暂时把当时的境遇抛到九霄云外了。离别时，父亲不舍的表情至今历历在目。

1971 年的"九一三"事件，使不少国人开始反思"文革"。听到消息时，我和几个朋友在一起，震惊，沉默。

父亲于 1972 年暑假从襄阳返校。据他的回忆录，此后 6 年他都被派做翻译工作。不过，在给我的信中，他仍然关心国家大事，想参加运动。对此，我是泼冷水的。有一件记忆尤深的事。1974 年初，父亲来信说，他决定参加"批林批孔"。与往次运动相比，这一次父亲的态度特别积极，这可能与他在芝加哥大学的硕士学位论文《中国的儒学统治：既得利益抵制社会变革的典型事例》有关，他一直认为中国还有肃清封建残余的使命。这点我深有同感。但是，"文革"中的那个"批林批孔"其实与批封建残余无关。为了阻止他参与"批林批孔"，我回信说："你如果参加'批林批孔'，我将与你断绝父子关系。"父亲后来没有参与"批林批孔"，不知我的信有没有起作用，我后来也从未问及此事。

1973 年 8 月，父亲携母亲专程来浙江，过海爬山到海岛气象站看望我。这也是一次温馨的聚会。两老在气象站住了两天，除了吃些海产外，我还向他们推荐浙江人爱吃的螺蛳。但是，当炒螺蛳放在他们面前时，父亲还是临阵退却了，他看到螺蛳那形态就难以吞咽；不过，母亲却吃得津津有味。

六

从我记事到改革开放，父亲始终怀着对新中国、共产党及其领袖真诚的爱。他曾不止一次地说："你们没经历解放前，不了解那个社会的黑暗！"

的确，新中国成立前若干年国统区的专制腐败和经济崩溃，与解放区的民主平等和新中国成立后的清明和安居乐业形成巨大的反差。这种反差在父亲那一辈知识分子的脑中刻下很深的烙印，促使他们相信、热爱党及其领袖。父亲同不少实际上并不反党的"反革命"和"右派"一样，在受打击或迫害时，最想做的，都是证明自己对党的忠诚，证明自己是被冤枉的。

1979年，父亲终于等到了平反，他的党籍得以恢复，而且党龄从1953年算起。他开心极了，对组织充满感激。那一年，每月工资90元出头的我家，增添了第二个孩子。由于没有老人帮忙，我们不得不花钱找人带孩子；次年又逢岳父去世，每月还要给岳母10元钱，以致家计更加拮据。听说父亲补发了工资，我想找父亲借些钱。父亲回信让我们自己克服困难，并说，他的钱大部分补交了党费。他还特别强调，这是他一生中花得最愉快的一笔钱。

父亲对党和领袖的崇敬还有不少事例。70年代有一次我回武汉，那时，下乡的知青们正通过各种渠道设法返回城市。两个做知青的弟弟向我诉苦，说父亲有关系，但不用来帮助他们。例如父亲有个关系不错的总工会老同事时任武汉市劳动局局长，但父亲不但不找他帮助弟弟们回城，反而邀请弟弟所在农村大队的贫协主任来家里，并在饭桌上，当着弟弟的面，要贫协主任帮助弟弟安心在农村，"扎根农村一辈子"。这件事充分表明父亲对党和领袖非常信赖。在自己家里对贫协主任讲这番话，没有任何"作秀"的意思，如果不是打心眼里相信"上山下乡"，是不可能这样做的。我有时想，父亲对党、对新中国真诚的爱，可能是他这个"炮筒子"安然度过历次运动的一个因素。父亲是一个比较透明的人，周围的人容易看透他，相处一段时间，同事们会了解他是个没有多少心计的人，是个比较真实的人，相信他没有什么弯弯绕，口上说的基本上就是心里想的。正因此，在每次运动中，审查人员可能会感受到他对党的真情实感，感到父亲不可能是己方要认真对付的反对派，这对他的"过关"应当有所帮助。

父亲对党、对新中国真诚的情感，还有一个"副产品"，就是他认真刻苦地学习马、列、毛的理论。读马列著作本来就是学习、研究社会学必需的课业；新中国成立后怀着对党的感情，父亲又读了相当多的有关著作。因此，在运动辩论中，以及在美国现代史研究中，他很会引经据典。他在受审查时，即使顶撞审查人员，也不是简单地对抗，而是有理有据地辩驳。这大概也有助于他的"顽抗"。

改革开放后，父亲对美国现代史的研究十分有助于他重新认识这个世界。父亲有丰富的阅历、深厚的社会科学功底和积淀，特别是对众多马列著作有坚实的把握，一旦反思起来，比我辈的反思更系统、更透彻。这一点集中体现在父亲《箫声剑影》（二）的书稿中。

后来，父亲在美国史研究中做出了许多开拓性贡献。

七

改革开放给父亲带来了闪光的机会。不到十年，父亲就创建了一整套重新认识罗斯福新政和战后美国史的观点和理论体系，并得到国内普遍认可。父亲很快做出开创性成绩的具体过程，我是读了《箫声剑影》（二）的书稿后才完全了解的。现在想来，这个成果是父亲底蕴、积淀、活力、能力、顽强和胆识的结合，缺一不可。在改革开放的最初若干年，有些认识，例如"帝国主义并未垂死"，即使心知，也是不能随便说的。父亲不仅有胆识公开提出当代帝国主义"腐而不朽、垂而不死"的命题，而且无可辩驳地论证了为什么、是什么和怎么做的问题，很多论证是基于马克思、列宁和毛泽东的论断和著作提出的。父亲关于罗斯福"新政"式（非法西斯型）国家垄断资本主义的论述，对当今宏观调控仍有现实意义。

1979年拟订《美国通史》编写计划时，大家都不大愿意参与第六卷《战后美国史》的编写；随后定下来的编写单位到1980年10月也宣布罢手。父亲只好亲自干，而且只有一位同事愿意参与合作。从这个意义上说，父亲在国内历史学大家中是独特的、非凡的。我为父亲感到骄傲。

父亲还有个可敬佩之处，就是他那么多著作和成果都是在人力资源相对缺乏的情况下完成的。国内不少高级教授有博士研究生、硕士研究生作为研究助手，而父亲在1983年，因70岁高龄，被取消了招收硕士研究生的资格而退休。辉煌一时的武汉大学美国史研究集体从此走上下坡路。而父亲以70岁、80岁甚至90多岁高龄之躯，依然挺立，很多时候是在独自笔耕。我们记得，视力很差的老母亲，曾一笔一画地抄写父亲无数的稿子。后来，我给父亲送去了第一台电脑，父亲开始在电脑上打字。每次回武汉，总是看到年迈的父亲每天大部分时间都坐在电脑前，辛勤耕耘。

我们为父亲鸣不平。我曾想把父亲引进杭州高校。以父亲的德望、水平和成果，包括所获社会科学的国家级奖项，我所在的杭州大学、浙江大学都会欢迎他。80 年代，浙江大学历史地理学专业没有博士点，但学校用聘陈桥驿教授为"终身教授"的办法，让他一直不退休并招硕士研究生，助他发挥学识。而 70 多岁后退休的父亲几乎都是独自默默耕耘，为武汉大学及历史学院增添一项又一项国家级和省部级学术成果。

八

进入 21 世纪，渐入老年的我多了些对"孝"的领悟；特别是自己有了第三代后，我时常会想到外婆和外公。2 岁以前在重庆，外婆帮母亲照顾我；2 岁至 4 岁，母亲到武汉，我单独留在宜昌跟外婆和外公一起生活。50 年代，母亲常讲外婆和外公疼爱我的故事；到汉口玩时，外婆也常讲我幼儿时期如何可爱，慈爱之情溢于言表。可是，外婆和外公双双在"文革"中抑郁过世，我竟没能奔丧送行。每想及自己一辈子都没有"孝敬"过亲爱的外婆和外公，我心头就难过，追悔莫及。由此想到，这样的情形绝不能在父母和其他长辈身上重复。因此，进入 21 世纪后，我常去武汉探亲，孝敬长辈。最后的若干年，我更是每月都赴武汉一次，总算没有留下大的遗憾。

2009 年春节，我还特别独自开车回武汉，来回 1600 余公里，虽然疲惫，但做了一件特别有意义的事，就是带父亲回黄陂老家。父亲已经 96 岁高龄，非常想探望久违的老家和亲戚。我从未去过黄陂，也有很高的回乡积极性。两个弟弟协助我认路，辗转多时才找到那个村子。村子不富裕，但大部分土墙老屋已拆，改建成砖砌楼房。父亲这一房早无后代留在村里。因此，我们的老屋只剩下断壁残垣。断壁残垣总比什么也没留下强，这使我们还能感觉祖上的气息。父亲曾告诉我，他是三代长子，我则是四代长子，如果没有变迁，我应是这个农舍的"家长"。我们久久地凝望，并徘徊在这祖上、祖父和父亲出生、长大、劳作和教学的地方，感慨万分。在老屋外的场地上，父亲指着一片远山说，那里曾经都是刘家田。下午，我们陪父亲游览木兰湖和木兰山。因为自家开车，游览的效率较高，一下午跑了好多地方。那时，木兰山已有汽车道通到山顶附近。停车后，96 岁的父亲登上木兰山顶，容光焕发。

21 世纪后的十余年家庭聚会都很温馨。我的回家，通常成为全家团圆的一种契机。每次回家前，母亲都会打电话给姐姐和弟妹，叫他们来。遇到重要的节日和两老生日等"大日子",不仅我们这辈的家人,下一辈的家人们也前来聚会。这一时期,我和父亲没有了早先有过的代沟或观点分歧,大家都庆幸自己能遇上太平盛世,感谢造就升平之世的国家领导人,也同样担心我们国家、民族某些"隐忧"的存在。不过,时事只是我有时到书房陪父亲聊天的部分题材,大家聚会时基本上不谈政治,主要是叙亲情;还有时陪父母打打麻将。好多次,全家团聚晚餐后,围坐在一起回忆青少年时期的趣闻,特别留意聊父母感兴趣的事情,请父母谈谈往事,唱他们年轻时熟悉的歌曲,包括新中国成立前的进步歌曲和他们的英语爱情歌……这样的日子,在 2014 年母亲去世和父亲住院以后就结束了。那以后每次回武汉,我只能去医院探望。到如今,我多么怀念那些在家团圆的日子啊!

很早以前,我们就发现父亲唱歌常跑调。为此母亲有时也笑他。其实这也不奇怪,父亲从小在乡下长大,自然不能与出身世家还当过音乐老师的母亲相比。不过,我发现,父亲唱那首英文爱情歌时,发音却甚准,节奏也把握得很好。父母说,那首歌是他们俩恋爱时特别喜爱的一首歌,我觉得似乎是父母的定情歌。年迈的父母一起唱那首英文歌,情意浓浓,会感动所有在场的亲人。

谈到父亲和母亲 74 年的爱情和亲情,有一点特别值得浓墨重彩地强调,那就是一辈子没有听到过父母吵架,并非完全没有拌嘴,但从未有提高嗓门的争吵。70 多年的婚姻不可能没有矛盾和波折,但是,他们能相互包容和谦让。我认为,这 60% 以上要归功于母亲。母亲身上有大家闺秀的气质,她,以及她的几个妹妹,说话都轻声细语,有容人之量,都家庭和睦。姐姐说,家庭生活中,多数时候是母亲依从或迁就父亲;但也有时候——当母亲坚持不让时,父亲会反过来迁就或依从母亲。母亲是一个外柔内刚的人,一旦触及她的底线,或遇难关时,母亲内在的坚毅和能干就会凸显。父亲在美国时,母亲独自带着两个孩子,还要接济弟妹,她考进盐务局,并以出色的能力升到每月两百大洋的职位。

我常为父母一辈子没有吵架而感到骄傲。现代文学和影视作品常常渲染"夫妻过日子哪有不吵架的"之类的,甚至说"打打闹闹才是生活,能增进夫妻感情",这不能说没有一定道理。但是,一辈子不吵架,和和睦睦不是更好吗?在公共场合没有大声喧哗、没有吵架,不是更好吗?如果更多的人能像我父母那样相互包容和谦让,我们的家庭和社会不是会更好、更和谐吗?

九

没想到，在父亲去世前的最后岁月，我还是留下了一点让我心痛的遗憾。

从 2017 年 10 月起，一年之中，我做了三次手术。病中，我经常希望父亲能等到我康复之后。可令我痛心的是，2018 年 11 月，我还没有从化疗的痛苦中脱离，父亲就没有明显预兆地过世了。如此，父亲最后的 14 个月，我一次也没有回武汉，没赶上为父亲送终，仅赶上参加父亲的追悼会。

父亲生命的最后几年，一直在医院由护工小张照顾。小张五十几快六十岁了，不辞辛劳，像女儿一样照顾父亲，我们不胜感激。最后几年，父亲时而清醒，时而糊涂，越到后来，糊涂的时候越多。小张告诉我，父亲清醒时，有几次问刘南怎么不来了，但小张不敢告诉他我生病的情况。姐弟们也没有告诉父亲我生病。大家都担心我生病的消息影响父亲的健康。我理解大家的考虑，但是，我仍然有些难过，因为父亲会想：过去每月都来看望自己的大儿子，怎么长期不来了呀？如果父亲离世时，带着这样的疑虑或埋怨，那是令人痛心的。

我还有一个遗憾，就是没能早些把父亲的吟诗录下来。父亲去世前几年，我曾请父亲吟诗，父亲说他已经忘了。真可惜呀！古时候，诗词是被吟唱的。事实上，现代人用普通话朗诵古诗词，总感到欠缺些什么。青少年时期我们常听父亲吟诗。那个调子，应该是父亲从曾教私塾的曾祖父和祖父那儿学来的，时而低沉，时而高亢，有的字眼在高音区拖得很长。当时，我们听见父亲吟诗就乐，因为那调子咬字用的是黄陂腔，听起来刺耳，土里土气，远不如歌曲那样好听。有时候，父亲诗兴大发，吟起来没完没了，连母亲都笑他，太难听。其实，那原汁原味的吟诗调子，是多么宝贵的文化遗产啊！可惜后来当我们意识到这一点时，父亲已高龄，记不起那黄陂腔的吟诗调子了。

父亲一生酷爱古典诗词，像很多老知识分子一样，一有感触，就想写词作诗，他写过相当多的诗词，可惜大部分都只是半成品。我也酷爱古典诗词，古典诗词有时就成为父亲与我的共同话题。父亲在高等教育厅工作期间，以及调回武汉大学后却无法做学问的时期，曾利用业余时间研究陆游。父亲喜欢陆游，因为看重陆游的家国情怀。陆游去世前作的那首著名的绝句——"死去元知万事空,但悲不见九州同。王师北定中原日,家祭无忘告乃翁"就是父亲过去经常高亢吟诵的对象。

我把父亲酷爱古典诗词的内容放在文章尾部,原是想顺势写一首纪念父亲的词来结束本文。可惜,至今没形成满意的构思。

只好先到此了,什么时候写出满意的词,再拿出来吧。

父亲与我们兄弟三人合影

严厉的慈父

——忆我的父亲刘绪贻

刘　末

不讲道理的教育方式

也许，在别人眼中，我的父亲刘绪贻是一个颇为面善的人，乐起来常常露出弥勒佛般的笑容，与三五好友聊到一个有趣的话题时，会哈哈大笑几声，给人一种很容易接近的亲切感。但是，在我还是孩子的时候，父亲留给我的印象则是极为严厉的。小学时，我的成绩一向不错，常常会得到他的糖果或饼干奖励，甚或偶尔能吃到冰激凌。可一旦考试稍有差池，或因幼童顽劣的调皮天性而被他人或老师告到家中后，告状者一走，他就会不问青红皂白地立即露出一副令人畏惧的面孔，毫不犹豫地拿起尺条，重重地抽打我的手心或屁股。我撕心裂肺的痛苦哭叫声常常会惊动邻居，总是在他们的帮助和劝阻下，我才能有幸逃脱父亲的"魔掌"。直到有邻家小孩将我的"悲惨"生活遭遇反映给老师，获得了老师的同情，老师不再到家中"告状"，我才"幸存"下来。因此，儿童时代，我是极为害怕父亲的。

就是在这样不讲道理的教育方式下，发生的两件极为"残酷"的事情令我终生难忘。

那是1963年，我9岁，父亲调回武汉大学，因住房暂时未调出来，他带着我住在湖边2舍的单人宿舍里。

那一年，暑假里，他与武汉大学历史系的施子瑜教授和中文系的刘绶松教授经常相约在武汉大学游泳池游泳，并常常会带上我。当时的我虽然喜欢泡在水里玩，却一直因为胆怯而不敢真正地埋首水中去学习游泳，他有时会气愤得大叫大喊，有时会干脆放弃对我的指导，任由我带着游泳圈在水中自得其乐地漂来漂去。直到有一天下午，我正站在游泳池深水区台上高兴地看着施、刘两位教授"打水仗"时，父亲在身后将我突然用力一推，"扑通"一声，当时身高仅1.2米的我掉进了深水区，水顿时漫过了头顶。在极其慌乱中，我双手不由自主地拼命划动，双脚下意识地使劲向下蹬。时间似乎变得格外漫长，我感觉自己都快窒息了。在不停挣扎中，"哗"的一声，我忽然"冲"出了水面，赶紧大大地呼吸了几口得来不易的空气。随后，我睁开眼，转过头来，看见他们三个大人正围在我身边，边看着我大乐，边教我动作，指挥我继续向前游。

虽然我得知是他们的恶作剧，心中充满怨气和不满，但从此以后，我学会了游泳。

1963年底，我家在珞珈山上的一区14号分到了住房。刚刚搬到山上，心中充满好奇，总想爬高下低，探寻山间的秘密，上树、抓虫、采蘑菇，每天玩得不亦乐乎。为了不放弃一切玩的机会，放学后，我会尽快完成老师布置的各门作业。有时，吃完晚饭，我就会缠着父亲带我上山去玩。

记得刚刚进入冬季的一天，我和父亲在山上转了好长时间。大约晚上9点钟，天上下起了小雨，乌云飘来，将月光完全遮住了，山间的盘山小路上漆黑一片，真有伸手不见五指的感觉。现在我实在想不起来当时为什么和父亲起了争执，我按那个年龄的孩子都会的办法——撒娇，意图让父亲软下心来，满足我的要求。可是，父亲坚决不同意。无可奈何之下，我采取了只有儿童能想到的办法，往地上一躺（好像叫骗赖），期望能博得他的同情。可谁知，父亲用力地甩开我的手，说道："要么起来跟我走，要么你在这儿躺一晚上。"话音一落，没给我考虑的时间，他就转身离去了。这时，我只能听见风吹打着满山的树叶哗哗啦啦地响，夹杂着淅淅沥沥的雨声，我觉得世界都黑暗了，感到很害怕。我知道，此时，我已求助无望，只能投降。

我慢慢地爬起来，快快地追上他，讨好地伸出小手，去祈求他的原谅。他，作为父亲，好像很宽容地接受了我的认错，然后开始对我进行教育。那一套"书中自有……"的老生常谈往我的耳朵里不停地灌输，我假装接受他的一切教导，心中却不停念叨："等我长大，我就远远地离开你。"

但是，到我真正长大，进入社会后，我渐渐明白，他的这种教育不是书本上能学到的，而是通过日常生活中的点滴来教育我如何自己面对困境。

一言一行中传递父爱

1970 年，16 岁的我，带着 1969 届初中毕业生的名号，作为所谓"知识青年"，抱着为祖国献身的愿望，下放农村插队落户。在那艰苦的环境里，我渐渐明白，几乎一天中学都没上过的我，实际上就是一个小学毕业生，就是一个文盲。我知道，要想改变我的命运，就必须学习，必须扩大自己的知识面。这时的我，开始理解父亲当年的苦心。他虽严厉，但是真正爱我的。

此时，在我理解了他的教育方式后，有几件温暖的事情同样让我终生难忘。

父亲知道我有学习的意愿后，还在审查期间的他和我母亲一起开始帮助我。那个年代，教育体系被彻底摧毁，市面上很难买到教材，尤其是英语教材，更是稀罕物。母亲想方设法借到了外交学院的一套英语教材，然后一笔一画地将整套教材抄下来，寄给我。我在没人教的情况下，开始自学语文和英语，每天坚持做大量习题，然后寄回家，给父亲批改。在这种状态下，可想而知，错误会很多。当时的父亲还在接受审查，时不时还要挨批斗，可他收到我寄回的习题后，每次都批改得特别认真，指出错误，并附上正确的答案，且告知我答案的来由。那份耐心，那份细致，令我由衷地体会到深深的父爱。就是在这样的学习方式下，几年间，我补习了初、高中应该学到的语文和英语课程，且初步接触了大学的一些知识，为高考恢复后的考试打下了基础。

1975 年底，我从农村被招工到沙市第二建筑工程公司，当上了建筑吊装工。艰苦的工作令我每天都十分疲惫，几乎失去了复习的精力和学习的兴趣。父亲不断地写信鼓励我，劝我不要放弃。在他的鼓励下，我一直坚持做题，寄给他批改，并开始尝试翻译外国小说，然后寄给他审校。高考恢复后的第二年，即 1978 年，父亲给我寄来了复习大纲和复习教材，我努力地复习，终于走进了高考的考场。遗憾的是，我虽然考过了当年的高考分数线，却依然落榜了。原因是我的政审不合格。因为父亲那时虽然已恢复工作，但还没有得到正式平反，还戴着"历史反革命分子"的帽子。过年回家时，他能感受到我的失望和沮丧，我也能感受到他的内疚和自责。

1979 年的新年过完，我刚回到建筑公司上班后的一天，突然接到他的电话："我解放了！"那种从心底里喊出来的声音震动着我的耳膜，也震撼了我的心灵。我理解他当时那种呼喊的激动，就是想明确地告诉我，他将再不会连累我。听着他的喊声，我顿时流下了眼泪。我深切地体会到，他用呼喊来发泄对我的亏欠感，来弥补我因为他而受到的委屈。这种情感的发泄令我十分感动，以至于到现在，每每想起那种带着颤抖的喊声，我心头都会不由自主地泛起酸楚，泛起流泪的冲动。

因为我知道，他对孩子的爱是埋在心底的。

如今，我的父亲已经离我而去，可每当我想到他的音容笑貌、他的谆谆教导、他的耐心细致，甚或他当年的严厉，我的内心都会油然而生出丝丝感动。

父亲，永生于我的心中！

我与父亲的合影

多情人不老

——忆大姐夫

周一三

　　我的大姐夫刘绪贻，是一个胸怀坦荡、才华横溢、风趣幽默又儒雅谦和的人。我父母育有6个子女，我是家里老小，与大姐和大姐夫年龄相差17岁。1938年，我大姐在武汉大学生物系学习，抗战时期武汉失守后，去重庆盐务局工作。他和我大姐1940年在重庆结婚。婚后不久，1944年，大姐夫即被公派赴美国留学。其间，我作为逃难的流亡学生，先后在湖北宜昌、四川长寿和湖北武昌读初中和高中，与大姐夫未曾谋面。直至1947年，大姐夫回国到武汉大学任教后，方有机会和他相识（大约在1948年底或1949年初，正值武汉解放前夜）。因相隔较远，交通不便，和大姐夫接触不是很多，却已感到相处很愉快。又见他在汉口进步刊物上发表文章，人也可靠，因此一次我去武汉大学珞珈山大姐家时，就约他到山上谈心，向他探讨加入中国共产党领导下的地下组织——新民主主义青年联盟（新民主主义青年团前身）的问题。当时我在武昌读高中，因痛恨国民党贪污腐败、治国无能，就帮着共产党在学校里做些地下工作，但并未入团入党。我想加入新民主主义青年联盟，又担心他们夺取政权后也会变得和国民党三青团一样腐败，到那时想抽身出来也不可能。大姐夫谈了他的看法并开导我说，应该不会的，共产党内部常开会展开批评与自我批评。这次谈话促使我最终下定决心向组织递交申请书，正式加入了新民主主义青年联盟。1954年，又加入了中国共产党。后来方知也正是在1948年、1949年之交，大姐夫参加了中国共产党的外围组织——新民主主义教育协会，任新教协主席，参加武汉大学护校活动，协助党组织接管武汉大学，配合解放军迎接解放，因此还上了国民党政府的黑名单。他原本是个只读书不问政治的人，但从 1946 年起，他逐渐认为只有中国共产党才能领导中国走上现代化的道路，使中华民族自立于世界民族之林。

武汉解放后，大姐夫从武汉大学调到武汉市总工会做工会工作（先后担任文教部副部长和宣传部部长）。审干时，有群众说他曾是国民党时期的公派留美生，一定参加了特务组织，他因此被列为肃反对象。此乃莫须有的罪名，对此他坚决否认。为此，工会将他调到湖北省高等教育厅任教学处副处长，从原来的行政 11 级降至 13 级，并撤销了他的党籍。他淡然处之，文件不给他看，他就看报，下班回家后就去武汉大学东湖钓鱼，享湖边野趣。七年后，1964 年，他终于被调回武汉大学教书，时年已 51 岁。大姐夫自留美回国后就是教授，但当时并未马上给他恢复职称。党籍也是直到改革开放后才得以恢复。

"文化大革命"后期，在一次狂风暴雨后，大姐夫站在珞珈山上，面对转清的东湖水触景生情，回忆起"文革"中所受侮辱和诽谤，心情反而豁然开朗起来，回家后题诗一首：

> 东湖本自水清清，雨骤风狂偶现浑。
> 事过骄阳当顶照，清明剔透玉风神。

在"四人帮"横行的黑暗年代，他不顾个人得失，敢于直言，不违心做事，时刻为党和国家的命运前途担忧，展现了有社会良知的中国知识分子忧国忧民的爱国情怀、风骨与担当。他一生淡泊名利，从不患得患失，而当党籍得以恢复时他却极为高兴，满怀激情，充满活力。此后更是笔耕不辍，只要条件许可，就"不用扬鞭自奋蹄"，夜以继日地劳作，近 90 岁高龄还编撰完成和出版了长篇巨著《战后美国史》（《美国通史》第六卷）。这套由他主编和参与撰写，历经 24 年完成的近 300 万字的六卷本《美国通史》填补了国内美国史研究的诸多空白，是目前我国唯一一部全面、系统、深入、客观研究美国通史的权威力作）。他 1999 年 86 岁生日时曾写道："建国以后，通过学习马克思主义，我又从理论上逐渐认识到社会主义比资本主义优越，为生活和工作在社会主义的中国而感到自豪。但 1957 年起党的八大制定的正确路线被践踏，往往使我对以解放全人类为崇高目标的马克思主义忧心忡忡。改革开放以来的政策和成就，让我欣喜；而东欧的变化和苏联的解体，又让我思考和忧虑。凡是相信马克思主义和社会主义制度的知识分子，都有责任对社会主义建设事业密切关心，认真钻研并进行监督，总结教训，深入探讨走弯路的原因，以免重蹈覆辙。""责任感也使我认识到：做学问是追求真理，是为了对人民、对社会有益，水平有限可以学习提高，但不能计较个人得失，要有点勇气。""一个真正的知识分子，不应独善其身，要敢于追求真理，居安思危。"

在我眼里，大姐夫一直都是个乐观开朗、幽默风趣的人。他们家1954年起开始经历蹉跎岁月。"文革"期间，他和我大姐全家七口人（他们有五个子女）从武昌被下放到七个不同的地方。原来一家人居住的一区14号三层5居室的小楼，被人进驻占去一半，他却不在乎。家人几年未见面，其间有一年组织上让他和我大姐回家过个年，我大姐先回到武昌的家，随即过江到汉口看望我们的爸妈。大姐夫之后也回到武昌的家，当时住在他家楼下正做饭的邻居老太太见一人健步走上楼以为是我大姐的子女（也可能没大看清），便跟他说："你妈刚刚回来，又到汉口去了。"他马上转身赶到汉口，每每谈及此事，他总开心地哈哈大笑。

大姐夫也是一个特别重情的人。他和我大姐一生感情深厚，伉俪情深。他们共同度过了74年的岁月，他对我大姐的爱是真诚和永恒的。他常不无遗憾地提起："留美期间我们俩鱼雁往来频繁，计100来封并全部编号，她给我的我全部保留着，我给她的却因岁月动荡都丢失了。太可惜了！"他亦常念及他的所有这些成就都是在她的支持和鼓励下获得的。"正如《十五的月亮》所唱，'有我的一半，也有她的一半'。""在我们平淡的婚姻生活中，从未对生活感到无聊和厌倦，也未失去对理想的追求；通过相互关心和体谅，还常显得默契、和谐与温馨。""我们固然爱生活，但我们满足于温饱健康，亲近自然，不慕豪华奢侈，更鄙视纸醉金迷。我们也寄意于生活情趣，但只取材于山间明月、湖上清风、诗词书画、人际机智幽默；不矫情造作，佯装风雅，更不耗神于犬马声色。我们也希冀事业有成，但主要靠自己踏实刻苦的劳动；不投机取巧，察言观色，祈求恩赐。"谈及他们70多年的共同生活时，他曾这样比喻我大姐："她不是浓香玫瑰，也不是富贵牡丹，而是暗香疏影的梅花。""她不是山珍海味，也不是金箔佳肴，而是不加糖的新鲜牛奶：清清的香，淡淡的甜。"100多岁的他俩，还是那么恩爱和谐，相濡以沫。当大姐离开他两年时，103岁的他，在病榻上还为大姐赋诗一首，表达浓浓的思念之情，让人十分感动：

两年生死两茫茫。

不思量，却难忘，一盒骨灰何以慰未亡。

相思病，曾断肠，最喜病后只甜蜜没凄惶。

正幸百年偕老，如何又仙凡两隔只能梦里诉衷肠。

他拥有一颗年轻的心，童心童趣盎然，一直保持着好奇心和求知欲，喜欢接触新事物（包括近90岁时开始学电脑和网络）。大姐夫到哪里，哪里就充满欢乐的气氛。大家都会被他充满磁性的嗓音、生动的语言和幽默诙谐所感染。他每每出差到北京参加学术会议，其间都会到我家看望我们全家。我的女儿们很喜欢听他操着黄陂口音侃侃而谈，也乐意陪他一同拜访在京的同学老友，听他们在一起谈笑风生，讲历史、哲学、国事、天下事，海阔天空，无所不谈。大姐夫思想活跃、思路敏捷、精力充沛、不服老，我们都觉得他青春永驻。1999年，已86岁高龄的大姐夫到北京领奖并打算顺道拜访在京的几位老友，我们请他来家小住几日。本已讲好当日他的活动结束后我的两个女儿去清华大学接他，可还未出门就听到敲门声，我们打开门一愣，只见大姐夫自己提着行李箱已笔直地站在了家门口，笑嘻嘻地说不用接，打车很方便。

大姐夫是个孜孜不倦、喜做学问的读书人，他学识渊博，治学严谨，也喜欢鼓励晚辈上进。1983年，大姐夫去美国、意大利进行学术交流，回国后途经北京来我家看望，平日不问家政、不喜世俗客套的大姐夫，花了50美元送我正读大学的小女儿一个小巧的计算器。改革开放初期，工资不高，外汇有限，50美元不算小数目了。

总之，我觉得大姐夫是一个热爱祖国、热爱教育事业、热爱家庭、豁达开朗、淡泊名利、君子坦荡荡的儒雅学者，他不仅是我的兄长，更是我的良师益友。虽历经蹉跎，然岁月无悔，箫声剑影，笑对人生。

燕子声声里，相思又一年。大姐夫、大姐，你们在天国团圆了吧？愿你们在天国比翼双飞，再续前缘。你们的孩子都很好。

你们安心吧！

怀念伯父

刘小惠

2018 年 11 月 10 日上午 10 时 50 分，我的伯父因病医治无效与世长辞，享年 106 岁。噩耗传来，我万分悲痛，泪湿衣襟。

伯父刘绪贻是武汉大学历史学院教授，早年留学美国，是著名历史学家和社会学家。在我的家族中，他和我父亲刘绪述是同胞兄弟。不幸的是，我父亲英年早逝，父亲走的时候，我还不到一岁。大约到了四五岁，伯父把我接到他身边，在他那里，我念完小学和初中，在快乐中度过我的童年。直到 1968 年底，我和全国知青一道，奔赴广阔天地，这才依依不舍地离开他。十多年哺育教养，恩深似海洋！

1970 年，我从知青下放地钟祥回城参加工作。两年后，已是谈婚论嫁的年龄，当我告诉伯父自己已经有男朋友（现在是我的老伴）时，他很高兴，但又有几分担忧，生怕我嫁错人受委屈，于是四处托人了解情况，甚至亲自出面"考察"，直到对我男朋友人品满意才放心。1975 年我们结婚时，伯父又送我 100 元大礼（这个数目在当时是惊人的，那时我每月工资也只有 20 多元），还赠我一首诗，用工整的毛笔隶书写在宣纸上："婚嫁固喜事，但亦人情常，愿汝成家后，毋锁家务疆……"中间几句我记不清了，大意是要我政治上进步，努力学习文化、科学知识，为国家多做贡献。末尾二句是："殷勤继父志，革命家风长。"可惜的是，在我们搬迁新居的时候，伯父的赠诗连同一个纸箱子被人偷走了。

近几年，伯父的身体不好，住进医院。有时神志模糊，认不清人。但是，我每次去医院看望他，他都能认出我，喊我"小惠"。10 月 3 日，我去看望伯父，我喊他，他似乎听不见了，护工贴着他的耳朵大声说："你侄女小惠来了！"他只微微点头，已不能讲话，我没想到这次见面竟成永诀。

几天来，每当夜阑人静，伯父总是从我梦中走来：骑一辆旧的自行车，颠簸在那崎岖的上班路上；求索斋里，正聚精会神伏案写作……

（李汉泉记录整理）

中　编

刘绪贻先生的中国美国史学界之最

黄安年

我所敬重的刘绪贻先生 10 日上午走了，去和他的老伴周世英师母在天国相会了。

作为和先生有 40 年密切交往的后学，我痛失良师益友。先生是中国美国史研究会开拓者、奠基者之一，是著名的美国史学家和社会学家，直到跨入第二个百年之际依然笔耕不辍，改革开放为先生开启了创新学术研究的广阔空间，先生为中国美国史研究会和美国史研究留下了宝贵的学术遗产和无私奉献的道钉精神，他在为人、为文、为友方面实为学界楷模、后辈榜样。明天上午将举行向先生最后告别的仪式，我委托前往武汉见先生最后一面的杨玉圣教授代向先生三鞠躬，愿先生精神不死，泽惠后学。

在我印象中先生有诸多"之最"。

先生是最具学术创新思维的学者。这在先生近千万字的学术论著中清晰可见。先生不唯上、不唯书，只唯实的精神，在中国美国史研究中是极其难能可贵的。

先生是我国最具影响力的六卷本《美国通史》的组织者（另一位是杨生茂先生）、撰稿人，从 1979 年到 2002 年历经 24 个春秋。

先生是身体力行艰难攻关我国当代美国史的开创者。他主编的《战后美国史》等当代美国史论著填补了我国美国史研究的空白。他"明知山有虎，偏向虎山行"的攻坚克难精神值得我国中青年美国史研究者认真继承。

先生是中国美国史研究会奠基时期的主要组织者，他所领导和主持的武汉秘书处为中国美国史研究会的工作起了奠基和示范作用，树立了学术为公、无私奉献、勤奋为会的榜样。

先生也是新中国第一位撰写口述自传的美国史专家。他的《箫声剑影——刘绪贻口述自传》（上卷）于 2010 年出版，产生了广泛影响。他的下卷也已完稿，遗憾的是在他生前未能面世。

先生是与时俱进、和时代同行、学术之树常青的学者。在老一代学者中，先生娴熟地运用电脑撰写学术论著，活到老、学到老、写到老，直到跨入人生的第二个世纪依然笔耕不辍。他是中国美国史研究界的常青树。

先生是无怨无悔、无私奉献的美国史研究者。先生在艰难中前行，创造了辉煌的业绩，令人敬佩。

先生还是中国美国史研究走向美国的积极推动者。他在《美国历史杂志》中国特约编辑的二十多年任期中发挥了独特的作用，既宣传了中国的美国史研究，又维护了"一个中国"的原则和尊严。

先生也是中国美国史研究者中的最长寿者，以 106 岁高龄位列美国史研究者长寿队伍之榜首。他的健康长寿秘诀让我们受用不尽。

刘绪贻先生，我们想念您！

《美国史研究与学术创新》书影

我和刘绪贻先生的通信交往

黄安年

德高望重的学术界人瑞刘绪贻先生于 2018 年 11 月 10 日在医院安详地走了（1913.5.13～2018.11.10），他是中国美国史研究会创始人之一，著名的美国史学家和社会学家，直到跨入人生第二个百年之际依然笔耕不辍，他在为人、为文、为友方面实为学界楷模、后辈榜样。① 我比刘先生小 23 岁。最初结识刘先生，是在 1979 年 4 月 21 日至 26 日在武汉举行的中国美国史研究会筹备会议期间。从那时起，我们之间的学术交往和师生友情便一直延续。21 世纪初之前刘先生和我联系的主要方式是书面通信，其后主要通过电子邮件和电话。依据我的记事本，刘先生与我自 1980 年起就相互通信，粗略统计刘先生写给我的信件至少有 150 封，由于几经搬迁，我保存至今的只有 91 封②，内容反映了我国美国史研究的现状和发展以及

---

① 2018 年 11 月 11 日，我撰写唁电《深切哀悼刘绪贻先生仙逝》如下：

武汉大学历史学院

中国美国史研究会秘书处

并请转刘绪贻先生治丧委员会：

惊悉德高望重的学界人瑞刘绪贻先生于 2018 年 11 月 10 日仙逝。作为和先生有着 40 年密切交往的后学，我感到十分悲痛，失去了良师益友。先生是中国美国史研究会主要创始人之一、著名的美国史学家和社会学家，直到他跨入第二个百年之际依然笔耕不辍，改革开放为先生开启了创新性学术研究新贡献的宽广空间，先生为中国美国史研究和中国美国史研究会留下了宝贵的学术遗产和无私奉献的道钉精神，他的为人、为文、为友实为学界楷模、后辈榜样。

刘绪贻先生我们怀念您，刘绪贻先生一路走好，刘绪贻先生家人节哀！

2018 年 11 月 11 日

② 《我保存的刘绪贻先生 1982～2011 年写给我的 91 封信件》，黄安年的博客于 2018 年 11 月 11 日发布 91 封信件，目录如下：1. 1982 年 1 月 18 日刘绪贻先生致信黄安年；2. 1983 年 10 月 29 日刘绪贻先生致信黄安年；3. 1984 年 1 月 5 日刘绪贻先生致信黄安年；（转下页注）

（接上页注①）4. 1984 年 4 月 17 日刘绪贻先生致信黄安年；5. 1984 年 4 月 26 日刘绪贻先生致信黄安年；6. 1984 年 5 月 3 日刘绪贻先生致信黄安年；7. 1984 年 6 月 15 日刘绪贻先生致信黄安年；8. 1989 年 11 月 8 日刘绪贻先生致信黄安年；9. 1990 年 3 月 9 日刘绪贻先生致信黄安年；10. 1992 年 4 月 5 日刘绪贻先生致信黄安年；11. 1992 年 5 月 3 日刘绪贻先生致信黄安年；12. 1992 年 6 月 8 日刘绪贻先生致信黄安年；13. 1992 年 7 月 1 日刘绪贻先生致信黄安年；14. 1992 年 7 月 13 日刘绪贻先生致信黄安年；15. 1992 年 7 月 18 日刘绪贻先生致信黄安年；16. 1992 年 9 月 23 日刘绪贻先生致信黄安年；17. 1992 年 10 月 11 日刘绪贻先生致信黄安年；18. 1992 年 11 月 8 日刘绪贻先生致信黄安年；19. 1992 年 11 月 11 日刘绪贻先生致信黄安年；20. 1992 年 11 月 15 日刘绪贻先生致信黄安年；21. 1992 年 11 月 27 日刘绪贻先生致信黄安年；22. 1992 年 12 月 4 日刘绪贻先生致信黄安年；23. 1992 年 12 月 20 日刘绪贻先生致信黄安年；24. 1993 年 1 月 4 日刘绪贻先生致信黄安年；25. 1993 年 1 月 14 日刘绪贻先生致信黄安年；26. 1993 年 1 月 22 日刘绪贻先生致信黄安年；27. 1993 年 1 月 23 日刘绪贻先生致信黄安年；28. 1993 年 1 月 26 日刘绪贻先生致信黄安年；29. 1993 年 2 月 23 日刘绪贻先生致信黄安年；30. 1993 年 3 月 21 日刘绪贻先生致信黄安年；31. 1993 年 3 月 22 日刘绪贻先生致信黄安年；32. 1993 年 5 月 18 日刘绪贻先生致信黄安年；33. 1993 年 5 月 28 日刘绪贻先生致信黄安年；34. 1993 年 6 月 10 日刘绪贻先生致信黄安年；35. 1993 年 7 月 4 日刘绪贻先生致信黄安年；36. 1993 年 7 月 12 日刘绪贻先生致信黄安年；37. 1993 年 7 月 18 日刘绪贻先生致信黄安年；38. 1993 年 7 月 22 日刘绪贻先生致信黄安年；39. 1993 年 8 月 17 日刘绪贻先生致信黄安年；40. 1993 年 8 月 31 日刘绪贻先生致信黄安年；41. 1993 年 9 月 11 日刘绪贻先生致信黄安年；42. 1993 年 9 月 21 日刘绪贻先生致信黄安年；43. 1993 年 11 月 16 日刘绪贻先生致信黄安年；44. 1993 年 12 月 26 日刘绪贻先生致信黄安年；45. 1994 年 2 月 12 日刘绪贻先生致信黄安年；46. 1994 年 2 月 25 日刘绪贻先生致信黄安年；47. 1994 年 2 月 27 日刘绪贻先生致信黄安年；48. 1994 年 4 月 9 日刘绪贻先生致信黄安年；49. 1994 年 4 月 18 日刘绪贻先生致信黄安年；50. 1994 年 4 月 30 日刘绪贻先生致信黄安年；51. 1994 年 5 月 7 日刘绪贻先生致信黄安年；52. 1994 年 5 月 11 日刘绪贻先生致信黄安年；53. 1994 年 5 月 19 日刘绪贻先生致信黄安年；54. 1994 年 6 月 9 日刘绪贻先生致信黄安年；55. 1994 年 8 月 28 日刘绪贻先生致信黄安年；56. 1995 年 2 月 27 日刘绪贻先生致信黄安年；57. 1995 年 4 月 12 日刘绪贻先生致信黄安年；58. 1995 年 4 月 16 日刘绪贻先生致信黄安年；59. 1995 年 7 月 28 日刘绪贻先生致信黄安年；60. 1995 年 11 月 6 日刘绪贻先生致信黄安年；61. 1996 年 5 月 22 日刘绪贻先生致信黄安年；62. 1996 年 11 月 15 日刘绪贻先生致信黄安年；63. 1997 年 5 月 4 日刘绪贻先生致信黄安年；64. 1997 年 7 月 9 日刘绪贻先生致信黄安年；65. 1997 年 11 月 21 日刘绪贻先生致信黄安年；66. 1998 年 3 月 16 日刘绪贻先生致信黄安年；67. 1998 年 3 月 24 日刘绪贻先生致信黄安年；68. 1998 年 4 月 13 日刘绪贻先生致信黄安年；69. 1998 年 4 月 18 日刘绪贻先生致信黄安年；70. 1998 年 7 月 30 日刘绪贻先生致信黄安年；71. 1998 年 10 月 1 日刘绪贻先生致信黄安年；72. 1998 年 11 月 22 日刘绪贻先生致信黄安年；73. 1999 年 3 月 17 日刘绪贻先生致信黄安年；74. 1999 年 9 月 16 日刘绪贻先生致信黄安年；75. 1999 年 10 月 3 日刘绪贻先生致信黄安年；76. 1999 年 10 月 18 日刘绪贻先生致信黄安年；77. 2000 年 10 月 5 日刘绪贻先生致信黄安年；78. 2000 年 10 月 14 日刘绪贻先生致信黄安年；79. 2000 年 11 月 1 日刘绪贻先生致信黄安年；80. 2000 年 11 月 19 日刘绪贻先生致信黄安年；81. 2000 年 12 月 17 日刘绪贻先生致信黄安年；82. 2001 年 6 月 29 日刘绪贻先生致信黄安年；83. 2001 年 6 月 30 日刘绪贻先生致信黄安年；84. 2001 年 7 月 8 日刘绪贻先生致信黄安年；85. 2001 年 12 月 21 日刘绪贻先生致信黄安年；86. 2002 年 2 月 21 日刘绪贻先生致信黄安年；87. 2002 年 3 月 14 日刘绪贻先生致信黄安年；88. 2002 年 4 月 17 日刘绪贻先生致信黄安年；89. 2003 年 4 月 16 日刘绪贻先生致信黄安年；90. 2003 年 5 月 5 日刘绪贻先生致信黄安年；91. 2011 年 4 月 12 日刘绪贻先生致信黄安年。

我们心目中的美国和美国史研究，对于研究奠基时期的我国美国史研究具有史料价值。需要提及的是这些信件绝大部分是 8 分平邮，信封是用用过的信封反面写的。刘绪贻先生 1980～1987 年给我的 60 封信件①，我至今没有找到。

——

刘绪贻先生来信内容在《学界之幸　人间之福——祝贺刘绪贻先生百岁华诞》博文中多有引述。② 限于篇幅，有些内容该文未能涉及。这里在该

① 《未找到刘绪贻 1980～1987 年间写给我的 60 封信件目录》，黄安年的博客，2018 年 11 月 11 日发布。未能保存的信件目录如下：1980 年有 9 封信未能保存，分别是 1980 年 1 月 23 日武汉大学美国史研究室来信、1980 年 2 月 11 日中国美国史研究会来信、1980 年 2 月 24 日中国美国史研究会来信、1980 年 6 月 2 日中国美国史研究会来信、1980 年 7 月 18 日刘绪贻先生来信、1980 年 8 月 1 日中国美国史研究会来信、1980 年 8 月 30 日中国美国史研究会来信、1980 年 9 月 8 日刘绪贻先生来信、1980 年 10 月 11 日刘绪贻先生来信；1981 年有 13 封信未能保存，分别是 1981 年 2 月 20 日刘绪贻先生来信、1981 年 2 月 23 日刘绪贻先生来信、1981 年 2 月 27 日刘绪贻先生来信、1981 年 5 月 3 日中国美国史研究会来信、1981 年 5 月 17 日中国美国史研究会来信、1981 年 6 月 1 日刘绪贻先生来信、1981 年 9 月 15 日中国美国史研究会来信、1981 年 9 月 20 日中国美国史研究会来信、1981 年 9 月 23 日刘绪贻先生来信、1981 年 10 月 15 日中国美国史研究会来信、1981 年 10 月 16 日中国美国史研究会来信、1981 年 11 月 15 日中国美国史研究会来信、1981 年 12 月 30 日中国美国史研究会来信；1982 年有 8 封信未能保存：1982 年 9 月 5 日刘绪贻先生来信、1982 年 3 月 26 日刘绪贻先生来信、1982 年 4 月 12 日刘绪贻先生来信、1982 年 4 月 25 日刘绪贻先生来信、1982 年 7 月 12 日刘绪贻先生来信、1982 年 7 月 26 日刘绪贻先生来信、1982 年 11 月 19 日刘绪贻先生来信、1982 年 12 月 2 日刘绪贻先生来信；1983 年有 5 封信未能保存：1983 年 1 月 5 日刘绪贻先生来信、1983 年 1 月 19 日刘绪贻先生来信、1983 年 7 月 15 日刘绪贻先生来信、1983 年 10 月 25 日刘绪贻先生来信、1983 年 12 月 24 日刘绪贻先生来信；1984 年有 6 封信未能保存：1984 年 1 月 9 日刘绪贻先生来信、1984 年 3 月 9 日刘绪贻先生来信、1984 年 4 月 9 日刘绪贻先生来信、1984 年 5 月 7 日刘绪贻先生来信、1984 年 9 月 6 日刘绪贻先生来信、1984 年 10 月 9 日刘绪贻先生来信；1985 年有 4 封信未能保存：1985 年 7 月 19 日刘绪贻先生来信、1985 年 11 月 6 日刘绪贻先生来信、1985 年 11 月 7 日刘绪贻先生来信、1985 年 12 月 4 日刘绪贻先生来信；1986 年有 12 封信未能保存：1986 年 5 月 19 日刘绪贻先生来信、1986 年 5 月 20 日刘绪贻先生来信、1986 年 6 月 26 日刘绪贻先生来信、1986 年 7 月 9 日刘绪贻先生来信、1986 年 7 月 14 日刘绪贻先生来信、1986 年 8 月 3 日刘绪贻先生来信、1986 年 9 月 29 日刘绪贻先生来信、1986 年 11 月 15 日刘绪贻先生来信、1986 年 11 月 17 日刘绪贻先生来信、1986 年 12 月 1 日刘绪贻先生来信、1986 年 12 月 13 日刘绪贻先生来信、1986 年 12 月 22 日刘绪贻先生来信；1987 年有 3 封信未能保存：1987 年 2 月 19 日刘绪贻先生来信、1987 年 7 月 19 日刘绪贻先生来信、1987 年 12 月 21 日刘绪贻先生来信。

② 参见《学界之幸　人间之福——祝贺刘绪贻先生百岁华诞》（我所认识的中国美国史研究者之十三），黄安年的博客，2019 年 6 月 8 日。

文基础上，主要就刘先生信中所反映学术创新的见解做进一步陈述。

1992 年 6 月 8 日刘先生来信中谈及《美国史研究通讯》编撰时提出："学术视野要开阔，要为社会主义长远利益着想，要敢于发展马列主义，要尽可能避免'著书都为稻粱谋'。"①

1992 年 9 月 23 日刘先生来信中谈及年会活动时写道："你们积极为开好年会进行的努力是值得会员们称赞的。我希望年会能创造一种辩证地认识美国和美国史的气氛：既批评美国资本主义的消极面；也敢于公开地倡导在建设中国特色社会主义时利用美国的资本主义。"②

1994 年 4 月 30 日刘先生来信中谈及坚持学术创新时写道，"坚持真理与正义往往容易得罪人"，"但我并不后悔，我在八十寿辰学校纪念会上致答词时用了两句古诗表达了这种心情：衣带渐宽终不悔，为伊消得人憔悴。而且古往今来事实证明：从长远来看，这样一来也不一定吃亏。当今教皇不是给哥白尼平反了吗？前些时考察了一下 20 世纪上半叶美国经济学史，发现制度学派创始人维布伦在世时，由于坚持己见，批判资本主义，加上性格孤僻，在各个学校处不好关系，的确吃亏不小，但是，他的生命力却比别人的强得多。这样的例子多得很，我担心的不是别人嫉妒和倾轧，而是自己坚持的是不是真理；如是真理，自己是否够坚定"。③

1994 年 4 月 9 日刘先生来信中谈及"关于国际著作和论文奖问题"时说："有个评审标准的重大问题。西方标准和我们不同，所以鲁迅都未曾得过诺贝尔文学奖。他们评审标准基本上根据的是资本主义自由主义原则，歧视马、列、毛思想，不解决这个根本问题，很难引起我国 Americanists 对此事的兴趣。"④

1995 年 4 月 16 日刘先生来信中谈及为他所著《富兰克林·D. 罗斯福时代（1929—1945）》申请评奖一事，信中写道："为拙著申请评奖，你费了大力，十分感谢。不过，美国佬口头讲'机会均等'，但他们对于用辩证唯物主义观点写的书，总不免歧视，虽然拙著力图避免教条主义，但他们能否开明到容许程度，还很难说。总之，不管能否得奖，你和蜀

---

① 1992 年 6 月 8 日刘绪贻先生致信黄安年。
② 1992 年 9 月 23 日刘绪贻先生致信黄安年。
③ 1994 年 4 月 30 日刘绪贻先生致信黄安年。
④ 1994 年 4 月 9 日刘绪贻先生致信黄安年。

生编审这种为我国的美国史研究打入国际学术界的崇高努力，我总是衷心感谢的。"①

1999 年 3 月 17 日刘先生来信说："上月，我曾头痛，遵医嘱做 CT 检查，发现脑萎缩和脑左侧内束后肢腔梗。经吊针及服药，头痛基本停止，但医嘱，必须暂停过度用脑，否则可能有二：（1）脑溢血，（2）老年痴呆。医生说得也许过于吓人，但亦不可完全不信。因此近来我不敢再像以往那样用脑了。"②

1999 年 7 月 25 日刘先生来信中附有他 1999 年 6 月 21 日发表在《长江日报》上的文章《灵魂给肉体加鞭——86 岁感怀》，文末写道："在建设有中国特色的社会主义文明、民主、富强的中国的道路上，还有许多障碍有待迫切清除。然而，任务是艰巨的，不独自己力量有限，又到 86 岁高龄，我想作的贡献和能作的贡献实在是差距太大。因此，一生固然可感，但还不得不时让我的灵魂给我的肉体加鞭。"③ 先生这种"老骥伏枥，志在千里"的奋力拼搏精神令人十分钦佩。

2000 年 11 月 1 日刘先生来信中写道："你的两篇大作我也收到了。近来我很忙（主要是人民出版社让我将《战后美国史》补写到最近时期。我们原来写到 1986 年），只拜读了一篇，很受启发。我在别的地方还未看到'从资本主义整体的角度'来研究资本主义发展史的说法。"④

2002 年 4 月，人民出版社出版了刘绪贻先生主编的增订版《战后美国史（1945—2000）》。我在书评中写道，在迄今我国学者出版的美国史著作中，该书是第一部把下限写到 2000 年的长篇战后美国史学术著作。刘先生在谈到增订版修改、补充情况时写道，"所有这些工作，均由刘绪贻负责完成"，"我的家人""参与索引的改编"。在如此高龄的学者中，亲自动手完成这样的长篇巨著的，在国内美国史学界可谓绝无仅有。这部著作的面世，使我国六卷本《美国通史》画上了圆满的句号。这套书自 1979 年开始筹划和准备撰写，到 2002 年六卷本出齐，前后历时 24 年，和我国的改革开放步伐以及中美建交以来的历程相同步。24 年来，这套高水准的大型学术丛书包含了刘绪贻先生、杨生茂先生和责编邓蜀

---

① 1995 年 4 月 16 日刘绪贻先生致信黄安年。
② 1999 年 3 月 17 日刘绪贻先生致信黄安年。
③ 1999 年 7 月 25 日刘绪贻先生致信黄安年附《长江日报》1999 年 6 月 21 日第 14 版复印件。
④ 2000 年 11 月 1 日刘绪贻先生致信黄安年。

生先生的无数心血。

刘绪贻先生主编的《战后美国史（1945—2000）》的一个十分突出的特点是，解放思想，务实求新，富有与时俱进的时代气息。增订版引言指出："第二次世界大战以后的美国史，是罗斯福'新政'式国家垄断资本主义不断得到巩固和发展，然后逐步走向衰落并出现保守主义改革高潮的历史；是随着上述发展过程美国登上资本主义世界霸主宝座，进行全球扩张并和苏联进行冷战，冷战结束后又谋求世界霸权的历史。"其中"并出现保守主义改革高潮"和"冷战结束后又谋求世界霸权的历史"是增订版中新加的。引言的这一指导思想贯穿了该书编写的全过程。而"罗斯福'新政'式国家垄断资本主义不断得到巩固和发展，然后逐步走向衰落"的论点，是刘先生多年来顶住来自一些方面的压力，创造性地运用马克思主义立场、观点和方法，阐述当代美国资本主义新发展的学术成果的集中体现。这一学术研究成果，抛弃了那种教条式地对待马克思主义的态度，既坚持了马克思主义的科学性，又在理论上不断创新，既用当代美国资本主义实践的新发展来检验理论，又用发展着的马克思主义来指导研究当代美国资本主义新的实践、新的变化……该书不仅独创性地系统阐述了战后美国罗斯福"新政"式国家垄断资本主义的巩固、发展，然后逐步走向衰落并出现保守主义改革高潮的政策调整进程，而且集中论述了在这一过程中美国全球扩张和谋求霸权的对外政策的五次重大调整。与此同时，该书用相当篇幅来详细介绍战后美国社会、上层建筑等的历史演变，涉及社会结构、政治制度、教育事业、宗教流派、社会科学、文化艺术等领域。战后美国史的撰写具有十分重大的理论和现实意义，也具有相当的敏感性，同时在最新资料的收集综合和理论分析概括上有很大难度。刘绪贻先生以历史学家的责任感和使命感致力于当代美国史的编写，其精神极为可嘉。由于美国对当代问题的研究给予特别的注意，90 年代以来，美国学者又推行美国历史和美国问题研究的国际化，力图将美国的历史观推向全球，因而修订一部富有时代气息的中国人的《战后美国史》也就成为顺理成章的事。刘先生主编的这本书正好适应了这一需求。①

---

① 参见《务实创新 富有时代气息——评新版〈战后美国史〉》，黄安年的博客，2008 年 1 月 30 日。

对此，2001 年 7 月 8 日刘绪贻先生在来信中写道："谢谢你写的书评（不过对拙著评价过高）。"①

二

除了书信往来，刘先生晚年还经常使用电子邮件和我通信，这在和刘先生同辈的老人中是很少见的。

2009 年 7 月 9 日，我收到刘先生发来的电子邮件，其中有刘先生载于香港《领导者》杂志 2009 年第 6 期的文章《应尊重马克思主义创建者的看法》，这篇文章提出了一个十分重要的观点：我们应该以什么样的态度来研究马克思主义和马克思主义创始人的学说。我在 2009 年 7 月 10 日发布《值得一读 刘绪贻文：极应尊重创建者自己对马克思主义的看法》博文，文中说道："马克思主义和马克思主义创始人的学说是随时代的发展变化而不断发展和修正的，马克思主义和马克思主义创始人的学说不是一成不变的僵化的教条，他们的学术见解要受到历史和社会实践的反复检验，在历史和社会的实践进程中不断修正自己的看法和完善马克思主义的构建。有些重要的观点马克思、恩格斯、列宁在往后的历史进程中已经作了修正和发展，我们应当珍重他们修正后的见解。在他们逝世后，世界历史进程又发生了翻天覆地的变化，如果他们健在，相信也会与时俱进地对新情况和新变化做出新解释、新说明、新概括的。"②

刘先生还通过电子邮件授权我在博客上发布了他的不少文章。③

2013 年 12 月 23 日上午 11：45：29，我通过电子邮件向已经 101 岁高龄的学术老人刘绪贻老先生和师母（101 岁）祝贺圣诞、元旦、农历新年，

---

① 2001 年 7 月 8 日刘绪贻先生致信黄安年。

② 《值得一读 刘绪贻文：极应尊重创建者自己对马克思主义的看法》，黄安年的博客，2009 年 7 月 10 日。

③ 参见《推荐刘绪贻文：〈忆挚友史国衡教授：一位潜力被扼杀的社会学家〉》，黄安年的博客，2009 年 5 月 12 日；《〈箫声剑影——刘绪贻口述自传〉（上卷）提要》，黄安年的博客，2010 年 3 月 31 日；《〈时代周报〉专访 98 岁高龄的刘绪贻教授：〈刘绪贻：教育不是灌输，而是点燃火焰〉》，黄安年的博客，2011 年 1 月 6 日；《对话刘绪贻：我们应该顺应历史潮流，推荐马国川专访刘绪贻》，黄安年的博客，2011 年 1 月 21 日；《对话刘绪贻：一个自由主义者的生活态度》，黄安年的博客，2011 年 4 月 29 日；《记纹身师刘元睿——刘绪贻口述、易文璐整理》，黄安年的博客，2012 年 1 月 10 日；《百岁学术老人刘绪贻撰文主张补上"批法"这一课》，黄安年的博客，2012 年 12 月 30 日。

并附上我们的贺卡。当日 18：01：03，收到刘先生回信，内容如下：

> 安年贤伉俪：
>
> 谢谢贺新年、春节。祝新年、春节阖府康乐。我虽无大毛病，但健康日减。有幸的是：人民大学出版社已决定再版《中国的儒学统治》，北京《温故》杂志已刊发《箫声剑影》下卷的第四章，九州出版社在考虑是否出版我的杂文集，《书屋》杂志约我和刘道玉有 4 个专题进行对话，我的口述史下卷已写到第十四章（计划写十五章）。不过，我是很吃力的。
>
> 绪贻

我在博文中写道："读了来信，感慨万分。第一，先生百岁老龄还天天收看电子邮件，并且在第一时间回复，从回信内容看，先生的思维是极其清晰的。如果不是有健康的身体，很难如此快速回复。第二，先生如此高龄还笔耕不辍，马不停蹄，实在令人钦佩。尤其是先生最关注的是他的口述史下卷，写的是新中国以来的口述史。先生和刘道玉的对话，相信将使我们对于我国教育制度改革有新的见解。"①

在刘绪贻先生白寿之喜时，我在 2012 年 1 月 4 日博文中发布了刘先生的文章《我研究美国史的经历》，该文首发在《书屋》2007 年第 2 期上，刘先生在文末谈道："坚持将我认为正确的研究成果全部写入《美国通史》之中，这是我老来觉得堪可告慰前贤、可以无愧于心的一件事情。"②

---

① 《感叹 101 岁的刘绪贻老先生笔耕不辍》，黄安年的博客，2013 年 12 月 24 日；《赞亲历两个世纪笔耕不辍的学术人瑞刘绪贻》，黄安年的博客，2018 年 11 月 14 日。2016 年 1 月 1 日，我在博文《祝愿 103 岁学术老人刘绪贻先生健康长寿》中写道："在迎来 2016 年新年之际，衷心祝愿 103 岁学术老人刘绪贻先生健康长寿。刘绪贻先生不仅是中国美国史学界年龄最长的学术老人，而且迄今笔耕不辍，极其难能可贵。2012 年 2 月 10 日，笔者撰写的《学界之幸 人间之福——祝贺刘绪贻先生百岁华诞》在网上发表，现在重发此文，表达对先生崇敬之情。需要特别说明的是文中涉及中国美国史研究会秘书处由武汉大学迁往南开大学的情节，就我受命为当时中国美国史研究会秘书长所知，均依史实叙述。还要重申的是：'就学术观点而言，我赞同戴先生有关罗斯福新政评价的基本观点，同时主张不同学术观点兼收并蓄，扬长避短，相互包容。在美国史学界并不存在所谓一条什么线的问题。'不同学术见解的争论也不是什么马克思主义与反马克思主义之争。"

② 《推荐刘绪贻文〈我研究美国史的经历〉》，黄安年的博客，2012 年 1 月 4 日。

我和刘绪贻先生合影

深切缅怀刘绪贻先生

韩 铁

恩师刘绪贻先生于 2018 年 11 月 10 日仙逝，学生心情沉痛。所幸买到第二天回国的机票，得以参加先生遗体告别仪式，瞻仰遗容，送先生最后一程。先生漫长的一生有许多值得我们缅怀的方面，诸如他在美国史和社会学领域的学术成就，他对中国美国史学科建设的巨大贡献，他为中国美国史研究会的建立与发展所付出的心血，他对后辈学者和学生的教育、关怀、爱护和提携。如此等等，不一而足。

作为 1979 年就投到先生门下的一个学生，我觉得在先生值得我们深切缅怀的众多方面中，有两点最能反映先生的崇高精神与刚强血性。一是先生在学术研究上是一个不畏险阻而敢于突破的勇者。二是先生在时事形势上是一个能高瞻远瞩认清世界大势的智者。在改革开放的初期，当学术界刚刚走出万马齐喑的局面时，先生就通过自己就罗斯福新政展开的研究，对当时还很少有人敢于触碰的"帝国主义为什么垂而不死"问题做出了自己的解释。

由于战后美国历史与当代政治关系密切，那时的史学界没有几个人敢于问津。可先生却偏偏知难而上，肩负起六卷本《美国通史》最后一卷《战后美国史》的主编重担。虽然先生关于罗斯福"新政"式国家垄断资本主义的论断并非每个学者都同意，《战后美国史》的写作由于当时资料缺乏也不可能是完美之作，更何况任何学术观点与学术著作都会有自己这样或那样的短板，但是，我想凡是从那个时代走过来的人都会承认，先生敢于突破的勇气非常人所有，极其难能可贵。

进入 21 世纪以后，先生与南开大学杨生茂先生共同主编的六卷本《美国通史》已告完成。他开始重新关注他青年时代就十分关心的问题，即中国过去现代化努力失败的原因。在他看来，1840 年以来的历史证明，儒家文化是妨碍现代化的重大阻力。于是，先生对他认为不利于中国改革开放和现代化进程的新儒学提出了尖锐的批评。不仅如此，先生还撰文讨论发展人民当家做主的社会主义民主，并对中西方法律体制进行比较研究，殷切希望将我国建成一个社会主义法治国家。显然，历史探索与比较研究使先生相信，民主与法治是中国现代化不可或缺的内容。因此，他就社会主义民主与社会主义法治发出的呼吁和表达的希望，都是为了他深爱的这个国家的未来。

先生在学术研究上的勇气与在家国情怀上的智慧，是给我印象最为深刻的两个方面。因为这不是每一个书生或者每一个学者都能轻易做到的，可是先生做到了。他书生舞剑指禁区，学者齐策忧天下，走出了一条不同凡响的道路，也为后来者树立了楷模。

先生千古！

悼恩师刘绪贻先生

何宏非

今天一早，陈泽伦发微信告诉我刘先生去世，我心里十分悲痛。一整天，刘先生对我的恩历历在目，一幕一幕划过。我读本科时，就有幸得到刘先生指导学士论文。我因为眼睛高度近视，决定不再继续深造，是刘先生说服我报考他的硕士研究生。这决定乃是我一生中最重要的决定之一，如果我没听先生的话，我这一生一定会郁郁寡欢，过得极不快乐。每想及当年先生对我的鼓励，心中的感激就无法抑制！

后来，又是先生大胆为我们提供了研究当代美国史的宽松自由环境，让我的心智得以自由成长，对事物的判断力得以提升，这为日后我经商成功打下了坚实基础。

硕士研究生毕业后，又是先生为我争取到留在美国史研究室工作的机会，其中风云变幻，眼看我就要与历史系无缘，又是先生亲自找了刘道玉校长，我才得以留在历史系。后来我申请哈佛燕京学社奖学金，又是先生为我写了推荐信，我才得以进入世界著名学校学习。

赴美后，出于种种原因，我辜负了先生对我的期望，弃学经商，先生又以他一贯宽宏的胸怀接受了我经商的选择。

我这一生，若未遇先生，我对社会的贡献将大打折扣，我本人的生活将充满懊恼和悔恨！先生是我人生中第一贵人，先生的恩情我将永记于心！

本来应该立即启程回武汉大学，见先生最后一面，无奈商务缠身，下周要陪重要客人去明尼苏达和田纳西州出差。我会让武汉的朋友送上花圈。12月初我回武汉时，再去拜访刘先生，以表达我的感激与怀念之情！

追忆刘绪贻先生

徐以骅

2018 年 11 月 10 日，从黄仁伟教授处得知刘绪贻先生去世的消息，十分悲痛。西谚云大树倒下才能量得直，但全面评估刘先生对推进学术发展尤其是思想进步的贡献，其实是很难的事。

记得 2012 年在庆祝刘先生百岁华诞时，本人曾撰写一篇题为《永远的导师——贺刘绪贻先生百岁华诞》的小文，回忆了本人追随刘先生读书的经历，后经杨玉圣教授的推荐还发表于《社会科学论坛》2012 年第 4 期；而关于先生的学术贡献，不少学界前辈和韩铁师兄等已经做了极详细和精确的阐述和归纳，似难以再赞一词。因此只能在此前那篇小文的基础上拾漏补遗，以缅怀先生。

我在先生门下受业三年，攻读美国史方向的硕士学位。1985 年 2 月从武汉大学历史系毕业后，径直来到复旦大学国际政治系任教，迄今不觉已有 30 多年。因转行研究中国基督教史、美国宗教以及宗教与国际关系，毕业后与先生的接触不多，只有屈指可数的几次。一次是 20 世纪 80 年代末，先生来沪出差兼访友，曾陪同先生去南京路新华书店购书，记得当时先生购得关于宋代大诗人陆游的书籍若干。先生自幼爱读龚自珍的诗文，而研究陆游诗词更是一大嗜好。先生慷慨激昂的爱国情怀和恣意奔放的生活热情，与陆放翁神似。2012 年由其故旧及弟子所编庆祝先生百岁华诞的纪念文集起名《野老丹心一放翁》，应该再合先生之意不过了。

之后的几次见面，分别是：1991 年 5 月在由中华美国学会联合中国社会科学院美国研究所在北京举办的"二十世纪美国与亚太地区国际学术讨论会"上与先生的会面，出席这次会议的除本人外，还有同门师弟——现任职于中央财经大学法学院的蒋劲松；2008 年 5 月在武汉大学举办的中国美国史研究会第十二届年会暨学术讨论会上以及同年 8 月与先生的两次见面；接下来就是 2012 年 5 月 13 日在武汉大学举办的先生百岁华诞的庆祝会上，记得当时我还受托代表刘门弟子在会上发言，其中有"常言道，青出于蓝而胜于蓝，但恩师的道德文章让弟子望尘莫及"，以及"恩师不仅是弟子的，不仅是武汉大学的，也是中国史学界乃至整个中国学术界的楷模"等语。此前还参与编辑先生的纪念文集《野老丹心一放翁》，其中的"编后语"便是由我草拟并经韩铁、赵林、李洪山、何宏非等几位同门师兄弟修改审定的。该"编后语"中的一段这样写道：

> 刘绪贻先生是当代中国学术界的标志性人物之一。他早年求学清华、负笈美国，归国后长期执教于武汉大学，研究领域横跨美国史、世界史、中国史和社会学，成就卓越、著作等身。先生情系教育，心怀家国；风骨峭峻，刚肠嫉恶；宏毅宽厚，奖掖后进；避俗趋新，独树一帜；道德文章，有口皆碑。他不仅是中国百年高等教育史的一个亲历者，也是中国的美国史研究的一位奠基人。

毕业后与先生接触不多，对先生的了解肯定不及同门师兄弟。如果要我谈先生的做事为人，我最深刻的印象大概可用下面这句话来概括，那就是"发乎情，而止乎礼义；随心所欲，而不逾矩"。

"发乎情，而止乎礼义"出现在先生的口述史回忆录《箫声剑影》中，在该书中，先生对自己多姿多彩和充满活力的半世人生进行了几近卢梭式的自我剖析，当然也在一定程度上折射了先生所处的时代。该回忆录虽只完成了半部，但完全可被列为当代学人最好的自传之一。先生受过多重文化圈的熏陶，作为共产党员，他始终未忘入党的初心，同时也永远保持着学者的本色和风骨，不懈地追求学术真理，臧否人物，褒贬时政，直言无隐，老而弥坚，坊间就有"北有周有光，南有刘绪贻"之谓，这应该就是"随心所欲，而不逾矩"吧。

近日读中国美国史研究前辈学者黄安年教授题为《从丁则民先生弟子们（合影）说开去》的网文，其中黄教授感叹，中国美国史研究开拓者黄绍湘、刘绪贻、杨生茂、刘祚昌、丁则民等五位先生中，只有杨生茂和丁则民先生通过博士生导师的平台建立了美国史研究的学术梯队，宛如枝繁叶茂的大树，生生不息。从专业学术传承的角度来看，黄教授此话不假。但就刘绪贻先生来说，也许正是因为不能如愿建立美国史博士点，他才得以摆脱各种羁绊，并且超越专业学术的范围，以"布衣教授"之身而成为与武汉大学老校长刘道玉、华中师范大学老校长章开沅并称的具有全国影响力的华中地区教育界"三杰"之一。先生不仅与刘道玉校长亦师亦友，互动频繁，而且与同城章开沅校长也是惺惺相惜，互引为知己，他们的友谊堪称我国当代高教史上的一段佳话。

高山景行，众所仰慕。先生不仅属于其受业弟子，更属于整个学术共同体。

2019 年 8 月 1 日
于上海西郊寓所

若非前世修来，定是今生炼成

——缅怀刘绪贻先生

谭君久

我是接到刘东教授的微信才得知刘绪贻先生仙逝的消息的，当时我正在出差回武汉的高铁上。虽然此前已有预感，但没想到这一天突然就来了。先生住进武汉大学中南医院已经好几年了，前几年去见他，他还能侃侃而谈，充满对生活的渴望。但从前年开始，我先后五次去看望先生，他都在昏睡。去年9月下旬，我旅欧回来就去看望先生，护工几次问他这是谁，他都昏迷不醒，时而努力睁开眼睛却马上就闭上了。离开时我特意留下护工的手机号码，几天后的一个早上，我去电话问了先生的状况，护工说他醒着可以见，我马上赶去，没想到等我到时他又睡去了。一年多了，竟没能与先生说上一句话，我越来越意识到先生来日无多，心情十分沉重。那段时间我连续出差，本来打算这次出差回来后再安排时间去看望一次，没想到就在回武汉途中收到刘东大姐发来的消息，顿感高山倾覆。

刘绪贻先生以105岁的高寿辞世，创造了一个奇迹。在先生百岁寿辰时，我曾以《若非前世修来，定是今生炼成》为题写了贺寿文章，今天为先生追思录撰文，该用什么题目好呢？想来想去，觉得不妨仍用这个题目，因为先生虽然已经驾鹤西去，但他豁达的人生态度、乐观的胸怀、开朗的性情、深邃的思考，他一生的修炼，永远令我心生向往，高山仰止。无论是在他生前，还是在他离开之后，我都一直在思索的问题就是：先生为什么能够如此高寿？对如先生这样一身风骨、追求真理的知识分子来说，其活着的意义又是什么？

中国有句老话说"人生七十古来稀"，但现如今这话显然已不大合适了，中国已进入老年社会，活过 70 岁的人已经很多。但是，像先生这样能够活过百岁的人还是非常稀少的。先生不仅身体健康，而且直到他生命的最后两年还笔耕不辍，指点时事，这就更罕见了，至少在我所熟悉的老人当中，能活到这个年纪并且还保持着旺盛的工作热情和生活情趣的，唯此一人。如此高寿而又有学问、有修养，我想可以称呼刘绪贻先生为刘绪老，或者干脆称绪老吧。

我没有在绪老的直接指导下攻读学位，但从 1977 年有幸认识先生起，即得到先生多方教诲，又应先生之邀来武汉大学美国史研究室工作，后虽转归政治学系，但仍与先生多有交往。我未能成为绪老的及门弟子，却与先生结下非同一般的友谊，成为无话不谈的忘年知己。所以我在同辈人中又是很幸运的，与先生有过许多交谈，不仅谈学术、政治、社会、人事，也谈私人生活，在先生的耳提面命下我受益良多。因此，我对先生的治学、人生以及人生态度都多有了解。

人都希望自己能够长寿，但即使在医疗保健非常发达的今天，要达到绪老这样的境界其实仍非常不易，真正活到这个岁数的更是寥若晨星。若按过去迷信的说法，应该是前世修来的。绪老是不迷信的，我也不。关于长寿和保持健康的秘诀，绪老曾应报刊的约请写过几篇文章，我在与绪老的交谈中也多次请教过这个问题。现在人们谈论养生经验，大概都离不开"坚持运动"，这一条绪老坚持得很好。珞珈山校园里的许多人都爱散步健身，绪老却有他自己的一套办法。80 年代初，我刚到武汉大学工作不久，还不大了解先生的生活习惯，有一次去他家汇报工作，我去得稍早了些，他还没有下床，正坐在床上"做操"，由捶臂、擦脸、梳头、顺耳等动作组成。先生告诉我，这套动作是根据人民出版社发行的一本关于综合按摩法的小册子做的，他已坚持几十年。后来，先生让我协助他做一些中国美国史研究会的工作，主要是编辑研究会通报，我向他请示汇报的机会也多了些，如果是下午五点钟左右去，多半是在宿舍楼的侧面找到他，他总是在那里打羽毛球。记得我第一次见到绪老的 1977 年秋，我和同在湖北省沙洋师范学校工作的先生的次子刘西，一起到武汉出差，到他家里拜访了先生。先生当时住在珞珈山上的老十八栋，有一天早上我从招待所出来，正好碰到先生骑着自行车到桂园操场前的历史系大楼上班，这条路线途中有两处陡坡。那时，先生 60多岁，骑自行车大概还不算什么。可是，15 年后，有一天见到先生，他告诉我，前几天他带着全家去了趟磨山游玩，他是骑自行车去的，而且后面还坐着他的大女儿。先生说这些时一脸童真，还手舞足蹈，"得意忘形"，却惊得我张大了嘴说不出话来，要知道这时的先生已年近八旬了啊！

但是，绪老注意健身，不仅仅是为了"活着"，更是为了远远超越"活着"。先生之所以能达到如此高寿的境界，除了坚持运动外，还有两条更重要的秘诀，一是他开阔的心胸，二是他对社会的深切关怀和对真理的不断思索。

先生在他的口述自传《箫声剑影》上卷的前言中总结说，他生平虽然遭遇一些坎坷、一些风浪，但最后基本上都能化险为夷，风平浪静，而且过程不够雄壮、不够传奇。在自传出版后接受采访时，记者问他有什么养生之道，先生回答说："我不嫖、不赌，我也不酗酒、不抽烟，生活比较正常，思想比较开明。我捧了很多鳖，但是我不在乎。"对先生过去经历的风浪和坎坷，我没有直接的了解，但从《箫声剑影》中可以读到一些。但是，对于先生在遭遇波折时的坦然和"不在乎"的人生态度，我却有过直接的感受。

1964 年 3 月，先生如愿以偿地从政府部门回到武汉大学，正当他雄心勃勃地投身美国史研究的时候，"四清"运动开始了，接着就是"文革"，这一折腾就是 15 年。直到 1979 年，先生以一个学者少有的行政才干和运筹能力，精心组织、规划了武汉大学美国史研究室的建设和发展，同时担任了中国美国史研究会的副理事长兼秘书处秘书长的职务，为推动中国的美国史研究尽心尽力。其间，他与南开大学的杨生茂先生联合主编，带领一班学人承担了六卷本《美国通史》的国家哲学社会科学重点研究项目。可是，正当先生踌躇满志，准备进一步大展宏图的时候，却在 1987 年被要求退休了。1986 年，刚刚从兰州开完中国美国史研究会年会回来不久，人们获知，在当年评定博士生导师的时候，先生意外地落选了。那时博士生导师资格不像现在由各校甚至学院的学位委员会就可以评定，而是要由国务院学位委员会的学科评议组来评定。先生落选的原因是他已年过 70 岁，而且据说上面有这样的规定。而按照武汉大学的规定，因为不是博士生导师，先生也就只能退休，而且在返聘半年后，也没有像其他一些人那样被继续返聘。学界很多人都对此感到遗憾，平心而论，从先生的学识、在学术界的影响和为推动美国史研究的发展所能够发挥的作用来说，这样的结果不仅对先生是很不公平的，而且对武汉大学美国史研究室的建设、中国的美国史研究学科的发展也是重大损失。可是，不该发生的事情还是发生了，谁也没有办法。后来的事实证明，自从绪老退休后，武汉大学美国史研究室就一蹶不振，再也无法重现当年蒸蒸日上的势头，人们每当谈起这件事都会唏嘘不已，既惋惜又无奈。刚开始的日子里，先生的心里多少有些难受，在个人交往中，我也感到他内心有些压抑。但是，现在看来，我的担心有些过头了。突然到来的退休，非但没有将先生击倒，反而激发了先生的生活热情。他告诫自己，过去几十年浪费了太多的时间，退休不是坏事，可以卸掉一切学术研究之外的负担，正好趁着这个时机，抓紧时间写书、写文章，完成原来想做但因忙于公务而未能做成的事情。对于这件事情上明显的不公，先生也没有过多抱怨，他真的是心胸开阔，做到了"不在乎"。因此，退休以后的30年里，绪老不仅完成了六卷本《美国通史》的撰写和主编的任务，主持了商务印书馆、中国社会科学出版社、湖北人民出版社、湖南人民出版社、武汉大学出版社组稿的多本译著的译校，主编了《改革开放的社会学研究》，而且指导叶巍、王进将他当年在美国写的硕士学位论文《中国的儒学统治：既得利益抵制社会变革的典型事例》译成中文出版，还整理出版了《黎明前的沉思与憧憬——1948年文集》，并且频频接受约稿，发表了一百多篇学术论文、散文、杂文、时评、书评等，又与余坦坦合作完成出版了他的口述自传《箫声剑影》的上卷，并在生命的最后几年完成了下卷的书稿。这些著译的出版和发表告诉人们，绪老虽已退休，却退而不休，他恰恰是在退休以后迎来了学术研究的多产期，攀登上了自己学术生涯的高峰。

　　正如先生自己所说，由于历史的主观和客观的原因，他自感生平浪费了大量宝贵的时间。这其实不仅是他个人的遭遇，也是他们那一代乃至几代中国学者的共同遭遇。刚认识绪老时，我听刘西说他父亲在忙着研究陆游，后来在他家里也看到了先生为研究陆游而做的一些功课，感到有点不解。无论是社会学还是美国史，都与陆游风马牛不相及，先生为什么要研究陆游呢？直到十几年前，我在梳理政治学恢复后的六代学人时，仔细地了解了吴恩裕先生的经历，才似乎悟到了其中的奥秘和苦涩。吴恩裕生于1909年，以专攻政治经济学出身，1936年公费留学英国，师从著名的理论家拉斯基教授，获政治经济学博士学位，回国后也曾在大学讲授政治学多年，出版过政治思想史的著作，可是从1954年秋起就转向红学，研究起《红楼梦》作者曹雪芹的生平家世，并且取得了相当的成就，最后竟是以红学家而非政治学家著称的。吴恩裕先生的研究红学和刘绪贻先生的研究陆游，真的是基于一种学术上的兴趣和志愿吗？这里我无法得出结论。两位先生年龄相仿，分别属于政治学、社会学恢复后的第一代学人，这一代学人幼儿时代都受过旧式的私塾教育，熟读四书五经，国学修养深厚，后来又留学欧美，因此是中国历史上前无古人后无来者、真正受过中西双面学术训练、融贯中西的学者。可惜的是，1949 年后，政治学与社会学一样被当作"资产阶级的学科"取消了，他们转而研究其他学科，继续从学术研究中求得快乐并实现自己的生命价值。吴恩裕和那一代的另一位政治学者楼邦彦（1912 年生）在 1979 年同年去世，还没有来得及在政治学的恢复和发展中展露自己的才华，就带着终身遗憾走了。因此，我们有理由感到宽慰和庆幸，从那以后，绪老的强大生命力延续了近四十年，这是多么重要、多么宝贵、多么难得的四十年啊！先生自己总结过，恰恰是从 1979 年起，就很少再浪费时间。在这些年里，他不仅治美国史，也关心社会学的恢复和发展。我想，只有理解了先生曲折的人生和学术经历，才能理解为什么他不仅没有因为退休而终止他的学术生涯，反而出了更多的学术成果，成为学术界众人景仰的一棵常青树。

绪老没有成为博导，但是，这些年来接受过他指导的学生无数，不分校内校外，只要是来求教于他的学生，绪老都热情接待。他对那些思想活跃、视野开阔、敢于质疑的学生，尤其愿意给予帮助。他经常谈起，最近又有哪里的哪个学生来找他了，有研究世界史、美国史的，有研究社会学的，也有来自其他学科的。我也属于其中的一个。我 1968 年大学毕业后，在当时的政策背景下，只能分配到县级以下的单位。这一去，就在下面待了十年。但我还算幸运，辗转到了湖北省沙洋师范学校工作，能一边教书一边自学。但是，眼看到了而立之年，眼前却依然一片渺茫。1977 年秋，我与刘西一起到武汉出差，就这样认识了绪老。不久，就在高考恢复的同时传来了即将恢复招收研究生的消息。我决定闯一闯，试一试。根据我的工作和专业背景，我报考了复旦大学国际政治专业美国政治研究方向的研究生。在备考期间，我数次利用到武汉出差的机会向先生求教，他都是热情地接待，指点我该读哪些书。1978 年我去复旦大学读研，在导师陈其人先生的指导下，我选择的学位论文题目就是"美国民主党与罗斯福新政"，这又正好与先生当时关注的问题不谋而合。1981 年初夏，先生有一次到上海出差，专程找到我的宿舍，了解我的想法，热情地邀请我来武汉大学工作，并积极地运作武汉大学接收我的事情。我来武汉大学后，先生知人善任，安排我协助专攻美国政治制度史的曹绍濂先生，这正好与我原来所学的专业相衔接，有利于我后来的学术发展。1985 年，我与中国社会科学出版社签约承担了翻译美国著名政治学家和历史学家詹姆斯·M. 伯恩斯的 *Government by the People* 的任务，坦白说，对于翻译这样一部较大部头的书我的信心是不足的。绪老一方面鼓励我，另一方面为了保证翻译的质量，帮我联系了他过去的学友——同时留学美国的朱鸿恩先生参加译稿的审校。朱先生以那一代学者特有的严谨，审校得特别仔细认真，对于重要的修改，不厌其烦地附上便条，引用相关词典的释义来说明修改的理由。朱先生远居昆明，我们的讨论都是书信来往，但在朱先生的感染下，我坚持将近一百万字的译稿逐段逐句地与原文对照，对一些重要的语句反复斟酌推敲。所以，虽然这本书付梓时恰好遭遇中美版权协议生效，而出版社负责与美方交涉的人员又经验不足、胡乱操作以致横生枝节，但由于译稿质量得到精通英文的资深责任编辑范道丰先生的大力肯定，最终克服重重困难，以《美国式民主》作为中文版书名出版，也得到了读者的认可。1986 年，武汉大学恢复政治学专业，我自感无法完全适应历史学的研究方法和路径，思考再三，决定回归政治学，先生非常开明，对我的决定给予了充分的理解。尽管我离开了美国史研究室，但与先生的交往却从未中断，在与他的广泛的交谈中，我所学到的不只是具体的知识，更重要的是治学求实求真的态度、追求民主法治的理想、关心国运民生的情怀。

先生在以极大的热情帮助和提携青年时，态度又是严肃的，从不马虎敷衍。他曾经给我讲过这样一件事。有一位社会青年与先生素不相识，非常唐突地找到先生，在电话里张口就要先生给他写推荐信，先生觉得自己对他毫不了解，不能不负责任地随便推荐，就婉言谢绝了。不想这位青年竟找上门来指责先生歧视他，不支持青年人。先生先是耐心地给他解释，请他理解，谁知那人不听教诲，居然赖着不走，纠缠不休，先生不得已只好请学校保卫处的人来协助解决此事。听了这件事，我认为先生做得很好。

写到这里，我还想起 1977 年刚认识先生时的一件事。那次和刘西一起到先生家里，交谈中说起当时社会上开始出现的找人办事送礼、替人办事收礼的风气，先生对此十分不屑，一脸的鄙夷，用他那纯正的黄陂口音说，"送礼就是对人的一种侮辱"。先生的这句话让我了解了先生的为人，也深深地感染了我。所以，在那以后的几十年里，在与先生的交往中，我一直坚持着"君子之交"的原则，从不送什么要用金钱价值来衡量的礼物。唯一的一次送礼，是 2012 年我退休后去台湾旅游，在阿里山茶场有一种罐装的高山云雾茶，该茶场大概是蓝营的支持者，罐子上印有马英九的头像，我觉得有点意义，不久又将迎来刘先生的百岁寿辰，就买了两盒，一盒留给自己，一盒作为从海峡对岸带给先生的纪念品。

1993 年春，先生满 80 岁了，我没有什么礼物可以送给先生，但基于这些年来对先生的认识和理解，写了一副对联，我不善毛笔书法，就用钢笔字直接抄给了先生，内容是这样的：

> 贺刘绪老先生八十寿辰：
> 已非青年不亚青年年青在心魄换脑筋勤耕耘论新政结出成果累累
> 未成博导胜似博导导博无校界严教诲惜人才重创见今有弟子莘莘
> 学生　谭君久，癸酉年五月

其中的下联说的就是先生宽阔的胸怀，对于没能成为博导、过早退休这件事他不仅没有"在乎"，而且更坚定了投身学术的意志，指导、帮助过的青年人也远远超出了武汉大学的范围；上联则可以用来说明先生始终为关心社会、追求真理而不断接受新事物，坚持思考。绪老研究美国的罗斯福新政，提出了一系列新的观点，这已为学界所熟知。在退休以后，绪老更关心的是如何用他的余年来推动中国的民主与法治的建设，所以在完成六卷本《美国通史》的同时和之后，他写了大量学术论文和时评随笔，来呼吁完善法治建设。

绪老为了继续他的学术研究，在已近 90 高龄的时候学会了使用电脑，学会了上网，我也经常收到他发来的电子邮件。绪老真的是一个"潮人"，这难道不正是健康的重要体现吗？从绪老的人生中我领悟到，一个人的健康，不仅在于"体"，而且在于"脑"，大脑的健康甚至比身体的健康更为重要。同样，一个人的自由，不仅在于身体的自由，而且在于用自己的大脑思考的自由。如果一个人丧失了用脑的能力，没有对新事物的好奇和接受的能力，没有思考的自由，他的创造力又何在呢？他的生命力还有什么意义呢？

如今，绪老已经驾鹤西去，但他 105 年的年华，坦荡、豁达、执着、率真，这么有意义的人生，令我永远景仰！同时，我也感谢人生的机缘巧合让我与绪老相识、相知而成为忘年之交，感谢绪老在这几十年的交往中对我的教诲、理解、帮助和提携。我第一次见到绪老是 42 年前，那时我还是个刚满 30 岁的青年，如今我也成了年过七旬的古稀老人了。我真心希望能带着对先生的人生的理解和感悟对待和度过我的暮年。先生和我也许都不相信还有另一个世界的存在，但我仍真心地希望，如果有这个世界，那也正是先生所追求的那样一种世界。

我与刘绪贻教授、任东来教授（左）合影

追念刘老先生

李工真

刘老去世已 8 个多月了，他的音容笑貌仍时时浮现于我的脑海中。怀着对他老人家的思念，我写下此文，以表我的追思。

我既不是研究美国史的学者，也不是研究社会学的学者，更算不上刘老先生的弟子，但作为珞珈山上的一名子弟，作为一位在学术成长道路上得到过他热情提携和帮助的人，也作为一位这些年来经常与他交往的后辈，在他老人家仙逝之后，理应撰文表达自己的思念之情。

刘老先生属于我父亲那一辈的老学者，"文革"前就住在武汉大学一区山上。在我 1978 年考入武汉大学历史系以前，他并不认识我，也没有与我讲过话。但我从小就认识他的小儿子刘末，也知道刘末父亲是谁。当时他老人家给我的印象是：一位衣着朴实、满头黑发的学者，步履稳健地穿行于珞珈山的山间小路。

1978 年我考入武汉大学历史系时，刘老先生在全国史学界就已非常著名。武汉大学历史系美国史研究室是他一手创建起来的，一批从事美国史研究的中年教师如李世洞、李世雅、李存训、王锦瑭、钟文范等都在他的领导之下，他在"文革"后培养的大弟子韩铁后来也留校任教，还有一批很有才干的研究生如李洪山、何宏非、赵林等也正在成长起来。那时，武汉大学美国史研究室的确拥有很强的实力。

我第一次与刘老先生交往是在 30 年前我攻读硕士研究生期间。那是1982 年初冬的一个下午，记得那天相当阴冷，空中还飘着雨夹雪。我的导师张继平先生通知我，说学校图书馆来了一批有关世界史的外文书，要世界史专业的老师们前去选书，而那天他又刚好有别的事情要办，抽不出空来，因此把这个任务交给我。于是，我匆匆赶往当时设在武汉大学老水工室的文科图书馆。当我进入文科图书馆时，已经有不少历史系的老师在选书，我一眼就看到了老大哥韩铁。他正陪着刘老先生坐在那里选书，见我进来，便热情地招呼我坐到他们那张桌子边，随后向刘老先生介绍说："他是李国平先生的儿子，现在是张继平先生的研究生。"刘老先生听了以后，用标准的黄陂腔对我讲的第一句话是："你父亲是研究数学的，你怎么会来学历史呢？"我回答道："我进中学一年不到就碰到'文革'了，化学、物理几乎没有学过，考理科怕考不取，又想读书，所以就报考了历史学。"刘老先生笑了笑说："你这说的还是个实话，我喜欢说实话的人。"

不过，在接下来的选书过程中，刘老先生并没有与我说更多的话，只是在很专心地选书，每当他选到一本他认为很有价值的著作时，他总会发出这样的感叹："看以后还有哪个说没有书看！""以后的研究条件真是越来越好！"看得出，那时年近七旬的刘老先生仍然是一个要将浑身精力投入美国史研究中去大干一场的人，正如他后来告诉我的那样，他一生中最重要的研究成果都是在他70岁以后完成的。

自那以后多年，尽管我总能从他的学生们那里得知老先生又在美国史研究上取得了怎样的成就，也非常关注他发表在《历史研究》和《世界历史》上的那些有关罗斯福新政的重要文章，却一直没有机会能与他坐在一起谈话。虽说他常来系里拿信件和报纸，我偶然也可以见到他，但每当那时，我除了礼貌地跟他打个招呼外，没有谈过别的，真不知道他是否还记得我这个年轻的后辈究竟是谁。

第二次真正与刘老先生交往，已经是1997年了，为的是我的研究项目结题事宜。1985年，我获得硕士学位后，作为未来的德国史专职教师留校任教，在武汉大学外语系德语专业经过三年的语言训练后，于1988年到德意志联邦共和国特里尔大学访学。在我的德国导师库尔特·迪威尔教授的指导下，我开始研究德意志现代化发展道路的问题。归国后我一直在继续这项研究，1992年又将此项研究以"德意志道路——对一个西方国家现代化历程的探讨"为题，申报了"八五国家社会科学基金青年项目"，并获得批准。1997年结项时，需要请几位有名望的学者作为项目的鉴定专家。我当时在校外请了华中师范大学的章开沅教授、北京大学的董正华教授，在校内首先请了刘老先生，还有夏诚教授。请刘老先生做我项目的成果鉴定专家的原因是，我当时读了由北京大学罗荣渠教授主编的《从"西化"到现代化——五四以来有关中国的文化趋向和发展道路论争文选》，这本文选所收录文章的作者都是我国五四以来相当著名的学者。我非常惊讶地注意到，这本文选中的最后一篇文章竟是我们的刘老先生于 1948 年 10 月 30 日写的《工业化的利弊——读了潘光旦先生〈工业化与人格〉一文以后》，这让我发现，原来刘老先生不仅是一位美国史和社会学的研究专家，而且还是一位现代化研究的大行家，因此非请不可。1997 年 1 月 20 日，已经快要过春节了，我前去拜访刘老先生。那时他家早已从一区山上搬到北三区，离我住的地方很近，相距不过百米。老实说，那天进他家之前，我心里是没有底的。一位在全国如此著名的大学者会愿意为我这样一名年轻教师做项目成果的鉴定专家吗？但是当我进门后不久便发现，我的这种担忧完全是不必要的。

这位当时已 84 岁高龄的老先生正在书房里伏案写作，见我进门后便起身接待了我，在明白了我的来意之后，对我请他做成果鉴定专家一事立即就答应下来，不过那天他没有留我多谈，我在留下成果打印稿和鉴定表后很快就离开了。他送我出门时只说了一句话："一个星期以后来拿。"半个月后，即 1997 年 2 月 5 日，当我再次到他家去取他给我写的成果鉴定表时，他与我交谈起来。他说："我非常认真地审阅了你的这项成果，也很肯定你的这项研究，当然不足之处总是有的。"说完后，他便将那份他写好的成果鉴定表递给我。

我接过这份成果鉴定表后，看到那上面用极为工整的笔迹写下的第一段话是："李工真同志的《德意志道路——现代化进程研究》是一份严肃认真的、有自己独到见解的、确实有利于人们了解德意志现代化进程并有借鉴作用的研究成果。"接下来便是他从四个方面对我的这项成果给予肯定。在最后一段文字中这样写道："作为一种开创性的研究，要求它完美是十分困难的。李工真同志的这份研究成果的文字叙述还可以更简明扼要一些，更确切一些，少数论点还值得商榷。但总的来说，这是一份颇见功夫的、有开创性的、有自己独到见解的研究成果。"这是我生平承担的第一个研究项目，其成果竟然能得到刘老先生这样高的评价，真让我喜出望外，我人生中的学术自信正是从这一刻开始的。

这项研究成果的鉴定工作很顺利地结束了，下一步就是将这项成果拿去出版的问题了。我们历史系的朱雷先生告诉我，一名初出茅庐的年轻学者在出版他人生的第一本专著时，应该请这个领域中最著名的专家写序。这使我再次想起了为我的成果做鉴定专家的刘老先生和章开沅先生。

1997年3月1日，我第三次来到刘老先生家里，斗胆向他提出了这个有点"得寸进尺"的请求，没想到他老人家同样非常爽快地答应了下来。送我出门时说的还是那句"一个星期以后来拿"。当我3月8日再次到他家来取这份序言时，他笑着对我说："我已经写好两天了。"

这份序言同样是用他那极为工整的笔迹手书的，第一段这样写道："承蒙李工真的信任，约我为他的《德意志道路——现代化进程研究》一书写序。我虽然不是专门研究德国史的人，但当我想到如今是拜金主义浪潮汹涌澎湃的年代，许多青年人坐不住冷板凳，弃学逐浪，而李工真却用他风华正茂的整整八个年头，孜孜不倦地经营此书，实在令人感动。因此，我欣然接受了他的邀请。"接下来是他对我的这本书更为详细的评价。在这份序言的结尾之处，他还这样殷切地对我提出期望："我希望李工真能坚持这种'不为稻粱谋'的坐冷板凳精神，将来一定还会写出更优秀的史学著作。"

为我的这本专著写序言的不仅有刘老先生，还有章开沅先生。这两位老先生都高度评价了我的研究，指出了我在语言表述方面的不足之处，同时也都表达了老一辈学者对我们这一代人在学术上薪火相传的殷切期望。今日读起来，仍然让人激动不已。

1997年8月，《德意志道路——现代化进程研究》由武汉大学出版社出版，刘老先生写的序言还特别发表在《世界历史》1998年第3期上。这本专著后来能在2003年顺利地获得中国高校人文社会科学研究优秀成果奖，是与刘老先生对我的高度评价分不开的。没有这样一位全国著名的专家对我的提携和帮助，我的学术之路无疑会艰难得多。怀着这份深深的感激之情，我开始越来越频繁地出入刘老先生家里。只要有机会，我几乎每个月都要去拜望他老人家一次，以至于我成为这十几年来拜望他次数最多的人之一。每次拜望他时，他都要请我喝咖啡，与我谈论他的学术研究，他又发表了哪些论著以及他的喜悦与担忧，我则向他汇报我近来的学术进展、学校和系里的情况，并与他讨论国内外发生的大事。他那开阔的视野、敏捷的思维，使每次谈话都那样愉快、那样富有启迪作用，令人获益匪浅。他那超人的胆识、无畏的勇气，令人钦佩不已。想到父辈中那么多人都已离世，极少的在世者也早已不能工作，而刘老先生却依然以他那健康的体魄和强大的意志力不倦地追求着他所钟爱的事业，这不能不是珞珈山上的一大奇迹和幸运。

而如今，这位学界的不老松还是永远地离我们而去了。但我们这些年轻的晚辈还会像我们敬爱的刘绪贻老先生那样，以中国知识分子"生命不息，奋斗不止"的精神继续走下去，去迎接我们人生中的下一场考验。

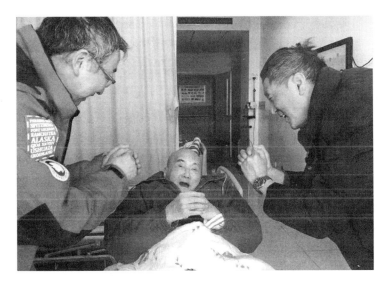

我与赵林教授（左）看望刘绪贻先生

对刘绪贻先生奖掖后学之回忆

王晓德

与诸如经济学和法学等实用学科相比，辛勤耕耘于人文学科的人极少能够成为腰缠万贯的富翁，而通常会成为坐在书斋中读书撰文的学者，寂寞与清贫虽不能与做出大学问完全画等号，但却是绝大多数人文学科学者所处的一种境况。不过，世界总是公平的，"失之东隅，收之桑榆"。人文学科的学者赚不了大钱，然而高寿者居多，学界百岁老人多出自人文学科，刘绪贻先生就是其中一位。2012 年刘先生百岁寿辰之际，我应邀写过一篇短文庆贺。当时的先生依然谈笑风生，思想活跃，笔耕不已，不断有令人耳目一新的新作问世。按照先生当时的身心状况，与先生有交情的人多以为先生将会成为人文学界年龄最大的学者。我对先生的健康状况比较关心，每次遇到武汉大学历史系的熟人，总是少不了询问先生的身体近况，得到的答案无不让人感到"放心"。正当我们期望先生创造人文学界学者长寿之最时，2018 年 11 月 10 日下午传来噩耗，先生在医院驾鹤西归，享年 106 岁。先生以极少有人能够达到的高寿离世，按照中国传统可谓"喜丧"，为善终，但毕竟史学界失去了一位德高望重的长者，因此，先生去世的消息还是令我感到悲痛不已。我学术发展道路上受到先生提携与帮助的画面一幕幕地在脑海中重现，一下子把时光拉回到 20 世纪八九十年代。

我 1982 年初大学毕业留校，在山西师范学院政史系世界近代史教研室任教。为了搞好教学，我自费订阅了《世界历史》杂志，以便掌握国内世界史学界的研究新动态，能够在上课时给学生介绍国内学者提出的与教科书上不同的观点，使教学时不至照本宣科，令听者感到枯燥无味。我对刘先生学术研究的了解可以说肇始于这本杂志，刘先生连续在《世界历史》上发表关于罗斯福新政的论文，每篇论文我皆仔细阅读，并做了详细笔记。刘先生关于罗斯福新政的看法的确让我有耳目一新之感，对先生在学术研究上"敢领时代之先"顿生钦佩，同时也使我逐渐地对美国史产生浓厚的兴趣，开始把美国史作为自己学术研究的主攻方向。那时我不认识先生，只知道先生在武汉大学历史系任教，但先生的大名却深深地印在我的脑海之中。

我从来没有想到能够亲聆刘绪贻先生的教诲。1985年，我考取了湖北大学历史系世界地区史与国别史的硕士研究生，导师为黄邦和先生。黄先生当时属于国内拉美史学界的元老之一，在硕士学位论文的选题上，他没有给我指定题目，而是让我放手选题。我当时对美国史还是念念不忘，自然想选一个能把拉美史与美国史结合起来的题目来做，考虑良久，我只能在美国与拉美关系史的研究范围内寻找相关论文选题了。我后来思忖，要是黄先生在我入学后给我指定一个纯粹拉美史的题目，那我很有可能会把拉美史作为我未来的研究方向，这样自然与美国史无缘了，更没有机会与刘绪贻先生相识以及请益于先生了。

刘绪贻先生为中国美国史研究会创始人之一，曾长期担任研究会副理事长兼秘书处秘书长，他还是武汉大学历史系美国史研究的开创者，担任美国史研究室主任多年。我与刘先生相识时，先生为研究会的顾问。20世纪80年代国内学界比较活跃，但在思想领域突破"窠臼"还是受到很大限制。当年列宁的"帝国主义论"依然贯穿于国内世界现代史的教学之中，列宁提出帝国主义是资本主义的最高阶段，具有"垄断的、垂死的、腐朽的"等特征。这些特征基本上不符合当代资本主义国家的发展，要是以此来做解释，难免与事实相去甚远。因此，如果不突破列宁"帝国主义论"的束缚，高校的世界现代史课程势必很难讲授，任课教师对学生提出的问题难以作答，更谈不上能自圆其说了。针对这种世界史学界必须予以澄清的重大理论问题，刘绪贻先生以美国为例，撰文著书，引发了国内世界史学界对当代资本主义性质的讨论。1987年10月在湖北大学举行的"首次帝国主义问题学术讨论会"上，我聆听了刘绪贻先生的发言，先生高屋建瓴，引经据典，提出了冲破"帝国主义论"限制的看法，同时向与会者罗列出研究当代资本主义发展的诸多重大问题。这是我首次见到刘先生真容，他虽已过古稀之年，但却满头乌发，红光满面，精神焕发，看起来与实际年龄至少相差一二十岁。这次会议邀请了很多世界史学界的大家，他们在会上讨论切磋，刘先生关于当代资本主义国家及其结构变化的观点引起强烈反响，得到了多数与会者的认同。作为一个刚刚迈入学术研究领域的新手，我自感听了刘先生的发言之后收获非常大，改变了脑海中存在的一些僵化教条观念，对学术研究中的勇于创新有所感悟。

黄邦和先生与刘绪贻先生关系甚好，当我决定把美拉关系史作为我的硕士学位论文选题时，黄先生建议我一定要拜访在美国史研究上造诣很深的刘绪贻先生，我当然不会错过地利之便。"首次帝国主义问题学术讨论会"之后，我到过刘先生家里多次，有时独自拜访，有时与好友尹宣老师结伴而去。我每次去都会受到刘先生的热情接待，刘先生比较忙，惜时如金，不过很健谈，坐在简易沙发上给我讲他对罗斯福新政研究之心得，不时地回答我提出的一些问题。刘先生当时只能带硕士研究生，他对他们的培养倾注了大量心血，因此一批很有学术水平的弟子活跃于学界。谈起他的学生，刘先生脸上洋溢着自豪的神采，为他的门生能够在研究上取得成绩感到骄傲。有次我还在刘先生家中遇到后来成为好友的韩铁教授，韩铁教授是刘先生培养的首位硕士，当时为国内美国史学界的后起之秀，我印象中是韩铁教授给刘先生送很厚一沓纸的稿件，还与我聊了几句话。与刘先生熟悉之后，我登门拜访就丝毫无拘束之感。刘先生还赠我他主编之书《当代美国总统与社会——现代美国社会发展简史》，扉页上先生亲笔写上了"请王晓德同志提意见"。刘先生是个不囿陈见的学者，敢于直言，以当代美国历史发展为例阐释了国家垄断资本主义的基本特征，实际上是对列宁的"帝国主义论"提出挑战和质疑。这本书我阅读了多遍，它在当时的局面下可以说是处处散发着理论创新的火花，对我认识美国社会以及美国罗斯福新政以后从自由资本主义向国家垄断资本主义过渡深有启发，同时对我撰写硕士学位论文大有裨益。

在武汉求学三年，到刘先生府上多次请教，每次皆获益匪浅。硕士学位论文完成之后，按照规定，须有两名校外评阅人对论文进行评审。黄邦和先生请刘绪贻先生做我的论文的评审人之一。刘先生对我的论文评价很高，详细地写出评阅意见，认为："王晓德同学《评析门罗主义的不变与改变》是一篇很好的论文：首先，这篇论文指出：近两个世纪以来美国与拉美的关系，其主体思想是建立以美国为盟主的美洲体系，也就是把美洲变成美国人的美洲；简言之，就是推行门罗主义。虽然由于国际和美国国内形势的变化，美国对拉美的政策在策略上不断变化，但其主体思想的本质一直没有改变；而且，只要美国是个垄断资本主义的国家，是永远不会改变的。这一论点是正确的，虽然作者在论文中很少引用经典作家语录，但我认为是符合马列主义的。其次，这篇论文涉及的时间近两个世纪，牵涉许多综错复杂的国内国际历史事件，头绪纷繁，很不容易使之组成一个整体。但是，作者以门罗主义作为中心线索，把这些综错复杂的历史事件贯串起来，条分理析，层次分明，而且言简意赅，轻重得体，足见作者具有较强的组织与分析能力。再次，论文所用中外文资料比较丰富，唯其如此，所以作者在提出论点时，都有事实根据，不是空发议论，从而具有较强说服力，这对青年研究工作者说来是不容易的。最后，论文虽然根据马列主义观点，指出了美国拉美政策的实质是要'把美洲变成美国人的美洲'，但它并不教条，它也实事求是地肯定了这一政策的某些积极方面。我觉得这是我所审阅过的硕士论文中一篇比较优秀的论文，完全具备硕士论文水平。"我看到刘先生的评审意见之后，多日来忐忑不安的心情终于平复下来。

刘绪贻教授对我硕士学位论文的评语

　　我的硕士学位论文答辩确定在 1988 年 5 月 18 日上午九点举行，黄邦和先生请刘绪贻先生参加，担任答辩委员会主席。那天早上，拉美史研究室请学校派了辆车，我乘车去武汉大学接刘先生。那时硕士学位论文答辩很正规，答辩在一间会议室内举行，我坐在正中间，面对所有答辩委员，两侧坐满了前来旁听的学生。周世秀老师为答辩秘书，坐在旁边做记录。我首先陈述了论文的基本内容与观点，然后答辩委员对论文进行评议和提问，这个环节花费的时间较长。反正一上午就我一人答辩，五位答辩委员似乎也不大着急。整个答辩持续两个半小时，到十一点半结束。黄先生中午请刘先生等人在校内招待餐厅吃饭，饭后学校派车送刘先生回武汉大学，我乘车同去。先生在路上告诉我，他打算将我的硕士学位论文收录进他主编的"美国现代史丛书"，由武汉大学出版社出版。我知道这套丛书，已出版数本，每本为五万到十万字不等，所收录文章皆出自青年才俊之手，在国内美国史学界影响很大。面对刘先生对我的厚爱，我喜出望外，打算花上一段时间对论文做进一步修改。不知何故，这套丛书随后就停止出版了，我一度还感到深深的遗憾。无论如何，硕士学位论文能够得到刘先生的肯定对我来说是一个很大的鼓励，让我对能够搞出科研成果具有了一定的自信心。这应该说是我在硕士学习阶段的最大收获，由此我对刘先生奖掖后学有了更深刻的直接体会。

　　按照学术水平与学术成果，刘先生早就应该成为博士生导师了，但不知何故，刘先生只能带硕士研究生。要是先生在我获得硕士学位时能够招收博士研究生，那我肯定会毫不犹豫地报考先生的博士研究生。我曾与刘先生谈及此事，对没有机会做先生的学生感到非常遗憾。先生神色淡然，印象中对我说了几句鼓励之语。刘先生在退休之前未能成为博士生导师，成为国内美国史学界一件最大的憾事，其导致的不良后果至今依然未能完全消除。两年之后，我报考南开大学历史研究所美国外交史方向的博士研究生，按照南开大学招生简章的规定，凡报考博士研究生者须有两名推荐人。我在 1990 年 2 月致信刘先生，请他为我写推荐信，写好后直接寄给南开大学研究生招生办公室。我之后见到了这封推荐信。刘先生是 1990 年 3 月 1 日写的推荐信，抬头是南开大学研究生招生办公室，内容是："山西临汾山西师范大学历史系的王晓德同志在湖北大学读研究生时，来我家问难数次，我还曾主持过他的硕士论文答辩。他的美国史知识水平和研究工作能力属于上等水平，硕士论文也写得很好。因此，我愿意推荐他参加贵校的博士生考试。"刘先生标出的头衔是武汉大学美国史教授、中华美国学会常务理事和中国美国史研究会顾问。杨生茂先生把我收入门下，刘先生的这封推荐信肯定在其中起了很重要的作用。

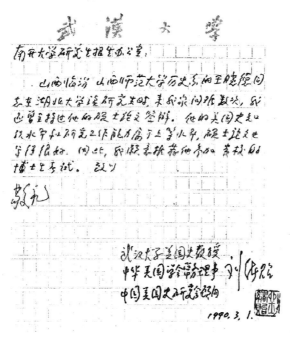

刘绪贻教授为我报考博士研究生写的推荐信

在南开大学攻读博士学位期间，我给刘先生写过信，内容无非是问候、感谢、请教之语，先生每信必复，但我没有将先生的复函保留下来，甚为遗憾。1990年11月，我参加了在开封和郑州召开的中国美国史研究会第六届年会，会上与刘先生相遇。先生很关心地询问我学业情况，对我勉励一番。张敏谦兄博士学位论文答辩时，我因与刘先生较为熟悉，遂受命到北京火车站接前来参加答辩的先生。那天正好遇有大雾，到达北京站的车次全部晚点，车站完全失去了正常的秩序，混乱不堪。刘先生乘坐的车次到达时，车站也未广播通知。我知道之后，急驱出站口。刘先生已出站，消失在攒动的人海之中。随后我才得知他独自乘坐大巴直达天津。回到天津见到刘先生后，我因未接到先生而深感愧疚，连连向先生致歉。刘先生非但没有责备我，反而好言感谢我不辞辛苦到北京站接他，还以他在《历史研究》上新近发表的一篇文章签名相赠，以示安慰。刘先生的大度着实令我感激，老一辈学者做人做事的高贵品质令我钦佩不已。

1993 年春季，我完成了博士学位论文，打算在 5 月份举行博士学位论文答辩。现在博士学位论文只需送校外五名专家评审即可，那时博士学位论文送审程序比如今更为复杂，规定要有三位论文评阅人、六位论文同行评议人，论文评阅人须参加随后举行的博士学位论文答辩，导师可作为评阅人之一。不管是论文评阅人还是论文同行评议人，皆是导师杨生茂先生确定的。刘绪贻先生受邀参加我的博士学位论文答辩，这样刘先生自然为论文评阅人之一。我 3 月中旬把打印好的博士学位论文邮寄给刘先生，杨先生的信以及研究生院的邀请函随论文寄出，上面写明了论文评阅意见寄回南开大学研究生院的截止时间。刘先生如期寄回了评阅意见，他对我的论文给予了很高的评价，指出，据他了解，这篇论文做出了"创造性的成绩；比起其他类似的书籍和论文来，这篇论文更有说服力。同时，我读了这篇论文后，感觉到以往论述美国和平演变策略的文章，都不及这篇论文深刻。这一事实说明，作者具有很强的研究工作能力。他善于收集和选择信息，所以论文中用了大量适当的资料，特别是原始资料；他分析能力强，所以总能看透美国'理想主义'外交幌子后面的实质；他有很好的逻辑思维能力，所以整个论文的结构严谨，叙述富有条理；大量外文资料的运用，证明作者有熟练驾驭外文的能力。论文的不足之处，是文字校对功夫还不仔细。总之，这是一篇优秀的、达到博士论文水平的论文"。刘先生的评阅意见直接寄给了南开大学研究生院，先生对我的博士学位论文如何评价，我最初并不知晓，到了答辩前我才见到刘先生写的评阅意见。我自知论文还存在进一步修改的空间，但先生对我论文的评价饱含鼓励之语，这成为我随后修改时努力的动力。

我的博士学位论文答辩于 1993 年 4 月 28 日上午举行，刘先生提前一天抵达天津。刘先生乘火车先到北京，然后再转道天津。本来我应该到北京站接刘先生，但因准备答辩，诸事繁多，美国史研究室派博士研究生李四昌到北京站候迎刘先生。李四昌很顺利地在北京站将刘先生接到，然后转乘火车到天津，入住校内谊园宾馆。外地参加答辩的专家入住宾馆之后，杨先生登门看望，晚上杨先生代表美国史研究室在谊园设宴招待。杨先生与刘先生为学术至交，已共同主编多卷本《美国通史》多年，见面后自然会畅谈一番。按照规定答辩者不能与答辩专家私下会面，为了避嫌，我没有到宾馆拜访刘先生，翌日上午答辩会上才见到刘先生。此时，刘先生刚过八旬，毫无耄耋

南 开 大 学

研究生毕业论文评阅人学术评语（如不够填写，可另附纸）：

这是一篇优秀的博士论文，理由如下。

（一）论文认为，美国"理想主义"外交的基本含义是：美国是世界上唯一的道义之邦，受上帝委托对人类命运负有一种特殊责任，有义务将美国式民主推广到全球。因此，美国总是用自己的价值尺度衡量其他国家的行为和文化传统，这种外交方式自文明以来就被美国视有用作实现其国家利益的一种措施，且为本质。任德罗·威尔逊总统是执行这种"理想主义"交政策的典型。

上述论点虽然综合美国历史发展实际而是正确的，但不一定是作者的创见。作者学术上的贡献在于：为了证明上述论点，在"摆事实、讲道理"方面，搜救的工作，这篇论文作出了创造性的成绩；比起其他类似的书籍和论文来，这篇论文更有说服力。同时，我读了这篇论文后，感觉到以往论述美国和平演变策略的文章都不及这篇论文深刻。

说一句老实话说明作者具有很强的研究工作能力，他善于收集和保存信息，所以论文中引了大量适当的资料，将别是原始资料；他分析能力强，所以善能看透美国"理想主义"外交幌子后面的实质；他有很好的逻辑思维能力，所以整个论文的结构严谨，叙述富有条理，大量外文资料的运用，证明作者有逃课写读外文的能力。论文的不足之处，是文字校对功夫还不仔细。

总之这是一篇优秀的、达到博士论文水平的论文。

评阅人签字 刘绪贻

一九九五年四月六日

刘绪贻教授对我的博士学位论文的评语

老人之状，在答辩会上发言思路清晰，旁征博引，针对论文内容的进一步深化提出了中肯的修改意见，让我再次见识了刘先生的学术功底，"虽不能至，然心向往之"是我当时内心的真实写照。博士学位论文答辩之后，刘先生致函于我，邀请我加盟武汉大学历史系。当时好友陈勇教授任武汉大学历史系副主任，后来陈勇教授还与我谈及此事，说刘先生曾几次找系领导推荐，希望我能顺利入职。我给刘先生回信，感谢他的大力举荐。当时，我毕业后去向已经确定，难以改变。我虽与武汉大学历史系擦肩而过，但刘先生对我的厚爱永远深藏在我心底。

时光飞逝，岁月匆匆，不知不觉二三十年很快过去，自己也到了快退休的年龄。几十年所经历的事情很多，有的早已淡出记忆，但刘先生在我迈上学术研究道路之初所提供的帮助令我难以忘怀，至今依然在我脑海中清晰地展现出来。如今先生已去，到另外一个世界与逝去的亲人相聚。先生留下的道德文章和做人品格将永世长存，成为激励后人奋进的宝贵财富。

君子之交　异代知己

——我与刘绪贻教授三十五载的学术交谊

杨玉圣

引　言

刘绪贻教授（1913～2018）乃中国美国史学科的主要奠基人之一、资深社会学家。早年毕业于清华大学、芝加哥大学，历任武汉大学美国史研究室主任、教授，中国美国史研究会创始副理事长兼秘书处秘书长，与杨生茂教授合作主编六卷本《美国通史》，著有《20世纪30年代以来美国史论丛》《中国的儒学统治：既得利益抵制社会变革的典型事例》《多情人不老》《箫声剑影》等，主编《改革开放的社会学研究》《当代美国总统与社会——现代美国社会发展简史》等，著作等身。

在海峡两岸暨香港、澳门的整个人文社会科学界，刘先生应该是迄今享寿最长的学术老人之一。至少，在中国史学界，刘先生应当是迄今最长寿的历史学家。

刘先生虽已魂归道山，然其学术生命永存，其学术遗产及其学术创新精神将历久弥新。

2012年，为了祝贺刘先生百岁华诞，经与刘门弟子——时任南开大学教授的韩铁博士协商一致，我与韩教授共同发起编纂《野老丹心一放翁——庆祝刘绪贻教授百岁华诞文集》，但由于技术原因，本人并未为该书贡献文章，这是迄今一直感到愧对刘先生的。

为此，特撰此文，一则悼刘先生之丧，再则表达真诚的歉意。

一　思想解放　史界先锋

中国的美国史研究，尽管自晚清以来连续不断，然因受中国近世以来的巨大政治变迁以及中美关系的影响，尽管有无数学界先进兢兢业业于对美国史之求索，然客观地说，以比较纯粹意义上的学术研究来讲，美国史研究之回归学术之本色，应该是伴随 1978 年中国改革开放的国策之实施和中美国家关系正常化开始的。

为此，改革开放以来，包括刘绪贻先生在内的老一辈美国史学者（包括但不限于杨生茂教授、刘祚昌教授、罗荣渠教授、邓蜀生编审、汪熙教授、资中筠教授、齐文颖教授、黄安年教授等）率先开拓美国史的探索性研究。其中，在充当思想解放的史界先锋方面，刘绪贻先生、汪熙教授、罗荣渠教授可谓名副其实的三大家。其中，年龄最长的刘先生在罗斯福新政的重新评价、率先突破禁区而开创战后美国史研究等方面，可谓独树一帜、引人瞩目。

尽管围绕罗斯福新政的重新评价，刘先生与黄绍湘教授这两位老前辈发生了一些不愉快的故事，但实事求是地说，这两位清华老校友的公开论争，已俨然成为改革开放以来中国美国史乃至中国世界史领域最值得珍视的学术遗产之一。

刘先生以对罗斯福新政的重新评价重构了现代美国历史的新框架，并以此为切入点，甚至提出要在新形势下重新审视列宁的"帝国主义论"和发展马克思主义的阶级斗争理论。这对史学界尤其是美国史学界的思想解放、学术创新有深远的历史影响。

当然，刘先生因为兼具历史学和社会学的跨学科背景，与其他美国史前辈相比，其思想解放的深度和广度并不仅仅局限于此。比如，刘先生对《中国可以说不》率直而尖锐的批评、对传统儒学与中国现代化的反思、对"改革开放社会学"的提倡，也都是其思想解放、与时俱进的典型例证。

二　《美国通史》功德无量

为了推动中国的美国史研究，刘先生还和杨生茂先生、丁则民先生等一起，在 1979 年主持创办了中国美国史研究会。通过研究会这一学术平台，集思广益，以编辑《中国美国史研究会通报》（后改名为《美国史研究通讯》）、翻译文献资料、组织学术会议、出版《美国史论文集》等方式，脚踏实地地提高中国美国史研究的学术水准。

尤其是在人民出版社资深编辑、出版家同时也是美国史老前辈的邓蜀生先生一以贯之的大力支持下，集合老中青学者的集体智慧，费时 24 年，刘先生与杨生茂先生共同主持编纂六卷本《美国通史》，终于完成了从整体上反映中国美国史研究水平的这一标志性学术力作。此外，刘先生还主编、主笔《美国通史》中第五卷《富兰克林·D. 罗斯福时代（1929—1945）》、第六卷《战后美国史（1945—2000）》。［李剑鸣教授著《美国的奠基时代（1585—1775）》，即《美国通史》第一卷，亦有相当高的学术水准。］

学界同仁公认的一个基本事实是：若非刘先生与杨生茂先生、邓蜀生先生二十多年的精诚合作，就不可能有这套迄今中国学术史上规模最大、学术水准最高的《美国通史》。

三 刚正不阿 仗义执言

与很多人"好人主义"的无原则立场不同，刘先生具有最可贵的学人品质：刚正不阿、一身正气，批判弥漫学界的不正之风，为维护学术共同体的健康发展而奔走呼号。

比如，刘先生旗帜鲜明地主张学术界也要打假。对于刘先生以笔名发表的《高等教育也要打假》，一向为人敦厚、与人为善的杨生茂先生也甚是钦佩。

再如，刘先生始终支持严肃认真的学术批评。在写于 1989 年 12 月 26 日的信中，刘先生说：

> 玉圣同志：
>
> 我喜欢读"争鸣"的文章，因为真理愈辩愈明。因此，昨天在收到《世界历史》（1989 年第 6 期）后，当晚就抽时间拜读了大作，今晨又禁不住提起笔来给你写这封信。
>
> 文章写得有水平：（1）敢于和老一辈学人讨论问题，提出自己不同看法；甚至敢向经典作家的个别词句提出疑问。如果不这样，世界还会进步吗？后人还会超过前人吗？（2）文章是否经过缜密思考？并非

"为做反面文章"而做反面文章，可以站得住脚。（3）适当地掌握了分寸，这点比我强。我因作过好几年的宣传部长，写惯了批判文章，有时难免显得火气过大。

你这些年来用功很勤，研究工作取得了成绩，希望坚持下去，将来一定会取得比我们老一辈更大的成就。

刘绪贻

刘先生还在通信中鼓励不才道：

玉圣同志：

这两天读了你的两篇文章：《世界历史》今年第3期上的《美国史研究的中国特色刍议——从两部美国史著作谈起》和《美国研究》今年第2期上的《大洋彼岸改革潮的东方效应——三四十年代中国政论界与罗斯福新政》。首先，谢谢你对《战后美国史》的评论。你提到的两个问题，我也作点说明。关于应用中国学者研究成果问题，就战后美国史而言，除经济学界而外，史学界研究成果较深入的似乎不太多。我去指导研究生写论文时，老觉得中文参考资料可用者不多（杜鲁门时代的多一些）。不过，我们还是尽量收集的。《战后美国史》原刊"参考读物"中，有中国学者著作37种，文章11篇（里根时代）。邓蜀生同志担心未列某人著作（其实我无偏见，而且"某人"未多涉及战后），容易引起误会，而且相对说来，较外国著作数量太少，显得寒酸，也将之删去了。另外，原稿因蜀生同志嫌部头太大，删去了约15万字，而且尽量删去脚注。删去多少脚注我未统计，不过其中关于我国学者论著的脚注是不会很少的。关于中美关系史内容应作为中国美国史研究特点之一，这在我们思想上是有所注意的。可能还有所不足。比方华裔科学家对美国科技成就的贡献，《战后美国史》就没有提到。但是我们去写《战后美国史》时，也考虑到这是写美国史，既不是写中美关系史，也不是写美国外交史。就是从美国外交史来看，美国作为一个大国，与全球都有关系。所以，《战后美国史》与中美关系史内容，应从它在战后整个美国历史发展过程中所占地位来考虑，不能太多地考虑中国美国史研究的特色，否则就喧宾夺主。蜀生同志一再告诫我们要注意篇幅。我们考虑，在他允许的篇幅范围之内，中美关系史内容似乎只能限于给战后中美关系史划出一个演变的轮廓。这一点《战后美国史》似乎是做到了的。不知以为如何?

《大洋彼岸改革潮的东方效应》一文,做了一件好事,使我们对三四十年代中国政论界对 FDR 新政的评论有所了解,对我目前正在写的《富兰克林·D. 罗斯福时代》第4章第4节——"对新政的评价"也很有参考价值。对这个领域,我知道得很少。但我有个印象,30 年代特别是 1935 年 8 月以前,否定新政的主要是左派。国统区学人谈论新政时,似以赞许的为多。你文中作出的结论:30 年代否定新政的似以左派评论为主。对国统区主流派对新政的评论似乎引证较少。不知是否?(比如川大所编资料中许多资料似未涉及)

读了你这篇文章,我还有个想法:凡是教条主义的研究,就容易犯错误(比如许涤新同志的文章显然是错了);而结合历史实际的研究才站得住脚(比如张仲实的文章)。

刘绪贻

1991 年 9 月 30 日,刘先生致函给我:

玉圣:

信和文章都收到了。文章读了以后,感到很痛快。当然,痛快是次要的。主要的是觉得有益于培养社会正气和严肃学风,也很高兴史学界有你这样一位正义感强的青年学人。

刘绪贻

1991 年 11 月 2 日,针对本人对某书稿大面积抄袭剽窃问题的学术批评之作,刘先生特地来信表示:

玉圣:

10 月 7 日夜来信收到。所寄《新华文摘》亦已收到,十分感谢。玉圣的那篇评李××某书稿的论文,李世洞读后,与我有同感,都认为是一篇好文章,很有说服力。不过,他担心不容易登出来。我记得玉圣上封信说过,北京有个专业性杂志愿意登,是吗?大约何时可登出?

前天也收到沈永兴同志的复信（我曾写信给他说明刊登你批评稿的重要意义。此事我请他不必外传，但告诉你不要紧）。他说一定发表大稿，但要仔细核对李抄袭别人成果的具体内容（看来这一点已由黄启芳同志和你一起作了），而对李也是治病救人。他们编辑部的这几条原则合情合理，正合我心。我已给李××同志复信，劝他对你的批评采取欢迎的态度，最好还能公开作自我批评。这才是他挽救自己学术声誉的最好办法。我告诉他：如果他继续从事掩盖自己错误的活动，只有引起群众公愤……如果冷静下来诚恳检查自己多年来为学作人的经验教训，洗心革面，老老实实从头做起，他年轻，还来得及。要是他真诚地改正错误，如果在今后奋斗道路上遇到困难，只要可能，我将尽力之所能及热忱地帮助他。他如继续坚持错误，恕我爱莫能助。我当然也担心他目前没有这种好思想、高风格，但我觉得我花时间给他写这封长信是我这个老共产党人、老教授的责任。

刘绪贻

为此，刘先生针对学术批评存在的问题，一针见血地指出：

关于书评的问题，我想到我的《FDR 时代》，这可以说是我在美国史方面的代表作，很想有人（当然包括你）超脱时下书评俗套，写些真正学术性书评。评者要从人类社会发展规律的高度，来看 FDR 时代：看这个时代在人类社会发展史的地位与作用，看它是否能给人类社会发展的未来提供某种消息。评者既要指出作者对这个时代的发展规律及其地位与作用的创见，也要指出其不足。评者不仅是写一篇书评，还要通过书评写作提高自己，也帮助作者提高。书评不仅是"书评而已"，还是一篇创造性论文，决不能是一种应酬之作。这就要花时间、费思考。（张宏毅同志对《战后美国史》书评是花了时间、费了思考的。当然，还有改进余地。）

上星期我在本省《社会科学动态》（1995 年第 7 期）上看到一篇访问青年史学教授刘××的文章……我看过这篇报道后有这样一种想法：我是很赞成青年学人敢于提出新见解的，但这种新见解应是大量积累资料、长期深入钻研的结果……

刘绪贻

刘先生尽管早已年届高龄，然而，一直读书、思考、写作，勤于著述，可谓学术劳模。在 1999 年 3 月 22 日给我的一封信中，当时已八旬有六的刘先生表示：

你 1998 年 12 月 13 日贺年片上劝我"节制劳作"，真是"正当其时"。今年 1 月中旬开始，我头痛甚剧，难以长久集中思想读书为文。医嘱作 CT 检查后，说这是对我的"第一次警告"；如果再这样成年累月、没日没夜地干，就会有两种可能：脑溢血或老年痴呆。医生的话不可尽信，但亦不可完全不信。自此以后，我让脑弦有所放松，尤其注意夜晚工作在 12 时以前停止，保证睡眠充足；加上打针吃药，到本月初，头痛已完全停止，但工作效率不复如前。当前面临的小小矛盾是：不努力干，生活没有意义；努力干，健康确有危险。……

在此情形下，我目前打算听你以前的建议：尽可能地写些不太长的文章；另一方面，将以前积累的著作整理出版。在美国史方面，也按照你的建议，将有关罗斯福"新政"的文章（只增写一篇）和其他有关美国史文章，编成一本美国史论文集，尽可能赶在今年 9 月以前编好，以便争取中华美国学会的福特基金出版补助。

多次打你的手机，总是占线，足见你的忙碌。

接读《博览群书》今年第 1 期，颇有好感。多年前曾读过这个杂志，印象不太好，后来一直少接触。这期办得不错，特别是"学术批评"栏的 13 篇文章，我全部都细读了，由于评论者的文章有理有据，最后使得鲁教授不得不认错。这就很好，我想这些文章是会产生影响的。我也希望这个杂志像《学术界》一样，在你参加运作后大有起色。

刘绪贻

四　忘年之交　君子情谊

论年龄，我跟刘先生正好相差五十岁；论资历，刘先生是老前辈，在下则是名副其实的小字辈；论成就，刘先生在社会学、美国史等领域成就卓著，著作等身，本人则非法非史，无地自容。然而，自 1984 年与刘先生通

祝贺学术批评网创办五周年

不畏讥谗蔑权势
但将正义播人间

刘绪贻题

祝贺学术批评网创办十周年

士林明镜
学界喉舌

九八老人刘绪贻题

学术批评网周年庆刘绪贻先生题词

信、1986 年在兰州首次谋面起，我和刘先生一直保持密切的联系，以迄于今，凡三十余载，由此而结下了深厚的学术友谊。当然，有很多例子可以证明这一点。

其一，支持《学术界》《博览群书》的改版，支持《中国政法大学学报》的创办和《中国人文社会科学博士硕士文库》的编纂工作。

其二，支持学术批评网。该网创办五周年时，刘先生题词"不畏讥谗蔑权势　但将正义播人间"；该网创办十周年时，刘先生题词"士林明镜　学界喉舌"。刘先生还将数十篇大作交学术批评网首发或发布。

其三，为《美国历史散论》作序。刘先生表示："你要我为你的书评集作序，这义不容辞，也要感谢你对我的信任。不过，最近我在赶'索引'（第 5 卷的），因为蜀生同志等此索引以便本月将《FDR 时代》发排，所以我将先完成此事。不知你能否等一段时间（我写的 10 章，已编完 5 章索引）？另外，我想看一些你的书评再动笔，以免无的放矢。请把你已发表的书评的具体出处告诉我，以便我能翻阅（最好能选择几篇有代表性的作品）……我看了你发表在《中国美国史研究会通报》上的 3 篇对《美国史纲》的评论，觉得写得不错（黄绍湘曾怀疑这 3 篇文章是我指使你写的，实际上我是这次才阅读，真是冤枉：说严重些，简直是以小人之心，度君子之腹）。如果这 3 篇文章和你发表在《北大研究生学刊》上的文章无大出入，那么这 3 篇就算我读了……'序'耽搁久了。一是忙；一是不愿太随便。当然，还是没有像你写史评那样用心、认真。也是因为有点认真，所以文中稍稍涉及了黄安年同志《二十世纪美国史》中个别疏漏之处，不知会否得罪人（如果是真学者，就得罪不了）。如你对此序有什么意见，不妨告诉我……"在题曰《喜闻雏凤清声》的"序"中，刘先生给予我多方勉励。①

其四，在我读中学时的母校青州一中一百一十年校庆及我编印曹德谦先生九十岁生日祝贺集时，应我的请求，刘先生在百岁高龄之际，分别题词或题签。

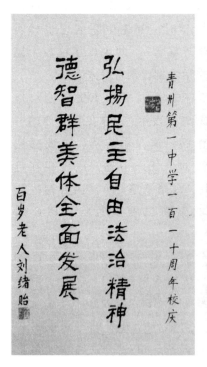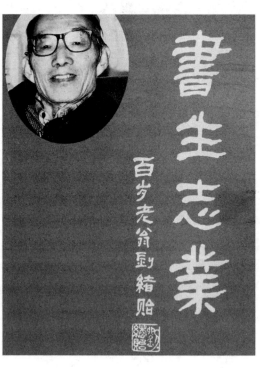

刘绪贻先生为我母校校庆题词及为曹德谦先生九十岁生日祝贺集题签

① 详见刘绪贻《喜闻雏凤清声》，载杨玉圣《美国历史散论》，辽宁大学出版社，1994。

与此同时，在三十年的交往中，刘先生还尽其所能，对我的一些求助有求必应，如义务到北京师范大学历史系做学术讲座。据黄安年教授回忆，刘绪贻先生在北京师范大学文史楼 305 教室为历史系学生做学术报告，"时间是临时安排的，记得是利用杨玉圣老师开设的美国问题课程的时间向听课学生讲美国的社会、社会结构与阶级斗争，听课学生既惊喜又略显拘束。110 分钟的时间里，刘先生用约 75 分钟时间深入浅出地阐述了他的观点，并在提问阶段，回答了同学们提出的各种问题。我在主持讲座开始时向同学们简要介绍了刘绪贻先生的学术成就，这位中国美国史研究会的奠基人，著名美国史学家、社会学专家，武汉大学历史系教授时已 86 岁高龄，在三尺讲坛上依然精神抖擞，谈笑风生，思维敏捷，见解独到。这是刘先生在北京师范大学唯一的一次讲座"；"下午 4：30 陪刘去杨玉圣家（时住西二旗育新小区）。晚在玉圣家吃饭，聊天"。[1]

为了回报刘先生的厚爱，作为晚辈，我也一向对刘先生敬重有加。比如米寿生日。据黄安年教授日记记载，2001 年 4 月 27 日，星期五，"上午刘绪贻先生到达邮电疗养所，并打来电话，要和杨玉圣取得联系。我说已经和杨玉圣联系上了，准备今天晚上在杨家聚餐宴请您。下午 4：40，我动身去杨玉圣家，参加聚餐的除刘先生外，还有齐文颖教授、周颖如教授及杨玉圣的几个研究生。大家一起为刘先生提前过 88 岁生日。刘先生身体非常健康，正为 6 月份交人民出版社的《战后美国史（1945—1986）》叙述时间延续到 2000 年的书稿紧张地工作。我带去了红葡萄酒和一盒新茶。刘先生送我一本新著《黎明前的沉思与憧憬——1948 年文集》。这是一次很难得的机会，平时能和齐文颖教授、周颖如教授聚在一起就很少，这次借刘先生北京之行在杨玉圣家祝贺刘先生 88 寿辰，别有一番情趣，我们的话题很自然地离不开美国史研究"。[2]

从刘先生给我的信透露的信息看，刘先生还有一次专程到北京师范大学见我而不遇。[3] 刘先生写于 1991 年 5 月 13 日（恰逢刘先生 78 岁生日）的信中，还特地说：

①　黄安年：《记刘绪贻先生来北师大做学术报告》，黄安年的博客，2012 年 2 月 7 日。
②　黄安年：《刘绪贻、齐文颖、周颖如、黄安年合影》，黄安年的博客，2012 年 2 月 9 日。
③　1990 年 6 月 18 日上午 10 时，刘先生曾给我在门缝中留下一张纸条——"玉圣同志：来访不遇，怅怅！我住军博对面黄亭子新华社宿舍 6 号楼 4 门 1201 号。将于明晚乘车返汉。祝好。刘绪贻"。

玉圣同志：

上月在清华园把晤，十分高兴。

……近来我在赶阅南开"美国通史丛书"第2卷，本来想抽时间准备一下你嘱我到贵校讲演的讲稿，但丁则民老友又给我下了一个硬任务，非评阅他的博士生黄兆群同志论文不可。现在赶阅此文，还不知是否有时间准备讲稿哩！……

刘绪贻

再如，我曾与黄安年教授、任东来教授合作，为刘先生制作90岁生日的"学术蛋糕"，即在时任中国法制出版社社长的祝立明先生的帮助下，主持编辑、出版《美国史研究与学术创新——刘绪贻教授九十华诞祝贺集》。在此之前，我致函刘先生，提议为其编辑九十华诞祝贺集，为此，刘先生来信表示：

首先，我深深感谢你和安年、世洞同志的盛情。其所以迟复的原因有二：一是我感到自己的德望不足，是否能接受这种盛情而无愧；二是用国内一些有成就的老、中、青美国史专家优秀成果为我祝寿，我是否担当得起。这些时来，有几件事使我心情起了一些变化。接大札后的当天下午，我的一个在《中国信息报》工作的研究生袁喜清（《中美较量大写真》一书作者之一）给我打电话，说是要联络一批同学为我庆祝90寿辰，如果我同意，他将专门从北京来武汉筹划此事（我尚未答复）。过了几天，又有一位解放前我的老学生来电话，告诉我的老伴（当时我不在家），说是读了我发表在4月24日《中华读书报》"家园"版上的《89岁断想》一文后，准备联络一些老同学为我祝贺90寿诞。5月4日韩铁来探，当我把大札给他看并说明我的顾虑时，他告诉我：用同一学术领域的优秀甚至杰出论文祝贺该学术领域资深学人寿辰或者其他纪念日，在美国并非鲜见之事，不必有什么顾虑。5月1日，接资深革命学者李慎之同志4月26日信，说是读了我《89岁断想》一文后，回想我当年为罗斯福"新政"翻案之雄心，"亟盼先生以老迈之身，无畏之精神大声疾呼，作悲壮之努力，振聋发聩"。他的意思是希望我更大胆地论述美国及其历史（关于这个问题，我将写信给他作些说明，届时将抄送给你一份）。所有这些情况，都多多少少增加了我接受你们盛情的一些信心和勇气。因此今天才提起笔来给你回信，并请转告安年和世洞：我虽然还有些诚惶诚恐，但同意你们的提议和初步设想。关于论文的选择，是否能在保证质量的前提下，尽量选一些多少与我有些关系的文章？比如李剑鸣发表在《历史研究》上评介拙著《富兰克林·D. 罗斯福时代》一文，质量就很高。

五　结束语

2018 年 11 月 10 日，刘先生病逝。

在此之前，我曾利用往江城开会的机会，带门下弟子，在薛国中教授、李世洞教授的陪同下，专门往医院看望先生。这最后一次见面，印象中是 2017 年岁末，当时刘先生虽然听力甚差，但借助于写字板，我仍能与思路清晰的刘先生进行"书面谈话"，临走时，我问先生："今天高兴吗？""高兴！高兴！"刘先生连连大声回答道。

刘先生病逝后，我专程往武汉，参加先生遗体告别仪式，见先生最后一面，送先生最后一程。面对静卧在鲜花丛中的刘先生，我的泪水夺眶而出，泪流满面，情不自禁，心情久久不能平静。

在刘先生遗体告别仪式上，有机会见到先生最得意的大弟子——专程自多伦多回国与先生告别的韩铁教授，约定再次合作，为先生编纂一册追思集（《学术之树常青——刘绪贻教授追思集》）。

2019 年 5～6 月，应华中师范大学老校长、前党委书记马敏教授的邀请，我有机会往该校人文社会科学高等研究院做为期一个月的访问学者。趁此机会，我到武汉大学校史馆，用一周的时间，详细查阅了刘先生家人捐赠的先生书信及部分手稿。在一份拟定于 2003 年的刘先生拟编文集的目录中，我意外地发现了一个题目——《真正的知己杨玉圣》。当时，在心跳加速、面红耳赤的同时，内心的感动、感慨和感恩之情，无以言表。

谨此追悼刘绪贻先生！

2019 年 10 月 19 日
于京北香堂文化新村

左起：刘绪贻教授、杨肯、杨玉圣

下　编

刘老留给我的墨宝和音宝

余品绶

2018 年 11 月 9 日晚上，20：35，刘东姐发来微信："医生说，老爷子可能就这几天了……"我大吃一惊："啊？医生怎么能这样说呢！"刘姐回复："他一直低烧，压不下去，呼吸很困难，真是受罪啊！"

我不由自主地闭上了眼睛，垂下了拿着手机的手……我患肺气肿多年，现在已经到"极重度"的阶段，对于"呼吸困难"甚至"濒死感"，有切肤之痛。这时不知道该怎样宽慰她，因为这实在不是凭几句"宽心话"就能解决的问题。

21：15，刘姐告诉我："我和弟妹们都做好了思想准备。"看到这条，我忽然有了一点异样的感觉，那些轮回解脱的玄说在脑海里飘忽闪烁……使我居然没有了刚才的惊恐，这叫不叫"豁达"不敢说，但暂时脱离了悲哀和凄凉，却是实在的。足足过了五分钟，21：20，我发了三个"双手合十"给刘姐，一夜无事。

不料第二天，刘姐发来几个字——"今早 10 点 50 分"，下面竟无再多的话，我顿时像遭了电击，呆住了，不一会儿泪水就淌了下来……

就这样，公元 2018 年 11 月 10 日上午 10 点 50 分，先生走了……

就这样，带着 106 个平凡而又非凡的春夏秋冬，甩脱了他人生最后的一个痛苦，先生默默地走了，永远地，走了……

遥送先生西去，经冬历春，我总算又熬过了最难熬的时候。半年来，每当我从濒死感的痛苦中挣扎过来，我就会想到刘姐的微信、想到刘老，就觉得心里有许多话要说，不但要赶快说出来，还要赶快写下来，要让更多的人知道，有这样一位好老爷子，值得我们和后辈想念，敬仰。

但"说什么、写什么",却又茫然无着。先生的社会学、美国史,我一窍不通,想掉个文袋,真是无从下手。怎么办?老伴提醒我,向刘姐求教是正道,也是捷径。果然,到底是文科高才,刘姐几句话干脆利落:"你和老爷子交往这么多年,他什么事情给你印象最深?你什么事情记得最牢?就写那些。记住,追思文章,越生活化越好!"

这真是灌顶醍醐。有方向,有做法,使我豁然开朗。

于是我仔细地回忆了这些年来刘老对我的关怀和教诲,渐渐地,我的思路汇集到了墙上悬挂的条幅上——那是刘老写给我的一副对联。

书法真迹叫"墨宝"。围绕着刘老的这幅"墨宝",我马上又联想到,为了写它,刘老留给我的另一个宝——"音宝"。

"音宝"是我的杜撰。看坊间挽联"身去音容在,人离德望存""音容宛在,浩气长存","容"是容颜,"音"是声音。写的字可称宝,讲的话也应该可以称宝。有办法把声波记录保存下来当然珍贵,被别人记在了脑子里,同样珍贵。

现在我怀念刘老,说的是他写给我的字和他讲给我听的话,所以就叫墨宝和音宝。以下文中的对话,我讲的是"武汉腔",刘老说的是"黄陂话"。虽然不是录音,但基本内容准确无误。

从 20 世纪 90 年代初开始,我的"流年"就一直不顺。先是查出了胃溃疡伴"胃癌前期",接着是心脏手术、前列腺手术(三年之内竟然做了两次),又查出"中度肺气肿"并且很快演变成"重度"直至"极重度",最要命的是稍不注意就会感染成"急性发作期",每年住院最少三四次,多则五六次,家中的生活颠三倒四,其间更遭丧父之痛。我身心俱遭重创,万念皆灰,经再三请求,1999 年底终获批准,提前病退。

就在这段时间,通过(李)工真兄的引见,我认识了刘老。

2003 年 11 月下旬,校庆前几天的一个下午,我到刘老家里还书、借书,聊了一会儿,拿起新借的书正准备走,忽然发现外面不知什么时候开始飘起了小雨,刘老说:"干脆多坐会儿,我正好想起了个事要问你,怕过些时又忘记了哦!"我忙问:"什么事?"刘老笑道:"小事情。——我听说你的书房叫'黄月斋'?还有几句自嘲的话暗藏玄机?"

我也笑着说:"呵呵,您家的信息好灵通啊!书房叫'黄月斋'不假,那是李国老所赐,差不多有十年了。"

"为什么叫'黄月斋'?"

"更早的时候，李国老手录了一首他自己的五言绝句赐给我，最后两个字是'黄月'。全诗是：'巧从拙处生，年来始任拙。栖栖不遑宁，天上有黄月。'"

"巧从拙处生，好；天上有黄月，好!"

"我的那几句话是说给老朋友们听的，都是实话，并没得么事'玄机'。"

"那你说来听听。"

"您家莫笑啊!——小子蜗居：南坡北斗，东残西缺。不上不下，到底不中!"

"哦？东南西北、上中下，都有。"

"我和您一样，都住在珞珈山的南面坡上，这不用解释。但我的书房是朝北的，而且很小，名副其实的'斗室'。"

"所以是'南坡北斗'?"

"是的。我家大门朝东，贪图方便，我拆下原装大门，扔了。只安了个向外开的铁门……"

"所以叫'东残'?"

"对。我们这种'小三室一厅'的房型，不知设计师为何要在单元之间白白地空出一块地皮，对我家而言，这空缺之地正在西边……"

"这就是'西缺'了，原来如此。下面的'不上不下'我就好猜了，大概你既不顶天，也不立地——是几楼？"

"二楼。"

"那应该也算'中'啊!"

"这房连地下室一共七层，三楼的上下各有三层，是正'中'。所以我的这个'二'，不'中'!"

"我听懂了你的意思。但这都是'面上的'话。实际上里头隐含的意思怕不这么简单吧?"

"不瞒您说，这是我的自画像。"

"啊？愿闻其详。"

"我所受的教育是很不完备的，'东学'勉强沾了点皮毛，'西学'则完全没有。往下看，固然不能算文盲，但向上努力，实在又没本事。武汉人说，这叫'半吊子'。"

"言重了，言重了。不过你们的情况，我多少是知道一点的。理工科，学俄语，现在基本上就没得用。正是年富力强的时候吧，又在湖区造田、山区开荒，十几年莫说进实验室，连看也没看到过实验室啊！"

"虽然往事不堪回首，但也有不少人后来刻苦努力，取得了很大的成就。我是因为自己太不争气……"

"所以你很自卑？"

"是的。不过……"

"又不甘心。"

"有一点吧。"

"这完全可以理解。"

"刘老，既然我们把它说穿了，那我今天就干脆请您家把这十六个字写成条幅，我拿回去挂在'黄月斋'的两边，好不好？"

"不行不行！我的字拿不出手！"

禁不住我再三恳求，最后刘老想了想，说："这样吧，今天我们就聊到这里，你回去，过些时，我打电话，你再来。这个字呢，我是会写的，不过……到时候你来了再说吧！"

"好，我等您家电话！"我高兴地揣着书，告别了刘老。

不久，一天刚吃完午饭，刘老的电话来了，和往常一样，拿起听筒，听到的第一句话就是："品绶同志——，你好啊！"那纯正浓厚的黄陂话，音频偏高，还略带点慢拖腔，既诙谐又阳光，听来真是个快活的老头儿！

刘老告诉我，字写好了。我放下电话，急忙赶到刘老的书房，一进门，书桌上的那幅字就点亮了我的眼睛。

但是很快，我就不安了，这和我的本意很不相同啊！我说："刘老，您家这样写，我当不起啊！"

刘老靠在沙发上，沉默了一会儿，问道："不晓得你听过这样的话没有：'石头石头，总有一头。'"

"没有。"

"我们黄陂老家也没有这个话。我是从一个山区农民那里听来的。意思是说，不管一块石头的形状怎么样的不规则，它至少总有一个面是平整的，是可以利用的。你看那山区的石头墙、驳岸，都整齐得很嘛！用这个来比喻和说明一个人，哪怕是个所谓的'庸人''蠢人'，也不会'一无是处'，他也一定有他的'可取之处'。"

其实，说到"石头"，我并不陌生。我的出生地就是麻城东乡一个叫作

"石头坳"的小山村，成年后又在鄂西北山区改河治田种苞谷、教书，搞了将近十年，石头墙、石头驳岸见得多，然而熟视无睹，从来没有想到过，顽石可以比喻"庸人"的"可取之处"。

见我没有说话，刘老又接着说："你是不是可以想想自己呢？你的自卑感是不是太重了点呢？我看了冯天瑜为你祖父的诗文集写的序，知道你的族祖父是同盟会湖北分会的会长，你的亲祖父也是辛亥革命志士。你这些年收集整理资料，很费了些气力，这是很有意义的事情，甚至有些工作别人可能还代替不了，你可不能妄自菲薄啊！"

我自从接手先父未竟的工作，一路走来，个中艰辛实在难以与人言说。此前天瑜兄一直对我的工作给予鼓励和帮助，今天在刘老这里又一次听到了这样真诚鼓励的话，心中无比感激却又不知说什么好："谢谢您家，谢谢您家！"

"我没有帮到你么事，谢个什么呢？但是，有一条，我要告诉你，我们中国人做任何事情，都要讲个'气势'，有了这个，就好办。要不然，你有再大的本事，也成不了事。——要说'帮'，我说的这个气势，我写的这个对联，就算是帮你吧！海阔天高，风清月朗，愿你自强不息，再创辉煌！"

第二天一早，我就把刘老的字送到装裱店去了。

一个星期后，我又来到刘老的书房，刘老看到装裱后的字，高兴得很，看了又看，然后叫我和他一起小心翼翼地牵着展开的画轴，慢慢地地来到客厅，刘老像个小孩子一样，喜气洋洋地对他夫人说："你看你看！这是我写的，裱出来还很有个看相啊！"

周师母一般都静静地坐在客厅的靠椅上，天冷时会在腿上搭一方毛巾被，这时显然被刘老的情绪感染了，她仔细地从上到下看了好几遍，然后轻轻地说："我还真没看到你写过这么好的字。"

刘老一听更是大为兴奋："那是那是！要是我再接再厉，接着写下去，肯定会写得更好！古话说的有'字无百日功'嘛！"

要知道，刘老伉俪都是年逾九秩的老寿星了啊，说起话来竟和可爱的小学生们差不多，真是返璞归真！

从此，刘老的这幅墨宝就挂在了"黄月斋"的墙上，伴随我爬梳文献，将《余祖言诗文集》的整理工作一步一步地向前推进。每当有新的"拦路虎"挡在我面前张牙舞爪的时候，李国老的"巧从拙处生"、刘老的"海阔天高"就会给我巨大的力量，帮助我扫除障碍，继续前进。

2013年5月，刘老百岁，虽然手眼不如从前，但思维依然清晰，记忆力也令人称奇。当他知道我要去贺寿时，便打来电话，叫我把十年前写的字带去。到了书房，刘老说："真对不住啊，这回我不能写新的了，只能加个签名、加个印章了。"这就是刘老墨宝末尾"百岁绪贻"的签名和"珞珈山上不老松"的印章。有了这个签名和印章，刘老的墨宝更加宝贵了。

品绶先生雅意难违　刘绪贻时年九十一

百岁绪贻

蜗居北斗南坡心仪　海阔天高气象

风清月朗情怀　自称东残西缺性赋

刘绪贻先生为我的蜗居题联

2015 年深秋，一天下午，我和天瑜兄随刘姐到医院看望刘老，刘姐信心似乎不那么足，指着天瑜兄问刘老："你认不认得这是哪个？"

刘老抬头一看，立刻一字一顿地说："冯，天，瑜！"声音之大，竟然惊动了走廊对面护士站的护士，护士赶忙跑进病房来看是怎么回事，我们都快活地大笑了起来。

　　这时的刘老，只要天气好，就会要阿姨推着轮椅送他到双湖桥上看人钓鱼、打拳。

　　2017 年元旦前，我又住进了医院，这是我第二次和刘老住在同一个病区，不过他在 24 楼，我在 25 楼。我会不时下来和他聊聊天，为他拍几张照片。到我出院和刘老告别时，刘老的身体和精神都蛮不错。

　　后来，我搬到了黄陂，就再没有见到刘老了。但南望珞珈，我知道，那棵不老的松，依然屹立在那山上，并将永远屹立在那山上。

刘老诞辰一百零六周年敬撰
于黄陂盘龙城摩卡小镇黄月斋

刘老，再见！

——悼念刘绪贻先生

陈慧筠

惊闻刘绪贻先生于 2018 年 11 月 10 日驾鹤先行，享年 106 岁。愚生腿折头晕，追赶未及，反正再见不远，何必道别？

一 恩师益友同难人

刘老长我 18 岁，信中总称我为"老友"。的确，能成为他 54 年的同行（世界史）同系老友，我深感荣幸。他既为恩师，更是难友。"文革"中，同在襄阳分校住牛棚，同在"湖边学习班"学习。退休后，成了反思求索的挚友，同时还是同迷电脑网络的网友。恩师益友同难人，叫我如何不想念?!

二 多情长寿，百岁顽童

刘老的长女刘东，是我的邻居和密友。她告诉我："我妈年轻时的文笔书法比我爸还狠，是我爸追我妈的。"的确，备受刘老钟爱的周世英师母，一直让这个家保持着温馨有爱。刘老酷爱家人，在我们劳动改造休息时，他高举一张相片大声问："这是我儿媳，漂不漂亮?"弄得我们含泪大笑。他给劳改犯的孩子们讲古典故事，逗他们开心。他对我说："我孙女迷于文身术，别人反对，我鼓励，各有所喜吧!"他总是那么豁达和博爱。与他接近，总会激发你求真求活的激情，而没有单方说教的枯燥。这就是多情长寿的刘老的魅力。

三 百岁网迷

当他耳闭手僵腿软时，他弃笔击键点鼠，加上写字板和打字机，使储存、传递、研讨、表达能力提升多个档次。我给他发 E-mail，当日即收到回复，有答有评还有附件。他把书桌与打印机相连，做成一平方米多的电脑操作台。不分节假日，他辗转于屏键鼠猫写印六角洲间。这就是他 90 岁后的十余年里，数百万字成果和几十 G 资讯收、转、用的"梦工厂"和"孵化器"。

你给他解决些电脑网络方面的问题，他就特别高兴，胜过收到任何礼物。你送他资讯，他立即把更新、更好的信息回赠给你。网络让他结识了许多中青年网友，资讯也源源而来。他多次写信告诉我，又收到好文，给我看看；又收到有争议的图文，给我评评。他广吸多方资讯，乐于分享。他的邮箱任我开启使用。我敢说其量和质都是当时百岁老人的最高水平之一。

2016 年 6 月 2 日，当我把 4 小时前香港《争鸣》发表的有关他的报道专文发给他后，他立即出示同日收到的另一版本，并与我商议如何应对。次日，他就拿出评文。在如此神速的网络传播中，他应对自如。

我为搜集他的素材，多次从他那里寻觅、核实其书文影照。他总是有问必答，逐条落实，包括有关网址链接、QQ 号。他使用网络搜索、下载、传输信息的熟练程度，令人惊叹。

快 90 岁时，他曾手舞足蹈地对我说："没想到电脑网络给我插上翅膀，让我信心百倍。"他真是个多情人，天天亲近 Word，迷恋 E-mail，视邮箱为宝盒。他视网络为伴侣，牵肠挂肚；视电脑为情人，拥抱依靠。我对他说："我用电脑 20 余年（1994 年起）来，不仅颈腰病，连心脏病都好多了，因为有了新的精神支柱。现在 70% 生活靠网络，网络真是我不离不弃的老伴。我羡慕你的不是自然寿命，而是有效生命。网络帮你超过了有效生命 120 年，祝你有效生命两百岁！"他笑着说："过誉！过誉！你会比我更长寿！"两个高龄网迷，不约而同地开怀大笑。

四 珞珈不老松

与刘老相处，深感他有三大亮点。一是很早突破"左"倾教条主义的史学观；二是坚持批儒，疾呼"民本"非"民主"；三是多情长寿。三点贯穿，他还勤于求索。他为书房命名"求索斋"，自称"野老丹心一放翁"，真乃珞珈不老松。

关于美国对内民主、对外霸权的问题，他很早就有所揭示。他强调，重要的不是指出"是什么"的问题，而是要探讨和回答"为什么"和"会怎样"的问题。今年中美贸易摩擦让这个问题更加凸显。迷茫中我又想起了求索斋。

不想这些就多病，很快会与刘老相见。想想这些，倒想多活几年，多看看，带去给他新的"求索斋"充电，重温那谈笑风生的岁月。

追忆刘绪贻

——一个可敬又可爱的老人

余坦坦

刘绪贻先生是一个可敬又可爱的老人。

我之说他可敬，倒还不是说他享誉国内外的社会学和美国史研究成就，是一位著作等身的学者，而是说他那种不尚虚名的高尚人品和实事求是的处世态度令人敬佩。

2006 年，我萌生了与刘绪贻先生合作，采用口述历史的方法写一部他的传记或回忆录的想法。照理说，他已经 93 岁了，精力也渐有不逮，有人主动提出来给他树碑立传，何乐而不为呢？然而当我先通过他的女儿——武汉大学教授刘东，继而又当面向他提出此想法时，刘绪贻先生却拒绝了。拒绝的理由很简单：自己是个学者，埋头做学问是真，其余的什么名啊利的，都是身外之物，自己毫不感兴趣。他尤其对时下一些人自吹自擂、歌功颂德的所谓自传、回忆录厌恶有加，更不欲自己也混迹其中。后来，还是我多次上门拜访，与他共同探讨作为世纪老人留存传记或回忆录的史料价值，甚至请刘东教授从旁"游说"，刘绪贻先生才同意合作。不过在合作之初他又立下规矩：既要写人生的"光明面"，也要写人生的"阴暗面"，努力写出一个中国现代知识分子的完整人生。在后来的口述和写作中，我们严格遵守了这一"规矩"，我与他合作完成的刘绪贻口述回忆录《箫声剑影》分别由香港和广西的出版社出版后，许多读者高度点赞的也正是这一点。

而我说他可爱，是因为在我与他的无数次交往中，无论是合作做口述历史，还是闲时上门拜访晤谈，我都感受不到他是一个地位崇高的学界泰斗，感觉他更像是一个天真无邪、助人为乐的老顽童。

记得做口述历史的时候，每当谈到有趣处，刘绪贻先生都会手之舞之，甚至足之蹈之，那种"得意而忘形"的样子，完全不像一个耄耋老人。每当这种时候，我甚至都要赶紧站起来，提醒他老人家不要太激动，怕对身体不好，而他则一边呵呵地笑一边连连摆手，说"不要紧，不要紧"，引得我也和他一起大乐。

在合作做口述历史的差不多一两年时间里，我每次到刘绪贻先生家都是匆匆而来，又匆匆而去，除了在他家里吃过一两次便餐外，从来没有吃过正式的"大餐"。没想到，这件事刘绪贻先生也一直记在心里。《箫声剑影》的写作收尾时，一次我去他家，临走时他突然对我说："你来了这么多次，也从来没有正式吃过一次饭。走，今天我请你吃一次'大餐'。"然后就不由分说，和同样 90 多岁的老伴一道，拉着我到山下的小观园餐厅"大吃"了一顿。记得席间还喝了啤酒，老人家那种大快朵颐的劲头，甚至超过了比他小整整 40 岁的我，至今回想起来还是情趣颇浓。

从刘东教授的朋友圈中，突闻刘绪贻先生已于 2018 年 11 月 10 日仙逝，不胜唏嘘。

谨以此篇短文，深表悼念之忱。

深切怀念德高寿高望重的刘绪贻教授

郑　华

刘绪贻老先生，106 岁与世长辞，武汉大学少了一位德高、寿高、望重的老教授，实在令人痛惜。在这里先说一下刘先生是怎样成为我的良师益友的。我清楚地记得我俩相识是在 1966 年底的一天，当时他正推着一辆旧自行车准备到校园去看大字报，我们偶然在行政大楼门口相遇，顺便就学校的"文革"形势交换看法。到 20 世纪 70 年代初，我与他等几十名教师与干部一同下放到武汉大学襄阳分校走所谓"五七"道路，大家同住在一个用芦苇席扎制的大工棚里，每天劳动之余，免不了相互谈天说地，进一步增进了了解与感情。在他与我先后退休之后联系更多了，每年我都几次到他家登门拜访，有时他主动打电话邀我前往，向我推荐有关书籍与资料。我有时就写的有关文章向他请教。再就是学校老干处组织退休干部外出活动，我总与他结伴而行。就这样，由于五十多年来无数次接触与交谈，他成了我的良师益友，我们结下了深厚的友谊。

在我国当代著名历史学家、老一辈社会学家、新中国美国史研究的开拓者和奠基人之一刘绪贻教授逝世周年之际，许多同志都对他可贵的严谨治学精神与学术成就等发表了自己的见解，给予了高度评价与赞誉。我在这里仅介绍自己所了解的他的健康长寿之道，及其与夫人周世英老师一同健康走过百年，创造了罕见的生命奇迹的主要经验。

第一，他有强烈的爱国情怀。终生追求建设一个民主、自由、法治、幸福与现代化的新中国的坚定理想信念是他生活、学习与工作的力量源泉，也是他思考许多问题的出发点，更是他得以健康长寿，直至过百岁还心系国运、勤奋耕耘、著书立说、为国奉献的强大精神支柱。

刘先生在20世纪30年代读中学时，在全国人民特别是武汉大学学生积极抗日行动的鼓舞下，写出了一篇题为《饲虎》的文章，在汉口的《正义报》上发表，主要讥讽"九一八"事变后蒋介石的不抵抗主义。随后，又倡议组织义勇军训练班，并自任班长。后受到清华大学校训"自强不息，厚德载物"的启迪与熏陶，与西南联大校歌"千秋耻，终当雪，中兴业，须人杰"的教育与影响。加之他先后读过中国三所名校的几个专业，听过多位名师的授课与指导，"国家兴亡，匹夫有责"深深烙在他的心底，并化为他终生的实践行动。所以，20世纪40年代他在美国芝加哥大学拿到硕士文凭后，认为自己应对得起培养自己的祖国与人民，为了使中华民族能尽快自立于世界民族之林，有义务迅速回国尽一份力量。就是在这种思想的指导下，他放弃了继续攻读博士学位的机会，毅然于1947年6月回国。

回国后，他拥护党的领导，很快加入了共产党的外围组织。武汉解放前夕，他积极参加了武汉大学护校活动，并于1952年申请加入中国共产党。在历史使命与社会责任感的驱使下，他不论从事教育行政工作，还是教学科研等，都尽心尽力，精益求精，做好自己的工作。特别是我国改革开放之后，他更加焕发了青春活力，精力更充沛地投入教学与科研中，学术成果空前。据我所知，他既为我国几十年来所取得的一系列巨大成就欢欣鼓舞，同时也因看到一些官员的腐败、社会与学校出现的种种不良现象而愤愤不平、忧心忡忡。再就是他对我国政治体制改革的滞后感到焦虑。我在与他多次交谈中，发现他爱国、爱民、为国、为民及忧国、忧民之情常溢于言表。

第二，他一贯为人诚实、坦荡，乐观向上，性格开朗，敢为人先，并能理智、冷静地对待生活中遇到的一些误解、不公乃至冲击与委屈，使自己在任何情况下都能保持心理平衡、身心健康与积极向上的心态。

20世纪50年代，他在市总工会工作时，因意外的一封香港来信，受到党组织有关负责同志的猜疑与冷落，入党后长期不被准许转正。"文化大革命"之初，他与武汉大学的许多老师与干部一样，遭到批斗，并影响到家人与子女。20世纪70年代初，他已是快60岁的人了，仍被下放到武汉大学襄阳分校接受劳动锻炼与改造。我记得夏天里他只穿一条短裤与一件背心，干挑土等重体力的基建劳动，但不亚于一些中青年的干劲，天天汗流浃背，仍时而谈笑风生。在退休前由于某些原因他未能当上博导，许多人为他鸣不平，而他却一笑了之，觉得无所谓，毫不在意，从未听到他为此口出怨言。

前两年整理《箫声剑影》一书时，他亲口对我说，写回忆录不能只美化自己，应当实话实说，就是要在读者面前再现一个真实的自我。也正是出于这一考虑，他在书中公开了自己年轻时的一些隐私。这充分说明，他作为一位历史学家，对人、对己、对社会都将"真实、客观"作为自己为人处世的底线。这是非常可贵的品德与性格。也正是因为如此，他才能在百年的人生长河中，不怕风吹浪打，一次次经受住考验，始终保持心理平衡、身心健康，勇往直前。

据新华社 2012 年 4 月 12 日电："最新研究表明，积极的思维方式和乐观的生活态度可使人的寿命延长 5 年至 10 年。"据介绍，这是据芬兰 600 多位百岁老人所具备的共同特征得出的结论。刘老坚持与时俱进，勇于进取，年近九十学电脑，很快便能运用，我望尘莫及。他这种积极向上、笑对人生的态度，是值得后人很好地学习与发扬的。

第三，良好的生活习惯与有规律的作息。他几十年坚持自我按摩与适当运动。另外，喜欢观光旅游，接触大自然与社会，不断陶冶情操，是他得以延年益寿的重要原因。

据了解，他年轻时从不忌口，但随着年龄的增长，他逐步注意合理膳食，科学养生，不再贪吃肥肉与甜食等。早餐用面包、牛奶或一碗馄饨充饥。晚餐，坚持喝点加入蜂蜜的红葡萄酒。一日三餐，以清淡为主，控制食量，间饮咖啡与吃巧克力糖。特别注意有规律的作息，中午一般不午休，晚上睡足八小时，而且从不存在失眠问题，睡眠质量高，一般早晨七八点钟起床。在起床之前，便开始自我按摩，从 30 多岁开始，天天坚持做床上操，进行自我保健锻炼。

刘先生非常喜欢亲近大自然与参观旅游，除老干处组织的外出活动外，只要听说武汉有了什么新的景点，就会主动邀人陪同自己去，先睹为快。前几年一同到黄陂木兰山去玩，他一边登山，一边告诉我说，前不久才与儿子来这里观光过。2000 年左右，他曾邀我一同乘飞机到昆明去旅游，并说那里有人接待并已安排好。我因当时有事不能脱身，未能如愿。前些年，他曾对我说，希望有机会到华西村去看看。总之，他是一位富有生活情趣且积极向上的人，深深懂得游山玩水有利于人增长见闻，陶冶情操，愉悦身心，增强体质，延年益寿。

第四，俗话说"家和万事兴"，这是千真万确的。他有一位贤内助周世英老师，五个子女都尊老敬老，孝顺父母。全家人一贯关系和谐，几十年来拥有充满浓浓亲情与甜美爱情的家庭生活，这是刘老夫妇得以健康长寿与共同喜迎百年的重要保证。

刘老与老伴结婚七十多年来，情投意合，相亲相爱，风雨同舟，同甘共苦。加之二人都很朴实、随和，遇事能相互理解与谦让，都从不固执己见、斤斤计较于一些生活琐事，所以夫妻关系很好。

他们对五个子女的培养教育以尊重为主。在为人处世方面，主要靠家长的以身作则与示范作用，给孩子们以积极影响，从未以粗暴态度对待子女。在学业方面，对孩子不苛求，鼓励孩子从自己的情况与兴趣爱好出发，自行发展，顺其自然。由于其子女从小生活在比较民主、宽松与温馨的环境中，长幼之间很少有隔阂，长大后都懂得孝敬父母，其中两位是大学教授。

周老师年轻时，相夫教子，主动承担了家中的大部分家务，无怨无悔，同时能细心照顾丈夫的起居生活。刘老处于逆境时，能给予充分的理解、体谅、同情与支持，使他感到家庭的温暖。后周老师退休，便成了刘老从事科学研究的得力助手，帮助搜集与整理有关资料，负责抄写全部稿件等。

总之，我认为刘老与夫人都能健康长寿，共同喜迎百年，主要是上述四个方面的原因促成的，而家庭关系和谐则具有决定意义。假如一个家庭经常"内战不休"，肯定会万事寸步难行，社会上这方面的教训很多。而刘老的生活经历可谓"家和万事兴"的成功典范。

2017年中秋节与2018年春节期间，我与瑞英去中南医院专程看望他，一见面他就认出我来了，并指着瑞英说："你还在赚钱吧！"瑞英说："早退休了。"他当时已知道他的老相识周有光老先生活到112岁去世了，他还问我周比他大几岁。原计划2019年元旦时我与瑞英再去看他的，不料突然噩耗传来，心感悲痛。我因容易激动，怕遗体告别引发伤感，于我身体不利，决定只请人代送个花圈表示心意，就没去参加追悼会。

刘绪贻先生走了，武汉大学失去了一位德高、寿高、望重的老教授，我失去了一位尊敬可亲的良师益友。但他的良好品格与音容笑貌将永远留在我与一些人心中，他的崇高的爱国情怀与严谨治学的风范、一生追求真理的可贵精神，相信会得到继承与发扬。

怀念刘绪贻先生

徐建华

第一次拜访刘先生，有"功利"之目的，想讨一份出国申请推荐信。在北三区那间四壁徒书、宽大而略嫌昏暗的书房里坐了一下午，刘先生细致地询问了我的经历，读了哪些书，还要了我的中英文文章去看，最后答应为我写推荐信。

于是便慢慢熟稔起来，与晓莉常到刘先生的书斋一聊就是大半天。老屋子建在半坡，前后都是郁郁葱葱的树。坐定了，刘先生绅士地把手一摆，用黄陂口音问："咖啡还是茶？"与先生的聊天一开始都是天马行空的，但慢慢总会聚集到一个主题上，甚至会进行激烈讨论；大多数时候我们仿若穿行在一条深邃的时空隧道里，近现代史上许许多多耳熟能详的事件和名字随先生的讲述慢慢变得立体而丰满起来。谈话间隙，刘先生会笑眯眯地打开书柜下侧的门，献宝一样取出刘南教授夫妇定期从杭州寄来孝敬他的各色糕点请我们吃。心情很好时，他还亲自下厨做狮子头留我们吃晚饭。

除了聊天，另一项重要活动是出游。刘先生极具生活情趣和审美趣味，对于所有美的东西，他都非常热爱。据说年轻时跟夫人两人，一个拉二胡一个唱昆曲，神仙眷侣一般。武汉一年四季皆有美景，已经记不清曾多少次陪刘先生出游：那秋高气爽、色彩明快的东湖沙滩和杨柳岸，那繁花似锦、春光烂漫的东湖植物园，那珞珈山半腰的月夜，那名角歌舞的戏园。有一次湖北省京剧团周年庆，陪先生连听了三晚的京剧，使我愣生生从一个门外汉变成了痴迷者，有段时间吃饭走路全是《捉放曹》《洪洋洞》。先生曾撰文总结我们的一次出游："水自水，花自花，我们心无挂碍，景变情迁。兴之所至，任意徜徉，浑忘了天人之界，不记老少，不分男女，悠悠然驰目骋怀，却笑庄生多事，梦变蝴蝶。是日之游具有：海阔天高气象，风清月朗情怀。"这最后两句深得我心，真真是海阔天高、风清月朗。

有一年春天，陪刘先生在校园里散步时走进一片桃林，正是桃花开得最盛时。微风徐来，落英缤纷。先生忆起当年武汉大学校园内漫山遍野鲜花的美不胜收景致，无限留恋，念起早年的一首诗："记得当时年纪小，你爱谈天我爱笑，有一回并肩坐在桃树下，风在林梢鸟在叫，我们不知怎样睡着了，梦里花落知多少。"我常常想，判断生命是否还在欢快地跳动，不在年龄，而是要看一棵树、一抹晚霞、一片葱绿是否还能感动你。先生对自然、对美的这种体悟与热爱，不仅是他长寿的秘诀，也使他永葆一颗赤子之心。

刘先生还是一个很重情义的人，对晚辈后学总是给予最真诚的关心和帮助。至今我手边还保留着几张卡片，上面列着对我硕士学位论文写作有帮助的书目，这是我第一次见刘先生谈到硕士学位论文选题后他给我寻的。我到大学教书之后，遇到对我备课有帮助的书目先生也会在信中细致地一一列上。不仅是我，许许多多跟刘先生有过交往的年轻人也都有类似的经历。刘先生不止一次谈起年轻时向丰子恺先生索画的趣事，并称对年轻后学的帮助也是受了丰先生的影响。在我看来，率真重情乃是刘先生的天性。刘先生是这样界定"知己"的："我这里所谓知己，就是可以互相交心的人，是愿意向其诉说'不足为外人道'的心事的人，是向他诉说心事后不担心他背叛自己的人。"刘先生与诸多老友知己，如杨生茂先生、叶笃正先生之间的交往与情谊也感动着我。

与刘先生聊天、出游结下的"革命友谊"并未随着我的毕业离校而中断。我到深圳大学工作以后，仍与刘先生保持通信。我向先生汇报读书心得与近期工作，先生也往往会在信中细细梳理他近期的文章和思考。从这个意义上说，我有幸成为刘先生晚年交流较多的人之一。宗璞先生的《南渡记》出来之后，我立马推荐给刘先生。他便梳理了书中人物的原型及逸事，一一讲述给我听。一个乐意讲，一个喜欢听，一大幸事也。

刘先生为我们留下的最大财富是什么呢？我觉得是刘先生用他的经历告诉我们，读书人应该有风骨，也应该有社会使命感。

有一年，国内刚出版了胡兰成的《山河岁月》，我读完后兴致勃勃向刘先生推荐。先生一开始说："我不愿意看他的书。"我争辩道："不可因其人而废其文。"先生沉吟了一下，还是耐心向我解释："我们这一代人和你们这一代对日本的感觉不同。我们这一代人对山河破碎、遭受侵略的记忆非常深刻，难以磨灭。"

这也许就是他们那一代学者的时代烙印。对国家命运的关注和对民族前途的探索也成为先生毕生学术研究的动力。刘先生在芝加哥大学学习时，数学很好，曾有数位教授建议他去学统计学或经济学，但是刘先生坚持要学社会学，他就想从社会学的角度来搞清楚中国近代化失败的思想根源和文化根源，故而有了《中国的儒学统治：既得利益抵制社会变革的典型事例》一文。先生晚年过的是再安静不过的书斋生活，但他的关注点仍然在中国现代化进程上，每日思考不断，笔耕不辍，工作时间和强度完全不亚于年轻人。他的书斋名为"求索斋"，即为此意。

刘先生曾说，年轻时颇想效仿胡适，当个忧国忧民、不畏强权的大学教授，凭自己的见识和良心著书立说。但要想长期安静地在大学里教书、做学问，前提条件是民富国强、社会安定。所以读书人不可以不关心国家，不可以没有社会责任感和使命感。刘先生很推崇顾准，曾特意将《拆下肋骨当火把——顾准全传》寄给我，嘱我细读："我觉得认真读此书，可以增强人的意志和毅力，可以净化人的灵魂，可以提高人的思想境界，可以扩展人的学术视野。"他对后辈们的期许不仅在于学术上的长进，更希望我们能成为真正有思想和有使命担当的知识分子。

对于我个人而言，刘先生的出现还启发我开始思考一个重要的问题，那就是："人应该怎样活着？"我算是从小被说"聪明"一直到大的孩子，在学习过程中，我没有感觉到辛苦。而我经历的真正困难，在于大学之后内心深处对于自我和世界的感知。对自己应该成为怎样的人，我是没有底气的，或者说是不那么确定的。怀着这种不确定感，我就像其他好学生那样，做着那些应该做好的事——好好上课、好好考试、好好阅读、好好准备出国——但是，然后呢？真正的人生应该是什么样的呢？

遇到刘先生后，我看到了一种令我心向往之的人生境界和人生态度。

我看到，真正的人生成就，属于极致的沉醉者。人文学科的许多领域往往都是需一生攀登而没有顶点的，只有对一件事有极致的投入和热情，才能让一个人以赤子之心不改初衷，摸索出攀登的道路，并且终身沉醉其中。刘先生从社会学改治美国史，晚年又回到对现代化问题的研究上，可以说，他的初衷从来没有变过，那就是追求真理、探索中国现代化道路。在这个过程中，他内心澎湃如大海，他思考，他探索，他沉醉，他获得。他以他内心的光，照亮了他所能照亮的周围。

　　我还看到，人应该勇敢、豁达，忠于自我地活着。刘先生讲述过在"文革"中的经历，在写自传的过程中，往往是他写完一章就发给我看。我常常边看边想：作为一个生于清朝刚亡民国初建时期的人，他经历过军阀混战和完整的抗战，读过北大和清华、留过洋，回国后真诚热情地迎接新时代，经历过"文革"，也经历过学术纷争，为什么我在晚年的他身上丝毫没有看到这些过往苦难的痕迹呢？人真正高贵的底色不是在高处时的讲究和荣华，而是在低处时的豁达和勇敢。刘先生和那个时代的诸位先生一样，经历了中国最复杂、最惨痛的一段历史，但是苦难和仇恨没有给他留下印记，他仍然很硬扎地活着，以赤子之心去拥抱这个世界，爱美，爱生活，爱人类。

　　刘绪贻先生是为我开了一扇窗的人。他从来没有告诉过我应该怎样去为人处世，总是笑眯眯地肯定我："你做得很好！"但是身教胜于言传。我现在尚能按我本来的样子活着，热爱生活、热爱美，这也有刘先生教给我的底气。先生的离去，犹如一滴水融入大海、一片叶回到大地，不过是回到了他所热爱的美与自然之中。

　　唯先生之精神长存，与我们同在！

不忘初心的"baby professor"

——追忆刘绪贻先生

林 婕

　　我与刘绪贻先生相识在 1997 年。那时我还是一个对自己的未来茫然无措的大学四年级学生。获得保研资格后，有大把的时光和对史学的热情，却不得其门而入。久仰刘先生的大名，贸然上门求教，这便成就了我与刘先生 20 余年的师生缘分。

　　那时，刘先生正致力于"美国通史丛书"（2002 年再版时改名为《美国通史》）六卷本的组织和编纂工作。当时，第二、三、五、六卷已经先后出版，第一、四卷却由于种种原因未能交稿。刘先生心急如焚，多方联络，时时与我谈及这套书的开创性和重要性，以及编纂时的难点。终于落实了南开大学的李剑鸣教授和华东师范大学的余志森教授承担这两卷的撰写工作后，刘先生长出一口气。丛书的组织和编纂之难，不仅仅在于要在当年国内美国史资料获取困难的情况下，写出一套史料丰富翔实、逻辑严谨的通史，更在于要摆脱长期以来"左"倾教条主义在美国史研究中的干扰，摒弃老旧僵化的一些历史论断，有些甚至是被视为定论的历史结论。在他亲自担任分主编的第五卷和第六卷中，刘先生将自己长期以来对罗斯福新政的研究成果写入其中，颠覆传统的国家垄断资本主义的定义，用"新政"式国家垄断资本主义解释美国在二战前后国家垄断资本主义的变化。他提出，美国在民主制度下，用国家干预经济的方式，部分改变了资本主义生产方式，在一定程度上疗治了垄断资本主义的弊病，改善了人民生活，从而摆脱了列宁所说的"资本主义的垂死性"。这种论断改变了中国史学界、哲学界、政界对马克思主义的僵化解读，推翻了传统关于罗斯福新政"完全代表美国垄断资本的利益""以彻底失败而告终"的认知。更重要的是,刘先生的研究开阔了美国史研究的视野,客观地看待美国和世界,解放了学界的思想,深深影响了后来的学子们。2005 年,《美国通史》六卷本由人民出版社出版了第三版,并被中国出版集团收入"中国文库"。在"中国文库"的出版前言中这样写道:"'中国文库'主要收选 20 世纪以来我国出版的哲学社会科学研究、文学艺术创作、科学文化普及等方面的优秀著作和译著。这些著作和译著,对我国百余年来的政治、经济、文化和社会的发展产生过重大积极的影响,至今仍具有重要价值,是中国读者必读、必备的经典性、工具性名著。"刘先生看到这个评价,兴奋地对我说:"好啊,这么多年,终于有个结论了。以后就好了,可以大胆说真话、做实事了。"他没有为自己遭到的不公而不平,而是为学术自由和理性发展而兴奋。

90 岁以后,刘先生老骥伏枥,关注社会发展的重大问题,致力于中国的民主与法治建设。刘先生始终是马克思主义的信徒。早在 1984 年参加贝拉焦"外国人看美国史"国际会议时就向各国学者呼吁:"从历史学家对人类前途的责任来考虑,从马列主义产生以来对世界历史的影响来考虑,大家这样不关心马列主义,是很不应该的,也是不利于我们之间的交流与了解的。"[1] 但是,他始终反对僵化地理解和践行马克思主义。"马克思主义本来就是发展的科学,它认为自然界、社会和人的思想始终处在不断的运动、变化、发展之中,世界上根本就没有永远不变的真理。马克思主义之所以有生命力,不是因为它的创始人具有可以超越历史局限性和地区局限性的能力,而是因为它是随着历史的前进和地区的变化而不断发展、演变的理论。"[2]

在治学上,刘先生要求学生和他一样,时时保持对学问的热爱。

我和我的先生结婚时,刘先生送给我们一副字:"心灵笔意阔,文章称妙手。艺高人胆大,麻醉占鳌头。"殷殷期盼满溢其间。

刘先生总对有些年轻人懈怠、安于享乐不满,怒其不争。他经常说:"喝酒、打麻将、玩游戏有什么好处?年轻时不是应该为国家、为社会多做事情吗?以玩乐来度过人生,在年老时回想一生,不会空虚吗?"我虽总劝他,人各有志,不能强求,不需为此生气,但也暗自警醒,要认真学习和工

---

① 刘绪贻口述,赵晓悦整理《和而不同——我与美国著名史学家柯特勒的交往》,《史学月刊》2011 年第 3 期。

② 刘绪贻:《应尊重马克思主义创建者的看法》,《领导者》2009 年第 6 期。

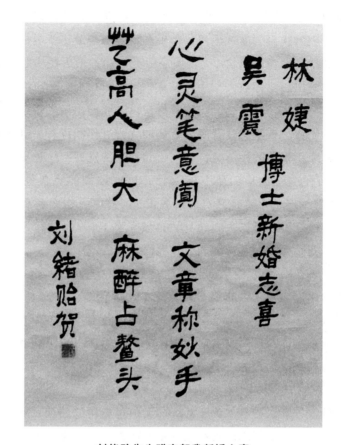

刘绪贻先生赠字贺我新婚之喜

作，不然老先生可不会轻易"放过"不争气的学生的。在刘先生住院期间，每次我去探望，他必然要问到的两句话就是："最近读了什么有意思的书？""最近你写了什么文章？"直到后来，刘先生已经听不见了，只能靠纸笔交流，最后甚至无法认出我了，依然追问这两个问题。刘先生的鞭策使我在做学问、教学生时不敢有丝毫懈怠，不然不敢前去见他。

以时下流行的话来说，刘先生是真正的"不忘初心"。

但千万不要将刘先生想象成只知道埋头做学问的老学究。老先生的生活也颇有情致。88岁时，刘先生写了《多情人不老》一文。他说："一个人无论年龄大小，只要受到外界刺激时，立即就能引起一种生命的律动，他和自然、社会、他人之间的交流便会生生不息，他的生活内容便会丰富多彩、兴趣盎然，而不知老之将至。这便是：'多情人不老。'"（后来他将自己的

65 篇散文编辑成册,以《多情人不老》为书名,由人民出版社在 2012 年出版)

　　春秋天气晴好,我们会在珞珈山的林荫道上谈论凡·高、丰子恺;夏日刘先生会邀我们去东湖赏荷,与我们分享他最爱的巧克力冰激凌;冬天他会约我们到梅园与梅花来一次邂逅。刘先生的狮子头做得极好。他会亲自下厨,拒绝儿女和保姆阿姨的援手,认为他们做得都不地道。也不知道刘先生一个地道的湖北人,是怎么会做一手地道的扬州狮子头的?! 有时他还会聊发少年狂,想要以 90 岁高龄去游历九寨沟、丽江。有一年我们在南京开会,会后大家去扬州游玩。参观个园时,他硬要探一探秋山。任东来老师和我只好"前呼后拥",陪老先生一探究竟。2006 年,看到青藏铁路全线通车的报道后,老先生居然还想去拉萨看看。在被大家严正拒绝后,他悄悄向我抱怨,并试图怂恿我偷偷陪他前去,吓得我连连摇头。他甚至在我的学生去拜访他时,"蛊惑"小孩子们陪他出游,吓得小朋友们跑来向我"哭诉"。这些实在是让人哭笑不得,可现在回想起来却又饶有情趣。

　　这让我想起刘绪贻先生曾经与我谈及他 1947 年刚刚从美国回国到武汉大学任教时的事情。那时,他们几个刚回国不久的教师,因为年纪轻轻,被学生戏称为"baby professor"。他谈及此事时语气中带着欢喜与感慨。现在想来,刘先生一生可不都是"baby professor"吗!

　　刘先生对生活、对学术时时抱有孩童般的率真和坚持。

我记忆中的刘先生

洪玲艳

在 2012 年 11 月之前，"刘绪贻"三个字对我来说是一本本美国史著作封面上的作者姓名，是中国美国史研究的开创者和奠基者之一，是学院一位高龄的学术大家，是同学之间讨论的传奇。那时从未想过能与这样一位跟自己年纪相差近 80 岁的学术泰斗有怎样的联系。2012 年 11 月，我还是一个世界史专业大四的学生，在毕业的焦虑和迷茫中，最后决定留校读研。刘先生则在此时需要一位学术助手，我的导师潘迎春老师向其推荐了我，于是便有了后来几年的交往。

那时我住在枫园学生宿舍，经过哲学院，穿过凉爽的珞珈山防空洞，刘先生的家就在洞口一侧山脚下。第一次见面，一路上带着忐忑和紧张的心情，带着对学术大师的敬畏。后来发现自己过于紧张了，刘先生是一位慈祥可爱的老爷爷。初次见面，他问及我的姓名、籍贯等信息，并记在心里。我提及我出生时违反了计划生育规定，父母为此缴了罚款。先生便经常开玩笑说："你是你妈妈花钱买来的漂亮女儿。"在住院期间，他也能记住有交集的护士和医生的姓名。每次开始工作前，他都要先搬出许多好吃的小零食，好好招待我一番才开始工作。工作结束了，也总要请我吃一顿丰盛的大餐。即使在住院期间，他躺在病床上，也依然不忘记指挥护工、家人好好招待我。

刘先生非常热爱生活。这种热爱就像是孩童初到世界时对看到的一切都感到好奇和喜爱。尽管年事已高，身体不像年轻时那样矫健，他也常常惦记着馆子里的手抓羊肉、植物园里的时令鲜花。有一回，他要请我吃涮羊肉，但他中意的那家馆子因为装修关门了，最后我们决定在附近的肯德基吃饭。

他点了冰激凌和炸鸡，像小孩般开心地吃起来，吸引了周围许多人的目光。还有一回，我如约到刘先生家工作。没想到刘先生说，我们今天去植物园赏菊吧。我考虑到刘先生年纪比较大，去植物园路途比较远，而且照看他的保姆也不在家，比较犹豫。我询问他是否经过了家人的同意。他大概看透了我的心思，让我放心，说已经告诉家人，而且自己身体很健朗，不会有问题的。我便答应了。后来才知道，其实他并没有告诉家人。大概是像小孩般，趁家人不在，想偷偷溜出去玩耍吧。后来他住院了，也还经常说起"有家馆子的猪尾巴很好吃""听说丽江风景很好，我没有去过"。我也只能安慰他说快点好起来就可以去了。

虽然年逾百岁，精力不似年轻时那样充沛，但先生没有放松紧跟时代的步伐。他对新事物总是保持好奇心，并尽其所能去了解当下的社会。先生坚持每天阅读报纸杂志，在电脑前及时回复电子邮件，通过电子邮件与友人分享趣事、讨论时事。对于一些他不能理解的现代词语，他也总要向我"请教"。智能手机太复杂，他已经没有精力去研究和使用，但他常让我给他展示手机的各种功能。住院之后，为了方便查收邮件与友人交流，他又决定学习使用平板电脑，在平板电脑上使用电子邮箱、微信视频等工具。看着他在电脑前操作鼠标、在病床上拿着平板电脑，想想这是个生于民国初走过一个世纪沧桑的人，不可能不生出感慨。但若问他感受如何，他会感慨世事变化之快、科技发展之惊人，但他不会怀疑自己对社会还有价值，他相信自己依然能够贡献社会，能够从容地享受生活。联系他百年的人生经历，这种处变不惊的从容淡定似乎也不奇怪。

在与刘先生工作期间，我也深切体会到他治学的严谨。作为刘先生的助手，我的主要工作是帮助整理刘先生需要出版的文集以及将他口述的文章变成电子文稿。在整理他早年在报刊上发表的文章时，他坚持用原件进行复查核对，于是我便经常造访图书馆收藏古老文献的资料室。大概由于很少有人光顾，资料上积不少灰，加之图书馆历史也比较久，立满了书架的资料室显得格外阴森，我查资料时总觉得后背发凉、心里发毛，第一次理解了图书馆为什么也可以作为拍摄恐怖片的场景。在查看从前写的文章时，先生也客观地面对自己当下思想与过去思想的不同。他认为随着时事的变迁、经历的丰富，人的思想难免会发生变化，但无须因此去改动过去文章中的观点，这也是思想变化过程的体现。但他偶尔也有无伤大雅的任性的时候。他坚持把过去文章中某些"同志"的称呼删去，因为他认为过去他同这些人是志同道合的同志，但现在他的想法与这些人的观念都发生了变化，产生了差异，已经不能够再称"同志"了。先生对于文章词句、标点的使用非常严谨。在写文章时遣词造句，反复斟酌，力求准确。在我们的往来邮件中，他也会毫不含糊地指出我不恰当的措辞。

先生严谨的治学态度和对我的教诲使我受益匪浅。先生曾写邮件鼓励我说："你具有成为一个具有相当成就的社会科学家或人文科学家的希望，当然这是要付出刻苦和努力的，不是轻而易举的。谦逊是美德，应该坚持，但不应过于低估自己，使自己错失一个本可以成功但因低估自己而丧失的机会。这是我对你的殷殷期望。"对于先生的期望，我并不十分有信心，但对于先生的教诲，我将永远铭记于心。

虽然已经百岁高龄，刘先生依然心系社会，想要为社会贡献自己的力量。他坚持每天阅读报纸杂志，关心社会和学界动态。他常常为社会不公平现象感到忧虑，有时也撰写文章，表达自己的看法，呼吁社会正义。他也关心国际局势，在特朗普当选美国总统之后，他对中美关系的走向表示担忧。住院之后，他也要求把报刊送到医院，以便阅读。但随着身体状况的恶化，他的精力也不够支持他关注社会时事了。那个时候，他才开始怀疑自己的生活，怀疑自己的价值。他会问我："我是不是不应该继续这样活着了？""为什么呢？"我心里一惊。他说："现在这样没法做事，只能毫无意义地消耗社会资源，而没有为社会做贡献，这样不应该啊。"有的时候，看着他从快乐的老头变成受病痛折磨的虚弱的病人，只能躺在床上输液服药，年轻幼稚的我也会想这样活着是不是值得。但刘先生的不值得不是因为病痛，而是因为自己不再有能力为社会做贡献，为自己占用社会资源感到愧疚。我眼睛一酸，不知道如何安慰他，只能勉强说："您之前做的贡献已经足够多了，足以让您使用现在的资源，现在是您休息的时候了。"这显然不足以说服他。他只是叹了口气，沉默不语。老先生当然不想用过去的贡献换取现在的回报，我的安慰非常无力。但以我二十几年的生活经验，也实在不知道该如何安慰这样一位热爱生活、善良正直的百岁老人。

虽然有时怀疑自己活着的意义，但其实先生是非常坚强乐观的老头儿。他的百年生涯中，苦难不能说不多。但当我请他给我讲那些离我很遥远的时代的故事时，他会讲述时代动荡给人们带来的灾难，却从未提起过自己的苦难。他提的更多的是他与夫人的相遇相知，是他与挚友知己的交游，是他在芝加哥大学留学的美好时光。他不擅长唱歌，但他总是给大家哼唱他仅会的

一首英文歌 *Row A Boat*。住院之后，每次去医院看望他，他总要跟我掰手腕，炫耀自己还未衰减的力量，还会得意地说他又能多走几步了。他也时常以这种豁达的心态感染我。我苦恼天气炎热不适合学习时，他为我找借口说："春天不是读书天，夏日炎炎正好眠，秋有蚊虫冬有雪，收拾书包好过年。"我说我长胖了，他皱着眉头摇头说："你天生丽质刚刚好，增一分太多，减一分太少。"

大概因为生活的重心大多在工作上的缘故，豁达的刘先生在审视自己作为父亲和丈夫的角色时，认为自己是有欠缺的。他对夫人承担大部分家庭的重任感到愧疚。住院期间，他总是梦到他去世的夫人。为了纪念夫人，他仿苏轼的《江城子·乙卯正月二十日夜记梦》作了一首词，常常反复吟诵，眼中泛着泪光。谈及儿女的情况，他常常自责，责怪自己年轻时将精力都放在工作上，对儿女的照顾太少，因而导致了他们的一些不幸。人人都赞叹和羡慕他的高寿，但他却怀疑自己将好运都用光，所以厄运都降临到自己的儿女身上。他怀疑是自己的长寿导致了儿女的苦难，认为也许自己不应该活如此长久。在面对自己无力改变的事情时，人们总是容易归咎于命运之类的非理性因素，即使睿智如他亦不能免。

许多人好奇，刘先生是通过怎样的方法达到如此高寿的。我虽无活到百岁的愿望，也曾开玩笑地问他有何秘诀。他其实并没有刻意去追求长寿。他生活的大部分都是工作。规律的作息之外，能与健康有联系的是长期坚持锻炼和自我按摩，而这种自律和坚持是很少人能够做到的。有一回我感冒了，他建议我每天早上用冷水洗脸。我虽然口头上答应，但最终在冬天里没禁受住热水温暖的诱惑。刘先生冷水洗脸的习惯是保持了七八十年的，大概这也是他脸上皱纹很少的原因。他也曾说等有时间要把他的按摩操传授于我，但时间从来不等人，我最终没能有幸得到先生真传。现在想来，除了可操作的坚持锻炼和按摩以及健康的生活习惯，坚强的内心、乐观的态度和对生活的热爱才是先生长寿的根本秘诀吧。

如今，先生离开已经有大半年。去年 11 月得知他去世的消息时，其实没有太多的震惊和伤感，似乎因为我已经习惯他生命的逐渐消逝，知道终有这样一天。最初产生他要离开我们的感觉，是他第一次认不出我的时候。当时看到他望着我迷茫的眼神，一刹那，震惊、难过、担心各种情绪涌上心头，眼泪就要掉下来。他明白过来我是谁之后，笑着说："是故意开玩笑的，怎么能忘记洪玲艳呢？"但我明白他确实已开始忘记我。从那之后便渐渐习惯了先生精力越来越不济，睡的时间越来越多，清醒的时间越来越少。这大概就是他跟大家告别的一个过程吧。

回想跟刘先生的这一场相识，从最初的高山仰止，到最后的亦师亦友，听了先生的许多故事和教诲，也蹭了先生许多零食和大餐。非常感恩先生的信任和教诲，也感谢命运在我的人生旅途中安排这一段机缘。我将带着有关先生的记忆以及自己在短浅的人生体验中对先生的理解前行。而先生肯定也正在他新的旅途中前进，那里定是一番风和日丽、鲜花满径、处处欢声笑语的风景。

2019 年 7 月 30 日

刘绪贻先生与我的合影

纪念我们的大朋友刘绪贻教授

刘　昊

我最尊敬的老师、最可爱的大朋友刘绪贻先生，因病医治无效，于北京时间 2018 年 11 月 10 日上午 10 点 50 分在武汉大学中南医院离世，享年 105 岁。今天上午 9 点，他的遗体告别仪式在武昌殡仪馆举行。

上个月晓悦还和我约好，今年要找时间回武汉去看他，没有想到这次我们只能这样相见。但如果有灵魂存在，他肯定还是像以前一样，看到我们来了会拍手大笑，用他的黄陂口音说："哈哈哈，好好好!"他就是这么一个快乐、有趣、兴致勃勃打量一切的圆脸老爷爷。

我们是 2006 年认识他的，那时候他已经 93 岁高龄，我们就叫他刘爷爷，后来就简化成了"爷爷"。那时读大二的我们正在给院报《新视点》做一篇关于西南联大的稿子，得知历史系有位老教授毕业于西南联大，便登门拜访。本以为会见到一位老态龙钟、言语不便的老人，可是迎接我们的，却是一位声音洪亮、思维敏捷、活泼健谈的老先生。他坐在堆满书籍和报纸的房间里接待了我们，还给我们每个人冲了一杯咖啡，递了几颗糖。我还记得他窗前的兰花，还有　只偶尔跳上沙发的猫。

后来晓悦和我一起完成了那篇稿子——《一个学者与两个时代——三面刘绪贻》。这是他跟我们这群新闻系学生的友谊的开始，也是许多故事的开端。晓悦与爷爷交情最深，她在本科毕业后，申请了 LSE 的入学延期，给爷爷当了一年助手，为他整理口述史的下卷。可惜这些年始终未能付梓，这是后话。

爷爷首先是非常优秀的社会学家和历史学家，他知识渊博，学贯中西，勤奋严谨，记忆力过人，而且直到百岁高龄仍保持着旺盛的精力，对世界有热忱和关注。他对劳苦者、弱小者总怀着非常深刻的同情，每次聊到他人的痛苦，总是拍着腿深深地叹息。刚认识他时，我就惊讶于他消息的灵通，虽然退休多年，但谈起这个国家新发生的事，他丝毫没有给人落伍之感，而且观点很鲜活，用词从无学究气。回忆到这里，我想起了第一次收到他的邮件时，望着他的网名"lxy1913"时的感慨。

他生于1913年，年轻时至情至性，最开始读的是国民党的军官学校，后来因为正在追求的女孩子家里不喜欢军人，他冒着入狱的危险逃出军校，重新参加考试，考上清华大学。这个女孩子就是后来与他相伴到老的奶奶，她101岁时去世。

他总让我感受到超越年龄的力量。他前往美国芝加哥大学攻读社会学的硕士学位时已经31岁，51岁开始研究美国史，成为中国美国史研究的奠基人，66岁创立中国美国史研究会，73岁译成《乔治·布什自传——注视未来》。而我们认识他时，他仍然在构思自己新的论文，并且兴致勃勃地给我们讲自己最近参与的论战。

记得有一次在他的要求下，我们曾经帮他注册当时一个知名学术BBS，填写出生年份信息时，我们没有找到"1913"这个年份——滚轮最远只能滚到50年代。也许在论坛管理员看来，这个年龄的人已经不可能上网了。谁能想到这样一位老人每天都坐在电脑前查阅邮件、阅读新闻呢？

可以说，是爷爷这样一个活生生的学者，向我展示了一种毕生追求知识和沉思的人生，但他又是一个非常热爱生活、富有情趣的人，他很顽皮、有童趣，我想起和他相处的种种，总是充满欢乐。

刚认识他时，他就悄悄跟我们说，请我们改天带他去麦当劳吃冰激凌（考虑到他的健康，家人和医生不许他吃）。还记得夏天阳光明媚的下午，我们和他在广埠屯的麦当劳门口一人拿着一个甜筒的样子，他像个逃离父母约束的小孩。除了冰激凌，他还喜欢吃巧克力、糖果，喜欢各种美食。每次和我们吃饭，他都不许我们付钱，说没有学生付钱的道理，说自己又发了几百块钱稿费，要跟朋友们分享喜悦。

他喜欢赏花，可以从四季的更替里感受到由衷的喜悦。夏天我们和他去东湖植物园看过荷花，秋天我们和他去武汉植物园看过菊花，还有一个周末我们和他坐车到郊野观赏了郁金香。他会认真地看那些花朵，一边走路一边天南海北地聊天。

他说自己长寿的秘诀是跟年轻人交朋友，他确实有许多年轻的小朋友。

他从来不会高高在上地说教，而是向我们提问：最近发生了一件什么什么事，你对这个怎么看呢？在听完了我们的观点之后，他才会很有条理地说出自己的分析。

他总是很关心来拜访他的学生们的生活，问他们的家庭状况、经济情况、感情状况、思想动态。他会很认真地赞美那些帅气的男同学和漂亮的女同学。他记得每个学生的名字，甚至他们的男女朋友的名字，而且总能洞察到每个学生与他人不同的秉性和风格。

几十年来，他看着无数年轻人变成学者，或者走出校门，他的心里装满了各种各样的故事，偶尔会跟我们分享每个学生不同的才能、性格和命运，会吐槽虚伪功利的人，叹息时运不济者，或者轻快地说着发生在年轻人里的热血澎湃、儿女情长，带点幽默的调侃。

听爷爷讲这些故事特别好玩，好像看到武汉大学的人来人往，留下不同时代的注脚。从民国讲到新中国，从政治运动讲到改革开放。

爷爷从年轻时就坚持记日记，几乎从不间断。因此他保留了大量珍贵的历史素材。晓悦为他整理口述史时，遇到不确切的地方，那些日记就成了非常重要的凭证。他总是很留心收集各种可以形成历史记述的线索。

我们毕业时还发生了一件有趣的事，徐蓓告诉爷爷，自己处理掉了所有的东西，连风扇和凉席都送人了。爷爷问她："那你以后写自传怎么办？"徐蓓摇摇头说："我不写自传的。"据说爷爷曾经认真地考虑过为我们这群《新视点》的小朋友写一篇"珞珈八女侠"之类的文章，被晓悦等人婉拒（我们认为自己只是"囧囧的女侠"）。

后来我们毕业了，离开了珞珈山，晓悦为他整理了口述史下卷后，也离开了武汉，但她每年都会回去看爷爷，跟他聊会儿天，有几次我与她同行，每次见到爷爷，他都朝我们拍手大笑。其中一次回学校是因为爷爷100岁生日，学校为他庆生。席间，一些六七十岁的老学者感慨他的生命质量如此高。一位70岁的老师说："我们这群人，活到这个岁数，这里插根管子，那里挂个瓶子，刘先生这样才是真正有质量的长寿。"众人大笑，他也笑眯眯地望着众人。

毫无疑问，这样的人生是让人佩服和羡慕的。他从年轻时就认定了自己这辈子只适合做学问，然后一直坚持做到100多岁，中间无论经历了什么都没有动摇。他是第一个激发我对人生进行思考的人：我的一生要怎么过，到年老时才能像他这样说"我的人生很圆满"呢？精神性的生活和诗意的生活要怎样去寻找？

今天的官方追悼会非常简单，结束时我产生了一种恍惚的感觉。他还会像以前那样，穿得干干净净的，非常优雅地走出来，对晓悦说："终于结束了。你们有事吗？我能不能邀请你们吃个饭？我们去吃好吃的。"

我还记得他坐在书桌前，在一盏灯下，握着包了胶布的圆珠笔芯，在我申请学校的推荐信上写下这段最感动我的他对自己人生的总结：

We are not teacher-and-student, but also friends with same ambition. I intend to conduct myself and handle affairs according to conscience for life. I like to be a real intellectual who is independent of the ruler of the state, brave enough to criticize the policy and conduct of the government, and devoted to science, democracy and rule by law.

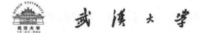

We are not only teacher-and-student, but also friends with same ambition. I intend to conduct myself and handle affairs according to conscience for life. I like to be a real intellectual who is independent of the ruler of the state, brave enough to criticize the policy and conduct of the government, and devoted to science, democracy and rule by law. She appreciates very much such an intellectual as I try my best to perform. She has decided to be my loyal follower.

刘绪贻教授在 2010 年给我写的推荐信的最后一段

当时对一个年轻人来说，每个词都很重，"conscience"需要毕生实践，而爷爷已经给出了他人生的答案，我也需要用一生来回答自己关于知识和信仰的追问。

刘爷爷去世那天，我反复读着这封信，反复地哭，为了"文如流水，身心愉快"，为了一个曾经活在这个世上的可爱的人。它提醒着我，不要忘记人跟人之间最宝贵的联结，也不要忘记自己的信念。

写于 2018 年 11 月 14 日晚
从武汉返回深圳的火车上

一场辗转于半个世纪的时空"旅行"

——《箫声剑影》（下卷）后记

赵晓悦

  刘绪贻先生把《箫声剑影》中卷八章书稿发给我时，我正好结束在伦敦的学年考试。导师在试卷上命题，让学生们思考时空关系的变迁。我翻开先生字斟句酌的书稿，恍然间意识到，暂别珞珈山和他已有 10 个月之久。在那个有幸度过的"间隔年"（gap year）里，我跟随先生整理他的口述自传，进行了一场辗转于半个世纪的时空"旅行"。

  这应该是我 23 年来做过的最有价值也是最随心所欲的一件事情。

  如刘先生在"前言"中所说，2008 年 11 月，我第一次向先生表达了想留下来协助他完成口述自传的愿望。这个心愿由来已久。

  初识先生，是在大学二年级的下半期。当时，正和武汉大学新闻与传播学院的几位同级挚友办一份八开纸的学生小报。那时，书没读几本，却爱胡思乱想，问些像卡尔·曼海姆（K. Mannheim）描述的"超出获得答案范围"的问题，经历一种"没有最终确定性的悬置状态"。在这种情况下，年届百岁的刘先生作为采访对象被我们请出山来。未曾想到的是，年轻人的冒昧行事被老先生无比认真地对待。首次采访临近结束时，先生记下了在场的每个人的电子邮址，等我们回宿舍打开电脑时，发现他推荐阅读的数篇文章，已经先一步抵达。我回函致谢，又问起先生求学西南联大的经历，老人复信并附寄了当时刚完成的上卷第 8 章"心系国运守寒窗"。这是我第一次接触到《箫声剑影》。我和先生的交流由此开始，并一直持续下去。

  我所见到的先生，丝毫没有长者的架子，而是把晚辈当作独立的个体，平等对话，并且时时为我们提供帮助，鼓励我们进步。我的外祖父生前常向我描述他在西南联大读书时的种种情景，这些情景构成了我对大学最初的想象。在珞珈山遇到先生，我的想象终于在现实中鲜活了起来。时隔七十载，就像当年刘先生和我的外祖父感激那些为他们指点迷津的恩师一样，我也感激能遇见刘先生；更何况，这样的机会如此稀少。知恩图报，我觉得自己应该为先生做些什么。

刘先生需要一个助手帮他续写口述自传。这部自传的意义，无须我赘述。负责整理工作的同时，我与读者们一样，也是先生个人史的倾听者、观察者。阅读个体的历史，能让人在宏大叙事之外，发掘其他用以审视时代的参照物。要找到去路，需了解过往。我是一个阅历浅薄的门外汉，但对历史始终有浓厚的兴趣。毫无疑问，协助先生作传，也使我受益匪浅。

2009年5月，我得到伦敦政治经济学院的缓学许可，继续"逗留"在珞珈山。那时候，先生已起笔写作下卷的第一章——"来何汹涌须挥剑，去尚缠绵可付箫"。我参与的第一项工作是陪同先生到东湖疗养院采访姚景珍，并根据访谈录音整理武汉解放不久武汉大学"协助（中共军代表）接管委员会"的一段短暂历史。到我离开武汉时，整理工作已经进行到20世纪末，涵盖了从50年代工会工作到从事美国史研究、社会学探讨的半个世纪历程，共10章。

每一章的写作，大致分为三个阶段。首先，整理史料，主要是先生的日记、信札和文稿。同时，广泛查阅每一时期或者事件的相关文献，并选择其中的一部分进行深入阅读，再结合个人记录具体讨论，共同拟定口述提纲。可以说，这一系列对史料的搜集和整理工作并不只是起到了"收复"记忆的作用，很多时候更像是一个重新发现的过程。先生是治史的学者，著作等身，他做口述自传，则是把自己当作对象，一丝不苟地进行研究和重估。如读者所见，他的记录和评价，既来自对历史事件发生时的记忆，也来自数十年后的查证与反思。其次，先生的口述，也是最核心的部分。实际上，口述并没有拘泥于问答的形式。先生大致按照提纲对我进行口述，但由于我几乎每天都有与他见面的机会，所以，日常的交谈中也包含了大量有价值的信息。比如，偶尔陪先生到书斋背后的珞珈山散步，经过他曾经长住的"十八栋别墅"以及初到武汉大学任教时暂居的半山庐时，先生时常停下脚步，回想旧日生活的场景，徐徐讲起珞珈故交的往事。另一些时候，先生或是把当年打过交道的朋友或同事请到家中，或是登门拜访，向他们询问一些历史事件发生的经过，与自己的记忆相互佐证。我准备好纸笔和录音笔，在一旁做记录。最后，也就是第三阶段，根据口述材料，整理详尽的提纲。在多数情况下，我在先生求索斋的电脑上进行这项工作，以便他随时审阅，提出修改意见。这三个阶段，实际上相互交叉，难以分割，终于共同完成10章共计十余万字的详细提纲，其中一些章节已基本成形。遗憾的是，在我赴英留学前，未能按照预想为先生整理出完整的书稿，故被冠以该书"整理者"之名，我深感惭愧。

这一整年的收获，难以尽述。我只想提一点，协助先生做口述自传，让我有幸见证先生是如何秉承他上卷开篇就提出的原则的。这一原则是："写口述史必须绝对说真话，还要勇于揭露自己的缺点和问题。"在我看来，先生可敬，正是因为他的自省和批判精神。一个百岁老人，敢于直面自己、质疑历史、抵抗现实的污浊。先生身体力行，教诲学生怎样坚守自己的良心。这种影响，将惠及我的一生，而实际如何，则要留待日后的检验。

在这篇简短后记的结尾，我首先要感谢我的外祖父，他对我的教育是我参与整理《箫声剑影》（下卷）的缘起。其次，感谢我的爸爸妈妈，支持我缓学一年留在珞珈山，全心为刘先生整理口述自传。特别感谢周世英女士和刘东教授、刘南教授，始终无私地支持着刘先生的事业，并给我提供了宝贵的建议和帮助。感谢余坦坦先生为中卷留下的大量口述材料；感谢宋雯博士将书稿整理成形。感谢敬爱先生、支持他写作口述自传的诸位朋友！

2011 年 6 月 4 日凌晨
于伦敦南岸

这张照片拍摄于 2009 年我大四时，
爷爷在镜头里总是神采奕奕

附 录 一

我和刘绪贻教授

叶笃正

刘绪贻教授是我的老朋友。我和绪贻是清华同学，但在校时我们并不认识，因为我们在两个学院，我在理学院，他在法学院。后来我到美国芝加哥大学学习，他也到芝加哥大学学习，我学气象学，他学社会学。但我们住在一起，因而就逐渐熟识了。

一个人到了异国他乡——和本国文化完全不同的一个新国家，想融入一个新社会不是一件容易的事，首先熟悉新环境和新文化就需要花些时间。我们两人在这方面都没有什么问题，所以很快就都熟悉并比较快地融入美国社会了。我们两人都有很多很要好的美国朋友，当然也都有不少中国朋友。但是，在众多朋友中，能够彼此知心无话不谈者，唯有我和他。

我是学自然科学的，所以就用自然科学的眼光看美国社会，看到的多是美国社会繁荣和科技水平高，想到的是中国如何学习它的自然科学，从而提高我国的生活水平。绪贻则不然，他用社会学的眼光看美国社会，他认为美国生活水平和科技水平之高是果，它背后的原因是它的制度，这个制度是华盛顿以及华盛顿之后的一些美国杰出总统和精英人物共同建立起来的。他的这种认识比我对美国社会的认识深入得多。我受他的影响，对美国社会的认识进了一大步。

在美国我们两个都学得很好，都有条件留在美国享受优越的生活。但我们两个都放弃美国优越的生活回到祖国来了。这是因为我们都有一颗学成归国报效祖国的心。是赤诚的爱国心又把我们紧紧联系在一起。虽然我们在两个城市工作，还是常常互通消息。

绪贻回国之后在武汉大学任教授。20 世纪 60 年代，他创建了全国两个美国史研究室之一（另一个在南开大学），讲授美国史，并带硕士研究生，培养了许多优秀的美国史学者。同时，他还是中国美国史研究会的主要创建人，对促进和繁荣我国美国史研究工作做出了重要贡献。他曾任美国的《美国历史杂志》国际特约编辑 16 年，现在仍是中国美国史研究会顾问。他的一生，除早期研究社会学，近六年来着重研究中国的民主和法治问题，批判并反对儒学糟粕外，主要从事美国史研究，著述颇丰（请参阅爱思想网站刘绪贻专栏的《刘绪贻著译总目》）。他的著作使中国人对美国的情况有了更多的了解，对美国社会有了更多的认识。同时，他和他的许多美国朋友相互交往，使美国人对中国有了更多的了解。他在两国文化交流方面也做了大量工作。美国是世界上最大的发达国家，中国是世界上最大的发展中国家。中美关系是世界上最重要的国家关系之一。中美关系对中国很重要，对美国很重要，对全世界也很重要。绪贻的工作，对于促进两国人民之间的沟通和交流，促进两国之间的和平共处，促进中美关系的发展，有重要的意义。

　　讲到这里，不能不问：绪贻做了这样多这样重要的工作，他的动力是从哪里来的？这不能不想到他是清华大学的毕业生。清华的校训是"自强不息，厚德载物"。绪贻一生全心全意为祖国服务的人格和业绩，说明他深得校训的真谛，说明他是校训的忠实实践者。同时他又毕业于昆明的西南联大。西南联大是抗日战争时期北京大学、清华大学和南开大学联合组成的大学。这所大学有北大的自由民主、清华的刚健笃实以及南开的知行合一，三者合一成为一种卓越的文化品质。绪贻自然深受这种文化品质的感染，这也是他一生工作的动力。

　　作为老朋友，我祝绪贻健康长寿，多为人民再做贡献。

风骨凛然的杜鹃精神

刘道玉

　　刘绪贻先生是武汉大学历史系美国史和社会学著名的学术大家，他虽然已退休快 30 年，但是一直笔耕不辍，晚年的学术成果累累，经常发出振聋发聩的声音，成为一代有良知的知识分子的典范。他的论著和他追求真理的精神，获得了国内外学术界高度的赞誉，也鼓舞着许多有理想的青年人。

　　先生出生于 1913 年 5 月 13 日，比我年长 20 岁，是我的师辈。我们同是湖北人，他是黄陂县人，我出生在湖北枣阳县。虽然我没有受业于先生，但他却是我心目中的楷模，是我永远的精神导师。今年是先生的白寿之喜。古人以汉语语词的蕴意，或以汉字的笔画或拆字法，来形象地寓意各个年龄段的寿庆，如喜寿（77 岁）、米寿（88 岁）、白寿（99 岁）、期颐（100 岁）、茶寿（108 岁）等。按照传统的习俗，给老人祝寿"祝九不祝十"，因此先生在校内外的学生和朋友们准备出版一本庆祝刘绪贻教授百岁华诞纪念文集，以此作为献给绪贻先生百岁华诞的寿礼。该书编辑委员会来信约我写篇序言，我感到诚惶诚恐。但是，为了表达对绪贻先生的崇敬之情，我尽管才疏学浅，还是不揣冒昧，以拙笔叙述我与先生交往的一些轶事。

　　我是 1953 年秋进入武汉大学学习的，当时绪贻先生已不在学校，但他新中国成立前后在武汉大学的轶事还是在学生中广为流传。先生 1947 年 9 月于美国芝加哥大学获得硕士学位后，旋即受聘到武汉大学任教。他思想进步，新中国成立前被吸收入中共武汉地下市委的外围组织武汉市新民主主义教育协会，任武汉大学分会教授支部书记，并被选为武汉大学教授协会主席；武汉解放后，他被选为"协助（中共军代表）接管委员会"主席，协助军代表做了一些工作。后来，由于各种原因，他不无遗憾地离开了学校，曾在武汉市（当时曾是直辖市）和湖北省担任过多种职务。但先生无意官场，在追求学术真理的驱使下，于1964年重返武汉大学执教。根据国务院的指示，武汉大学和南开大学分别成立了全国最早的美国史研究室，在美国史学界素有"南刘（绪贻）北杨（生茂）"之誉。

那时先生正值知天命之年，是学校比较活跃的教授之一。我于1963年由苏联辍学回国，与先生同住在武汉大学珞珈山18栋。18栋位于山南半麓，掩映在青松翠柏和香樟林中，是20世纪20年代末30年代初专为教授建造的别墅式的住宅。先生住在14号，我住在6号。我们上下班时常相遇，先生也偶尔询问我关于苏联国内形势的问题。

我第一次与先生接触是1981年7月出任校长之后，他是我利用暑假拜访和求教的60多个教授之一。我主要是向他了解芝加哥大学的情况，也询问他新中国成立前后武汉大学的历史，听取他对办好学校的有益建议。

20世纪80年代，武汉大学教育改革热情很高。当时历史系是学校实行学分制试点单位之一，曾得到绪贻先生的大力支持。那时，大学生的思想也十分活跃，成立了各式各样的学生社团组织。有一个叫快乐学院的社团，历史系1977级学生赵林是其中的一个活跃分子，常常提出极有创意的问题。《中国青年》1980年第5期发表了署名"潘晓"（作者是潘祎和黄晓菊二人的合名）致编辑部的信，标题是《人生的路呵，怎么越走越窄》，由此引发一场关于人生意义的大讨论。一个星期日的上午，赵林去系资料室看书，突然看到"潘晓"的那封信，就像触电一样激动，立即给《中国青年》写了一封致潘晓的信。编辑部根据他的观点，发表了署名赵林的公开信，题目是《只有自我才是绝对的》，发表在该刊第8期上。文章刊出后，立即掀起了一场轩然大波，赞成者有之，反对者也不乏其人。

赵林自幼喜欢哲学，1981年，他报考了武汉大学哲学系的研究生，虽然他的考试成绩达到了录取标准，但哲学系以他的政治表现不合格为由，拒绝录取他。在这个困难的时刻，历史系伸出了援助之手，曹绍濂教授录取了赵林，但他对导师的研究方向不感兴趣。经学校与刘绪贻先生沟通后，赵林很快转到刘绪贻教授的名下做研究生，研究方向是美国现代史。真是名师出高徒，刘绪贻先生不仅保护了赵林，而且为赵林成为一名杰出的学者奠定了基础。二十多年后，赵林在回忆往事时写道："当年，若非刘绪贻先生慷慨同意接纳我到他的门下，我的学业就会半途而废。同样，

1985年我毕业之时，若非刘校长的保护、热心关怀和亲自安排，我至今还不知流落在何方。二位刘姓前辈，一位对我有授业之恩，另一位对我有知遇之恩，大恩大德，难以为报，唯有兢兢业业地投身于学术事业，以微薄的成绩还报恩师。"

在我出任校长之初，曾经把3~9世纪中国传统文化、国际问题、数学、空间物理、功能材料、病毒学等作为学校的重点研究方向。在国际问题方面，包括国际法、美加经济、世界史、西方哲学等，在这些学科方面，武汉大学拥有雄厚的师资力量，其中包括刘绪贻先生领导的美国史研究室。他在美国史研究方面著述甚丰，是研究罗斯福新政的权威专家，提出了一系列有创见的学术观点。

《中国的儒学统治：既得利益抵制社会变革的典型事例》一书，是先生早年在芝加哥大学的硕士学位论文，后来由叶巍、王进翻译成中文，于2006年出版。我十分想读这本书，可是不知去何处购买。2008年10月，我与夫人散步经过先生门前的小径，正巧遇先生由外面回家。故人相见，自是情切无比，我们站着谈话15分钟，先生已是95岁高龄，但思维清晰，精神矍铄，身板硬朗，这是人生之大幸。我们的谈话广泛地涉及改革开放，还谈到了当今国学热的问题。他说："纵观历史，凡是改革者都是批孔的，如孙中山、鲁迅、胡适、陈独秀等，而历朝历代的统治者都是尊孔的。"最后，先生说要送我一本书，于是我随他到家中得到了我一直想看的这本书。令我吃惊的是，绪贻先生写这本书时年仅34岁，对儒学透视得如此之深刻，实乃一家独到之言。

我怀着新奇的心情，一口气读完这本书，的确受益匪浅。这部18万字的论文，是在芝加哥大学著名社会学家威廉·费尔丁·奥格本和路易斯·沃思的指导下写就的。由于见解独特新颖而获得了一笔奖学金，他也被列为芝加哥大学"杰出的中国校友"。在论文中，他首次提出了诸如"中国儒学统治""儒学既得利益集团""儒化社会"等观点，令人耳目一新。

什么叫"儒学既得利益集团"？绪贻先生解释说："儒学既得利益集团主要是由'皇家和儒生阶层'组成。两千年以来，中国的朝代一变再变，但那只是换了皇室的姓氏，而建基于儒家思想的社会总结构，特别是它的政治和宗法制度及其经济基础小农经济，一直是不变而且日益强化的。"他进而分析道："这种统治阶级各组成部分既得利益一致的社会分层模式，使得统治阶级既得利益成为一种非常强大的、抵制社会变革的力量。""儒化社会"就是以儒家思想来治理的社会，统治者以儒家的思想维护其统治，而儒生又从统治者那里得到擢升和利益，是一个独裁者与儒生相互勾结和利益均沾的社会。正如绪贻先生所云："儒化社会的弊端在于必然形成帝王控制儒生，儒生治理百姓的自上而下专制独裁——一个社会只有皇帝与儒生极少数人成为儒学既得利益集团，社会既得利益如此单一而非多元化，这个社会必然是不公平的，必然难于改革，必然危机四伏。"学习了绪贻先生的论著，我对于大学教育改革茅塞顿开。

2011 年 4 月 25 日是清华大学百年校庆，《看历史》杂志准备约请 10 个文化人，各给清华大学写一封信。我问他们有哪些人，回答说有李泽厚、刘心武、周有光、易中天等。我又问有什么要求和限制，回答说体裁不限、观点不限、长短不限。鉴于观点不限，我接受了约稿，并写了一篇致清华大学百年校庆筹备委员会的信，题目是《大学需要有反思精神》，有 5000 多字。绪贻先生是我崇敬的前辈，又是清华老校友。于是，文成以后我第一个送先生审查是否有不妥之处，请先生为我把关。

得到了绪贻先生的首肯，我心里踏实多了，相信不会有太多的谬误。于是，我就把这封公开信发给了《看历史》杂志编辑部。让我始料不及的是，这封公开信被各网站转载，英国《金融时报》（中文版）、《东方早报》等许多报刊也都转载此信，各大学的教师也以电子邮件的形式相互传播这封信，这封信一时成了人们谈话的主题。我感到很欣慰，毕竟说出了很多人想说而没有说出的话。

绪贻先生进入高龄后，我不敢轻易造访，唯恐打扰他的静思与写作。但每逢春节，我都会打电话向他表示节日的祝贺。今年是先生的白寿之喜，我特地去府上给先生拜年，并赠送了一盆盛开着的杜鹃花。那是一个精致蓝瓷花盆，由于盆体太大，我的小儿子刘维东开车送到先生家楼下，再帮我搬到先生的家里。我喜欢杜鹃花，更喜爱古代和近代诗人以杜鹃（鸟）吟咏的脍炙人口的诗句。清末黄遵宪《赠梁任父同年》诗中的后两句是："杜鹃再拜忧天泪，精卫无穷填海心。"难道不是吗？当今我国一批有良知的知识分子，不正是像杜鹃忧天一样地在忧国忧民吗？不正是像精卫鸟不知疲倦地希望填平东海那样，在为改革呐喊吗？宋朝诗人王令《送春》中的两句诗是："子规夜半犹啼血，不信东风唤不回。"诗中的子规，也就是杜鹃。这是一种情结，是我国当今一批追求改革的知识分子喊出的心声。

刘绪贻先生的道德文章，正体现了这种风骨凛然的杜鹃精神。我们晚辈后生应当以刘先生为榜样，为追求真理而不懈努力。

2012 年 2 月 6 日（元宵节）

于寒窝斋

志同道合的刘绪贻先生

邓蜀生

我是在 1979 年 4 月中国美国史研究会筹备会议上认识刘绪贻先生的。会议在武汉大学召开，刘先生是那次会议的主要组织者。杨生茂和丁则民等老先生也都参加了那次会议。我那时在人民出版社外国历史编辑室，为开展工作，需要广泛接触研究国际问题的一些学者，我于是参加了这次会议，后来又加入了中国美国史研究会。刚经历了"文革"那种令人窒息的氛围，改革开放对我们来说就像打开了窗户，迎来了学术的春天。大家心情激动，情绪高昂。

刚见到刘先生的时候，我们就有一见如故的感觉，聊起来很投缘。他原来是学社会学的，知识面比较广，我是记者出身，学问不深，但是涉及面很宽。我们在很多问题上都谈得拢，对当时的一些形势的看法也很接近。后来慢慢深入学术观点，我发现他是一个研究有素的专家。

在参加中国美国史研究会筹备会之前，我就深感国内对美国问题的研究亟待加强。1955 年的肃反运动过后的一两年，国内思想比较活跃。我在那时公开提到中苏必有一战，中美两国将来必打交道。由于沙皇俄国侵占过中国的大片领土，苏联和中国之间其实有很深的矛盾。我的这一看法不幸言中，1969 年就爆发了珍宝岛之战。但就美国而言，它在历史上没有侵占过中国的领土。我的这一判断也是基于自己的经历。我在教会学校上过学，抗日战争时期到过印缅战区，参加过抗美援朝，跟美国人打过交道，从自己对美国的感性认识出发，我觉得中美两国将来必然要打交道，应促进和加强对美国问题的研究。我在人民出版社也没讳言过这一观点。

人民出版社出版过《苏联史》（三卷本），但没有出版过相应的美国史著作，唯一一本可以拿得出手的就是黄绍湘先生的《美国通史简编》，但这本书的篇幅跟《苏联史》相比就相差很远了。黄先生的这本书从头到尾——从第一版到修订版再到第三版，都是我经手的。黄先生是中国研究美国史的前辈，坚持以马克思主义为指导开展研究。一方面，我很感佩黄绍湘先生的努力，觉得她能够以一己之力写一本美国通史很不容易。另一方面，因当时的精力所限，她写的这本通史比较简要，对很多问题还没有来得及深入探讨。这本书出版以后，有的读者反映不错，但我们编辑室也接到了一些读者来信，来信的人里面有老师、学生，还有一般读者，他们就该书的一些观点表达了一些不同看法，很多人都提到这本书的观点受苏联史学的影响较深。这在那时也不奇怪，甚至可以说是顺理成章的，因为当时我们在外交上实行的是向苏联一边倒的政策。有些学者对这种研究现状不满足，希望能有更好的美国史著作出现。我于是想到，最好能出版一套新的美国通史，公正一点，摆脱苏联观点的影响。我当时还不清楚学术界的情况，只是觉得中国人有智慧，不应该总是跟在别人后面，中国学者应该有自己的观点，对美国史做出独立的判断。

在中国美国史研究会筹备会召开之前，由中国社会科学院倡议的全国史学规划座谈会于1978年夏天在天津召开，会议建议成立中国美国史研究会和编写美国史。这两个建议在次年都得到了落实。1979年4月召开的中国美国史研究会筹备会确定由杨生茂和刘绪贻先生领衔，组织国内学者集体编撰《美国通史》。这项工作与人民出版社拟出版美国史的想法不谋而合。为推动此事，我代表人民出版社约稿，并自任责任编辑，鼓励大家早日着手，不用担心出版问题。

1979年11月，中国美国史研究会成立会议在武汉举行。研究会成立的过程比较顺利，同时也得到了中国社会科学院世界历史研究所的支持，研究会就挂靠在世界历史研究所。当时武汉大学研究美国史的力量比较强，历史系的李世洞、李存训、王锦瑭、李世雅、钟文范等教师都很热心，所以研究会秘书处就设在武汉大学。

作为负责美国史、国际政治方面图书的一名普通编辑，我和刘先生通过学术交往逐渐加深了彼此之间的了解。后来中国美国史研究会开年会，我往往跟刘先生住在一起，有一次从重庆坐船到武汉，我们又在一个船舱。他来北京或我去武汉时，我们也会找机会见面。应该说，我和刘先生从学术观点到私人交往都是比较融洽的，即便有不同意见，我们也会彼此尊重。

《美国通史》从启动到出版，一共用了 24 年。由此也可以想见这套书问世的艰难。这套书的编写并不顺利。编写人员大都承担着繁重的教学和社会工作，没有足够的时间从事写作，另外还存在经费或资料短缺的困难。1979 年末中国美国史研究会成立期间，部分编写人员对完成《美国通史》缺乏信心，甚至开始打退堂鼓。以刘先生、杨生茂、丁则民等为代表的一些人则认为《美国通史》可以完成，而且要高质量地完成。

刘先生的执着坚持对《美国通史》最终问世发挥了关键作用。我代表人民出版社多次参加过中国美国史研究会的会议，我是支持刘先生的。考虑到各卷写作进度不一，我建议这套书先作为"美国通史丛书"出版，出书不用从第一卷开始，成熟一本就出一本。我觉得，我们有这么多学养深厚的专家，有这么多新锐力量都在第一线，假以时日，这套书肯定可以完成。当时还有一个有利条件，就是学校已经开始启动科研项目，可以申请资助以弥补研究资金的不足，同时，项目的研究成果也可以得到学校方面的认可。在许多场合，刘绪贻先生总是在给大伙鼓劲打气。由于有两卷的编写陷入停顿，刘先生和有关方面反复协商，想方设法，另请他人负责有关卷的编写，使《美国通史》终成完璧。

刘先生的持之以恒对《美国通史》六卷本得以问世至关重要。没有刘先生和杨生茂先生的坚持，《美国通史》六卷本就不会问世。《美国通史》六卷本出版以后，受到国内学界的广泛好评，并被国内很多图书馆所收藏。这套书在印了两版之后，被收入中国出版集团的"中国文库"。台湾也印了这套书的其中一部分。这套书对推动国内的美国史教学和研究发挥了积极作用。

刘先生为推动美国史研究摆脱苏联影响，用更加客观的态度看待美国历史做出了很多努力。我历来主张，在美国史研究方面，我们中国人要有自己的观点。中国人如何看待"新政"及罗斯福，如果完全跟着别人走，出版这样的书就价值不高，还不如直接翻译别人的东西。我们要有自己的观点，我们的观点要经得起时间的检验。历史是一个客观存在，看的角度、标准不一样，结论就会有所不同。比如苏联也不得不承认"新政"挽救了美国，但是"新政"为何可以挽救美国，大家的观点就大相径庭。如何看待"新政"的利弊得失是另外一个例子。刘先生与黄先生的学术论争，推动了中国对"新政"的学术研究。目前研究"新政"的中国学者，不管是从海外学成归来的学者，还是本土培养的新锐，几乎都没有再受苏联观点影响。

我觉得，刘先生和我这一辈的学者和目前的一些学者不大一样。我们总强调要有自己的立场和观点。在 20 世纪 80 年代中期以前，国内思想总体上还比较僵化，很多学者认为中美之间的坚冰难以破除，但刘先生和我都能比较客观中立地看待中美关系，对中美关系未来走向持乐观态度。这与我们的经历有很大关系。现在从美国归来的学者，在美国的时间太长，受美国影响太深，中国文化的底蕴很不够，再加上又没有经历过历史上的跌宕，几乎都是在一种和平的口水战的环境中长大。这种经历使得他们的观点与美国人几乎没有区别。他们使用的材料也许很新，能挖掘出很多东西来，但是最后得出的结论却跟美国人差不多，而缺少了自己的看法。

我非常欣赏刘先生的长者风度，他为人非常诚恳，从不隐瞒自己的观点。很多老先生说话都留有余地，比较稳健，不得罪人。刘先生有时候不但对年轻人的批评很尖锐，而且跟老一辈的学者争论得也非常激烈，争论起来面红耳赤。我很欣赏他开诚布公的态度。我们俩的性格在某些方面很相像。

刘先生颇有长者之风，待人诚恳，与他交往不感觉拘束。在有的长辈面前，我们总担心自己失礼，怕把话说错，但刘先生很平易近人，不大讲究礼仪。这与个人的经历有关系，刘先生的一生不是一帆风顺的，人生的很多坎坷会给人观察社会以一定的影响。这也许是影响刘先生为人处世的一个因素。

我因为工作关系与刘先生有一些接触之后，对刘先生油然而生敬佩之心。他这么大年纪还在写东西，学电脑、用电脑真不容易。刘先生百岁生日是件值得庆贺的事情，这么大年纪还在写东西的人还真不多。我也愿意在此特别向刘先生表达由衷的祝贺。

六卷本《美国通史》

我心目中的刘绪贻先生

张椿年

刘绪贻先生是我十分尊敬的一位史学界的前辈。我和他是在制定中国世界史规划的过程中相识的。1978 年，全国史学规划座谈会在天津召开。这是吹响改革开放的号角后史学界的一次十分重要的会议，但因时间已过去几十年，会议讨论的具体内容我已记不清楚，但有两件事是不会忘记的。一是在会议过程中，得知郭老（郭沫若）在京去世，与会学者十分悲痛，一些参加会议的郭老的故交纷纷离会，赶回北京，与郭老做最后的告别。二是在讨论和贯彻座谈会的精神时，很多学者提出编写一部适应时代需要的美国史，希望刘绪贻先生和杨生茂先生主持这件大事。我们世界历史研究所的领导朱庭光同志竭力支持这个建议。我那时在所内负责世界史的规划工作，为落实建议，不时要向刘先生请教一些问题，他总是耐心地给以指导。在长期接触中，深感他为人真诚，工作严肃认真，我敬佩他的高尚品德。

刘先生是研究美国史的资深学者，他在这方面的学术贡献，由研究美国史的学者来谈要比我更为深刻和全面。我这里只是说说刘先生在几个方面的学术功绩。

一 创建中国美国史研究会

刘先生是中国美国史研究会的创建者之一。中国美国史研究会成立会议于 1979 年底在武汉大学召开。会议选举黄绍湘先生为理事长，刘先生为副理事长兼秘书处秘书长，由刘先生主持研究会的日常工作。所以，1979 ~ 1990 年，中国美国史研究会的秘书处一直设在武汉大学。

中国美国史研究会成立后，在既缺乏经费又无专门工作人员的情况下，工作做得很出色，如定期召开年会，出版《美国史研究通讯》，积极推动国际学术交流，尤其重要的是，组织全国美国史专家撰写《美国通史》。中国美国史研究会为推动中国美国史的发展，提高中国美国史的学术水平做了很多工作。

1990 年，我们接到指示，要对研究会进行整顿，在整顿中，必须裁减一部分研究会。我们认为挂靠在世界历史研究所的研究会对本学科的建设都做出了积极的贡献，所以我们尽最大能力和有关部门沟通，想方设法把所有的研究会保存下来，虽然那时我们也听到对中国美国史研究会等一些研究会的工作有点议论，但我和世界历史研究所分管研究会工作的陈启能等同志坚定地认为这些研究会大方向是正确的，毫无疑问，应该继续存在。我们没有受一些意见的影响。张友伦同志接任中国美国史研究会的会长后，研究会的工作同样很出色，说明中国美国史研究会是一个很好的学术团体。其中，刘先生为中国美国史研究会所做的工作功不可没。

二 主持《美国通史》的撰写，培养新一代美国史学者

上面已提到，由刘先生和杨先生主持撰写《美国通史》，是在落实 1978 年在天津召开的全国史学规划座谈会的精神时提出来的，是世界史"六五"计划中的重点研究项目，是改革开放以来中国世界史研究领域的精品力作。

以刘、杨二位先生为首的学者们为这部著作倾注了自己的心血。为出色地出版这部书，人民出版社的邓蜀生先生也做了很多工作。在编撰该书的过程中曾遇到种种困难。如有的学者承担了写作任务，却不能按时完成任务，一拖再拖，影响了工作的进度，先生对此很焦虑，他曾给我写信，商量如何解决这个问题。为了这件事，我记得邓蜀生先生也找过我。诸如此类的问题，肯定不少。为克服这些困难，刘先生要耗费多少精力啊！

现在《美国通史》已成为研习美国历史和美国问题者必读的书，同时，这部书还培养了一代美国史的学者。

三 学术创新

刘先生撰写了很多有关美国史的论著，先生的贡献在于他在学术上的创

新，在于对某些问题的研究起了开创的作用。他提出的某些学术观点使人眼前一亮。改革开放之初，经济改革阔步前进，但学术方面，因受"左"倾教条主义的影响，略显沉闷。要想推动美国史研究前进，就需要打破这种思想上的束缚。在这种情况下，刘先生开始对罗斯福新政和美国国家垄断资本主义进行研究，提出了一些新的观点。刘先生认为，罗斯福新政使资本主义进入一个新的发展阶段，标志着资本主义仍有自我调节的能力。刘先生认为，应肯定罗斯福新政的积极作用。

刘先生关于罗斯福新政及美国国家垄断资本主义的多篇文章，是在《世界历史》上发表的。当时朱庭光同志看了这些文章，对刘先生的观点深表赞同。

在上面，我只是简略地谈了谈刘先生对美国史研究工作的贡献，值得注意的是，他对我国整个世界历史学科的建设也十分关心。1978 年，《世界历史》创刊，并将刊物寄赠刘先生。他看完几期后，给《世界历史》编辑部写了好几页纸的意见，列举刊物中的错误。从错误所在的页码看，先生把刊物从头到尾都仔细地读了一遍。先生的精神感动了整个编辑部。若不是出于对刊物真心的爱护，若不是出于对世界历史学科的关心，谁会这样去做呢？谁又能提出那么多中肯的意见呢？

在 2008 年，《世界历史》创刊 30 周年之际，我写过一篇题为《庆祝〈世界历史〉诞生 30 周年》的文章，特别提到了这件事，对刘先生为发展世界历史做的任何贡献，我们都不应忘记。

刘绪贻先生届满百岁荣寿，理当热烈庆贺。太平之世多长寿之人，先生寿登期颐，但身体健康，至今仍孜孜不倦于学术研究，为我国学术界少有。先生无论在做人上还是在治学上都是我们的榜样。他从来坚持求真务实的精神，不苟合，不跟风，重创新，为我国美国史研究做出了重大贡献。我们的国家需要有先生这样的学者引领我国学术事业前进。

童颜鹤发胜当年

——恭祝刘绪贻教授百岁华诞

张友伦

国内外知名的美国史学家和社会学家、中国美国史研究会主要创始人之一——刘绪贻教授，即将迎来百岁华诞。这是中国美国史学界的大喜事，也是中国学术界的大喜事，值得庆贺。

听说刘先生及门弟子和武汉大学美国史同仁等筹划出一本祝贺文集，祝贺刘先生的百岁华诞。我很高兴，也想写几句话表示我的衷心祝贺。

我虽然不曾在武汉大学工作，但作为晚辈，我有幸同刘先生在研究会共事多年，从他的言传身教中，无论是在做人方面还是在教学研究方面，我都获益良多。我虽然没有听过他的课，但我始终认为他是我一生中的良师之一。

我是在1979年参加中国美国史研究会时认识刘先生的。他当时虽已年近七旬，但却精力充沛，生气勃勃，给我留下了一个积极进取的实干家的印象。这个感觉在研究会成立后的工作中得到了充分的印证。

研究会虽然不大，但会员分散在全国各大学和研究机构中，要把大家动员组织起来很不容易，秘书处的工作是相当繁重的。研究会成立后，刘先生被公推为研究会的副理事长兼秘书处秘书长，不但要处理这些日常工作，而且要组织年会和筹办研究会通讯。这两项工作是研究会联系会员和推动工作的重要措施，但也是费钱费力的事情。研究会是民间学术团体，没有雄厚的财源，全靠中国社会科学院世界历史研究所每年不多的拨款和会员的少量会费。承办年会的单位既要出钱又要出人，在开始的时候几乎没有人敢于主动承担。谁来承办第一届年会顿时成了一个大难题。我当时在研究会没有承担任何职务，是出席会议的普通会员，对理事会的讨论和安排不太了解，但也知道这事有点难办。听说刘先生为此颇伤脑筋。我私下曾同孙宝珊同志聊到这个问题。他说此事相当难办，经费和预订火车票问题都不好解决，如果实在找不到承办单位，他可以利用自己的人脉，在不惊动学校的情况下，用简单节省的办法办这届年会，但前提是研究会领导要充分理解他的难处，对会务上出现的问题要给予充分的理解和必要的包容。我估计，理事会完全接受了他的要求，第一届年会就是在烟台举行的，并且办得很好。

刘先生在担任秘书处秘书长期间，为筹办每一届年会都要费心劳神，精心准备。在他统筹主持下的几届年会，都办得很成功。在人民出版社邓蜀生先生的支持和配合下，研究会还连续出版了几本年会论文集。研究会的影响不断扩大，研究会的凝聚力也随之增强，出现了大家关心研究会、相互支持、紧密团结的大好局面。

在担任秘书处秘书长期间，刘先生还同杨生茂、丁则民、邓蜀生等先生筹划了一件对中国美国史研究会非常重要的大事，那就是编写多卷本《美国通史》。这项工作既然是研究会的集体项目，那就会涉及不少的单位和个人，顿时成为大家关注的焦点。对于大多数人来说，这是非常鼓舞人心的好事，大家都毫无保留地赞成和支持，但也有不少人担心这个集体项目会流产。考虑到参撰人员分散在许多单位，研究会对他们又没有约束力，完不成编写工作的可能性很大。另外，还有人认为，黄绍湘先生的《美国通史简编》已经出版，从原来的 35 万字扩充到 63 万字，已经相当完备，没有必要再写一本。会下还有人谈到许多集体项目因问题成堆而不得不中途散伙的教训，认为这次很难操控的编写任务很可能是吃力不讨好的事情，不做也罢。好在刘先生和邓蜀生几位前辈的态度很坚决，编写《美国通史》的事情才决定下来。记得邓蜀生先生曾在会上激动地说："黄绍湘先生独自一人都敢写一部部头不小的《美国通史简编》，难道我们这么多人都不敢写一部多卷本《美国通史》吗？"

1983 年，《美国通史》选题被列入第六个五年计划期间国家哲学社会科学重点研究项目。《美国通史》六卷本在 2002 年出齐后，好评如潮，曾多次获奖。这套书后来又被收入中国出版集团的"中国文库·史学类"，由人民出版社出版。

1986 年研究会的领导层大换届，据说是学会和研究会的领导层都要年轻化，而且是采取"一刀切"的做法。其实年轻化虽说是一个大趋势，但具体到一个学会或者研究会，却不一定合适。当时研究会在刘先生的带领下正步入良性发展的轨道，刘先生虽然已年过七旬，但身体健康，精力旺盛，完全可以继续干下去，中途换帅并不妥当。当刘先生在年会上宣布他不参加新一届理事会选举时，大家都想不通，愕然相向。失去老一代学者的指导和帮助，新一届理事会在成立之初总感觉有点茫然。好在刘先生离开后对研究会仍然很关心，新一届理事会还可以从他那里得到帮助和指导。此后，我虽然少有同他接触的机会，但还记得他爽朗的笑容、认真的工作态度和对研究会的无私奉献。

从武汉大学老师们那里，我了解到刘先生是一位自我要求严格、十分勤奋的学者。刘先生对待《美国通史》的态度和丰硕的论著，更加深了我的这一印象。《美国通史》是一个200多万字的大项目。刘先生是总主编之一，审阅各分卷的书稿就是一个重大的负担。当时，他还是《美国通史》第五、六两卷的主要撰稿人，并实际承担了两个分卷的主编工作。《美国通史》第五卷共12章，他撰写了10章。几项工作加在一起，总工作量十分惊人，但他都出色地完成了。当《美国通史》第五卷出版的时候，我很高兴，同时又感到惭愧，因为我负责编写的第二卷远远地落到了后面。刘先生为我树立了榜样，除了奋起直追，我别无选择。

相比之下，出一份通讯的难度就要小一些。但是，办通讯贵在持之以恒，组织稿件也并非易事，如果没有刘先生领导下的团队的不懈努力，也是办不好的。通讯也是在刘先生主持秘书处工作时期打下的基础，到现在还一直在出版。

刘先生和他的同代人离开中国美国史研究会理事会后，办好研究会的重担就落到了新一代人的肩头上。尽管新理事还没有做好思想准备，但刘先生打下的雄厚基础使他们比较容易地接上了班。最能稳定军心的是，刘先生在处理研究会事务方面给我们留下了许多范例。秘书处仍然留在武汉大学，由原班人马操持，李世洞同志担任副理事长兼秘书处秘书长。秘书处仍然承担着研究会的大部分日常工作，并可以就近得到刘先生的辅导和帮助。

研究会本来是民间学术团体，其领导职务，既无报酬，又无任何特殊地位和待遇，完全是义务性的，但因为它是学术团体，人们认为这是一种荣誉，代表着学术地位，所以，往往也有争当理事的事情发生。刘先生对于担任理事会领导职务一事，从始至终都泰然处之，十分淡定。研究会需要他的时候，他就挺身而出，要换届及"一刀切"的时候，他就淡然退出，没有丝毫不满。也许他对"一刀切"有自己的看法，但却顾全大局没有表露，而是对移交工作做了细致、认真的安排，甚至推荐了下一届理事长的人选。刘先生的做法为研究会开创了很好的传统，使得以后研究会的历届换届工作都是在协商团结的气氛中进行的。

刘先生是一位勇于创新的学者。在罗斯福新政问题上有独创的见解，而且做了长时间的深入细致的研究，自成一家之言。如果有人要在中国学术界寻找一位研究罗斯福新政的权威专家，那就非刘先生莫属了。

不久前我看到一副对联，用在刘先生身上非常贴切。联曰"柏节松心宜晓翠，童颜鹤发胜当年"。我谨在这里祝愿刘先生百岁后焕发第二个青春，并且胜过当年。

德高望重　良师益友

——写在刘绪贻先生百岁华诞之际

李世洞

在我这个晚辈和同事的心目中，刘绪贻先生无疑是一位德高望重的良师益友。

屈指算来，我和刘先生相识已有四十余年。记得是 1964 年春，刘先生从湖北省高等教育厅调回武汉大学，受命组建美国史研究室。那时还没有什么搬家公司，我和青年教师杨范中受组织派遣，充当"搬家员"，由此与刘先生首次见面。我当时教世界古代史，刘先生和他的两位年轻助手王锦瑭、李存训研究美国史。按那个时代"厚今薄古、厚中薄外"的标准，我们虽然同属"薄"的一族，但我是"既古又外"，乃"薄中之薄"。加上隔行如隔山，我和刘先生相识而未相交，基本上没有什么往来。"文革"一起，"行"的界限消失了，但又冒出了一个新的更令人生畏的界限："革命"与"反革命"。作为"革命群众"的我，同当时已成为"黑帮"的刘先生，连偷偷说几句话都被视为"胆大妄为"，哪还敢谈什么相交呢？直到 1978 年改革开放，春天来了，大地苏醒，刘先生重新担任美国史研究室主任，这时我已是该研究室成员，在他的直接领导下，从事美国史教学、研究。从此，两人才开始了"亲密接触"。在这漫长的时期内，我们有过和谐一致、互相支持，也发生过误会分歧甚至摩擦矛盾。正是在这正反的相交中，我不断解读着这位学术老人，一步步地进入相知阶段。

刘先生身上的亮点很多，我感触特别深的有五点。前三点，可用他的三句格言概括；后两点，则是我的概括。

一 "生命不息，奋斗不止"

1993 年 5 月，武汉大学历史系为刘先生举行了八十寿辰庆典。刘先生在答谢时说了"生命不息，奋斗不止"这句话。这不是一般人"表决心"式的应景之词，而是包含着他那坚定意志的承诺，是他退休以来身体力行的"行动纲领"。回顾逝去的 20 年，刘先生确实是时时处处都在实践这一承诺和他的"行动纲领"。正如他发表在《中华读书报》（2002 年 4 月 24 日）上的一篇文章中所写的："多少年来，我老骥奋蹄，几乎没有寒暑假和星期天，写作和发表了约 900 万字。"其间，他撰写和编纂了《富兰克林·D.罗斯福时代（1929—1945）》、《20 世纪 30 年代以来美国史论丛》、《战后美国史（1945—2000）》（增订本）、《改革开放的社会学研究》、《黎明前的沉思与憧憬——1948 年文集》、《中国的儒学统治：既得利益抵制社会变革的典型事例》、《箫声剑影》（上卷），合译并总校了《罗斯福与新政（1932—1940 年）》《美国八大冤假错案》《美国社会发展趋势》，发表了近百篇有关历史学和社会学的论文、时事评论、往事回忆、人物素描、随笔、散文。看着这长长的目录，我思绪万端，心潮起伏，即使是一个年富力强的知识分子，要完成这些成果，恐怕也得挤掉许多休闲乃至必要的休息时间"超负荷地运转"才行。可是，做出这些成绩的竟是一个耄耋老人！

我回想起同刘先生接触时的情景：每次登门拜访，总是看到他待在书房，不是写，就是看，再不就是摆弄电脑，有时甚至看到他中午就在书房的沙发上小眠。这种极其平常的无声行为，常常使我这个还不算太老的人既感动不已，又惭愧不已。我在退休后，虽未完全罢笔辍耕，但与刘先生相比，差距大矣。不过，在赞扬他这种"生命不息，奋斗不止"精神的同时，还想向刘先生提出建议，毕竟年近百岁，休养生息当为第一要务。

人们常说活到老学到老。刘先生不仅活到老学到老，而且做到老。古人云"春蚕到死丝方尽，蜡炬成灰泪始干"，用这句名诗来形容刘先生，恐怕是再贴切不过的了。

二 "位卑未敢忘忧国"

这是刘先生经常挂在嘴上、写在纸上的另一句格言。一般人在经历了人世沧桑、曲折坎坷、世态炎凉而进入老年后，往往会产生一种"看破红尘"的心态，把青壮年时期那种忧国忧民的情结和行动视为幼稚可笑的东西，从而转向"与世无争"，由"入世"变为"出世"，向往"采菊东篱下，悠然见南山"那种桃花源式的生活。刘先生则相反，人老心未老，年轻时那种为国为民的情怀仍洋溢在胸间。他过的是书斋生活，但他的视野绝不仅局限于书本。他关注自己的学术课题（这些课题也往往和现实有密切的联系），但绝不是课题之外概不关心。

我登门拜访时，只要情况允许，常同刘先生"坐而论道"，谈改革开放在经济上取得的巨大成就，也谈官场腐败和社会的阴暗面，更常谈的是如何进行政治体制改革，建立民主和法治的现代文明社会。他不仅私下谈，而且公开写。看看他在报刊上发表的文章题目，就足以了解他的爱国情结是多么浓重：《打破反腐禁区》《当官不是做老爷》《人民不是生来就怕"公仆"的》《个人自律与有效监督》《民主，就是让人民自己作主》《富了方丈穷了庙》《"天道"何时"酬勤"》《人权的演进与我国人权的保障》。这些话题，哪一个不是广大人民群众所关注、所迫切希望解决的问题？完全可以说，刘先生是"学问事、国家事、人民事，事事关心"。

心里装着国家，必然也常念集体。刘先生退休多年，但他仍时常牵挂这个曾经辉煌一时、在全国美国史学术界处于领先地位的研究室。当它由于非自身原因而日渐衰微、"家道中落"时，刘先生曾不断提出种种补救建议。甚至当我们这些昔日的"二掌柜"们也一个个"下岗"而"庙倒神鬼散"时，他仍念念不忘"中兴"。2002 年，我当年指导的一个硕士研究生，在江苏某名牌大学读完博士学位，其博士学位论文被评委一致定为"优秀"，被特许在该校学报上连载。刘先生得知此事后，就建议我去信让他来武汉大学读博士后，以便"重拉队伍另开张"。此事虽无疾而终，但反映了刘先生"位卑未敢忘忧国"的拳拳之忧。

三　"究无盖"

大概是 2002 年初，有一次我因事上门，不知怎么谈起了他 89 岁生日一事。他说这叫作"究无盖"寿。见我一脸茫然，他便开始"细说根源"：八十八岁，谓之米寿，按这个"拆字并字"规则，八十九岁就可以称作"究无盖"寿，"究"字去掉宝盖，不就是"八九"吗？

我听了这番解释，真是感叹他这种既有严密逻辑推理又有点浪漫诙谐的思维方式。"究"者，学术研究之谓也。"去掉宝盖"，表现了他对"解放思想，实事求是"精神的拥护，也表现了他对陈寅恪先生"独立之精神，自由之思想"这一境界的追求。学术自由，是发现真理、发展真理的必要条件。漫长的中国历史已无数次证明，当真正有学术自由时，人们的思想就活跃，学术就不断发展，社会也就随之而进步。一旦这种自由被扼杀，人们的思想必然僵化，教条主义必然大行其道，学术界必然是万马齐暗、一潭死水，社会也必然随之而停滞不前。新中国成立后的一段时间，极左教条主义盛行，这对我们国家的危害，已为不争的事实所证明。1978 年中共十一届三中全会批判了两个"凡是"，教条主义坚冰开始被打破。然而，"冰冻三尺，非一日之寒"，使它融化消失，也绝不是一日之功，也许这就是他发出"究无盖"呼喊的原因吧！

四 "勤于行"

刘先生不仅用笔关注学术界和社会，而且还身体力行地介入其中。换句话说，他不仅仅是一位书斋式的学者，还是一位热心的学术活动家和社会活动家。刘先生是湖北省社会学学会理事长和名誉会长，每逢学会重大活动，他都亲自参加并做报告或者发言，对社会学的发展提出自己的意见和看法。他也积极参加其他学会的活动，2004 年，已经 91 岁的他，还参加了湖北省世界史学会年会，并在大会上做了题为《美国宪法与宪政的几点特色》的报告。他同样积极地参与各种具有重大意义的讨论会，如 1997 年 6 月 20 日参加长江日报社主持的"香港回归的重大意义"座谈会，并做了题为《香港回归的历史意义》的发言。1998 年 10 月 14 日，又参加该报组织的关于中国签署《公民权利和政治权利国际公约》问题的座谈会，并对某些学者的观点提出了不同看法。

刘先生"勤于行"最大的成绩，表现在中国美国史研究会的成立上。当然，中国美国史研究会的诞生是老一辈美国史学者（除刘先生以外，还有黄绍湘、杨生茂、丁则民、邓蜀生、刘祚昌等老前辈）共同努力的结果，但是，刘先生在推动、联络和实际组织中所做的工作功不可没。我作为工作人员，曾经做过一些研究会筹备及成立时的具体事务，并接受他分配的任务——在筹备会上介绍美国史学动态。在这些具体活动中，我对刘先生的认真、细致、周到的筹划和安排有很深的印象。研究会成立后的八年中，刘先生担任副理事长和秘书处秘书长，负责研究会日常事务。我又作为其没有名分的实际助手，协助他处理一些具体问题。从这些十分琐碎而无趣的具体事务中，我看到了刘先生全心全意为会员服务的奉献精神。在我后来担任副理事长和秘书处秘书长期间，我一直以刘先生为榜样，鼓励自己，鞭策自己。中国美国史研究会在 20 世纪八九十年代成为全国性 16 个世界地区史、国别史研究会中比较红火的研究会之一，这固然和所有会员及研究会领导的集体努力有关，但刘先生对其倾注的心血无疑是起着重要作用的。

五　"恨之切"

1997 年 10 月，刘先生感于其女儿评上教授职称，写了下面一首诗："绛帐春风宜自许，滥竽充数叹当今。真才须是千锤炼，大器原来应晚成。"除了表示对女儿的祝贺以外，也坦露了他对当今学术界在评职称以及其他领域弄虚作假等歪风邪气的不满和义愤。对这一点，我感触尤深。

我们平常交谈时，除了前面说的社会问题、政治改革问题以外，学术界的不正之风也是主要话题。记得有一次我们谈到校内某位教授抄袭造假之事，竟然聊了一个下午。他拿出一沓材料（大概是别人给他的揭发材料），边挥舞，边议论。在一来一往的对话中，我注意到他的面部表情也在不断变化，时而义愤填膺，时而鄙薄，时而又显得无奈。我想这大概就是他心底真实情绪变化的表露。

2005 年，我主动介入了天津沈 × 造假反而恶人先告状的事件，先后写了五篇文章支持天津市语言学会的正义行为。刘先生得知后，不止一次地肯定我，说我做得对。案件最后胜诉，他又向我表示了热烈祝贺。

2011 年我的小书《拾贝裁刺集》出版，刘先生看了书中对学术不正之风的批评文章，遂写出如下题词："读其书，度其腹：做老实人，办踏实事，文如其人，真正是摆事实讲道理。"这一题词，是对我的肯定，也是对我的鼓励，更是对我的鞭策。就在前不久，当我写信告知他，因为忙于应付诉讼，原来准备重新写一篇新的文章祝贺他百岁华诞的打算无法实现时，刘先生立即回信说应该以官司为主。这更体现了刘先生对我的理解与关怀，也反映了他反对不正学风的鲜明立场与坚定态度。

人们在称颂那些晚年有大志的老人时，常常会引用曹孟德的《龟虽寿》："老骥伏枥，志在千里。烈士暮年，壮心不已。"用这几句诗称赞刘先生，无疑是对的，但我又感到还不太贴切。刘先生一生几次身处逆境：新中国成立前夕受国民党迫害，上了黑名单；新中国成立后，在政治运动中又不断受到冲击。然而，这一切均未动摇他上下求索、追求真理的意志。他仍然默默地探索、耕耘，也有收获。对于这样一位学术老人，我想，用陆游《与何蜀州启》中的两句话来形容，似乎更为准确、合适，这就是："老骥伏枥，虽未歇于壮心；逆风撑船，终不离于旧处。"

2012 年 2 月 8 日

刘绪贻先生与我的合影

学界之幸　人间之福

——祝贺刘绪贻先生百岁华诞

黄安年

到今年 5 月 13 日，刘绪贻先生就要 99 周岁了。我比刘先生小 23 岁。最初结识刘先生，是在 1979 年 4 月 21～26 日在武汉举行的中国美国史研究会筹备会议期间。① 从那时起，我们之间的学术交往和师生情谊一直延续至今。

三十多年来的学术实践和中国美国史研究会活动，使我深感刘先生的学术成就及其学术思想和道德文章对我国美国史研究有重要影响。研究刘先生的学术成就和学术思想及其学术探索、学术创新的历程，将有助于中国美国史研究快速而健康地发展。

刘先生是我国学术界的宝贵财富，也是我们学术研究工作者学习的榜样。我们为有刘先生这样的德高望重的老专家、老学者而感到骄傲。②

一

1979 年，我两度幸遇刘绪贻先生。除 1979 年 4 月外，还有 1979 年 11 月 29 日及 12 月初在武汉举行的中国美国史研究会成立大会和世界史年会上。当时，我是刚刚由世界现代史教学转入专攻美国史研究的入门者。在我的印象中，刘先生不仅是知识渊博的研究者、拨乱反正的改革者，而且是精明强干的组织者。我很庆幸中国美国史研究会有这样一位开拓者和组织者，

---

① 参见黄安年《补记中国美国史研究会的筹备会议》，黄安年的博客，2010 年 4 月 8 日。

② 参见黄安年《贺刘绪贻先生 95 华诞》，黄安年的博客，2008 年 5 月 7 日。

他时任第一届中国美国史研究会的副理事长兼秘书处秘书长，而研究会的秘书处设在武汉大学历史系直到 1990 年。武汉大学美国史研究室和南开大学美国史研究室是 1964 年经中央批准成立的全国仅有的两个美国史研究室，人称"南有武大，北有南开"，刘先生正是武汉大学美国史研究室的"掌门人"。

自中国美国史研究会成立以来，除特殊原因外我几乎参加了每一届年会，和先生有较多学术上和研究会工作上的接触，亲身体验了他的人格魅力。在研究会长期的共事中，我直接感受到先生以身作则、不计报酬、积极服务、不争名利、踏实干事、顾全大局的胸怀和优良作风，这些都值得我们认真学习并身体力行。

例如，在刘先生的直接领导下，研究会大力组织各高校从事美国史教学和研究者翻译美国历史的基本资料，这对于推动改革开放初期的高校美国史教学和研究起了相当积极的作用。我记得，为推动组织北京师范大学和河北师范学院两校美国史教学和研究者的美国史资料翻译工作，刘先生从策划到组织落实、封面设计、印刷、寄送、经费处理等，均加以具体指导。迄今我手头仍保存着 1982 年 1 月 28 日至 1984 年 5 月 3 日他写给我的 6 封亲笔信。时已 70 岁左右的刘先生的细致入微的指导，使得我们编译的《美国史译丛》（美墨战争专辑）［1984 年第 1 期（总第 4 期）］顺利地在 1984 年 5 月出版。①

从 1979 年中国美国史研究会筹备会议起，刘先生即倾注全力组织和写作六卷本《美国通史》。刘先生和杨生茂先生作为总主编、邓蜀生先生作为责任编辑组织编撰的《美国通史》，凡 24 年，经过三代学人的共同努力，成为中国美国史研究会和中国美国史学界在美国史研究领域的具有划时代意义的标志性成果，其中刘先生主编的第五卷《富兰克林·D. 罗斯福时代（1929—1945）》及第六卷《战后美国史（1945—2000）》，成为中国的当代美国史研究的奠基之作。

笔者有幸和冯承柏教授一起，应刘先生之邀，于 1986 年 3 月 6～15 日，对刘先生主编的《战后美国史（1945—1986）》第 1～11 章试写稿进行逐章阅读和讨论。在刘先生主持下，加之韩铁、李存训先生的共同参与，初编工作进展顺利。刘先生全程参加了讨论，还就不同意见展开开诚布公的探讨，

---

① 参见黄安年《〈美国史译丛〉（美墨战争专辑）和刘绪贻先生》，黄安年的博客，2012 年 2 月 5 日。

如对国家垄断资本主义新阶段的不同意见等。这种组织少数人参与对编写稿阅读讨论的做法，确是改进和提高编写质量的一种行之有效的措施。1989年人民出版社正式出版了"美国通史丛书"中的《战后美国史（1945—1986）》，编者说明称："特别应该提出的是：南开大学冯承柏同志和北京师范大学黄安年同志对本书的第 1 至 11 章进行了仔细阅读，并提出许多非常有价值的意见。"这里说的"许多非常有价值的意见"，主要是冯承柏先生的贡献。①

刘先生亲自培养的一批中青年美国史研究骨干已经成为美国史研究的学术带头人。刘先生领导的武汉大学美国史研究团队发挥了我国美国史研究的排头兵作用，虽然武汉大学在 90 年代痛失美国史博士学位点授予权，富有学术创新实践和许多学术成果的刘先生居然没有博导头衔，致使武汉大学美国史研究的发展受到严重影响，但这些都无损于刘先生的崇高学术地位。刘先生一直受到学术界的高度尊重，依然积极活跃在美国史研究领域，对美国史研究做出了多方面的杰出贡献，尤其是关于罗斯福新政和当代美国史的开创性研究成果，成为中国美国史学界的宝贵财富。

中国美国史研究会的发展同样耗费了刘先生多年的心血。在刘先生的具体领导和精心组织下，秘书处在武汉大学时期做了大量卓有成效的工作。1990 年秘书处由武汉大学迁往南开大学，尽管刘先生主持的武汉秘书处终止了运转，但我作为新一届秘书长仍能深深感受到先生对研究会工作始终如一的无私奉献。

我钦佩刘先生既坚持与时俱进、实事求是的学术立场，又创造性地坚持和发展马克思主义的科学精神。他还以大局为重，积极支持新一届秘书处的工作。② 在南开大学秘书处工作期间，我们延续武汉大学秘书处的学术风气，主张开展健康的学术批评和反批评。就学术观点而言，我赞同刘先生有关罗斯福新政评价的基本观点，同时主张不同学术观点兼收并蓄，扬长避短，相互包容。在美国史学界并不存在所谓一条什么线的问题。

---

① 参见黄安年《忆 1986 年武汉之行》，黄安年的博客，2010 年 4 月 9 日。关于组织出版六卷本《美国通史》，参见《社会科学论坛》2011 年第 8 期发表的邓蜀生、黄安年、李剑鸣对话文章《从随军记者到出版人和历史学家——对话人民出版社资深编审邓蜀生》。

② 1990 年 3 月 9 日，刘先生在给我的信中说："从心理上说，我对研究会有感情，秘书处留在武大我或许感到安慰。但是，我只是研究会 5 个顾问之一，我只愿意就如何加强研究会的工作提出建议，我不能也不会干预你们理事会的任何决策。下届理事会为了加强研究会的工作，决定把秘书处放在哪个学校，我都没有意见。超过以上范围的话，就不是我说的。"

二

刘先生对于新一届秘书处全力支持，亲自促成了中国美国史研究会万心蕙奖学金的颁发。我保存的1992年9月至1993年1月刘先生给我的信中有五封信谈及此事。

1992年9月5日，刘先生写信给严四光和我（当时的张友伦理事长在美国，严任代理事长，我任秘书处秘书长），信中说："7月上旬，我和四光同志提到动员万心蕙教授给美国史研究会捐奖学金事，在从九江到武汉的船上，我向万教授提出了。我是这样说的：'给美国史研究者捐奖学金，可以和全国美史研究者取得联系。'（因为万希望有此机会）她说，问题有二：一是她没有很多钱；二是美史研究会不一定接受。我说，不要很多钱，1万~3万元人民币就可以（每年以1万~3万人民币利息奖优秀博士、硕士论文）；美史研究会只会欢迎，不会不接受。她说可以考虑。昨天，我收到万的来信。她说：'你在船上提到给全国美史学会捐赠奖学金事，是很好的建议，我还可以捐一些，只是他们愿意不愿意接受倒是问题。'我想这是好事，我们应该接受。如果万有信给你们提到此事，希望你们能表示欢迎。不知以为如何？"

同日，我收到万心蕙先生的亲笔信，信中写道："在与刘绪贻同船去武汉时，他提到严四光老师曾与他谈及，我应当捐奖学金给全国（美国）史学会，他也觉得很有意义。我回来和王霁谈，霁也赞同。如果你们全国美国史学会肯接受的话，我们俩也可捐一个奖金，约与给师大的数目差不多。少给名数，每名钱可多些。当然，这先得看你们（美国）史学会的态度。因立奖金也得有人专管，评审给全国博士或硕士生，对你们来说，是不是太麻烦。如果你们基本同意，我们再商讨条件。明年我去北京时，可寄个公证书。请你与各位商讨后给我个回信。"

1992年9月23日，我收到刘先生写给我的信："9月17日大札收到。你和四光同志商量的处理万心蕙女士捐赠奖学金的办法，我基本同意。我希望看到这件事能尽早落实。"10月11日，刘先生在写给我的信中说："万心蕙教授为研究会硕、博士生优秀论文设奖事，现在看来大体上是可以成为事实了，令人高兴。我有两点建议。1. 每篇论文奖金不必太多，诺贝尔奖奖金比较起来并不算高，但有分量；美国的普利策奖的奖金也不是很高的。这样，得奖面还可以宽一点。2. 评奖委员会的人选不必多，最好是老中青结合；评奖委员必需正派、有胸襟、有学力、有权威、有对公益事业热情。不知以为如何？"

1992 年 10 月 21 日，我又收到万心蕙先生的回信："谢谢你们接受我与王需捐赠奖学金事。关于捐赠基金，我们定为一万美元。前几天已寄信给北京中国银行总行，以我们的名字，存了个一万美元一年定期存款，以后利息发奖……" 11 月 15 日，我收到刘绪贻先生写给我的信："接 11 月 4 日大札及所附万心蕙女士函，甚为高兴。在中国美国史研究会设奖学金的心愿，总算完成了一半。我希望有一天能意外地赚到一笔钱，也能在研究会设一个刘绪贻奖学金，那就更好了。不过，中国知识分子太穷，谈何容易？!"信中还就奖学金的发放面、评奖委员会人数及代表性、评选出真正优秀的论文等提出了建议。

1993 年 1 月 4 日，刘先生写给我的信中谈到评奖委员中的武汉大学人选。他说："我是应当按理事会要求答应任万心蕙女士（奖学金）评审委员的，但我目前工作实在太忙，头绪太多，怕误了事。经过仔细考虑后，还是想推荐李世洞同志。"

由于刘先生的积极倡议和热心推动，经万心蕙先生和秘书处多次磋商，1993 年 8 月 5 日，正式签订了关于在中国美国史研究会为奖励美国史优秀博、硕士学位论文设立万心蕙奖学金的议定书。① 作为万心蕙奖学金的代理人，我欣慰地报告，迄今奖学金已经有 11.3 万元人民币以上的存款，并成功举办了四次评奖活动。②

刘先生十分关注中国美国史研究会在新时期开展对美国史的实事求是的研究，并不断对秘书处的工作提出宝贵建议。

在谈到将于 1993 年召开的美国现代化历史经验国际会议时，他在给我的信中提出："作为美国史研究者，似乎应该学习美国早期移民和西进运动中那些先驱的开拓精神，做改革开放的促进派。"他写道："最近，我读小

---

① 参见黄安年《中国美国史研究会万心蕙奖学金议定书和第一届评审委员会》，黄安年的博客，2008 年 4 月 27 日；黄安年《心蕙精神　永载史册——纪念美籍华裔教授万心蕙先生》，黄安年的博客，2007 年 11 月 25 日；黄安年《深切怀念美籍华裔教授万心蕙先生》，黄安年的博客，2008 年 4 月 29 日。

② 参见黄安年《刘绪贻教授和中国美国史研究会万心蕙奖学金》，黄安年的博客，2012 年 2 月 6 日。

平同志讲话，深有感触，也写了一首打油（诗）：姓社姓资议未休，良辰如水自空流。应防一觉黄粱梦，放眼周边尽上游。"（1992 年 5 月 3 日）"我希望年会能创造一种辩证地认识美国和美国史的气氛：既批评美国资本主义的消极面；也敢于公开地倡导在建设中国特色社会主义时利用美国的资本主义。"（1992 年 9 月 23 日）

在谈到研究会刊物《美国史研究通讯》时，刘先生提出："学术视野要开阔，要为社会主义长远利益着想，要敢于发展马列主义，要尽可能避免'著书都为稻粱谋'；报道可有重点，但不能集中，要照顾小单位、边远地区。"在谈到信息网络的组织时，他写道："主要在于'人选'，只要能找到责任心强、办事公正、作风严肃认真、有长远眼光的人就好办。"（1992 年 6 月 8 日）

在谈及理事、顾问职责时，他写道："不能像有些学会那样，名人一大堆，实际与（于）学会无补，只养成了一批学会绅士。"（1993 年 8 月 17日）在谈及秘书处迁址时，他写道："我从大局出发，或者沉默，或者解释。我主要想的是：只要大家今后处以公心，努力把中国美国史研究会办好，使我们老一辈同志辛苦创建的事业后继有人，我们对待美国史研究会的问题上，就应从团结愿望出发。"（1993 年 7 月 22 日）

1993 年 11 月 16 日，刘先生写一封长信给秘书处。在这封用小字写得密密麻麻的信件中，刘先生详细说明了研究会初创时期的对外学术交流工作，说明自筹备开始中国美国史研究会就和美国的两大历史学者组织保持着联系。先生的信件中也直言不讳地批评了学术界的某些不正之风。[①] 在谈到学术是非和坚持真理时，他写道："我今年已年届八旬，也许未免太天真。但是，作为一个有 40 年党龄的共产党人，差的却就是这种天真，因而常被虎皮吓倒，难以坚持正义。"（1992 年 7 月 13 日）"坚持真理与正义往往容易得罪人……但我并不后悔，我在八十寿辰学校纪念会上致答词时用了两句古诗表达了这种心情：衣带渐宽终不悔，为伊消得人憔悴。而且古往今来事实证明：从长远来看，这样一来也不一定吃亏。当今教皇不是给哥白尼平反了吗？前些时考察了一下 20 世纪上半叶美国经济学史，发现制度学派创始人维布伦在世时，由于坚持己见，批判资本主义，加上性格孤僻，在各个学校处不好关系，的确吃亏不小，但是，他的生命力却比别人的强得多。这样

---

① 参见黄安年《读刘绪贻先生 1993 年 11 月 16 日给美国史研究会秘书处信有感》，黄安年的博客，2012 年 1 月 2 日。

的例子多得很，我担心的不是别人嫉妒和倾轧，而是自己坚持的是不是真理；如是真理，自己是否够坚定。"（1994年4月30日）

刘先生的一些论文，由于观点"敏感"而被某些杂志婉拒。2000年10月14日，刘先生寄给我《20世纪世界史中亟待进一步研究的重大课题》一文的复印件，特地说明："这篇许多杂志不敢刊登的论文，总算由《太平洋学报》发表了。"

刘先生十分关心后学的成长，积极鼓励和推荐中青年学者走向海外，跟踪研究美国史。1987年6月15日，刘先生写信给我，答应为我去北卡罗来纳大学历史系或哥伦比亚大学历史系、斯坦福大学历史系、威斯康星大学历史系联系学术进修和访问。斯坦福大学历史系接受了我为期两年的学术访问申请，尽管由于当时的风波而未能如愿，但我还是一直感念先生的热心推荐和指导。刘先生没有专家学者架子，他来北京期间，只要有空，都会来家中小坐聊天，给后辈一种亲切温暖的感觉。①

需要着重提到的是，刘先生作为《美国历史杂志》（JAH）的中国特邀编辑，和杨生茂先生一起做了许多工作。自1992年以来，刘先生、杨先生和我联名向《美国历史杂志》推荐了中国学者研究美国的博士学位论文一百多篇、著作二三百部、学术论文上千篇。这对于美国和世界各国的美国史研究者了解我国20世纪90年代以来的美国史研究成果有积极的作用。刘先生和杨先生一样，对此工作采取了极其认真负责的态度，如对译文的一丝不苟，对一票否决权和保密原则的坚决信守，对工作进度的积极配合，对国际合作中我方的自主立场的坚决维护，对我辅助他们工作的全力支持，这些都给我留下了极其深刻的印象。我现在手中保存的刘先生给我的几十封亲笔信，清楚地显示了这一进程。②

----

① 参见黄安年《与刘绪贻、杨玉圣在寒舍的合影照片（1990年6月18日）》，黄安年的博客，2012年2月7日。
② 参见黄安年《德高望重的邓蜀生先生和中国的美国史研究（美国史研究通讯版）》，黄安年的博客，2011年5月14日。文章称："邓蜀生先生和杨生茂、刘绪贻先生一起于1992年受聘为美国著名的《美国历史杂志》的中国特约编辑，我国美国史研究者担任这一职务还是第一次，无疑是邓先生的学术荣誉，但是考虑到保障这项工作及时有效的运转，邓先生提出了他自己退出中国特约编辑一职，并且郑重推荐我来承担这一工作的意见，他的意见得到了杨、刘两位老先生的一致同意和《美国历史杂志》主编的认可，从1992年12月一期（Vol. No. 3）起我取代了邓先生出任中国特约编辑。我自知水平有限，唯有在老先生们的鼓励和支持下兢兢业业工作，贡献绵薄之力。"并见黄安年《为〈美国历史杂志〉国际特邀编辑　杨生茂先生1992年给我的几封信》，黄安年的博客，2010年5月17日。

刘先生在给我的信中写道:"蜀生同志推荐你代他,我没有意见。……我们准备给 Thelen 回信,这封信由杨、邓、我回。俟 Thelen 同意你代邓后,以后再回信时,则由杨、你、我回信。"(1992 年 7 月 1 日)刘先生在给我的信中还对美国史编目工作提出了宝贵意见:"我们编目是'择其优者而编之',并非'有见即摘编'。这就需要进行大量而慎重的阅读,因为不阅读就无法'择优',就有可能'遗珍漏珠',或使'滥竽充数',以致'选非其当'。"(1992 年 7 月 18 日)

刘先生身负撰写《美国通史》两个单卷本和统筹《美国通史》多卷本的重任,但对于我每次向杨、刘两位提出的论著及博士学位论文的初步意见,都极其认真地审读,并逐一提出自己的建议,有时对于不同意推荐的书,还用很大篇幅说明理由,往往一次推荐经过几次来往取得共识由三人一致签名后,再由我负责寄往《美国历史杂志》,这每一次推荐都包含了刘、杨二老的巨大辛劳,也使我受益匪浅。1992~2002 年,刘先生给我的 70 多封亲笔信件大都围绕这一内容展开。

按照《美国历史杂志》编辑部的要求,我们要定期向《美国历史杂志》推荐少量优秀论著和博士学位论文,还要推荐书评人。自 1992 年以来,我们没有任何项目经费也从不计算工作量,不仅投入了大量时间和精力,而且一直是自己掏钱,编辑、打印、复印、往来通信等,开支上也是一个可观的数字,尤其在 90 年代初的低工资待遇和高国际邮资情况下,更显得经费的拮据,所以曾希望美方考虑我们的实际情况给予必要的赞助经费,以专门用于从事推荐工作所必需的邮资等费用。对此杨先生、刘先生 1992 年 6 月至 1994 年 7 月就争取国际特邀编辑赞助经费事宜有二三十封信与美方往来。几经交涉,最后美方答应给予一次性 300 美元补贴费,但又不断提出新的需要投入更多时间、精力和费用的任务。我们则依我方实际情况,独立运转,量力而为,不让美方牵着鼻子走,维护自身权益。[①] 刘先生在信中明确表示,美方主编"不知道中国教师的贫穷和辛苦",主张"申请一点钱","万一这些都办不成功,我们就和他们说明白解约,我们不再承担此任务"(1993 年 2 月 23 日)。

1993 年 5 月,我综合了刘、杨二老的意见,起草了一封三人联名写给《美国历史杂志》主编 David Thelen 的信,信中最后提出,"我们提供一个这

---

① 参见黄安年《杨生茂先生就国际特邀编辑一次性赞助经费的通信》,黄安年的博客,2010 年 5 月 18 日。

次为完成 The list of recommended recent Chinese Scholarship in American history (1990－1992)(Books，Articles，Dissertations)项目所花费的清单"，"已支出 RMB￥2900（合 US＄500），我们想在美国这笔费用对于中产阶层是不足道的。然而对没有任何资助，现代信息缺乏，又一切自理的低薪教授（每人每月工资不足 100 美元）的我们来说，无疑是难于长期负担的。若使这一有意义的学术工作得以正常进行，须有基本的财力保障"。杨先生和刘先生对这封信的英文稿做了精心修改和润色。刘先生在修改后专门注明："这最后一段话，我的语气重些，因为我觉得 Thelen 太吝啬。不过，我不坚持。如果你们二人认为语气缓和一点好，就用你们原来语气也可以。"(1993 年 5 月 28 日)① 刘先生曾告诉我："打算从今天起校阅你花大力气整理的书目、博士论文和论文目录。碰巧，今天早晨收到生茂同志的信，知道他花了 10 天时间校改这份目录。有了他的把关，我感到轻松了许多。因此，我这一次想偷点懒，只浏览一番目录，没有仔细去核对，总的印象是：如你信中所说，收录过宽。"(1993 年 3 月 21 日)

在我们看来，美国史研究的国际化不是美国化，而是推动中国的美国史研究走向世界。美方曾要求我们提供推荐的图书，对此刘先生表示："请他直接向作者写信索书。我以为这主要是由于经济上的原因，我们无力付此邮费。"(1993 年 3 月 22 日)对于《美国历史杂志》主编提出的一些诸如国际著作和论文奖问题，刘先生有自己的看法："有个评审标准的重大问题。西方标准和我们不同，所以鲁迅都未曾得过诺贝尔文学奖。他们评审标准基本上根据的是资本主义自由主义原则，歧视马、列、毛思想，不解决这个根本问题，很难引起我国 Americanists 对此事的兴趣。"(1994 年 4 月 9 日)

刘先生在信中对我多有鼓励赞扬，如称："你在此物欲横流的时代，仍保有一颗宝贵的心，珍视人世间除金钱之外更有价值的东西，可佩也。"(1994 年 8 月 28 日)"所附 1993～1994 年出版的有关部门美国史部分著译作也收到，很有参考价值。你做了好事。"(1995 年 2 月 27 日)"再一次谢谢你，本来是我们三人的工作，由你一人负责，实在是偏劳了。"(1995 年 11 月 6 日)"给美方的推荐材料，你担负了几乎全部责任，我和杨先生都应该感谢你。"(2001 年 6 月 30 日)"实在抱歉！一则这些时候赶任务太忙，

---

① 黄安年：《刘绪贻先生和〈美国历史杂志〉(JAH)的中国特邀编辑》，黄安年的博客，2012 年 2 月 7 日。

一则年老易忘事，竟将你给我的这个重要任务忘了，没有按期完成。接到电话后，已经赶完，先寄上请查收。"（2002 年 4 月 17 日）但有时在信中也直言不讳地批评我工作中的一些缺点，如刘先生曾说："十余年相识，我们已是老朋友了。有话明说，希勿见怪。你的长处在于做事雷厉风行，勇于负责，工作量大，毫无怨言。但如鲁迅先生那样，无论写什么东西，写好后仔细核对，务期除尽讹误，那就更完美了。""你的大作很多，内容也不错，只是仔细核读时，也往往发现小毛病。"（1992 年 11 月 11 日）

刘先生在信中也多次谈及拟辞去《美国历史杂志》国际特约编辑一事："我和生茂同志一样，因年老精力不足，拟坚决辞去 JAH 的国际特约编辑；而且这还不仅是我们年老的问题，换换新人，对工作也有好处。我和生茂同志也考虑到，为了工作的连续性，你最好连任一届，不过既然 JAH 编辑部决定'国际特约编辑'任期只 4 年，我们已任两届，不知他们是否同意，因此需要和他们商量。""今天接 JAH 新主编 Joanne Meyerowitz 10 月 19 日信，谈她像 Thelen 一样，仍积极致力于 JAH 的国际化，并希望我们作为该杂志的 International Contributing Editor（ICE）能经常和该杂志联系，按期（每年 5 月 1 日和 12 月 1 日各一次）给它送论文（包括博士论文）和书籍目录，提出改进工作建议，还附有一说明（关于如何制订目录的）。不知你接到此信否？我预备回信，同意继续担任 ICE（因她上一信问我是否愿意继续担任该杂志的 ICE），如果你也同意继续担任此职的话。关于此事，你有何想法，请赐告。"在十多年的 ICE 工作中，尽管刘先生和杨生茂先生都已八九十岁的高龄，却依然恪尽职守，极其认真负责，一丝不苟地做好推荐工作，令人敬佩。①

在整个 20 世纪八九十年代和 21 世纪初，刘先生的主要精力集中在组织编著六卷本《美国通史》，以至 1990 年中国美国史研究会年会后的威海会议（1993 年）、长春会议（1996 年）、南京会议（1999 年），他均未参加。刘先生在几封信中一再向我解释这是迫于撰写书稿的无奈，以免引起同行不必要的误会。2002 年 10 月 19～22 日，中国美国史研究会第十届年会暨学术讨论会在西安举行，年近 90 岁高龄的刘先生参加了这次会议。恰逢 2002 年 10 月六卷本《美国通史》由人民出版社出版发行，刘先生和与会代表分享了该书出版的欢乐和喜悦。在开幕式上，89 岁高龄的刘先生讲了话。我

---

① 参见黄安年《刘绪贻先生和〈美国历史杂志〉（JAH）的中国特邀编辑》，黄安年的博客，2012 年 2 月 7 日。

在开幕词中特别说："中国美国史研究会从 1979 年正式成立以来至今已经走过了 23 个年头。""23 年可以塑造一代人，今天和我们聚集一堂的有中国美国史研究会的创始人之一——德高望重已年近 90 岁高龄的刘绪贻教授，有一批活跃在美国史各个研究领域前沿的中青年学术带头人，还有刚刚迈入美国史研究门槛的年轻研究生。这是一次老中青三代中国美国史研究者的大聚会。""出版一套集学术性、时代性、科学性、可读性于一体的中国学者编著的《美国通史》，是我国美国史学者多年来所追求的，这是时代的需要，也是中国了解和认识美国的需要，又是创造性地坚持和发展马克思主义的需要，中国美国史研究会自成立以来一直提倡、鼓励和支持编著《美国通史》。为此，南开大学杨生茂教授、武汉大学刘绪贻教授和人民出版社编审邓蜀生等美国史研究者花费了将近 1/4 世纪的精力，现在经过几十名中国美国史老中青研究者的坚忍不拔的努力和夜以继日的学术攻关，这套 6 卷本共 300 万字的《美国通史》终于在 2002 年 10 月正式出版了。这部巨著的出版，将有助于国人对于美国的历史和社会有更多、更深入、更符合实际的了解和认识，也有助于中国的美国史研究走向世界。这说明中国美国史研究会是有生命力的，是有凝聚力和战斗力的，中国的美国史研究是后继有人的。"[1]

<h1 style="text-align:center">三</h1>

完成六卷本《美国通史》后，刘先生的学术生涯步入巅峰阶段，他一直没有停止开拓研究的新领域和新思路的步伐，依然笔耕不辍，活到老，学到老，写到老，在学术研究道路上继续探索。

刘先生是迄今我国美国史学界年龄最长的老前辈。在临近期颐之年，仍然领航学术前沿，与时俱进，运用电脑和电子邮件撰写文章和进行学术交流。而且刘先生的老伴周先生今年也是白寿之喜，可谓双喜临门，学界罕见，令后学敬仰不已。先生仅仅和我交流的电子邮件就数以百计，单是我通过学术批评网、学术交流网转发的刘先生的文章，都不下几十篇。

刘先生高寿是学术界的幸事。记得 2001 年 4 月 27 日，在先生参加他母

---

[1]　全文见黄安年《中国美国史第十届年会开幕词》，《美国史研究通讯》2002 年第 2 期，第 17～18 页。参见黄安年《刘绪贻先生和中国美国史研究会西安年会（2002 年 10 月 19—22 日）》，黄安年的博客，2012 年 2 月 7 日。

校清华大学校庆 90 周年活动前夕,在杨玉圣家为先生举行了一次 88 岁寿辰聚餐活动,齐文颖教授、周颖如编审和我都到场祝贺。①

为祝贺刘先生九十岁华诞,由杨玉圣发起,任东来、杨玉圣和我共同主编,在中国法制出版社祝立明社长的支持下,于 2003 年在该社出版了《美国史研究与学术创新——刘绪贻教授九十华诞祝贺集》。② 该书收录了先生的短文《89 岁断想》(《中华读书报》2002 年 4 月 24 日),他写道:"多少年来,我老骥奋蹄,几乎没有寒暑假和星期天,写作和发表了约 900 万字。大体可以说,这些文字的许多内容,也都是抵抗那些我所痛恨厌恶的非正义、反社会事物;它们抵抗'左'倾教条主义,抵抗封建主义残余影响,抵抗世界上的霸权主义,抵抗我国社会上贪污腐化、假冒伪劣等各种不正之风。然而,正如有的亲朋所说:'年纪大了,不要那么执着吧!这些恶势力岂是你那些区区文字所能抵抗的?何况你人微言轻!'这就使我的抵抗也有些悲壮的味道。不过,尽管亲朋的话不无道理,但我已年近 90,积习难改;说得好听点,既然是人民的儿子,就要为人民的利益着想,不能只为自己着想。继续进行悲壮的抵抗,乐在其中。"③

2008 年 5 月,我参加了中国美国史研究会第十二届年会开幕式暨刘绪贻教授 95 岁华诞庆典。记得刘先生在讲话中说,他非常高兴地看到这些年来中国美国史研究发展很快,新的人才辈出,一代代的新人都超过了我们的老一代,这是非常令人高兴的事情。他说,从 2002 年后,他对美国史研究做得比较少,研究有点改变。5 月 27 日,我到先生家中再次祝愿先生和同龄的师母健康长寿,并且建议先生千万不要把时间绷得太紧,注意休息,健康的身体是学术生命的延续。刘先生对于这次武汉会议很满意,我说,大家期望 2013 年为您举行祝贺百岁华诞的活动。④ 令人感到欣慰的是,2009 年 7 月 9 日,我收到刘先生寄来的文章(该文原载于香港《领导者》杂志 2009 年第 6 期)。这篇文章提出了一个十分重要的观点:我们应该以什么样的态度来研究马克思主义和马克思主义创始人的学说。⑤

---

① 参见黄安年《刘绪贻、齐文颖、周颖如、黄安年合影(2001 年 4 月 27 日)》,黄安年的博客,2012 年 2 月 9 日。

② 参见黄安年《〈美国史研究与学术创新〉提要》,黄安年的博客,2007 年 3 月 12 日。

③ 参见黄安年《推荐刘绪贻文:〈八十九岁断想〉》,黄安年的博客,2008 年 5 月 4 日。

④ 参见黄安年《记中国美国史研究会第十二届年会开幕式暨刘绪贻教授 95 岁华诞庆典(2008 年 5 月 24 日)》,黄安年的博客,2008 年 5 月 28 日。

⑤ 刘绪贻:《应尊重马克思主义创建者的看法》,《领导者》2009 年第 6 期。

为祝贺刘绪贻先生 96 岁华诞，2009 年 5 月 12 日，我和刘先生通话，先生说他最近在《读书》杂志和湖北、湖南的一些刊物上发表了几篇作品，他的口述回忆录也即将面世。可以说，在中国美国史学界，刘先生是年龄最长且迄今依然活跃在学术前沿不断著书立说的老寿星。① 2010 年 3 月，刘先生告诉我繁体字版的《箫声剑影——刘绪贻口述自传》（上卷）已经由香港时代国际出版有限公司出版，先生还给我发来了书稿电子版。刘先生在"前言"中写道："写口述史必须绝对说真话，还要勇于揭露自己的缺点和问题。我觉得我是基本上做到这一点的。说'基本上'，是因为我担心伤害他人、忤逆他人，在极个别问题上还是有所省略、有所禁忌的。""完成这本口述史上卷后，我已 95 岁半。虽然想继续写下卷，但下卷内容主要涉及我的学术思想和政治思想的复杂演变过程，主观客观的困难和障碍不少，加上年老力衰，而又不能忘情于国事、天下事，不能专心一志，所以要完成下卷，还是要自己下大决心并得到家人和朋友的大力支持的。"余坦坦在后记中写道："绪贻先生的一些事迹，令我印象殊深，充满敬佩：其一是记忆超人，九十年前学诵的诗文随口就能背诵；其二是毅力惊人，95 岁高龄仍每日笔耕不辍；其三是极其严谨，毫厘不爽，比如为了查找第一次与我交往的日期，竟然翻遍他数年写的日记，等等。"先生在电话中还告诉我，下卷正在撰写中，已经进行到第四章。②

在刘绪贻、周世英老人 98 岁诞辰前夕，我曾在一篇文章中说："日前，武汉大学校长专程登门拜访，表示明年将为他们夫妇举行隆重的百岁寿辰庆祝活动。笔者建议，中国美国史学家届时举行纪念刘绪贻先生学术思想和精神的研讨活动。"③

刘先生 74 岁那年退休，我在《再读〈刘绪贻著译总目〉有感》博文中

---

① 参见黄安年《祝贺刘绪贻先生 96 岁华诞》，黄安年的博客，2009 年 5 月 12 日。博文附有刘先生 2008 年 12 月 14 日寄给我的照片，是刘绪贻、周世英夫妇 11 月 29 日拍摄于矮晚亭的合影，蒙先生同意在网上发布。

② 参见黄安年《祝贺 97 岁学术老人刘绪贻口述自传（上卷）出版》，黄安年的博客，2010 年 3 月 31 日。

③ 黄安年：《祝贺刘绪贻、周世英夫妇 98 岁华诞》，黄安年的博客，2011 年 5 月 7 日。黄安年在《再读〈刘绪贻著译总目〉有感》（黄安年的博客，2012 年 1 月 4 日）中感慨："《刘绪贻著译总目》的截止时间在 2008 年底，迄今三年过去，刘先生又有不少新作不断问世，2009～2011 年正是他 96～98 岁高龄之际。""当前学术界总体说来，过于功利化，在这种情况下，我们尤其需要认真地学习刘绪贻先生的崇高精神境界，不谋私利，追求真理，奉献终身。"

感叹："说刘绪贻先生著作等身，一点不假；说刘绪贻先生著作与日俱增，一点没错；说刘绪贻先生活到老、写到老，完全准确。细看刘先生著译总目发表的时间顺序，我们不难发现，先生 75 岁以后也就是 1988 年以来所发表的著译总目大大超过了 75 岁以前的数量。刘先生退而不休，笔耕不辍，退休后的研究领域不仅继续深入美国史，而且扩大到社会学、人类文化学等，进入学术自由王国阶段。""2003 年《美国史研究与学术创新》文集附有玉圣初编的《刘绪贻教授主要论著目录》，当时辑录到 2002 年，其后刘先生不断增补，我每次收到他寄来的总目，就感到又丰富和增多了不少，这些都记录了这位令人敬佩不已的年过九十的学术老人的辛勤耕耘。""刘先生能够取得如此丰硕的成果，固然是由于他终日伏案的惊人毅力、活力和创造力，也和他坚持健身强体、科学用脑的生活规律有关。就在最近和他的几次通话中，我明显感受到这位快到 97 足岁学术老人的听力、表达力、关注点均惊人的好，他收发电子邮件运用自如，今年 3 月出版《箫声剑影——刘绪贻口述自传》（上卷）后，现正有条不紊地从事下卷的口述自传写作。在刘先生身上，我们看到老有所学、老有所乐、老有所为、老有所养的精神境界，健身强体、科学用脑乃是延续学术生命的必要前提，谱写学术生命的新篇章需要老有所为的奋斗不息精神，有了这种精神，学无止境、奉献无终点。""刘先生没有梯队、没有项目费、没有培养博士硕士学位研究生的指标、没有助手、没有目前许多在职研究者的种种优惠待遇，然而，刘先生后续的成就却远非目前许多掌握优越资源学者所能比拟，两相对照难道不值得我们深思吗？""虽然我们不忍心看到刘先生还如此辛勤耕耘，但是每每看到先生新作面世，我们总是备受鼓舞，和先生相比，我们这些'70 岁后'小字辈，为何不紧随其后呢？"[1]

从刘先生的电子邮件和电话中，我始终能感受到这位学术老人对祖国命运和前途、政治民主化和经济现代化进程的深度关注，对封建影响和学术腐败的深恶痛绝，对社会问题细致入微的观察，对青年学子的关怀备至，对科学发展观的深邃见解。刘先生是一位忧国忧民，始终站在理论前沿跟踪社会实践，胸怀人民、服务人民，奋斗不息的学者。我们以学术队伍中有这样的

---

[1] 参见《〈时代周报〉专访 98 岁高龄的刘绪贻教授——刘绪贻：教育不是灌输，而是点燃火焰》，黄安年的博客，2011 年 1 月 6 日；《对话刘绪贻：我们应该顺应历史潮流，推荐马国川专访刘绪贻》，黄安年的博客，2011 年 1 月 21 日；《刘绪贻文〈再论把"民主"与"民本"区分开来〉》，黄安年的博客，2011 年 4 月 11 日。

学者而深感自豪。

　　刘先生的生命将跨入第二个百年，我们衷心祈望刘绪贻老人和周世英师母健康长寿。先生在自由学术空间抒发学术心声，是学界之幸、人间之福。

　　刘先生和周师母，多保重！

完稿于 2012 年 2 月 10 日

老骥伏枥　壮心不已

——庆贺刘绪贻教授百岁华诞

黄柯可

　　欣闻刘绪贻先生弟子和武汉大学美国史同仁将为先生百岁华诞编辑一本纪念文集，我由衷地想参与其中。首先，热烈祝贺刘先生喜逢"世纪"大寿。在当今中国，七八十岁老人相当普遍，百岁老人毕竟不多。尤其是像刘先生这样依然精神矍铄、笔耕不辍者，更是令人敬佩和羡慕。我衷心地祝愿他健康快乐。其次，借此机会，谈谈我多年向先生学习的心得。

　　刘绪贻先生给我的印象是勇往直前，奋斗不息。改革开放之初，刘先生已经60多岁，然而他如同年轻人一般，充满活力，不断探索，甘冒风险，勇于创新。关于罗斯福新政和美国当代史方面，我个人没有研究，但作为读者，我一直为他的钻研精神所感动。

　　记得约在1983～1985年，刘先生连续在中国社会科学院世界历史研究所主办的刊物《世界历史》和《世界史研究动态》上发表文章，论述罗斯福新政的历史地位及世界现代史体系中的一些重大问题，引起学术界的震动。80年代前期，改革开放刚起步，人们的思想仍处在比较保守的阶段，要发表新思想新观点实属不易。这些新思想包括对传统观点的不同见解，触及过去禁忌的研究领域，更不必说对列宁的论断提出不同看法。我在80年代发表过几篇关于美国两党制性质和作用的文章，也引起一定关注。刘祚昌先生当面对我说过，他真为我捏一把汗，鉴于这类论文不易刊用，他劝我改个方向。后来，我参加了国家重点课题，改为研究美国工业化、城市化问题了。相比之下，我就更佩服刘先生的惊人胆量。

　　应该看到，刘先生的努力也得到了应有的认可。中国社会科学院世界历史研究所时任所长的朱庭光先生曾对我们说，刘先生"'新政'式国家垄断资本主义"的提法是一个新概念，应该鼓励他进行研究，只是当他的文章在我们刊物上刊登时，个别词句可以做些改动。朱所长很欣赏刘先生的开拓精神，亲自审阅并批准发表了他的几篇论文，而且力推将六卷本《美国通史》列为"六五"国家哲学社会科学重点研究项目。当时，我就对两位先生奋力推动学科发展的行动肃然起敬。在我看来，朱庭光先生敢于担当责任的态度一定给了刘先生巨大的支持和推动，从而也成就了六卷本《美国通史》中关于当代美国史的后两卷先期问世。从另一个角度看，刘先生的探索在当时能及时得到世界历史研究所的支持，恰恰说明他的大方向是正确的。我想，我的这些看法应无太大问题。

刘先生的进取精神还突出表现在他从不满足于已有的成绩。当 2001 年人民出版社的邓蜀生先生决定再版六卷本《美国通史》时，刘先生以 88 岁的高龄，毅然收集新资料，把第六卷《战后美国史》的内容从 20 世纪 80 年代扩增到 2000 年，其中涉及许多在我国尚无定论的问题。他又有了重要的突破。应该说，近 30 多年来，刘先生老当益壮，为我国美国史研究的发展做出了卓越的贡献。

在我国的美国史研究中，我以为，有两条线起到了主导作用。其一，以六卷本《美国通史》为样板倡导的学术创新。其二，以研究会秘书处为实体开展的学术交流工作。恰恰在这两个方面，刘先生都发挥了非同一般的积极作用。他和杨生茂先生几十年的默契合作，实际上使研究会形成了坚强有力的领导核心。从研究会创立之初，他们就在为学科发展设计蓝图。我认为，在当时资料匮乏、人才奇缺的情况下，敢于提出撰写多卷本《美国通史》，其方向性的指导意义远远大于书中的实际内容。我们回头看看，在完成这部著作历经的 24 年中，美国史研究领域的广度和深度扩展了多少，又涌现出多少人才！正是几代人不懈努力，才胜利完成了这部 300 万字的巨著。也正是在这个过程中，我们开阔了视野，增强了信心，走出了国门，锻炼了队伍。所以，这部书的诞生对美国史研究乃至世界史研究所起的推动作用是难以估量的。

秘书处是研究会的常设机构，起着组织沟通的作用。它像我们的一个"家"，替大家服务，事无巨细，同时还包容大家的各种情绪，甚至言论和冲突。第一届秘书处设在武汉大学，刘先生不计名利，承担了秘书长的工作。除本职的教学和科研任务外，他在研究会范围内的学科方向、人才培养、协作交流、互通资讯诸方面，付出了巨大的辛劳，使研究会很快走上了健康发展的道路。

必须强调的是，刘先生在对外交流方面也表现出非凡的智慧和胆识，在学界起到了带动作用。80 年代初，他接受美国教授柯特勒的邀请赴意大利参加学术会议。这件事在现在看来再普通不过，可在当时，是一件涉及与资本主义国家学者交往的大事，审批复杂，有很大风险。先生以学科和研究会的大局为重，成功出访，打开了与美国学界交流的大门。试想，如果刘先生没有机会出国，又怎能收集到有关当代美国史的资料，如何完成六卷本《美国通史》的写作？而且，后来得益于柯特勒教授的倡议，1987 年在北京召开了纪念美国宪法诞辰 200 周年的中美学者讨论会，由此开启了两国学界的密切接触。

这种"接触"看似简单，实则来之不易。我记得，中国美国史研究会建立之初，在中国社会科学院世界史研究所的领导下，曾几次尝试与美国学术界建立联系。一次是参加美国历史协会组织的编写《美国以外各国美国史研究指南》一书的中国部分。武汉大学秘书处在刘先生负责下进行认真调查，协调各单位编写了关于我国美国史教学和科研情况的文章，其中包括刘先生指导我完成的台湾情况的调查报告。另一次，是我方准备接待美国历史学家组织委派的访华团。我看见过代表团名单，大约有十几位美国各大学的教授，包括应我方要求而增加的几位研究美国黑人历史的学者。然而非常遗憾的是，这些活动均由于政治方面的原因半途而废。这就是我特别看重刘先生在 80 年代初勇敢迈出国门的原因所在。

我与刘先生的接触主要为完成合作项目和参加中国美国史研究会年会。在《中国大百科全书·外国历史》的编写过程中，我在他和其他老一辈学者的指导下，学到许多东西。刘先生不独参加全部稿件的审核工作，自己还承担了几个重要条目的撰写工作，而且每次都虚心接受意见，反复修改。在二版定稿时，他虽然已届 90 岁高龄，却依然充满活力，对条目补充新资料，修饰行文，最快完成交稿。刘先生在工作中以大局为重，不计个人得失的品质，给我留下深刻印象，也使得像我这样的晚辈敢于放手工作。在我被指定负责查找台湾美国史研究状况的过程中，我不断得到刘先生的具体指导。先生还曾两次邀我参加他主持的研究项目，可惜因我当时已有课题在身，时间有冲突而未实现。我为自己失去了当面向先生讨教的机会而深感遗憾。

　　刘先生在百岁之际仍以饱满的热情、敏锐的思维、惊人的记忆力和生动流畅的语言奋力完成"口述自传"。我们期待着他的自传下卷早日问世。祝愿先生一切顺心如意。

2011 年 11 月
于北京

勇于开拓　勤于求索　磊落坦诚

——刘绪贻先生印象

沈永兴

　　2012 年元旦前夕，接友人电话，告知刘绪贻先生即将迎来 100 岁华诞，知我与刘绪贻先生有些交往，问我是否能写篇回忆性文章，谈谈对刘先生的印象。我不加思索，欣然从命。因为一谈到刘绪贻先生，我的脑海中就立即浮现出一位说话带有湖北口音、满面红光、平易近人的谦谦长者，一位在学术上勇于开拓、勤于求索、磊落坦诚的学者形象。

　　自 1980 年从研究室调到《世界历史》杂志社工作后，我在《世界历史》《世界史研究动态》《外国史知识》等刊物编辑部工作长达 21 年。由于工作关系，我有机会与一些著名世界史专家，如陈翰笙、周谷城、吴于廑、周一良、杨生茂、齐世荣、黄绍湘、戚国淦、端木正、郭圣铭、张芝联、刘绪贻、张继平、朱杰勤、何肇发、王绳祖、蒋孟引、王养冲、刘祚昌、丁则民、林志纯、沈炼之、光仁洪等前辈学者接触交往，或采访，或求教，或求稿。刘绪贻先生正是我在 80 年代初出差去武汉大学时认识的。

　　刘绪贻先生给我的第一个印象是敢于解放思想，开拓创新，打破学术禁区。记得在 80 年代初，十一届三中全会精神深入人心，学术界似乎也长舒一口气，迎来学术的春天。《世界历史》为了贯彻党中央关于"解放思想、实事求是"和"百花齐放、百家争鸣"的方针，把刊物办得更好更活泼，专辟了"史家论坛"和"争鸣"栏目，鼓励世界史学者就某些热点问题展开学术争鸣。刊物就哥伦布问题、布哈林问题、战时共产主义和新经济政策、罗斯福新政等一系列问题编发了若干争鸣性文章，活跃了学术气氛，收到了良好效果。而关于罗斯福新政的讨论，正是由刘绪贻先生首先发文的。

他先是在《历史教学》1981 年第 9 期上发表了题为《罗斯福 "新政" 对延长垄断资本主义生命的作用》的文章，接着又在《世界历史》1983 年第 2 期上发表了《罗斯福 "新政" 的历史地位》。为引起学界对该文的关注，《世界历史》编辑部特意在文前加了摘要，指出本文的要点。刘先生在这篇文章中提出："美国自罗斯福 '新政' 起就迅速地、大规模地向国家垄断资本主义过渡。这种转化局部改变了美国的生产关系，改善了中小资产阶级和劳动人民的处境，在一定程度上缓和了阶级矛盾，把美国垄断资本主义从绝境中挽救了出来，延长了它的生命，避免了法西斯式的国家垄断主义。" 一石激起千层浪，文章发表后引起不小反响。刘先生在当时敢于突破教条和框框，率先提出这样的论点，实属不易，体现了他勇于开拓的精神。此后，刘先生连续发表文章对他的观点做进一步阐述。他在《世界历史》1984 年第 5 期上又发表了题为《世界现代史体系中的一个重大问题》的论文。该刊在 "编者按" 中指出："文章的基本观点是，国家垄断资本主义是不同于自由资本主义和一般垄断资本主义的发展新阶段，作为一个学术问题，这个问题是值得探讨的，本着 '双百方针' 的原则，我们也欢迎史学界其他同志就这个问题发表自己的看法。" 随后，在 1985 年第 1 期《世界历史》上刘先生又发表了《有关罗斯福 "新政" 的几个问题——与黄绍湘同志商榷》这一争鸣性文章，接着先后在《美国研究》《兰州学刊》《武汉大学学报》等刊物上发表了多篇文章，进一步阐明自己的观点。虽然受到过某些干扰和压力，但刘先生敢于坚持，鼓起理论勇气，排除 "左" 倾教条主义的束缚，坚信 "双百" 方针，把自己的研究成果和观点鲜明地亮出来，供大家讨论和争鸣，可谓难能可贵。因为那时我已从《外国史知识》编辑部调到《世界历史》编辑部工作，对争鸣和讨论的过程是了解的，也感受到了争鸣的热烈气氛。

　　刘先生留给我的另一个深刻印象，是他对美国史研究的那种执着、勤奋和求索。他历时半个多世纪始终在这一领域孜孜以求，默默耕耘。我想，他的书房名为 "求索斋" 是非常合适和贴切的。从 1979 年刘先生受命负责武汉大学美国史研究室，随后又出任中国美国史研究会副理事长和秘书处秘书长，到退休后一直至今，刘先生一直在美国史领域上下求索，虽然年事已高，但依然干劲儿十足。他犹如苍松古柏挺立，又像一匹老骥，背负重担，坚韧不拔地行进着，"不须扬鞭自奋蹄" 就是刘先生的真实写照。刘先生坚信："根据美国历史发展的实际来研究美国史，是会越来越有市场的。"他还说："科学地、深入地、系统地了解美国历史和现状而编写《美国通史》成为迫切的需要。"在这种信念的鼓舞下，从1979年到2006年，他共发表论文76篇，主译了《一九〇〇年以来的美国史》（上中下）、《乔治·布什自传——注视未来》，出版了《当代美国总统与社会——现代美国社会发展简史》《20世纪30年代以来美国史论丛》等多部颇有影响的著作。最值得一提的是，刘先生为六卷本《美国通史》所付出的心血和辛劳有目共睹。他与杨生茂先生主编的《美国通史》历时24年才完成，是鸿篇巨制，是精品力作，对美国史研究产生了重大影响。在我国的美国史研究领域，刘先生首先引发了关于罗斯福新政的历史地位的讨论，第一次提出了"国家垄断资本主义新阶段"的概念，还率先把美国史研究范围拓展至二战结束后直至20世纪末。姑且不论这些论点正确与否，仅是他不断打破禁区的探索精神，就已令人十分钦佩。

刘先生矢志不渝，执着于美国史研究。他不顾年迈，一直兢兢业业地埋头苦干，辛勤耕耘。我有两次目睹和接触过刘先生十足的工作干劲。1999年，我代表编辑部参加中国美国史研究会在南京举办的学术讨论会。令我吃惊的是，刘先生不顾年迈，以86岁高龄，长途跋涉，顺江而下，亲自与会。看到他神采奕奕、红光满面、毫无倦意，我十分高兴，赶忙上前致意，并和他交谈，他关心地询问编辑部的情况，对杂志大加鼓励并提出希望。在耄耋之年，刘先生还如此了解和关心编辑部的工作，同时还很坦率地提出意见，让我十分感动。还有一次，大约是在2002年，我应武汉大学向荣老师的邀请到武汉大学讲课。为让学生开阔视野，更多地了解学术动向，向荣老师每年都要邀请校外的多位老师去武汉大学讲课。那次讲课之余，我抽空去看望了李植枏先生和刘绪贻先生。到刘先生家拜访时，刘先生正在书房工作，他的房间里满是书柜，围着墙摆了一圈，连书桌上也堆着书。令人惊异的是，刘先生90岁高龄，居然眼不花，耳不聋，而且是在电脑前工作。他笑呵呵地告诉我，他正忙着对《美国通史》第五卷、第六卷进行统稿。他不顾高龄仍孜孜于学术，为《美国通史》日夜辛劳，让我肃然起敬。第二天，他给系里打电话，说晚上请我在珞珈山上一家餐厅吃饭，还说请系里同志不必陪同，好单独跟我聊得随便些。刘先生这样德高望重的前辈，要招待我这样的后生晚辈，我觉得不妥。但盛情难却，只好从命。刘先生早就嘱咐他的儿媳在餐厅订好包间，只请了一位青年老师作陪，他从自己家健步走到餐厅。记得席上有梅菜扣肉这道菜，刘先生还吃了两块，吃得津津有味。看到老先生身体如此健康，精神矍铄，我觉得既高兴又感动。刘先生大我30岁，如此亲自款待，让我受宠若惊。吃饭时，谈得最多的还是他最关心的世界史学科的发展情况和六卷本《美国通史》。刘先生呕心沥血，把全部精力都投入这个课题，如今终于实现了自己多年的愿望，这是多么令人欣慰的事。这些年来，无论在学科建设、研究会工作，还是培养青年和学术成果等方面，刘先生都称得上是我国美国史研究的开拓者和领跑者之一，这并非溢美之词，而是实至名归。

刘先生对编辑部工作的支持和他的磊落与坦诚也让我印象至深。刘先生在《世界历史》《世界史研究动态》发表过20篇文章（《世界历史》11篇，《世界史研究动态》9篇）。这在老一辈专家里算是较多的。他在"在新形势下如何推动世界史学科发展"和"回顾三十五年来的成就，开拓世界史研究的新局面"专栏中，都坦诚地提出了自己对学科建设的希望和意见。他在《著书不为稻粱谋》中写道："人们只要刻苦认真，拒绝名、利、地位、权势的诱惑，虽很困难，但大体上还是可以做到'著书不为稻粱谋'的。"这充分说明了刘先生的淡泊，他不仅这样说，也这样做。

记得2008年，编辑部为纪念《世界历史》创刊30周年，出版一期增刊，约我写一篇回忆性稿子。我应邀写了《往事悠悠——回忆编辑部的二三事》这篇文章，在谈刊物为加强学风建设所做的努力时，提到《世界历史》1992年第1期刊登了杨玉圣老师的一篇书评《一种极堪忧虑的现象》。杨玉圣在该文中对学风不正问题提出了批评。我在文中回忆了此事的经过。我们那时正在抓学风建设，所以编辑部决定刊用杨玉圣的文章。在刊出以前，编辑部早已收到多封从武汉来的信，有的信劝我们不要发表，有的信坚决要求发表，刘先生属于后者。他在信中认为此风不可长，必须公开批评。后来杨玉圣的文章发表了，但出于治病救人，给被批评者改正错误的机会，我们征得杨玉圣老师的同意，没有点名批评。我在写《往事悠悠——回忆编辑部的二三事》一文时，对要不要把刘先生支持公开发表而来信一事公之于众，有些犹豫，就让一位编辑征求刘先生的意见，以示尊重。刘先生很快回信说，这是正大光明的事，可以公开，他没有压力，不怕得罪人。这件小事足以说明刘先生光明磊落，胸怀坦荡。

以上所述，就是我在与刘先生接触和交往过程中留下的三点最深的印象。由于我从事世界现代史而非美国史方面的研究，与刘先生又相隔千里之遥，我不能常常就近请教。我和刘先生的私人交往不算多，主要是出于编辑工作的需要，和刘先生在学术上有较多交往。欣闻刘先生百岁华诞即将来临，我在北京遥祝刘先生健康长寿，幸福快乐！并拈一首小诗以示庆贺：

贺刘绪贻先生百岁华诞

珞珈山上不老松，

凌霜傲雪自奋勇。

著书不为稻粱谋，

只盼学科登新峰。

2012 年 1 月 2 日

于北京

像刘绪贻先生那样生活

任东来

刘绪贻先生即将迎来百岁华诞，作为一个多年来经常聆听先生教诲、备受先生提携的晚辈学人，我衷心地预祝先生生日快乐！过去三十年来与先生交往的点点滴滴，此时也涌上心头，成为一种美好的回忆。

一

知道刘先生的大名是在 20 世纪 80 年代初，我当时是东北师范大学历史系 1978 级学生。我和 1977 级学长王旭等人参加了业师丁则民先生的美国史课外学习小组，打算毕业时报考美国史研究生，从事美国史研究。当时中国美国史研究会成立不久，刘先生是副理事长兼秘书处秘书长。与理事长黄绍湘先生、副理事长杨生茂、丁则民先生相比，那时刘先生的学术影响似乎稍逊一筹。作为学生，我们熟读了黄先生的《美国通史简编》、杨先生主编的《世界通史·近代史》和丁先生有关美国史学史的论著。而刘先生当时的论著，在我印象中，只有几篇有关黑人民权斗争的文章。我大概在丁先生面前表达过自己的疑惑，丁先生告诉我刘先生在新中国成立后长期从事工会领导工作，直到 60 年代中期才回到学校，组建武汉大学的美国史研究室。

一直到 1984 年 6 月中国美国史研究会第四届年会（成都）上，我才第一次见到刘先生。在与会的三位老先生（黄、刘、丁）中，刘先生最为年长，但精力却最为旺盛，看上去最多只有 60 岁。这不仅是我的印象，众多第一次见到刘先生的与会者都有这个感觉。大家知道刘先生已经年逾古稀后，都觉得不可思议。尽管先生给我留下了和蔼可亲、精力充沛的印象，但因为刘先生是会议的组织者和研究会的领导者，我还是未出茅庐的研究生，与先生接触很少。不过，会议期间，我却和刘先生带来开会的两个硕士研究生何宏非和赵林成为好友，一起游览成都附近的名胜。我后来听说，在刘先生的精打细算下，这次会议只用了 200 多元钱。现在看来，这简直就是奇迹。会后，我顺江而下，在武汉大学校园内逗留了几天，去刘先生的府上拜访。

80 年代开始，刘先生厚积后发，开始了其最旺盛的学术创作期，著、编、译三管齐下，数百万字的作品问世，让我们受益匪浅。1988 年 6 月，我在南开大学博士毕业，应恩师杨生茂先生之邀，刘先生和丁先生莅临南开大学，参加我的论文答辩。刘先生对我的论文表示了赞赏，同时也指出论文在学术史回顾方面的不足。因为中美关系史在新中国成立后最初的三十年基本上是帝国主义侵华史的一部分，为了政治上反美的需要，国内出版了不少揭露美帝侵华的小册子，我感到学术意义不大，在论文中除了提及刘大年和卿汝楫所著的两本较为严肃的《美国侵华史》论著外，其余一概不提。刘先生认为应该尊重历史，特地手抄了整整一页纸的有关书目，包括详细的版本信息供我参考。看到书目，想到先生的认真态度和严谨作风，我感动莫名。

二

1988 年从南开大学毕业后，我南下到南京大学—约翰斯·霍普金斯大学中美文化研究中心任教。1990 年 11 月，中国美国史研究会第六届年会在开封和郑州召开，我再次见到了会议组织者刘先生。虽然先生依然精力旺盛，看不出任何老态，但我却感到先生不是非常开心。因为当时知识界的整个气氛都比较沉闷，我也就没有多想。后来才知道，因为有人把刘先生有关"新政"式国家垄断资本主义的新观点上升到意识形态之争，导致研究会主管单位的干预，刘先生不得不将自己一手创建的研究会秘书处交出。

1991 年，刘先生从武汉来南京参加我的同事蔡佳禾的博士学位论文答辩，我有幸去码头接他。1998 年夏，刘先生来中美文化研究中心参加中美文化关系史讨论会。以刘先生的资历和身份，本不需要撰写论文就可以参会，但他还是和他义务指导的本科生林婕合写了《第一批官费留美生与中美文化交流》一文，并在会上宣读。在这次会议上，85 岁高龄的刘先生和 88 岁高龄的苏州大学张梦白教授（也是中国美国史研究会顾问）成为讨论会最亮丽的"风景"。会后，我和吴耘请刘先生吃了顿便饭，吴耘对刘先生的"年轻"已有耳闻，但见到刘先生后还是有些吃惊，特别是刘先生红光满面，脸上皱纹极少，几乎没有什么老年斑。于是，她便向刘先生请教"驻颜术"，刘先生也不厌其烦，向她传授了脸部按摩术。刘先生还向吴耘问起她在大学外语部的一位同事，这位女老师原来在武汉大学工作，后随丈夫调到南京大学。刘先生说认识她是因为"文革"前刘先生和她在教授俱乐部"共舞"过，我这才知道，刘先生会跳交谊舞。刘先生还告诉我们，抗战前他曾在国民政府军需学校读过半年书，这个学校就在南京市中心的新街口一带。

刘先生是非常细心的人，这次便饭后，刘先生送我书、照片或贺卡时，题签总是"东来贤伉俪"，让我和吴耘倍感亲切。吴耘也在这次会面之后预言，刘先生会实现中国人最美好但也最难实现的祝福——长命百岁，因为他有惊人的记忆力、良好的胃口和对美好事物持久的兴趣。

<h1 style="text-align:center">三</h1>

我不知道 1998 年的南京会议是不是先生最后一次到外地开会，但至少我再没有在有关学术会议上见到他。就先生的身体而言，外出旅行和开会当没有问题，但一般的会议组织者是不敢邀请九旬老人与会的。在成为"90 后"以后，先生非但学术生命没有结束，还成为知名的文化和社会批评家。针对社会上愈演愈烈的腐败、思想领域中封建糟粕在复兴儒学的旗号下卷土重来以及专制主义以"统一思想"为名宰制学术和文化的丑恶现象，刘先生怒不可遏，拍案而起，高举理性和启蒙的大旗，以自己多年积累的社会阅历和智慧，撰写众多文化和社会评论，重新回归了 60 年前公共知识分子的角色。在60 多年前，刚刚从美国归国不久的刘先生，以社会学家特有的敏锐，在《观察》等当时著名的时政杂志上发表了数十篇社会和文化评论，传播新知，批判封建文化，倡导民主自由。这些评论至今读起来依然让人浮想联翩，正因为它们的现实意义，2001 年，武汉出版社将先生 1948 年发表的评论结集为《黎明前的沉思与憧憬——1948 年文集》一书出版。2006 年，中国人民大学出版社翻译出版了先生的硕士学位论文——《中国的儒学统治：既得利益抵制社会变革的典型事例》。60 年前的两部旧作，能够在 21 世纪重新出版，而且，作者依然笔耕不辍，这在国内外都可谓绝无仅有。

刘先生的勇气和敏锐，让我们这辈学者自叹不如。我虽然在 2000～2005 年也撰写和发表过大量报刊评论，并一度是《南方都市报》的专栏作者，但涉及的议题几乎全部是国际事务和学术界的"茶杯里的风波"。对先生的敬佩，让我一有机会就向先生表达自己的敬意。2006 年 11 月，我再次来到武汉。先生依然住在我 22 年前去过的房子，当年的"高知宿舍"已经相当陈旧，原来的左邻右舍也大多搬走。但先生书房依然充满阳光和书香，窗外的绿树已长大成林。已经转到政治与公共管理学院的研究会秘书处原副秘书长谭君久教授，驱车带我和刘先生去一家雅致的茶餐馆吃了比萨饼。两年后，中国美国史研究会第十二届年会在武汉大学召开，并祝贺刘先生 95 岁华诞。在会议结束时，先生拄着拐杖，走过几个山坡，来和与会代表道别，这使大家颇为感动。当时我们已经坐上去饭店参加晚宴的大巴，很多人赶忙下车与先生话别。车开了以后，先生站在那里，向我们招手，此情此景，历历在目。是年底，在一位学生的帮助下，先生和夫人周老师拍了几张纪念照，其中一张他们戴着圣诞老人的帽子，印着"How Are You"的英文字，非常可爱。我想，所有收到这组照片的晚辈都会为两位 95 岁老人的健康和开朗而高兴。

刘先生即将迎来百岁华诞，这已经是生命的奇迹。但是，更大的奇迹在于，这位百岁老人依然思维敏锐，笔耕不止。

在祝福老人的同时，我对先生羡慕不已，希望自己也能够像他那样生活，长命百岁！

2012 年 1 月 7 日

于南京

刘绪贻先生与任东来教授合影

名副其实的智者仁者

——祝贺刘绪贻先生百岁华诞

徐国琦

接玉圣兄函，嘱为刘绪贻教授百岁华诞祝寿文集作文，理当从命。

20世纪80年代，我在南开大学求学及工作期间，曾有幸向刘教授当面请教。如果记得不错的话，在任东来兄博士学位论文答辩时，我受学校委托，担任其答辩委员会秘书一职。东来兄为国内培养的第一个美国史博士，南开大学校方及历史研究所对答辩一事极为重视。此类答辩当时尚属开风气之先之列，究竟如何运作，尚无规范可循。我们唯有"摸着石头过河"而已。好在答辩委员会重要成员之一的刘绪贻教授从善如流，东来兄之答辩取得圆满成功。

刘绪贻教授莅临南开大学并参与东来兄论文答辩，让我得到几天同刘老朝夕相处的宝贵机会。对于我辈80年代在国内开始学习美国史的青年学子来说，刘绪贻先生的大名及学术文章，可谓如雷贯耳。刘先生有关罗斯福新政的系列论文，让我们读得如醉如痴，犹如拂面春风，令人耳目一新。我们中的不少人深为刘先生的大胆观念及据埋血争的勇气所折服。所以，在见到刘先生之前，我已深知"其言也厉"。但在同其直接交往后，深感刘先生"望之俨然"，却"即之亦温"，实乃一忠厚长者也。犹记刘先生爱吃香蕉，业师杨生茂先生嘱我尽量给刘先生提供新鲜香蕉。在南开大学的几天里，刘先生每次收到我拿的几根香蕉后，总是千谢万谢一番，让我感动不已。仁者寿矣！

90年代初我负笈西渡后，与包括刘先生在内的国内同行接触甚少，但偶尔有机会与刘先生的武汉大学的美国史弟子青梅煮酒。聆听他们娓娓道来有关刘先生的奇人奇事及学术文章，确实让我一饱耳福。刘先生的这些弟子，包括何宏非、李洪山、韩铁等人，都有刘先生的诸多风范。宏非虽为女子，但英豪之气逼人，指点江山的豪情随时可见，明显有刘先生的豪迈之气，她在学界及商界游刃有余，想必今日不仅已"学富五车"，更是腰缠千千万万贯了。不知宏非尚记得我们当年的君子协定（"苟富贵，当济学，设讲座"）否？洪山兄如同刘先生一样，温文尔雅，治学谨严，乃谦谦君子。韩铁先生学成归国，服务于我的母校南开大学，惠济国内学子，现在已是美国史研究的"一代宗师"。刘先生的道德文章，可以通过这些刘门弟子进一步发扬光大了。刘先生在想起这些得意弟子时，一定会欣欣然也。这些昔日刘门弟子，从武汉走向世界，"仗剑走天涯"，如今济济一堂，为刘先生祝贺百岁华诞时，刘先生一定会开怀大笑，心喜"吾道不孤"矣！

玉圣等人发起编辑刘先生百岁华诞祝寿文集，小而言之，为庆祝刘先生百岁大寿及高风亮节，表彰刘先生的道德文章；大而言之，实为中国社会保留日趋稀缺的"读书种子"，使中华民族的一些传统美德能够薪火相传。凡我辈受惠于刘先生的读书人，凡寄望于中华民族美好未来的同仁，理应支持。可惜因时间仓促，本人无法撰写祝寿专文，只好接受玉圣兄的好意，将80年代写的一篇旧文（《美国内战时期的英美外交研究》），权充陈年心香一束，恭祝刘先生百岁华诞。之所以选此小文，主要原因是此文乃本人忝列杨生茂先生门下时的习作，而且该文写作时间同我与刘先生在南开大学聚首的日子相吻合。此次收入文集，不敢藏拙，未敢做任何改动，以保留原貌。不言而喻的是，此文有我辈80年代在国内做学问时的种种局限及时代印记。知我罪我，当望读者诸君见谅。如能借此拙文把刘先生的思绪带回那希望与失望俱存的80年代，并博一笑，吾愿足矣。

古人云：智者乐，仁者寿。刘先生实乃名副其实的智者仁者。

谨此再祝寿星长乐长寿，并继续为中华民族的未来献策献力！

德高望重的刘绪贻教授

王建辉

武汉大学有过这样一道风景。

在七十多岁这样的高龄，刘绪贻教授还骑着自行车在校园里四处跑。因此你可以想到这是一位健康硬朗的老人，除了有老年人通常有的微胖，你不会感到他老之已至。

刘绪贻教授是一位从事美国史研究的学者，主要的研究方向是罗斯福新政以来的现代美国，他和南开大学杨生茂教授一并被认为是国内研究美国史的两位权威学者。他早年就读于西南联大并留学美国，归国后做世界史的研究。前人云："有福才读书。"在新时期，刘教授的学术研究才得到开展，著作和翻译齐头并进，他的学术成果大量奉献给了社会。

我是在新时期之初考入武汉大学的，因为受到以刘教授为首的美国史研究室几位老师的影响，也是国门初开风气所致，对美国史研究有浓厚的兴趣，而与刘教授接触较多，当然那时候这种接触还是间接的。我一直没有缘分读他的研究生，因为我有机会考试时他未招生，而他招生时我又未能在单位获准报考，但在私下我常以他的弟子自许，并也确实得到他的许多指导。

1986 年有两件事使我印象很深。那是在兰州召开的中国美国史研究会年会上。

在会议期间，与会专家学者参观了黄河上游的刘家峡水库，黄河水浊黄浊黄的，而库水碧蓝碧蓝的，大出意料。而更出意料的，是在选举研究会领导集体时，刘教授，我习惯上称他为刘先生，用他虽经留洋而几十年不改的鄂东乡音，提议让我担任理事。我那时出校门不过四载，年不足 30 岁，也只在业余时间做些研究，而中国美国史研究会是当时国内搞得欣欣向荣的一个学会。刘教授对我做了特别的介绍，说我是一个有为的编辑，也写了许多美国史方面的论文，要充实研究会力量正需要有这样的年轻人。在刘教授的力荐之下我得以当选，成为最年轻的理事，也是仅有的非专业研究的理事。刘教授对青年人的关爱并不止于我，在美国史学界有许多年轻人得到过他的帮助。

他和他的同事们研究美国当代史有了一批颇具特色的成果，希望出个论文集，他们编出了初稿交给我。我看过全部稿件后，认为这个论文集有较紧密的内在逻辑，出论文集题目不易过审，不如做些加工改为一本专著价值更大些。刘先生觉得这个建议很好，让我来代他做整理的工作。于是这部书成了我的一个试验品：把一本论文集改造成一部专著。我给它取了这样一个书名：《当代美国总统与社会——现代美国社会发展简史》。书出版后，学术界反响很好，权威的专业杂志《世界历史》竟在同一期刊出两篇长篇书评，给予好的评价。这本书也得到了出版界的一个编辑奖。这是书出版后的故事了。难得的是，一位名教授竟让一个从事编辑工作资历有限、水平有待提高的年轻人来给他做重要的学术辅助工作，这对我的编辑工作追求创新的信心是一种多么大的鼓舞，非历其境的人，绝不能体会。我常犯傻地想，如果我们的权威的学者都能像刘教授这样，多给年轻的编辑一点鼓励，或许是可以多产生一些好的作品的。我曾经在某权威学者的门前吃过"闭门羹"，对比之下深有感触。学术和出版之间，互为依存，既不能搞"客大欺店"，也不能搞"店大欺客"。这是闲话，表过不提。

布什先生将要当选美国总统时，刘教授得到他的亲笔签名授权，翻译了他的自传《注视未来》。刘教授让我出版他的这部书，我征得了社内的同意。在编辑这部书的过程中，我请教授将布什的信件提供出来，但教授已将原件献给学校的档案部门。我托人从学校借了出来，并自己动手将它译成中文刊在书前。那一年，布什的这部自传在中国出版了很多版本，可只有我们这一部是经过授权的。其时中国的著作权法没有颁行，中国也没有加入国际版权公约，这部书出版的无序状态自有可谅之处，但我们这本书按国际惯例操作是值得一提的。而刘教授对总统先生的信件不私藏，而是交给学校保存，也表现了一种"学术为天下公器"的学术美德。

刘教授因为研究美国史，比一般的学者目光更敏锐，胸襟更开阔。他曾经和我谈起这样一个观点，马克思主义的一些原理不仅是经典作家们创造的，其中也包含普通群众的创造，至少包含人民群众的实践。因此他在晚年以一种少见的理论勇气，以他在美国的亲身经历和他师从费孝通先生所得到的社会学的视野，对当代资本主义进行理论的剖析，提出了一些富有启发意义的观点。在美国史学界，他和我国美国史研究的早期开创者之一黄绍湘教授就罗斯福新政展开了长时间的好几个回合的有力的学术争鸣。承两位先生美意，寄来他们的论著，我于学术于资历虽不能置喙，但也为他们的学术争鸣所吸引，给予了极大的关注，这对我的学术争鸣的勇气是一种无形的熏陶。

刘教授在 70 多岁时退休了。随着他的退休，遗憾也就来了。

刘绪贻教授的遗憾，也许还不是年过七十而未能得到博士学位授予点，而在于他亲手开创和苦心经营的在国内外都有名气的美国史研究室，因为他的退休而实之不存进而名也渐衰，文化火把的传递后继乏人，中国美国史研究会秘书处也不得不从武汉大学迁往南开大学。对此老教授不胜唏嘘。而不独此一事，武汉大学历史系曾以中世纪史、二战史研究见长，随着吴于廑先生、张继平先生的故去，也呈式微之象，只能徒叹奈何！

刘教授退下来后，这位 1913 年出生的老人，在他那间四壁尽是外文书刊的书房里，一边继续研究美国史，主持多卷本《美国通史》的著述，一边也写一点在西南联大读书求学时的回忆，在海内外的报刊上发表。这时我已不再研究美国史，教授笃念门生，故旧不忘，不时寄几篇给我看看，晚辈如我也常能会心一笑，比如他写潘光旦吃老鼠肉，就很使人解颐。

两宝：记刘绪贻先生与家父杨生茂先生

杨令侠

　　俗话讲，家有老，是一宝。对于这两个家庭来讲，确实是这样。幸运的是，这两宝的家庭生活都是不错的，两个家庭也由于他们而宁静安康。然这两宝的价值绝非仅此而已，刘绪贻先生素有"珞珈瑰宝"之美誉。对于中国的学术界来讲，他们都是"国宝"。他们两人合力共事中国的美国史研究主要有两件事。这两件事饱浸他们等待时的无奈、名利前的厚道、艰辛后的喜悦和甘苦中的情分。

　　刘绪贻先生和家父杨生茂先生长期各置天南地北。我不记得家父讲过"文革"前就与刘先生相识。他们真正接触应该是在 1978 年。这一年是中国美国史研究会成立的"前夜"。

　　家父回忆说："'文革'后，1978 年中国社会科学院在天津召开历史学科的会议，出席代表都是社科院邀请的。世界史学科有 20 多人参加，我也参加了。代表中有各学科的人，美国史、中古史、古代史等。记得是于光远在会上做报告，提出拨乱反正，解放思想。社科院世界历史所出面推动美国史这一摊的活动，他们从侧面推动。当年世界史的人在武汉大学召开会议，美国史的人便一同去了。这是搞美国史的人的第一次全国性聚会。"[1] 从此，刘先生和家父便频繁联系，建立起相互间的诚信和友情。在 1978 年武汉筹备会议上，与会者继续讨论成立中国美国史研究会和编写一套《美国通史》两件事。"当时大家见了面，都觉得很兴奋，想透透气，也想搞点东西。"[2] 透过字里行间，我们感觉到，这像是一群生龙活虎的青年学者意气风发地想

---

① 王希：《创建学术，守望学术——缅怀杨生茂先生》，《美国研究》2010 年第 2 期，第 132 页。
② 王希：《创建学术，守望学术——缅怀杨生茂先生》，《美国研究》2010 年第 2 期，第 132 页。

干大事情。实际上在当时，两位先生都已年过花甲——刘先生65岁，杨先生61岁。这次会面具有历史性意义。几位先生一拍即合，约定翌年成立一个研究美国史的团体。1979年，由武汉大学和南开大学牵头，中国从事美国史研究和教学的专业工作者自愿组成了全国性、非营利性的民间学术团体——中国美国史研究会。第一任副理事长兼秘书处秘书长是刘绪贻先生。和其他先生一起，刘先生和杨先生参与了中国美国史研究会筹建的重要工作。

中国美国史研究会成立后，《美国通史》的创作，即他们共事的第二件事便随之开展。各校代表"推举南开大学杨生茂、武汉大学刘绪贻任主编；杨生茂主要负责前3卷，刘绪贻主要负责后3卷"①。从编写原则和体例的设定，到写作任务的分派和变更，无数的大规则和小细节都需要沟通。那时没有电子邮件，虽然80年代初装了电话，可电话费又太贵，只有靠书信往来。可以想见，如此浩大的工程，需要多少观点、设想和信息的交流。但比起"文革"时的恶劣环境，面对当时的困难条件，他们甘之如饴，激情澎湃。他们以百倍的热情兴奋地、夜以继日地工作、思考。没有人考核他们，也没有人计算他们的工作量。若讲他们天天通信有些夸张，但三天两头通信是确实的。父亲是一个心里搁不住事儿的人，有想法就得马上写信，否则就夜不能寐。为了这六卷本《美国通史》，不知他往全国各地写了多少封信来联络、协调写作事宜，其中最多的是与刘先生的沟通。刘先生更是来函如梭。连邮递员都知道我家的信格外多。再一趣事是，他们不约而同地使用其夫人的旧信封。

可以讲，他们开创的是一个划时代的项目，但又是一个（1983年之前）不在"国家项目"中的国家性项目。在学者被项目性、考核被项目化的今天，很难想见当初他们在没有奖金也没有活动经费的条件下，是如何艰难启动和开展工作的。他们有的只是为成就一件大事情心甘情愿呕心沥血的简单愿望。这件大事情就是中国要有一部自己撰写的美国史。正因为心中有大目标，他们从未计较过什么。自古文人相轻，然而，这对学术搭档的精诚合作显然否定了这一点。

实际上，刘先生和家父还共同做了另一项工作。1992年，他们两人和

① 杨生茂、刘绪贻：《总主编的话》，刘绪贻、杨生茂主编《美国通史》（第一卷），人民出版社，2002，第2页。

黄安年先生成为美国《美国历史杂志》的中国特邀编辑。他们每次都认真审查、修改由黄安年先生定期提供的对中国的美国史研究现状进行收集并翻译的信息。这也是他们对中国乃至世界的美国史研究做出的贡献。

父亲对刘先生习用电脑非常佩服，称他为"奇翁"，戏蔑自己手指短粗。

"文革"结束后，父亲心有余悸，便养成不写日记、不留书信的习惯，这为我写这篇小文带来不少困难。然他喜好做的打油诗幸皆有存。1993 年 4 月刘先生来津参加博士学位论文答辩会，时值 80 岁大寿，家父遂赋打油诗以资庆贺：

> 相交胜淡水，傲睨凡夫骨。
> 宝刀常犀利，伏枥志犹坚。
> 谁敢道黄昏，不识奇翁意。
> 爬格风发时，珍揣服老心。

刘先生当即和诗一首。他先讲"茂翁愤世嫉俗，不利保健，书此留别"，接着写诗文：

> 腥风瘴气绕寰中，
> 岁月峥嵘一老松。
> 心事浩浩远广宇，
> 蚊嘶鼠唧付秋风。

> 刘绪贻
> 1993 年 4 月 29 日于南开大学谊园

2008 年刘绪贻先生 95 岁生日时，家父又敬诗一首：

> 九五高寿胜南山，
> 业绩品德似长川。
> 豁达胸襟尤可慕，
> 伏枥宏愿广无限。

> 恭贺绪贻学长华诞大庆
> 杨生茂鞠躬

刘先生亦回赠不断。2006 年父亲接到刘先生为他生日专送的中国画一轴。刘先生在画上赋诗言情。

2010 年 5 月 4 日父亲去世，刘先生得闻噩耗后，遂写下《痛悼益友杨生茂教授》（《社会科学论坛》2010 年第 16 期）一文，抒发对"老友"去世"沉痛难已"的悲情。

毋庸讳言，刘先生和家父性格迥异，然共同之处是，都幸有贤淑之妻，好本色生活，生性敏感敏锐，心理活动异常活跃，貌似平静祥和，实则胸中雷霆万钧。他们能肝胆相照，全倚二人宽广的胸襟和仁厚的心地。他们之间相互的信任、理解、尊重和支持非一般人所能及。

曾经有一暖气修理工到我家，大约 60 岁出头，显然他为自己还能工作而自豪。他看到我父亲闭目坐在那里，随口说了句："他只是活着了。"出于对体力劳动者一贯的尊重，我话到嘴边又咽下去："君不知，他在为推荐一个教授到北大工作打腹稿呢。"无论对于一个家庭还是国家，老人都是宝。我们要尊重他们，仅仅因为他们经历的历史就足矣，对刘绪贻先生和家父杨生茂先生更是如此。

追忆往事　感念师恩

——从一篇二十余年前的"作业"说起

孙新强

　　刘绪贻教授是我国美国史学界的著名史学家和社会学家。在武汉大学读书期间，我们更喜欢也习惯尊称他为先生。2012 年 5 月 13 日，先生将迎来他的百岁（99 周岁）华诞。此时，作为学生的我，内心十分激动，不由得想起了与先生交往的点点滴滴。这些往事虽已过二十五载有余，但对我来说，至今仍历历在目，仿佛就发生在昨天。

　　众所周知，先生不仅学识渊博、治学严谨，而且爱徒如子，谦逊好学，乃至不耻下问。在先生看来可能是很偶然的一件事情，却让我终生难忘。

　　记得那是 1985 年前后，先生正在组织人手翻译林克教授等的《一九〇〇年以来的美国史》。翻译过程中先生遇到了"game plan"这个术语。对于这一术语的含义，我想，当时先生的内心是清楚的。不过，如何用贴切的汉语将它准确地表达出来，先生似乎有些踌躇，暂时将它翻译为"姑且一试计划"。当然，先生本人对这一译法并不满意，但一时又找不到一个更合适的译法。先生知道，韩铁师兄平时与我们接触较多。于是，便委托韩师兄发动我们，想利用大家的智慧，群策群力，找到一个更妥当、精准的译法。

　　听了韩师兄的介绍之后，我们就像接受了先生布置的作业一样，很是兴奋。回去后便立即分头翻阅词典，查找资料。可惜，那时的我们才疏学浅，眼界不高，一连忙活了几天，也没有找到一个比先生的"姑且一试计划"更好的译法。对此，我们感到惭愧，辜负了先生，未能完成他布置给我们的"作业"。

　　虽然那次我们未能完成任务，但先生有问题、有疑问敢于向学生请教的谦虚精神，深深地感动了我们每一个人。毕业之后，我们各奔东西，我不知道其他同窗是否还记得此事。但如何翻译"game plan"，却始终萦绕在我的脑海里。后来，我转行搞起了法学，其中的酸甜苦辣，一言难尽，因为要补的、要学的东西太多，时间总感觉不够用。但一有闲暇，我便自觉或不自觉地想起"game plan"。也许我的执着和对先生布置的"作业"的认真态度感动了上苍，几年前的一天，我突发灵感，有了关于"game plan"的更为妥当的译法。我们知道，先生的译法"姑且一试计划"中的"姑且一试"是"临时试一下"或者"暂时试试看"的意思，其隐含意思是：如果计划试行的结果不错，则可以确定下来；如果试的效果不佳，则可再尝试其他办法。这样的"计划"，不正是人们常说的"应变计划"吗？对我的"应变计划"这一译法，不知道先生是否满意。

先生在翻译"game plan"这一术语过程中所表现出来的那种谦逊精神和严谨的治学态度，使我想起了我们今天饱受诟病的学界。我们当今的学界岂是一个"浮躁"所能概括得了的！尤其是在翻译外国作品时出现的那种粗制滥造，乃至胡编乱造的现象，简直令人大跌眼镜，不知说何是好。我们看到，在有些人的翻译中，孟子变成了"门修斯"，蒋介石更名成了"常凯申"，查尔斯河桥被弄成了"查尔斯·里维尔·布里奇"，潘恩的《常识》成了《公共知识》，洛克的《政府论》变成了《关于国民政府的两个条约》。面对这些洋相，人们不禁要问：它们为何会屡屡出现？在我看来，问题的出现绝非因译者的水平有限，而在于他们在翻译时不认真、不严肃。

真诚希望学界同仁能从我以上的往事回忆中有所感悟，能以刘先生为榜样，谦虚谨慎，严谨治学。假如真能这样，又何愁学风不得好转呢？

谨以此短文祝贺刘绪贻教授百岁华诞！

超迈隐圣同凡的人生境界

——写在刘绪贻先生百岁华诞之际

周祥森

武汉大学教授刘绪贻先生学贯中西，融通古今，是一位具有深邃的思想、大无畏的理论创新精神和强烈的现实社会批判精神的学术大家，也是我所敬佩的一位德高望重的学界前辈。今年 5 月 13 日，刘绪贻先生将迎来百岁（99 周岁）华诞，这是我国世界史学界一件值得自豪和骄傲的大喜事（在世界史学界，好像还没有如此健康长寿的学者）。

早在去年 11 月，友人杨玉圣教授就来函邀我为祝贺刘绪贻先生百岁华诞的文集贡献一篇文章。为了偷懒，我把当时刚写好但已确定安排在《史学月刊》今年第 2 期发表的短文《转向人的内在生命存在——提高中国世界史学科研究水平的本体论前提》寄给了玉圣，聊以塞责。蒙该书编委会不弃，拙稿被收入祝贺文集。春节前后，玉圣又两次来函，要我写个"题记"，以表贺意。日前，玉圣更是来电话，让我务必写点文字，因为刘绪贻先生与《史学月刊》有颇深的学术渊源。虽然由于身体方面的原因，我不能在电脑前坐的时间太长，但玉圣兄的殷殷盛情难却，加之我与刘先生毕竟有些学术上的交往，于是欣然应诺。

我最初知道"刘绪贻"这个名字，是 1987～1990 年在河南大学读研究生期间，当时认真拜读了刘先生主持翻译的美国著名历史学家阿瑟·林克、威廉·卡顿教授著的《一九〇〇年以来的美国史》（三卷本）。毕业后留校，在《史学月刊》编辑部工作，后来又加入了中国美国史研究会，所以对刘绪贻先生的大名就越来越熟悉了。

第一次见到刘先生，是在 1999 年 10 月底于南京召开的中国美国史研究会第九届年会暨学术讨论会上。九年后，2008 年 5 月 24 日，在武汉大学举行的第十二届年会开幕式暨刘绪贻教授 95 岁华诞庆典上，第二次见到刘先生。刘先生在庆典上简短致辞，其思维之清晰，给我留下了很深的印象。颇以为憾的是，这两次难得的面见刘先生的机会，我都没有同刘先生单独合过影。

我与刘先生的学术交往，更多的是因《史学月刊》之故。刘先生是《史学月刊》的"资深作者"，数十年来，一直以其高水平的学术作品支持着《史学月刊》的建设和发展。《史学月刊》能够两次荣获"国家期刊奖百种重点期刊"称号，荣获"新中国 60 年有影响力的期刊"称号，并且入选教育部"名刊工程"建设系列，成为"名刊工程"中唯一的史学类专业期刊，是与像刘绪贻先生这样的学术大家长期以来的鼎力支持分不开的。在我1990 年参加《史学月刊》编辑工作之前，刘先生就已经在《史学月刊》上发表过《中国的美国史研究概况》（《史学月刊》1986 年第 5 期）等文章。1992 年，刘先生给《史学月刊》编辑部寄来了他的《罗斯福是否有自己的经济理论——读罗斯福"新政"史札记之二》一文。那时我参加工作没多久，看到刘先生寄来的此文，心情很激动，甚至有些喜出望外。于是，就把刘先生的稿子作为重头文章安排在 1993 年第 1 期上发表。这是我第一次编辑刘先生的文章。后来，刘先生又寄来他的《罗斯福"新政"的农业政策》（《史学月刊》2001 年第 3 期），阐述罗斯福新政的农业政策在美国进入国家垄断资本主义阶段过程中的地位和作用。这是刘先生"'新政'式国家垄断资本主义"论的深入之作，细致入微地探讨了"'新政'式国家垄断资本主义"在农业领域的具体表现。

2002 年，刘先生和杨生茂先生总主编的六卷本《美国通史》全部出版。我毫不犹豫地购买了一套（记得还是通过玉圣从北京买到的）。这部皇皇巨著，是中国美国史学界老中青三代历史学家花了四分之一个世纪的时间齐心协作、努力探索的学术结晶。我当时认为，它既是改革开放新时期我国美国史研究学术水平的一次大检阅，更是新时期我国美国史研究学术发展历程的一个缩影。六卷本《美国通史》的出版，不仅对于中国美国史研究具有里程碑意义，而且对于中国学术界有力地抵制游谈无根的浮躁学风、中国的世界史研究走出一条具有中国特色的学科建设之路、为国外同仁奉献出中国历史学家的国别史精品，也都具有多方面的启示意义和历史作用。特别是，六卷本《美国通史》撰写和出版的那些年，也正是学界普遍痛感学风浮躁的年代。因此，为了拒绝和抵制不良学术风气、彰显这部《美国通史》的多方面意义，同时也为将来的史学史研究留下一份宝贵的材料，我就与时在南开大学执教的李剑鸣先生商量，组织一次学术"笔谈"。其时，《史学月刊》决定开辟"笔谈"栏目还不是很久，如何实践尚在探索之中，我们做编辑的心里都还没有底。六卷本《美国通史》的出版，恰好为"笔谈"实践提供了一个难得的良机。于是，我和李剑鸣先生商议后决定，该"笔谈"的作者包括总主编、各分卷撰著者和既非主编亦非著者的其他学者三方，各自从个人的经历（主编经历、撰著经历、阅读经历和体会）发抒己见。2003年5月，这组"笔谈"稿件组齐，由李剑鸣先生集中后一次性寄给我。让我难忘和感动的是，刘先生写了《解放思想　实事求是》一文。该文不仅披露了改革开放初期编写六卷本《美国通史》在实现学术创新，尤其是在突破理论禁区过程中所面遇的艰辛和困难，而且让我第一次深深地感受到刘先生大无畏的理论创新精神以及解放思想、实事求是的思想和学术品格。"笔谈"稿件组齐后，经李振宏主编终审，我在第一时间以最快速度安排在当年第9期上发表。"六卷本《美国通史》笔谈"取得了极大的成功，不仅迅速被人大复印报刊资料等转载或转摘，而且自发表迄今经常被引用。

在这里，尤需一提的是，有一年我应邀参加中国人民大学举办的中西历史比较研究学术论坛，席间刘明翰先生特地对我说，"六卷本《美国通史》笔谈"的发表很好，他都读了，并要求编写《欧洲文艺复兴史》（多卷本）的人每人都看一看这组"笔谈"，这组"笔谈"为他正在主持的多卷本《欧洲文艺复兴史》的编写提供了启发性建议和经验，很有帮助。刘明翰先生的话，印证了我计划组织这组"笔谈"时的有关想法。这组"笔谈"的成功是直接与刘绪贻先生联系在一起的。因为刘先生的《解放思想　实事求是》一文，不仅是当年指导"通史"编写的总则，而且是这组"笔谈"的灵魂，乃点睛之作。后来，我曾经计划根据这次成功的经验，再组织几个类似的"笔谈"，但最后都胎死腹中。因此，我更体会到作为六卷本《美国通史》总主编之一的刘绪贻先生对《史学月刊》始终给以大力支持的可贵性。

2011年是《史学月刊》创刊60周年。甲子之庆，无论对于《史学月刊》本身还是对于我们每一个编辑人员来说，都是难得一遇的。所以，早在2010年初，编辑部就为纪念创刊60周年专门召开过几次会议，商议如何庆祝等事宜。讨论结果是：除邀请学界专家学者来参加简朴的学术性庆祝会外，每位编辑均以"我与《史学月刊》"为主题组织"笔谈"活动，并且选取《史学月刊》发表的以改革开放三十年来中国历史学评论为主题的论文，编辑出版一套丛书。后来，原先的庆祝计划因故均未能实现，不仅庆典没有举办，丛书未能出版，而且约来的长年支持《史学月刊》的专家学者的文章也只是选择了其中少数几篇合为一次"笔谈"来发表，很对不住那些写来文章却没有发表的热心学者。刘绪贻先生是《史学月刊》的"资深作者"，自然在我的约稿名单之列。刘先生收到我的约稿函后，不久就给我寄来了文章。这就是先生口述、赵晓悦整理的《和而不同——我与美国著名史学家柯特勒的交往》（《史学月刊》2011年第3期）。虽然文章的主题并不是"我与《史学月刊》"（刘先生在附函中说明了原委），但这篇文章比"我与《史学月刊》"主题类文章更具学术价值。因为这不仅是一份非常珍贵的中美学术交流史记录，而且是将来人们研究刘先生生平和学术思想史的珍贵材料。不宁唯是，文中介绍的美国学者的治学经验、刘先生自己的治学心得和思想看法，对于深化我们的美国史研究亦很有启示意义和思考价值。我由衷地感谢刘先生惠赐《史学月刊》这样具有多重学术价值的佳作。

除了这些与我的编辑工作有关的学术交往外，我与刘先生在私下也有些交往。刘先生多次用电子邮件给我寄来他的很有思想性和现实批判精神的新作，如《愧对慎之》（2008年3月）。读刘先生此类思想犀利的文章，我甚至感到自己的思想、精神还比不上刘先生年轻和开放，尽管刘先生的年龄大我一倍还要多。

2010年3月，刘绪贻先生的口述自传《箫声剑影——刘绪贻口述自传》（上卷）由香港时代国际出版有限公司出版。刘先生在当年的9月2日就给我邮寄来一本，亲笔签了名，并钤了印。收到书后，我有受宠若惊之感。我一口气读完此书，对刘先生的生平第一次有了比较全面的了解，也更敬佩刘先生的人格和学品。我也寄了自己新出版的粗糙之作《反映与建构——历史认识论问题研究》一书给刘先生，并请刘先生批评教正。

为更多地了解刘先生，有时我还利用参加学术会议的机会，向武汉大学来的与会者打探先生的近况或其他方面的信息。有一次，一位武汉大学友人就告诉我，刘先生的心态，我们这些年轻人恐怕都赶不上他年轻。这位友人举例说，刘先生的电脑桌面是一幅很漂亮的美女图像，你们这些"先生"敢吗？我想，保持爱美的年轻心态，保持活跃而清晰的理性思维，或为先生能如此健康长寿之一大秘诀乎？

　　有时，刘先生也向我推荐他在武汉大学的同行的中国史方面的文章，我都及时转给了有关的编辑并嘱优先处理。虽然由于这样或那样的原因，推荐稿或未能被采用，但刘先生对《史学月刊》的厚爱和对我的信任，则由此而体现尽致。我这个人生性有些懒散，更常常畅游于历史海洋，沉溺其中而不问今夕是何年，故总是因疏于回信而得罪学界友人或师长。刘先生的多次电子来函，我都没有回复。在此，我诚恳地祈望刘先生多加原谅。

　　孔老夫子尝言，一个人的生命运动经历了七十个春秋后，就可以从心所欲而不逾矩。也就是说，个体之生命因勤学而达到了隐圣同凡的最高境界。刘绪贻先生即将迎来百岁华诞，又是位勤学勤思的学者，按照孔子的标准，早已远远地超迈隐圣同凡的生命境界了。而更让人倍感欣喜的是，刘绪贻先生依然身体康健，精神矍铄，思维活跃，思考不止。

　　最后，作为晚辈，我在这里衷心祝愿刘先生健康长寿，越活越年轻！

2012 年 2 月 12 日

于静学斋

美国史学坛不老松

——刘绪贻教授百岁华诞贺

梁茂信

在当今的中国美国史学界，能够长命百岁的学者，刘先生是第一人，他是中国美国史学界根植于珞珈山上的一棵不老松。刘先生即将迎来百岁华诞，这不仅是刘先生及其家人的幸事，也是中国美国史学界的一大幸事。此时此刻，我作为改革开放三十多年来成长起来的一名美国史工作者，也抑制不住内心的兴奋与激动。我愿借此机会表达对先生的敬意与祝福，衷心地祝愿刘绪贻先生身体健康，心情愉快，精神矍铄，续写辉煌。

尽管我与刘先生的私人交往不多，但在我的学术成长过程中，刘先生是对我影响较大的学者之一。我从大学二年级开始学习美国史，迄今已有三十余年。我曾经读过1983年中国美国史研究会编辑出版的论文集中刘绪贻先生的论文。然而，真正关注并了解刘绪贻先生始于1988年。当时，在南开大学举行的美国总统制研讨会上，我遇到了刘绪贻先生的几位学生，其中有刚刚毕业的研究生何宏非。1988~1991年我在河北师范学院工作期间，因为教学工作需要，我开始系统阅读国内发表的美国史论义，阅读了刘先生的许多文章，其中包括刘先生与黄绍湘先生在罗斯福新政问题上的争论文章。当时我还比较年轻，学识浅陋，对于先生们争论的问题并不太懂，不知道谁是谁非，只是觉得这场争论热闹、有意思。

我与刘先生首次见面是1990年在开封举行的中国美国史研究会的年会上。那次会议有刘祚昌教授和中国社会科学院的几位前辈参加，但在所有与会学者中，最年长的可能还是刘绪贻先生。在小组讨论的时候，我恰好坐在刘先生的旁边，另一侧是任东来。我自己因为是首次参加年会，很想与先生多聊聊，向他请教如何研究美国历史。但由于先生名气很大，许多学生都慕名前来讨教，而我又比较内向，所以很难插上话。我估计，刘先生大概对我没有什么印象。

我从 1991 年开始师从丁则民先生攻读博士学位。丁先生要求我们多读书，把美国历史尽可能地贯通，对美国历史发展的基本线索能有大致的了解。丁先生还要求我们阅读刘先生和黄绍湘先生的文章，然后再进行讨论。

最近几年，我又重新阅读了刘先生撰写的《富兰克林·D. 罗斯福时代（1929—1945）》《战后美国史（1945—2000）》、主编的《当代美国总统与社会——现代美国社会发展简史》和主持翻译的《一九〇〇年以来的美国史》等著作，觉得依然很有收获。《富兰克林·D. 罗斯福时代（1929—1945）》和《战后美国史（1945—2000）》两部著作宽阔的学术视野、丰富的史料、全面而透彻的分析以及客观而中肯的评价，给我留下了极深的印象。

我与刘绪贻先生第二次见面是 2002 年在西安举行的中国美国史研究会年会上。当时刘先生已年近 90 岁。这一次，我与先生有较多的接触机会。作为听众，我聆听了刘先生在大会开幕式上回顾中国美国史研究会成立初期的发言。我还在晚饭后与刘先生闲聊，在参观临潼华清池时，和几位青年学者与刘先生一起登山。通过观察、旁听和交谈，我对先生的感性认识进一步加深。我对先生在这次会议上的印象记忆犹新。先生在做大会发言和参加晚宴时，身穿一套深咖啡色西装，系着领带；在出游时，先生一身便装，显得干净利落。不管穿什么服装，先生都显得格外精神。先生的眼睛炯炯有神，先生的言谈举止让人觉得和蔼可亲。他很随和，没有架子，不管是谁提问，他都很耐心地用一口武汉口音很浓厚的普通话回答，使听者一点也不紧张。不管是在大会上发言还是茶余饭后的闲谈，先生的话都非常有感染力。现在回想起来，当时先生在年近 90 岁的时候，行走十分利索，谈话时的思维逻辑非常清晰，身体非常健康。

先生的治学和为人让我十分佩服。刘先生不仅学问高深，而且勇于追求学术真理，敢于说真话。在 20 世纪 80 年代后期，在评价罗斯福新政在美国的历史地位问题上，他不畏权势，也不畏惧别人给他扣政治帽子，为坚持真理可以付出一切，这种精神和魄力尤其值得我们学习。用他自己的话说，在当时，"'左'倾教条主义的势力和影响还很普遍而且严重"，要在研究中提出与列宁的"帝国主义论"不同的观点，"就必须解放思想，大胆地冲破

'左'倾教条主义的束缚，必要时发展马克思列宁主义"。刘先生之所以有这样的胆略和气魄，最为关键的是他心目中笃信"做学问是为了追求真理，是为了对社会、对人民有益处，不是'为稻粱谋'，不能为'庸福'而使'文格渐卑'"。① 这种精神是我们在学术研究中值得珍藏的宝贵财富。

先生待人诚恳，曲直分明。他对一些著名学者的评价，他对新中国成立前后武汉大学发展历程的思考，他对中美两国在办学模式和培养学生自由思想方面的认识，都表明他敢想敢说，从不隐瞒自己的观点。他是一位真正的学者，为人真诚，对生活充满热情甚至带有几分天真。他甚至能够坦露心扉，勇敢地坦言自己的爱情观。他关于自己在青年时代的爱情观和事业观的表述就是最好的证明。刘先生热爱生活，也很会享受生活。他在回忆自己与妻子的爱情经历时说："后来我在清华，我为她简直是，把我这个公费都搞掉了。为她，我一天到晚吃饭、睡觉，无论什么时候，上课都在想她。"当他发现心爱的人不愿意跟自己联系的时候，刘先生无法掩饰自己的感情，甚至还得了"相思病"。

还须提及的是，年逾90岁之后，先生依然保持旺盛的学术生命力，笔耕不辍，新作不断，令后生望尘莫及。近年来，他关注历史，但更关注现实。用他自己在2011年的话说："我98岁零5个月了，每天还要在电脑前工作六七个钟头，上上网、写写文章。"他上网并非为消磨时间，而是通过网络平台思考并关注中国社会的未来发展。他说："2002年起，也就是90岁以后，我的主要工作就是写文章呼吁民主，呼吁法治。"② 这体现了他铭记于心的那句话："知识分子应该有种使命感和社会责任感。"③ 显然，先生在晚年越来越关心中国的民主建设与未来走向。④ 他一再重申社会民主建设的必要性。在《民本为专制政体服务与民主完全不同》一文中，他运用大量史料，分析了"民本"和"民主"思想在中国历史上的实践及其坎坷命

① 刘绪贻：《解放思想　实事求是》，《史学月刊》2003年第9期，第19页。
② 马国川：《刘绪贻："我们应该顺应历史潮流"》，爱思想，http：//www.aisixiang.com/data/38669.html，最后访问日期：2021年1月27日。
③ 韩晓玲等：《离休教授刘绪贻：一箫一剑平生意》，https：//new.whu.edu.cn/info/1003/21833.htm。
④ 相关文章参见刘绪贻《再论把"民主"与"民本"区分开来》，《同舟共进》2011年第4期；刘绪贻《民主，就是让人民自己作主》，《长江日报》1998年11月24日；刘绪贻《中西法治观和法治体制比较及意义》，《社会科学论坛》2005年第9期；刘绪贻《美国宪法与宪政》，《博览群书》2004年第10期；刘绪贻《论中国传统的法治观与法治体制》，《学术界》2006年第5期。

运。他认为："民本思想是封建时代、君主专制时代的产物，是为专制政体服务的。"而民主思想是后君主专制时代的产物，它"是为现代共和政体、人民政权服务的"。由于中国的君主专制社会长达几千年，民本思想、忠君思想和官本位思想等都"已深入中国社会的骨髓之中，渗透到国人的血液里，只要有机会，就会顽强地表现自己，影响、控制人们的思想与行为；民主思想则是舶来品，传入中国不到两百年，而且受到传统文化的顽强抵制，所以难以扎根"。① 读刘先生的文章，总是让我对他由衷产生敬意。先生所崇尚的不是美国的体制，而是蕴藏在这种体制中的思想和精神。从纯粹的学术意义上说，民主是不分国界和意识形态的，它的核心体现就是长期以来我们所说的"人民当家做主"的思想。人民如何当家做主，还需要继续探索，把主权在民的思想转化为一种制度和法规，这也是需要我们继续奋斗的目标。从这个意义上讲，与百岁老人刘先生相比，我们作为后生在思想解放方面还要向他好好学习。

在刘先生百岁华诞的喜庆日子里，我代表我本人和东北师范大学美国研究所的师生们，衷心地祝愿刘先生百岁生日快乐，健康长寿，愿他的道德文章广传后人。

2012 年 2 月 11 日星期六

于长春

---

① 刘绪贻：《再论把"民主"与"民本"区分开来》，《同舟共进》2011 年第 4 期。

一箫一剑平生意

——恭贺恩师刘绪贻先生百岁华诞

韩　铁

　　刘绪贻先生是中国美国史学界的一代史学大师、学科建设的卓越奠基者和具有强烈现实关怀而始终不忘思而行的公共知识分子。与同时代的人文社会科学领域的许多学者一样，在 1949 年到"文化大革命"结束将近三十年的时间里，先生难以一展其在清华大学、西南联大和芝加哥大学就怀有的治学抱负。直到 1978 年开始改革开放，这一代知识分子才看到他们学术生涯中的春天，刘绪贻先生的美国史研究就是在此时进入了花团锦簇、硕果累累的全盛时期。由于"左"倾教条主义的影响，中国的美国史和世界史领域曾长期存在一些禁区，这严重阻碍了学术研究的发展。不扫清这些障碍，史学界就不可能有真正百花齐放的春天。为此，先生不顾种种压力，率先突破禁区，以其对罗斯福新政的精深研究，指出了列宁关于帝国主义垂死性的理论已经无法解释当代美国资本主义的发展，提出了关于"'新政'式国家垄断资本主义"的新见解。他还将中国的美国史研究扩展到在当时几乎无人敢于问津的战后时期。这一领域既无经典作家的论述可以"紧跟"，又和现实政治关系十分密切。刘先生的这一研究使我们对美国历史的研究和认识变得更为全面和完整。正是由于先生这种开放的思想、宽广的视野和前瞻的眼光，他不仅和杨生茂先生一起成功主编了《美国通史》六卷本的巨著，而且为中国美国史研究会的成立和发展做了出色的领导工作。他既是一个杰出的学问家，又是一个卓越的组织者。可以说，刘绪贻先生是中国美国史学科建设当之无愧的主要奠基人之一。

　　先生曾经说，他之所以走上一条勇于突破和不断拓宽路径的学术道路，是因为他对知识分子社会使命的认识。这种现实关怀不仅成了先生在学术研究上不断求真的本原和动力所在，而且使先生的目光超出了美国史和世界史的学术领域，愈来愈关注与中国社会发展休戚相关的一系列问题。清人龚自珍诗云，"来何汹涌须挥剑，去尚缠绵可付箫""一箫一剑平生意，负尽狂名十五年"。先生说自己只是因倾慕龚自珍而将口述自传题名为《箫声剑影——刘绪贻口述自传》①，可是学生却在"箫声剑影"中看到了恩师自己在其学术生涯重获生机以后所走过的非同一般的道路。应该说，先生在这条道路上所取得的成就，即便是在同时代的老一辈名家学者当中，恐怕也很少有人能企及。值此先生百岁华诞来临之际，谨以此文回顾先生的这些主要贡献，一来向先生志庆，二来与学术界同仁共勉。

一

在美国史和世界史领域，学者们遇到的一大难题就是长期以来沿用的列宁关于帝国主义垂死性的论断，已很难对发达资本主义国家在 20 世纪的实际发展做出令人满意的解释。

刘绪贻先生是中国史学界，或者说在当时有一定声望的史学家当中，对这一问题予以探索的第一人。也许是因为有早年从事社会学研究和田野调查的经验，作为史学家的刘先生格外重视以事实为依据。他不是从理论到理论，而是从他对美国罗斯福新政的研究开始的。先生发现，罗斯福新政延长了美国垄断资本主义的生命。他在 1981 年发表于《历史教学》的文章中首次论述这一问题时就指出：

> 马列主义的基本原理仍然是适用的。但应根据新情况，而有所发展。马克思和列宁都未能看到"新政"是如何和为什么挽救了美国垄断资本主义制度，更没有看到和研究"新政"以来的福利国家对资本主义社会阶级斗争的影响。而垄断资本主义制度的这一新发展，却有它的新规律（如滞胀），这是不能从马列主义的经典著作中找到现成答案的，需要我们理论工作者和史学工作者依据马列主义的基本原理，从现

---

① 参见刘绪贻口述，余坦坦记录《箫声剑影——刘绪贻口述自传》（上卷），（香港）时代国际出版有限公司，2010，"前言"第 2 页。

阶段垄断资本主义新发展的实际情况出发，对其发展规律进行认真的探讨和研究。①

先生本着这种实事求是的精神，在其后对罗斯福新政所做的专门研究中不断探索，提出了"'新政'式国家垄断资本主义"的新见解，不仅为解释帝国主义的垂而不死，而且为阐述美国现代资本主义乃至全世界发达资本主义国家的历史，提供了一种独特的视角和路径。

先生对罗斯福新政的研究有两个主要特点：一是具有历史的纵深感，二是具有国际视野。从历史的纵深感来说，先生将罗斯福新政置于美国现代资本主义发展的历史长河中加以考察。他经由这种历史考察得出结论：从1898 年美西战争到 1929～1933 年的经济大危机，美国垄断资本主义制度确实已面临绝境，在很大程度上验证了列宁所说的资本主义的垂死性，然而，此后的发展却与垂死性相去甚远，因为美国垄断资本主义制度不仅没有因为大萧条而崩溃或者过渡到社会主义，反而通过罗斯福新政基本上克服了这次空前严重的经济危机，并在第二次世界大战后进入了一个长期繁荣的时代。显然，罗斯福新政是一个转折点。其所以会如此，先生认为，主要是因为罗斯福新政用国家干预经济生活的方式代替了传统的放任主义政策，将美国的私人垄断资本主义迅速地、大规模地推向国家垄断资本主义，从而局部改变了生产关系，限制了旧的社会制度的个别坏的方面，在一定程度上改善了广大劳动人民的处境，缓和了阶级斗争，挽救和加强了美国的垄断资本主义制度。这种在坚持民主制度的前提下实现的国家垄断资本主义，既不同于列宁在世时所看到的国家垄断资本主义，也不同于当时在德、意、日等法西斯国家所出现的国家垄断资本主义。因此，先生称之为"新政"式国家垄断资本主义。②

从国际视野来说，先生研究"新政"不仅将其与德、意、日等法西斯国家的国家垄断资本主义相比较，而且注意它对资本主义世界民主国家的影响。他发现，法西斯国家的军事国家垄断资本主义其实就是列宁已预见到的具有垂死性的国家垄断资本主义，它一方面给劳动大众"造成军事苦役

① 刘绪贻：《罗斯福"新政"对延长垄断资本主义生命的作用》，《历史教学》1981 年第9 期。

② 参见刘绪贻、李存训《富兰克林·D. 罗斯福时代（1929—1945）》（《美国通史》第5 卷），人民出版社，2002。

营"，另一方面给银行家和资本家"建立起天堂"。罗斯福新政则在维护美国资本主义的存在和发展的同时，适当限制垄断资本，并照顾中、小资产阶级及劳动群众的利益，使美国逐渐走上了福利国家的道路。据先生研究，这种"新政"式国家垄断资本主义在当时就对加拿大、比利时和法国产生了一定的影响，并在战后为英国、西德和日本等主要资本主义国家所接受。于是，先生得出结论说，罗斯福新政"为整个资本主义世界摸索出一条延长垄断资本主义生命的唯一可行途径，即大力发展非法西斯式的、走所谓'福利国家'道路的国家垄断资本主义——罗斯福'新政'式的国家垄断资本主义"①。

在对罗斯福新政进行上述研究的过程中，先生以大量史料推翻了中国学术界长期以来关于罗斯福新政"完全代表着美国垄断资本的利益"，"摧残了人民民主权利"和"以彻底失败而告终"的种种教条主义的论断，为美国史和世界史研究进一步解放思想和冲破禁锢树立了榜样。后来，他还将自己关于"新政"式国家垄断资本主义的观点写进他担任分册主编的《美国通史》第五卷和第六卷，使之成为这两卷的指导思想，对整整一代学子的美国现代史观都产生了影响。

先生另一个勇于突破的领域是战后美国史。先生毅然决定接过编写《美国通史》第八卷即《战后美国史》的任务时，武汉大学只有一位老师与先生一起挑起这一重担。他在为《战后美国史》的编写确定指导思想后，很快就把这一工作与研究生培养紧密地结合起来，不仅要求两位研究生承担该书的主要撰写任务，而且指导大部分研究生将毕业论文选题定在战后时期的美国，从而使《战后美国史》的撰写能够建立在扎扎实实的研究基础之上，同时又使一批青年学子因为这种非同寻常的要求和训练而得以迅速成长。这是《战后美国史》在六卷本中得以最先完稿和出版的一个重要原因，也是先生在培养研究生上不愧为美国史研究一代宗师的明证。

在着手主编和撰写《战后美国史》的过程中，先生进一步完善了他有关"新政"式国家垄断资本主义的美国现代史观。他认为，"新政"体制在战后不仅得以巩固，而且有了新的发展。杜鲁门的"公平施政"显然是"新政"的继续。即便是共和党人的艾森豪威尔也不敢取消这些内容，而是采取了折中的态度。60 年代的肯尼迪政府和约翰逊政府两个民主党政府则

---

① 刘绪贻：《20 世纪 30 年代以来美国史论丛》，中国社会科学出版社，2001，第 222 页。

不仅继承了"新政"传统，而且通过"新边疆"和"伟大社会"的施政纲领，将"新政"式国家垄断资本主义的发展推进到了顶峰。不过，"新政"式国家垄断资本主义的发展虽然延长了资本主义的生命，而且使美国经济在战后长期保持繁荣，但它并没有解决资本主义的基本矛盾，最终导致"滞胀"新型危机出现，并因"大政府"、"高税收"和福利制度等方面的问题而在美国社会引起了相当大的不满。保守主义自 20 世纪 70 年代中期以来在美国的兴起，在一定程度上就是对"新政"式国家垄断资本主义困境所做出的反应。① 有学者曾经批评先生关于"新政"式国家垄断资本主义在战后得以继续发展的观点，说他"完全忽略了不同时期的背景和具体历史条件"②。其实，先生的高明之处正是他能洞察在不同时期的背景和具体历史条件下美国国家垄断资本主义在基本发展模式上的历史连续性。舍此，我们看到的就只会是历史的断层，而不是历史的长河。

先生在研究战后美国历史发展时还深感马克思主义经典作家有关阶级斗争的理论已难以解释美国及其他发达资本主义国家的劳资关系和社会矛盾，主要是因为它们已从一般垄断资本主义转变为国家垄断资本主义，工人阶级大多已成为中产阶级，资产阶级对工人也不再采用公开、无耻和直接的剥削方法，二者虽仍有矛盾和斗争，但已不再是你死我活的斗争，而是争取活得更好的斗争。这种斗争的目的不是推翻资产阶级的统治，而是改善无产阶级的地位。因此，阶级矛盾得以缓和，工人运动和社会主义运动都出现了低潮。③

先生在专注于美国史研究的同时，也十分关心世界史研究的发展。他不仅竭力主张在世界现代史研究中重视和加强对国家垄断资本主义阶段的研究，而且呼吁对东欧和苏联等社会主义国家的解体展开探讨。前一主张无须赘述，是他对美国"新政"式国家垄断资本主义进行的研究的自然延伸。后一主张则是他对社会主义未来高度关注的产物。先生不同意将这次失败仅仅归咎于戈尔巴乔夫的错误路线和西方国家的和平演变。他认为，前者是英雄史观，后者则忘记了外因只有通过内因才能起作用。在他看来，东欧剧变

---

① 参见刘绪贻、韩铁、李存训《战后美国史（1945—2000）》（《美国通史》第 6 卷），人民出版社，2002。

② 黄绍湘：《评"有关罗斯福'新政'的几个问题"——答刘绪贻同志》，《世界历史》1985 年第 8 期。

③ 参见刘绪贻《马克思主义的阶级斗争原理需要发展》，《社会科学》1986 年第 8 期。

和苏联解体主要原因的内因，就是这些国家在很长一个历史时期内有很多方面只有社会主义之名，而无社会主义之实。先生说，他之所以呼吁把 20 世纪末社会主义与资本主义的这次较量作为世界史的重大研究课题加以探讨，就是因为它关系到 21 世纪人类社会的发展方向。[①] 在先生这些思想活跃、富有新意、气势纵横的学术著述里，知识分子心系社会、胸怀天下的执着之情，常常跃然纸上，使人为之动容。

二

先生从来就不是一个只顾自己做学问的人，他在美国史领域的建树也远远超出他个人的学术研究和大量著述。事实上，先生对中国美国史学科的建设有强烈的责任感。他在与学科发展密切相关的一系列工作，诸如建立中国美国史研究会、组织多卷本《美国通史》的编写和扩大对外学术交流上，不辞劳苦，呕心沥血，运筹帷幄，以其卓越的领导和组织才能，做出了巨大的贡献。因此，称先生为中国美国史学科建设的主要奠基人之一，是一点也不过分的。

改革开放后的中国，百废待兴。1978 年夏在天津召开的全国史学规划座谈会就美国史学科建设提出建议：由武汉大学和南开大学牵头组织成立中国美国史研究会和编写美国史。同年 10 月，中国社会科学院世界经济研究所副所长罗元铮在武汉出席美国经济研究会会议时，代表中国社会科学院提出全国一盘棋建立外国问题研究中心的设想，主张在武汉建立美国和加拿大研究中心。先生最初觉得武汉大学的条件有限，难以承担如此重的任务，没有马上响应。是年 12 月，中国社会科学院世界历史研究所党委副书记冯修蕙等领导专门到武汉大学，力促武汉大学挑起这个担子，并要求在全国社会科学规划会议之前，即 1979 年 2 月，召开中国美国史研究会筹备会议。先生虽然依旧觉得武汉大学条件不如南开大学，但考虑到全国一盘棋的部署和加强我国美国史研究的需要，他感到武汉大学义不容辞，应该为大家服务，做些组织、联络和协调工作。更重要的是，先生希望中国美国史研究会的组建能有助于国人全面、正确地认识美国，推动我国刚刚开始举步的改革开放。他还期望在组建研究会时尽可能摆脱

---

① 　参见刘绪贻《20 世纪世界史中亟待进一步研究的重大课题》，《太平洋学报》2000 年第 3 期。

"左"倾教条主义的束缚，使之成为一个学术性社会组织。这样一来，先生就不只是"受命"，而是满怀理想地投入牵头筹建中国美国史研究会的工作中。

先生在接受筹建中国美国史研究会的任务后，立即与南开大学美国史研究室联系，就筹备会议和成立大会的有关问题交换意见，达成共识。1979年4月21日至26日，中国美国史研究会筹备会议在武汉大学召开。1979年11月26日至12月6日，湖北省世界史学术交流会暨世界现代史研究会和中国美国史研究会成立大会在武昌洪山宾馆举行。中国美国史研究会于11月29日正式成立。作为两次会议的发起者和东道主单位武汉大学美国史研究方面的负责人，先生为会议的成功召开做了大量组织工作，在会上当选为中国美国史研究会理事，并在第一次理事会会议上当选为副理事长，兼任秘书处秘书长。中国美国史研究会的秘书处也因此设在武汉大学美国史研究室。在1979~1986年由先生担任第一届秘书长期间，中国美国史研究会的工作很快就步入正轨，成绩斐然，为后继者树立了一个很好的榜样。研究会不定期印发《美国史研究通讯》，组织出版了八种美国史参考资料，商请北京三联书店和天津人民出版社出版了两本《美国史论文集》和一本《美国史论文选》，自己出版发行了数期《美国史译丛》。从成立到1983年12月4年的时间里，会员人数从76人发展到250人，全国除云南省、宁夏回族自治区两地外，各省、自治区、直辖市均有中国美国史研究会会员。1979年第一届年会只收到34篇论文，内容全部限于二战前的美国史，到1984年第四届年会时，会议收到论文107篇，其中19篇是关于二战之后美国史的研究成果。在当时挂靠世界历史研究所的十几个兄弟研究会中，中国美国史研究会被公认为是比较有生命力和凝聚力的一个。

在中国美国史研究会筹备会议在武汉大学召开期间，编写多卷本《美国通史》一事被提上议事日程。与会者一致认为，当时中国还没有能帮助国人科学、深入和全面了解美国历史发展与现状的美国通史，也没有哪个学术机构可以单独承担编写任务，因此决定采取联合攻关的方式，由即将成立的中国美国史研究会组织北京大学、南开大学、吉林师范大学（今天的东北师范大学）、四川大学、武汉大学、南京大学的有关部门负责编写一套六卷本《美国通史》。会议还决定由南开大学杨生茂教授和武汉大学刘绪贻教授担任全书总主编，杨先生负责前三卷，刘先生负责后三卷，人民出版社资深编辑邓蜀生先生担任责任编辑。在中国美国史研究会成立大会上，与会者经过反复讨论拟定《美国通史编写计划》，主张解放思想，实事求是，坚持历史科学的系统性和完整性，全面论述美国历史，还要冲破第二次世界大战后的"禁区"，一直写到接近书出版的年代。当时各国别史研究会大都也在筹划编写所研究国家的历史，可是只有中国美国史研究会正在组织编写的六卷本《美国通史》，在1983年元月被中国世界史规划小组提出将之列入"六五"期间国家哲学社会科学重点研究项目。在各卷负责人按杨、刘两位总主编要求写出编写计划后，刘先生将其综合写成《中华人民共和国哲学社会科学重点研究项目议定书（初稿）》。经同年5月在长沙举行的世界史规划会议审查通过，六卷本《美国通史》正式成为"六五"计划国家哲学社会科学重点研究项目。

作为国家重点研究项目的负责人，刘先生和杨先生两位总主编都觉得责任重大。为了保证编写质量，他们在1983年6月上旬邀请各分卷主编和全书责任编辑在北京大学举行了一次小型会议。由于杨先生因病未能出席，刘先生主持了这次会议，就全书和各卷指导思想、详细提纲、编写体例以及各卷衔接问题进行了深入讨论，制定出《关于编写〈美国通史〉（六卷本）的几点讨论意见》和《〈美国通史〉（六卷本）体例说明（修订稿）》。到1985年，刘先生和杨先生对已完成部分和样章进行严格审查后，发现仍有问题需要解决，乃会同责任编辑邓蜀生先生致函各分卷主编，要求对指导思想、内容和质量再进行一次彻底检查，在体例上做到规范和统一，并注意文字的逻辑性、科学性和风格的统一，杜绝硬伤。

在先生担任主编并亲自参与撰写的第六卷《战后美国史（1945—1986）》于1989年率先出版后，第三卷、第二卷和先生有关罗斯福新政的力作第五卷也在1990～1994年先后出版。第一卷和第四卷则由于种种原因陷入难产的境地，在责任编辑和两位总主编提出的最后期限到来之时也未能交稿。杨、刘两位先生不得不走马换将。第一卷由杨先生举荐的南开大学后起之秀李剑鸣承担，第四卷则在刘先生多方联系之后由余志森教授负责。2000年，这两卷书先后交稿，并于翌年同时出版。"美国通史丛书"六卷本终于全部出齐，总字数约300万，超过原计划近一倍。2002年，"美国通史丛书"改名为《美国通史》后再版。在正式出版之前，刘先生应人民出版社之约将第六卷一直补写到2000年，成为增订本。《美国通史》六卷本自1989年出版第一本以来颇受好评，多次获奖。2005年，中国出版集团将六卷本《美国通史》收入其发起的"中国文库"出版工程，出版了这套书的第三版，并为其颁发首届"中国出版集团图书奖"。《美国通史》和收入"中国文库"的其他著作一起，被视为"20 世纪以来我国出版的哲学社会科学研究、文学艺术创作、科学文化普及等方面的优秀著作和译著"，其"对我国百余年来的政治、经济、文化和社会的发展产生过重大积极的影响，至今仍具有重要价值，是中国读者必读、必备的经典性、工具性名著"。[①]

先生不仅在中国美国史研究会的组建和发展、《美国通史》六卷本的编写方面发挥了卓越的领导作用，与许多史学界同仁一起努力摆脱"左"倾教条主义的干扰，使中国的美国史研究出现了百花齐放、百家争鸣的大好局面，而且在促进中国美国史学界的对外交流方面也做了许多扎扎实实的工作。在中国美国史研究会筹备和组建时期，先生即与美国两个最大的历史组织取得联系。他首先通过到访武汉大学的美籍华裔学者肖亮林与美国历史学家组织沟通，在 1979 年 8 月 1 日收到该组织秘书理查德·柯肯德尔的来信，信中表示愿与中国的美国史学术界进行学术交流。先生又致信美国历史学家组织当选主席威廉·阿普曼·威廉斯，后收到在任主席尤金·吉诺维斯的复函。吉诺维斯在复函中表示愿意与中国学术界取得联系，帮助我们获取美国史图书资料，并邀请我国美国史学者加入他们的组织。是年 11 月，先生陪同美国历史协会主席约翰·霍普·富兰克林在武汉访问讲学，邀请他在中国美国史研究会成立大会上发言。富兰克林教授除对即将召开的大会表示祝贺以外，还提出要帮助研究会获取图书资料，邀请研究会学者参加美国历史协会的活动。遗憾的是，后来经北京大学齐文颖教授与美国驻华大使馆联系，让富兰克林教授亲临中国美国史研究会成立大会致贺词的安排，由于极左思潮的干扰未能实现，只好改为书面致辞。

1983 年，美国著名历史学家、威斯康星大学（麦迪逊分校）美国史和美国制度讲座教授斯坦利·柯特勒计划在意大利贝拉焦半岛的洛克菲勒研究与会议中心举行一次题为"外国人看美国史"的国际会议，致信中国美国史研究会黄绍湘理事长，邀请包括刘先生在内的三位著名中国学者参加。由于黄先生拒绝参加，柯特勒又专门致信他在 1982 年访问武汉大学时就已见过并留下深刻印象的刘先生，诚恳而迫切地希望先生能接受邀请。其实，先生早就认为，知识分子有责任通过各种途径来创造和加强"'和而不同'的

---

① 刘绪贻、杨生茂主编《美国通史》（第一卷），人民出版社，2005，"中国文库"出版前言。

各色国际交流环境和机制",以促进人类社会的进步。他觉得贝拉焦会议就是这样一种"和而不同"的国际交流机制。于是,先生愉快地接受了邀请,并应柯特勒教授之约向1984年6月召开的会议提交了一篇用马克思主义观点撰写的美国史论文。当与会的西方学者在会议期间对这篇马克思主义论文态度冷淡时,先生除了解释自己当时仍然相信非教条主义的马克思主义的原因以外,还在大会发言时告诫与会者:"从历史学家对人类前途的责任来考虑,从马列主义产生以来对世界历史的影响来考虑,大家这样不关心马列主义,是很不应该的,也是不利于我们之间的交流与了解的。我认为,这是我们这次会议的美中不足。"① 结果,参加会议的各国学者对先生的发言报以热烈的掌声,并向他表示祝贺,说他的发言很有使命感,很为人类前途着想。柯特勒教授更是认为先生为会议做出了重要贡献,他也得到了一位有志于创造"和而不同"国际交流机制的知音,后来常常亲热地称先生为"老刘"。

贝拉焦会议后,柯特勒教授提名刘先生为"美国与中国学术交流委员会"的"杰出交换学者项目"的中国方面候选人,并得到了该委员会的批准。于是,先生在"美国与中国学术交流委员会"的资助下,从1984年11月1日起在美国进行了为期两个月的讲学、访友和研究活动,先后访问了亚洲基金会、威斯康星大学、杜克大学、北卡罗来纳大学、美国人文科学研究中心、弗吉尼亚理工大学、纽约市立大学、《每月评论》杂志社和母校芝加哥大学。先生会见的美国著名学者除在武汉接待过的柯特勒和约翰·霍普·富兰克林以外,还有著名"新左派"史学家尤金·吉诺维斯夫妇、以研究"新政"而著称的威廉·洛克滕堡、美籍华人史学家汪荣祖、美国史学界重要人物小阿瑟·施莱辛格、美国各学术团体理事会主席约翰·威廉·沃德、纽约人文科学研究所威廉·泰勒、著名劳工史学家赫伯特·格特曼、著名马克思主义经济学家保罗·斯威齐及其同僚哈里·马格多夫、研究"重建"时期的权威学者艾里克·方纳、著名外交史学家入江昭、美籍华人学者邹谠、时任美国历史协会主席的阿瑟·林克等。先生除在有关学校讲学和从事研究外,还参加了美国历史协会1984年年会。在纽约期间,美国各学术团体理事会主席约翰

---

① 刘绪贻口述,赵晓悦整理《和而不同——我与美国著名史学家柯特勒的交往》,《史学月刊》2011年第3期。

·威廉·沃德专门设晚宴宴请先生，讨论美方如何较大规模援助中国的美国史研究的问题。著名劳工史学家赫伯特·格特曼在席间建议，资助正在撰写《美国通史》六卷本的主编和主要作者访问美国，由美方邀请一批史学家提供咨询意见，并帮助补充资料。第二天，约翰·威廉·沃德在与先生单独会晤时告知，他们酝酿筹集 50 万美元，帮助中国建立 6个美国史图书馆，为中国学者和研究生访美提供奖学金。不幸的是约翰·威廉·沃德和赫伯特·格特曼在翌年先后谢世。然而，先生此次访美，与背景各异的美国知名学者就有关美国历史和社会的诸多问题交换了意见，从中受益良多，并向美国学术界介绍了中国学者在美国史研究方面所取得的进展，扩大了中国美国史学术界的影响。先生坚信，和而不同，广泛交流，取长补短，是学术繁荣的必山之路，也是人类社会的希望所在。

三

作为一个社会学家出身的历史学家，先生比一般历史学家更关心他自己所处时代的人类社会，尤其是他的祖国，这个人口约占全世界五分之一的泱泱大国。其实，早在青年时期，先生就在不断思考，近代积贫积弱的中国为什么难以迈出工业化、现代化的步伐，中华民族为什么无力自立于世界民族之林。因此，探索中国工业化、现代化的道路，研究鸦片战争以来中国的志士仁人前仆后继力图实现工业化、现代化失败的原因，便成了先生当时知识活动的主流。他在美国芝加哥大学学习社会学时撰写的硕士学位论文就是为了探本溯源，寻求这个问题的历史、文化原因。先生通过对两千多年来抵制社会变革的既得利益阶层的研究得出结论：中国之所以在工业化、现代化进程上远远落后于西方，是和两千多年来儒学在中国的统治分不开的。他发现，从西汉开始，中国的皇室和儒生阶层从儒学中获得深厚的既得利益。"为了保证和扩大他们的既得利益，也是从汉代起，皇家和儒生阶层就相互合作以抑制和镇压其他学说和社会团体，如工商业者、游侠等，使中国社会永远处于一种靠皇权和宗法制度维持秩序的小农经济。"先生认为，这种因儒学而形成的"统治阶级各组成部分既得利益一致的社会分层模式，使得统治阶级既得利益成为一种非常强大的、抵制社会变革的力量。……这就是儒学在中国统治 2000 年的主要原因，也是中国社会难以过渡到资本主义社会的极其重要的原因"①。民国以来，皇室与儒生阶层虽已不复存在，但儒学在中国的影响仍然根深蒂固。因此，先生在1947年自美国学成归来后到1949年初，发表了30多篇文章，大多是源于他对中国儒学统治的社会学研究，批判当时深受儒家思想影响的各种社会现象。其中一篇对儒家思想影响下的"民本"概念进行了批判，认为"民本"不能代替"民主"，鞭辟入里。②

当中华人民共和国在经历了几十年的曲折之后终于走上以现代化为目标的改革开放之路时，先生的喜悦之情自然溢于言表。他衷心地希望，他在1949年之后被迫放弃的社会学研究，不仅能走出被打入多年的"冷宫"，而且可以为中国的现代化服务。因此，尽管先生当时主要从事美国史研究，他还是以一个念念不忘社会现实的老社会学家的情怀，积极推动社会学的复兴，尤其是倡导进行改革开放的社会学研究，以探讨改革开放导致的社会变迁及其发展规律。先生在1997年主编出版了《改革开放的社会学研究》，并专门撰文指出，改革开放必须以坚持发展生产力为主导，重视社会的全面发展，实施可持续发展战略，选择正确的经济发展方式，以及与全球化进程接轨等。③ 他还为改革开放社会学拟出了十分系统而又相当具体的研究课题。

正是由于先生对改革开放的这种深切关注，他对任何阻挡中国现代化进程的障碍都格外警惕。世纪之交，先生痛感虽然中国在经济增长方面取得了长足的进步，但仍有令人担忧之处。邓小平在改革开放之初就提出过"肃清思想政治方面的封建主义残余影响"。然而，作为封建主义理论基础的儒学，竟然以新儒学的名义卷土重来，极大地助长了我国社会上封建主义残余影响的气焰。面对这一切，从青年时期就对中国的儒学统治持批判态度的先生觉得自己再也不能沉默下去了，遂于2001年开始在《长江日报》《学术界》等报纸杂志上发表多篇文章，对新儒学提出尖锐的批评，呼吁继续肃

---

① 刘绪贻：《出版说明——为什么要出版这本半世纪前写的小书》，刘绪贻英文原著《中国的儒学统治：既得利益抵制社会变革的典型事例》，叶巍、王进译，中国人民大学出版社，2006，第1～3页。

② 参见刘绪贻《人民自己作主人才是真正的民主——论"民本"不是"民主"》，上海《时与文》第3卷第20期，1948年9月3日。

③ 参见刘绪贻主编《改革开放的社会学研究》，武汉大学出版社，1997；刘绪贻《当前中国社会发展必须遵循的几条规律》，《中南民族学院学报》（哲学社会科学版）1999年第1期。

清封建主义残余影响。①

2006 年，中国人民大学出版社出版了先生早年在芝加哥大学撰写的硕士学位论文的中译本《中国的儒学统治：既得利益抵制社会变革的典型事例》。先生在给该书写的出版说明中回顾了新儒学经历的三个发展阶段，以其深厚的哲学理论功底驳斥了新儒学关于儒学可以开发出科学与民主的"返本开新"之说，同时又以其对世界资本主义发展史的透彻了解，指出了新儒家关于"儒家资本主义"的论断的空泛乏实之处。先生倍感忧虑地指出："从 1840 年起，160 余年苦痛的历史告诉我们：儒家文化一而再再而三地证明，它是妨碍现代化的重大阻力，它使中华民族在世界现代化的浪潮中，丧失了自立于世界民族之林的能力，陷入半殖民地半封建社会的屈辱处境。……难道我们能不担心，在以电子信息技术为核心的高科技推动的日益加强的全球化进程中，它不会使中国失去竞争力，再次沦为半殖民地半封建社会吗？"显然，先生并不是全盘否定儒学，而是反对其三纲六纪、君君臣臣父父子子的纲领，反对所谓的"政治儒学"，一句话，反对儒学的糟粕而不是精华。先生最不能容忍的，乃是有人利用儒学糟粕试图阻挡中国走向现代化。这就是他不顾自己年事已高仍要拍案而起的原因。

他在《同舟共进》2011 年第 4 期发表的《再论把"民主"和"民本"区分开来》一文中，言之凿凿地剖析了自先秦以来集中体现于儒家经典中的民本思想，指出其宗旨乃是"得其民，斯得天下矣"。依照这种理念，得天下的统治者永远高于人民，可以为民做主，而不能以民为主，不过在为民做主时要以民为本，否则就有可能引起人民的不满和反抗，难以长治久安。先生认为，这种"民本思想是封建时代、君主专制时代的产物，是为专制政体服务的"，而"民主思想则与此完全不同。民主思想是从人民的立场出发的"。② 他高兴地看到，中共十六大报告已经明确指出："发展社会主义民主政治，最根本的是要把坚持党的领导、人民当家作主和依法治国有机统一起来。"先生认为："这里第一次公开地、正式地把'人民当家作主'作为'发展社会主义民主'的必要条件之一提出来，是改革开放二十余年来探索

---

① 参见刘绪贻《解放思想是一个长期而艰巨的任务》，《长江日报》2001 年 9 月 26 日，第 13 版；刘绪贻《继续肃清封建主义残余影响》，《长江日报》2002 年 12 月 31 日，第 14 版；刘绪贻《现代新儒学评介——〈现代新儒学与中国现代化〉等读后》，《学术界》2002 年第 6 期。

② 刘绪贻：《再论把"民主"与"民本"区分开来》，《同舟共进》2011 年第 4 期。

的结果。"① 先生在呼吁社会主义民主的同时，力主推进社会主义法治国家的建设。先生在完成《美国通史》六卷本的主编和撰写工作后，不仅将自己关注的重点转向了批判儒学糟粕和呼吁社会主义民主，而且对中西法治观和法治体制展开了比较研究。他撰文指出了继承西方法治传统的现代法治观及法治体制和中国传统的法治观及法治体制的三大区别，"殷切希望能把我国真正建成为一个法治的、能保证国家长治久安的社会主义法治国家"②。

先生在他写的《应尊重马克思主义创建者的看法》一文中指出："马克思主义本来就是发展的科学，它认为自然界、社会和人的思想始终处在不断的运动、变化、发展之中，世界上根本就没有永远不变的真理。……时代变了，它的某些内容可能就不正确，需要发展，需要改变。"③ 如果我们把马克思列宁主义当作一种完美无缺和一成不变的教条来统一思想，那正是其创建者不希望发生的事情。

纵览先生改革开放以来在治学和推动中国现代化方面的努力，其眼界之开阔、目光之长远、感觉之敏锐、胆略之超凡、言论之精辟、用心之良苦，常使我等做学生的汗颜。

我们可以毫不夸张地说，先生不仅学问精湛、著作等身，而且在道德情操上可谓高风亮节，甚至在耄耋之年还在为推动中国的民主和法治建设竭尽心力，秉笔直书，既有剑指禁区之勇，又有啸吟天下之壮心和道义豪情。

如今，先生虽已期颐之年在望，却无丝毫闲云野鹤之意，仍在电脑前继续敲打着键盘，让他那充满理想、道义和激情的文章如清澈的泉水，去浇灌和滋润一代又一代年轻人的心田，因为那里就是他的希望所在，也是中华民族和人类社会的希望所在。

---

① 刘绪贻：《再论把"民主"与"民本"区分开来》，《同舟共进》2011 年第 4 期。

② 刘绪贻：《中西法治观和法治体制比较及意义》，《社会科学论坛》2005 年第 9 期。

③ 刘绪贻：《应尊重马克思主义创建者的看法》，《领导者》2009 年第 6 期。

永远的导师

——贺刘绪贻先生百岁华诞

徐以骅

屈指算来，我离开武汉大学已逾四分之一个世纪，关于母校的记忆已在渐次消退。适逢恩师刘绪贻先生百岁寿辰，赶紧打开尘封的记忆，回到那常常念叨的珞珈山。"50后"的我们，如果双亲和恩师都还健在，那真是人生的幸事。

我是1982年春到武汉大学历史系师从刘绪贻先生专修美国史的。我15岁从上海赴贵州，先后种过田、养过猪、当过工人，共七年有半，1977年参加"文革"后第一次全国高考，被贵阳师范学院历史系录取。记得当时所报三个志愿分别是武汉大学图书馆系、复旦大学历史系和复旦大学中文系。后来分别在此两所当时心向神往的大学就学和任教，颇有些梦想成真的喜悦。

记得1981年参加研究生统考时，试卷中有一道题是批判"人都是自私的"，此"人皆自私论"出于《中国青年》在此前不久所发表的署名"潘晓"的题为《人生的路呵，怎么越走越窄》的读者来信所引发的关于人生观的讨论。这场讨论被称为"一代中国青年的思想初恋"，在一些具有"思想分量"的讨论文章中就有现已是武汉大学哲学学院名教授的赵林的《只有自我才是绝对的》一文。赵林也参加了与我同一年的研究生统考，并且要回答在某种程度上批判自己言论的考题，十分有趣。

也许还是自我批判最能到位，尽管研读史学非其所愿，当年考研报考哲学专业的赵林最后还是被母校武汉大学历史系美国史专业录取。同时被录取的"刘门弟子"还有武汉大学英文系和历史系的应届高才生李洪山和何宏非。洪山在结束研究生学业后便去美国留学，目前已是美国肯特州立大学的资深教授。1970 年 5 月该大学曾发生学生因抗议越战示威而遭国民警卫队枪杀的轰动全美的惨案，而洪山在武汉大学所作的硕士学位论文探讨的正是尼克松政府的国内政策。宏非毕业留校，后去哈佛燕京学社深造，目前在美经商。我们四人入学时，在校的"刘门"前期学生有韩铁、王受之、郭晓原、张大化四人。

是时武汉大学的美国史研究在刘绪贻先生的领导下正处于"巅峰期的起飞阶段"，研究阵容相当齐整。当时历史系美国史研究室的元老级教授除刘绪贻先生外，还有研究美国政治制度史的曹绍濂先生，而中青年学者则有李世洞、李存训、李世雅、王锦瑭以及钟文范先生等。资料员则是华中师范大学著名古代文献史专家张舜徽先生的女公子张平。我们在读期间，复旦大学国际政治系陈其人先生的高足谭君久以及师兄韩铁也加盟美国史研究室。当时在国内美国史研究领域，中国社会科学院的黄绍湘先生、武汉大学的刘绪贻先生、南开大学的杨生茂先生和东北师范大学的丁则民先生并称"四老"，但就机构影响力而言，武汉大学历史系美国史研究室和南开大学历史系美国史研究室显然是南北对峙的双峰。武汉大学美国史研究还在客观上得到当时由吴于廑先生坐镇的世界史研究的呼应。吴先生的公子吴遇也是我们同届世界史专业的研究生，视野开阔，颇得家传，毕业后赴美国留学攻读博士学位，但学成后并未能从教，殊为可惜。

记得当年武汉大学美国史研究室开设的研究生课程中有许多是小课，听课的通常只有我们新入学的 4 位学生。上述诸位先生给我们开的就是这种"小灶"，地点就在美国史研究室唯一的一间有三四张办公桌的办公室内，隔壁则是资料室，那里保存了不少黑人民权运动的资料，而这是此前武汉大学美国史研究室研究的重点。曹先生当时年事已高，且行走不便，所以我们去他家上课，坐小板凳，把大板凳当桌子，分了四摊。开设小课的好处自然是有助于师生间互动，可随时提问，随时答疑，随时讨论，可惜当时我对美国史所知甚少，并不能发表什么像样的意见。

武汉大学美国史研究的从无到有、筚路蓝缕的发展历程，上述诸位师长比我更清楚，恩师更是以他录像机般的记忆，在其回忆录和回忆文章中对此做了详尽生动的描述。因此我这里只是谈一些个人的肤浅观察，并从学生的视角来介绍在此"起飞阶段"恩师治学和组织学术研究工作的特点。

首先，当年刘先生和他所领导的美国史研究室非常重视美国史基础教学，要求研究生仔细研读美国史学史和美国通史论著。由于当时国内有关研究资料相当匮乏，我们所读的美国史学史论著竟然是苏联学者著作的中译本，书名已不记得；而美国通史著作除读了黄绍湘先生当时已出版的《美国早期发展史（1492—1823）》《美国通史简编》外，其余便是已译成中文的苏联学者的美国史著，如谢沃斯季扬诺夫主编的《美国现代史纲》（上下册），还读过美国共产党创建人威廉·泽布朗·福斯特的《美洲政治史纲》（亦为中译本）。英文史著则主要读塞缪尔·埃利奥特·莫里森等所著的《美利坚共和国的成长》（*The Growth of the American Republic*），当时尚未被南开大学美国史研究室诸位先生全部译成中文。记得为督促我们认真研读美国通史，刘先生还专设了有点类似现在的资格考试制度，把美国通史科目的考试作为学生研读美国史的基本门槛。现在我对中西历史的许多史实经常需要查阅有关资料才有把握，而对美国史仍有较强记忆，当年的严格训练显然是原因之一。业内人士皆知刘先生与黄绍湘先生的学术笔仗，但刘先生对黄先生始终敬重有加，反复叮嘱我们要仔细研读黄先生的美国史论著。

其次，为弥补国内美国通史尤其是美国现当代史资料的不足，并开拓新的研究领域，刘先生组织武汉大学美国史研究团队翻译了美国著名史学家阿瑟·林克及威廉·卡顿所著的《一九〇〇年以来的美国史》（全三册）。该书1983年6月出版时我已入武汉大学，当年的定价虽只有5.20元，但该书的出版却使当时的国内学人对20世纪初以来的美国史有了系统的且在立论和史料上完全有别于国内流行美国史著的了解，促进了国内美国现当代史整体研究水准的提升。刘先生和武汉大学美国史研究团队后来所撰写的一系列论著，都把该书作为一部重要的参考书。西洋学术著作中译本的数量和水准与某一学科在国内的发展有莫大的关系，甚至可以说是该学科发展的重要前提，这在发端于西方的一些重要学科如国际关系学中几乎是通例，不少译者也因此成为这些学科有关领域的专家，这种现象可称为"译而优则学"。当时国内美国史研究的重镇武汉大学和南开大学均重视美国史著的翻译，形成了美国近代史著和现当代史著翻译的分工，而且因有学通中西的几位老先生把关，翻译质量均属上乘。这种学术论著翻译机制的建立，为后来国内美国史研究的发展奠定了基础。

再次，与国内美国史研究的其他开拓者黄绍湘、杨生茂、丁则民先生等不同，刘先生在美留学期间专攻社会学，后虽由于种种原因转入历史研究，但他的跨学科背景和学养却使他在美国史研究领域独树一帜。刘先生极有远见地把对经济学理论尤其是对凯恩斯主义的研究引入他对罗斯福新政以及美国当代史的研究，并把他"'新政'式国家垄断资本主义"的史学观点建立在对马克思主义和当代西方经济学理论的深入分析之上。我们在校期间，他就亲自联系让我们选修武汉大学经济系出身哈佛大学的名教授刘涤源先生和谭崇台先生的课程，后来还专门邀请刘涤源先生担任我们硕士学位论文的答辩委员会主席，我等能获中国经济学理论界泰斗级人物的耳提面命，终身受益。跨学科甚至后学科研究是目前所有社会科学和人文科学研究的题中应有之义，但当时在国内却属全新研究思路。因此刘先生不但在理论探索上勇于创新，而且在研究方法上也开风气之先。

最后，刘先生是国内最早打破美国史学研究在时间上不越罗斯福新政的潜规则的学者之一，并且组织了研究团队专事罗斯福新政以来美国历届政府内外政策（主要是内政政策）的研究。在这一团队中，刘先生除总揽全局外，专门研究罗斯福新政，李存训先生研究杜鲁门的"公平施政"，韩铁师兄研究艾森豪威尔的"现代共和党主义"，何宏非研究肯尼迪的"新边疆"，我研究约翰逊的"伟大社会"，李洪山研究尼克松的"新联邦主义"。刘先生本人还对从尼克松政府到里根政府的美国历届政府做了深入研究，他对后来的其他研究人员和研究生也有类似的安排。因此刘先生所率领的团队除完成《富兰克林·D. 罗斯福时代（1929—1945）》以及《战后美国史（1945—2000）》等重要研究成果外，还撰写出版了《当代美国总统与社会——现代美国社会发展简史》（湖北人民出版社，1987）一书，填补了当时国内美国史研究的空白。韩铁师兄所撰《艾森豪威尔的现代共和党主义》一书，也被纳入刘先生主编的美国现代史研究丛书出版。由于各种原因该丛书在出版三辑后停刊，否则可以想见，在刘先生的组织下，会有关于包括罗斯福新政以来历届美国政府国内政策的研究专辑陆续出版。现在来看，以总统任期作为划分美国现代政治史或国内政策史的依据显得不尽合理，但当时这却是组织团队进行学术攻关的最好方式，并且在某种程度上还预示了国内社会科学研究的发展趋势。我个人认为这种学术团队集体攻关的做法也是武汉大学美国史研究成绩突出的原因之一。

在武汉大学求学期间，自然少不了受到刘先生的"三批"（批评、批语和批改），但却从未受过刘先生的当面"训斥"。记得有一次协助李存训老师编写《美国史研究通讯》，因我的译稿中有错别字，刘先生批评李老师把关不严，对我却未置一词，但这种间接打板子的做法真是"此时无声胜有声"。在校期间我也曾多次陪同刘先生接待美国学者，当年随刘先生陪美国左翼史学家杰克·方纳（Jack Foner, 1910－1999）参观黄鹤楼的景象至今仍历历在目。

1985年2月我从武汉大学毕业后到复旦大学国际政治系以及美国研究中心任教至今，其间曾负笈美国，加上开始从事中国基督教会史、美国宗教以及宗教与国际关系的研究，在学术道路上与恩师"渐行渐远"，少有交集，但平时函件（以及电子邮件）往来倒是不少，给恩师电话拜年或问候更是逢年过节的头一件事。近年来恩师听力不佳，所以也改成通过电子邮件拜年了。2008年从南开大学杨令侠教授处得知中国美国史研究会第十二届年会暨学术讨论会将于当年5月在母校举行，其中一项活动就是庆祝恩师95岁华诞，即决定报名参加，在会上除见过恩师外，还遇见阔别多年的李存训、王锦瑭等师长，共同回忆起武汉大学美国史研究"往日的好时光"和刘门弟子的离散飘零，唏嘘不已。还活跃在国内学界的韩铁师兄因病在武汉大学其父（国际法泰斗韩德培先生）家中休养，赵林正在湖南岳麓书院讲演。是时离恩师带我们参加1982年在苏州召开的中国美国史研究会第三届年会也已相隔整整26年，记得当时还与南开大学张友伦先生的研究生倪亭合写了年会报道刊于《历史教学》。参加当年苏州年会的青年才俊有刚从南京大学毕业留校任教的时殷弘以及在东北师范大学丁则民先生门下攻读硕士研究生的黄仁伟，他们现已是国内顶级的国际问题专家。事实上当时国内正趋热的国际关系学对美国史研究造成了人才分流和竞争的影响，对当年国内美国史研究三足鼎立的重镇——南开大学、武汉大学、东北师范大学都形成了一定的冲击。

恩师在2008年中国美国史研究会第十二届年会和95岁华诞的庆典上应接不暇，我不便打扰，所以未登师门便打道回府。同年8月，因赴同城华中师范大学章开沅先生和刘家峰教授组织的基督教史讲习班授课，得空再访恩师。时值盛夏，恩师汗流浃背仍摇着蒲扇在辛勤写作（不用空调，因老人不宜在空调房久待），并对我说因年事已高，他已把每天工作的时间从8小时压缩至6小时，实在令我等每天工作不足6小时的弟子无地自容。现在，武汉大学美国史研究也许已盛况难再，但恩师仍在继续着他辉煌的学术生涯，而他在我们学生心目中的崇高地位更是永难撼动。

长女心目中的父亲

刘　东

从小对父亲的感觉我真有些说不清楚，说怕他吧，也怕，他总是表情严肃，说一不二，让我不敢反抗他；说不怕他吧，也不怕，他有时又很随和，还常和我们子女开玩笑，和我们一起唱歌，带我们爬山，采蘑菇，挖地菜，俨然一个和蔼又可亲的老爸。

他是位学者，治学严谨，一生忧国忧民，整日地忙碌于他的事业，看似好像完全不关心我们的成长，可常常令我感到惊讶的是，我所经历的事他都清清楚楚地铭记于心。大至我的学习和事业，小至参加合唱团，报考歌舞剧院，甚至我中小学时好友的名字，他都能张口就来。这简直让我感叹不止。

往往看电视剧见到十七八岁的女儿扑到父亲身上撒娇，走在街上看到父女手挽手散步的情景，我都不太相信这是现实。这在我和父亲之间是绝对不可能的。我羡不羡慕那些女孩子？当然羡慕，甚至嫉妒！我常想，为什么我就没有这样一个可以向之撒娇的父亲呢？他为什么总是那么严肃，那么不容人亲近呢？说他不爱我吧，我不相信；说他爱我吧，可我又看不到他对我直接的疼惜和慈父般的爱。但在日常的生活中，有时我又隐隐约约地感受到他在静悄悄地关注和不动声色地爱护着我。

有些事情，我是铭记在心的。

1947 年，父亲留学回国，那时我才 5 岁。一天我正上着课，有人把我喊出教室，一辆车子停在校门口，一个大人把我抱上车，经过解释，我才知道，原来这是刚从美国回来的父亲来接我了。我两岁时父亲就去了美国，自然对他没什么印象，现在看到了自己的父亲，那高兴劲儿就甭提了。从那以后他就常带我去珞珈山，与他的那些刚从美国留学归国的博士、硕士同学一起玩，那都是一些少壮派，都还没有结婚，我就成了他们中间的宝贝。他们都很喜欢我，常逗我玩，给我好东西吃。他们还总要我给他们表演节目，我很大方，高高兴兴地给他们唱歌、跳舞。那段时间是我非常快乐无忧的日子。

以后我和母亲、弟弟也住进了珞珈山，再以后弟弟妹妹陆续出生。父亲那时在武汉市总工会工作，一周回来一次，他回来时我们非常兴奋。他为了锻炼我们的勇敢精神，总带我们爬山，特别是东湖边，那里有一段陡壁，有20多米高，笔直笔直的，要说攀岩，我们从小就领略过了。我们几个孩子在父亲的保护下，毫无畏惧，虽然年龄小，个子也小，可我们觉得这是一种乐趣，每当我们战胜了困难，爬到山顶后，一种胜利的喜悦会充斥全身，分外快乐。山上有各种野果，枇杷、桃了、小苹果、山里红、小红果、桑葚、拐枣……好吃极了。父亲还带我们到山上去采蘑菇，那满山的蘑菇，采也采不完。父亲很会识别蘑菇，我非常佩服他，哪些有毒，哪些无毒，认不准的都要去请教他，只有这样我才放心。还有地菜，用来包饺子、摊鸡蛋饼，都很好吃。春天一来，我们就在父亲的率领下到校园湖边挖地菜，哪里地菜多，我们都很清楚，每次都会满载而归。

到了上学的年纪，父亲就像放飞小鸟一样，任我自由地成长。他从来不给我施加任何压力，也不给我增加任何课外的学习负担，就连学习成绩他也没规定任何指标，他让我自由发展自己的天性，培养我独立自主的精神。中小学时，我的学习成绩不是最差的，也不是最好的，中不溜的。我特别不喜欢数理化，对文科从小就情有独钟，数理化下功夫少，只想混个六七十分，可他没批评过我，以至于我能轻松地学习，愉快地学习，在我喜爱的科目上恣意驰骋。

在家里，我是个乖乖女，特别喜爱读书。父亲的书房就是我的小图书馆。他的书架上摆满了书。只要他出门，我就会悄悄地溜进他的书房，在他的书架上找寻我喜欢的书。《红楼梦》我是在父亲的书桌旁读完的，我还在那里读了许多有关《红楼梦》的评论文章。对我影响最深的要数蒋和森对《红楼梦》的一系列评论了，以至于直到现在我对《红楼梦》的一些看法还停留在蒋和森的观点上，我一直认为他的观点是正确的。父亲还喜欢给我买书。少年时，所有当时新出版的苏联小说父亲全买回来了。《古丽雅的道路》《卓娅和舒拉的故事》是我最早读到的书，《钢铁是怎样炼成的》《青年近卫军》《海鸥》《真正的人》等小说我也都陆续读过。有的小说，如上面所提的那些我还连读过好几遍，真是百读不厌。

由于父亲开放式的教育，我从小就养成了自己做主的习惯，事事不爱向他请教。初中时，自以为有一副好嗓子，会唱歌，在没有训练、没人指导的状态下，自作主张地去报考武汉歌舞剧院，自然是没被录取，对我打击不小。后来我又去报考武昌区中学生合唱团，每周要去武昌城里唱歌，父亲也没反对，还积极地支持我。考大学报志愿也是，我没和他商量，自己填表，报了三个志愿：北京外国语学院俄语系、武汉大学俄语系、华中师范学院俄语系。回家告诉他，他说我不应该报俄语系，而应报英语系，说英语应用广泛，将来会大有用途。可我就是听不进去，偏要我行我素，因为那时我太爱俄语、太爱苏联了，我走不出我的苏联情结。后来，俄语真的成了我的终身职业，直到现在我还在应用它，我没有后悔过。尽管俄语现在已经变成了小语种，但我依然深深地爱着它。

我的婚姻也是我自己做主的。初、高中我都是上的女中，清一色的女孩子，没有任何杂念，在恋爱上是纯洁的白纸，父母为此也少操了不少心。上大学后，我开始陆续地收到男孩子的情书，父亲就提醒我了：大学里不要谈恋爱，好好学习，专心学习，哪怕是情书堆得山一般高，也不要理睬。我很听话，直到毕业，当班上的女同学个个都出双入对时，我仍是单身。我的学习成绩一直很优秀，因为名列前茅，所以被留校任教了。

留校了，工作了，我想我可以谈恋爱了，在朋友的介绍下，我认识了邻校一个教工科的年轻教师。他长相英俊，比我大五岁，已是讲师，我们俩一见钟情。我高兴地带他回家与父母见面，没想到热脸竟然碰上了冷玻璃，父亲板着个脸，一言不发，坐了一会儿，就进自己书房里了，我好难过。第二天，父亲把我叫回家，表示坚决反对我的这场恋爱。原因是：第一，我刚大学毕业，立足未稳；第二，我还没入党，还要努力争取；第三，更重要的是，他不是党员，出身也不大好（职员兼地主子女）。这回我可不愿当乖乖女了。没入党，我们俩都在积极争取；他出身不好，我出身也不是很好嘛（留美回国的资产阶级知识分子子女）。我没顺从父亲，我们继续交往。两年后（1967年），我们准备结婚，父亲不同意。我私下里给他写了一封长长的信，请求他的原谅，然后我们在男方学校同事的主持下，私自结婚了。婚后我没有回家，其实是害怕回家，怕父亲的责骂。直到有一天，我在校园里突然看见父亲从对面走来，我吓得心咚咚直跳，不知该如何面对时，父亲冷冷地对我说："既然你们已经结婚了，那就带他回来一起吃个饭吧。"

其实我的选择没有错，我的先生是一个很优秀的人。1983 年，年纪轻轻的他就已被评为副教授，主持国家重要科研项目。我父亲最终也不得不承认他，而且后来越来越喜欢他，时常在外人面前夸赞这个有品德、有才华的好女婿。

父亲是个浪漫的人，有时还会突然给我一个惊喜，让我感动万分。1992年，我满 50 岁，生日那天，他瞒着我，买上蛋糕，率领全家来我家里为我庆生。母亲说，这都是你父亲的主意，他想让你高兴、快乐。我何止高兴，我简直是激动，心潮久久不能平静。更让我意想不到的是，他竟然还为我写了一首词，那时我也正好搬了新家，他的词是这样写的：

西江月　贺女儿五十迁新居
道韫易安伴侣　苏洵高适年华
五十正好绽新芽　行见繁荷闹夏
左漾东湖潋滟　背披珞阜烟霞
天将仙窟作儿家　好续东观佳话
注：（1）谢道韫，晋代才女；易安，宋代著名女词人李清照之号。
（2）苏洵为苏轼之父，高适为唐代著名诗人，相传其年居 50 始学诗。
（3）女儿新居左临著名风景区东湖，背傍珞珈山。（4）班昭为东汉才女，其兄班固修《汉书》未成，昭就"东观"藏书续成之。

父亲自己是个学者，希望我们这些儿女也能成才。于是，1997 年，在我终于被评为教授后，他高兴地又为我写了两首诗：

15 年前，余已古稀之年，盼长女、长男、长婿早日学有所成，圆余"一门四教授"之愿。不幸长婿英年早逝（其时已是副教授），此愿成灰。今年老夫 85 矣，长女始成教授，虽四减为三，亦差堪告慰，赋贺诗 2 首。
七绝　贺女儿五十五成教授
绛帐春风宜自许　滥竽充数叹当今
真才须是千锤炼　大器原来应晚成
注：（1）东汉通儒马融学生千数，授课时常坐高堂，前设绛帐，受业者有春风拂人之感。（2）齐宣王让人吹竽，必须有 300 人。南郭

处士请为王吹竽，王悦之。但实际上南郭处士不会吹竽，不过混迹众吹竽者中充数而已。"滥竽充数"典故本此。

杂言古诗　再贺女儿五十五成教授
登泰山兮小六合
不禁是今而非昨
学问之路诚漫漫其修远兮
最宜淡泊宁静上下而求索

注：（1）孔子登东山而小鲁，登泰山而小天下。"六合"者，天地四方也，亦天下之意。（2）用"觉今是而昨非"语意，谓人之学问不断进步也。（3）诸葛亮语：淡泊以明志，宁静以致远。（4）屈原《离骚》中语：路漫漫其修远兮，吾将上下而求索。

父亲来自农村，家境贫寒，靠着自己的努力奋斗，刻苦学习，终于成为有一定声望的学者。由于他自己成才不易，他对我们这些子女的要求也很苛刻、严格。

在经济上，父亲从不满足我们的无理要求。记得上大学时，我看见班上有同学穿皮鞋，戴手表，就请求父亲也给我买，但父亲拒绝了，并严肃地说："你怎么没看到你们班上那些农村来的生活困难的同学，他们穿的什么，用的什么，你怎么不和他们比呢？"我没话说了。大学毕业后，我领到了第一份工资，父亲把我叫到他的书房，对我说："你已经独立生活了，从今以后，你不要我一分钱，我也不要你一分钱。"他说到做到，每回我给他买东西，他定要还钱给我，而我在丈夫生病和去世后，生活再困难，父亲也没给过我一分钱的赞助。对父亲的"无情"、"冷漠"和"抠门"，我们这些子女以前是不太能理解的，常常生出抱怨。但是现在当我们自己在工作中取得了一定的成绩，在我们自己有了子女后，我们从内心里理解了父亲，也对他的这种教育方法不由心生感激：如果没有他的逼迫，我们可能不会有今天。

岁月如梭，父母今年都将走进 100 岁。像他们这样的夫妻在武汉大学是独一对，人们很好奇，常常向我打听他们的长寿之道。其实依我的观察，我觉得他们并没有刻意关注自我的养生，而是完全顺其自然。我没见他们吃过什么补品，也没见他们禁什么食和严格遵守作息时间。我认为唯一可取的就是他们平和的心态，他们对什么事都处变不惊。无论是历次政治运动，还是知识分子之间的文人相轻之争，都未能挫败他们。再就是他们夫妻之间的心心相印、相濡以沫，家庭的和睦气氛，无疑对二老的健康带来了无尽的好处。

他们从没有停歇过对自己身心的锻炼。父亲到现在思维依然清晰，记忆力非凡。他依然在忧国忧民，孜孜不倦地思考问题，追求真理。他关心国计民生，同情弱势群体，为理想社会和人类美好前途而殚精竭虑。他依然每天坐在电脑前笔耕不辍，抒发心志。母亲也是，每天读报，阅读小说，帮助我父亲收集各类所需资料。

父亲现在每晚11点左右上床睡觉，早上8点醒来，在床上做按摩操，一做就一个小时，从头搓到脚。早饭花样多，每天不一样，都是在学校的食堂买的，父亲就爱图新鲜，不喜欢重复。如果食堂的早点厌烦了，他就自己动手做自己想吃的东西。中午他不吃饭，饿了就以花生、板栗、糕点或者玉米填肚，晚上才是他最正式的进食时间。他什么都吃，连肥肉也不禁，鸡、鸭、鱼吃得津津有味，他的食欲常常令我们羡慕不已，不过在去年得过痛风之后，他已经接受教训，开始注意节食了。

父亲老了，可他从不服老，时不时还会想出一些不着边际的事，弄得我哭笑不得。比如，得知学生去恩施考察，他就说也要到恩施去；看到报纸上说九寨沟好，他就嚷嚷着说要去九寨沟。实际上，他现在出外行走，挂着拐杖都已很艰难，可在家里，他还要自己站上凳子，找寻书架最上层的书。一天，没站好，摔了下来，幸好他的骨头还结实，没出问题。我现在时时刻刻都在关注父母的健康，希望他们能心情愉快地活过100岁，要知道他们的存在是我们做子女的无上的幸福，有了他们，我们这个家才完整，才圆满。

去年年底，大弟从杭州回来几天，兄弟姐妹五个聚集在父母身边，谈笑风生，欢乐无比。看到二老那满脸笑意的陶醉样，我作为一个母亲，是很能体会他们彼时彼刻的心情的。

父母98岁高龄，看到我们五个头发已经斑白的孩子还这么健康开朗，个个事业有成，家庭幸福，孩子争气，能不心生骄傲之情、满足之感吗？

这就是我们这个大家庭的幸福，与别的家庭不一样的幸福。

我们该知足了。

父母与我们一家三口的合影

一套书　二十年　三代人

——读杨生茂、刘绪贻主编"美国通史丛书"

任东来

在沸沸扬扬的王铭铭事件中，学界认识到了学术浮躁所带来的危害，开始强调学术的规范和创新。但创新谈何容易！著名学者陈乐民教授曾经很坦白地说，一些自己颇为得意的观点看法，前人早就想透了，"属于我的只是我思前想后由我自己想明白而已"。他虽然谈的是思想，但对学术研究来说，何尝不是如此呢？对大多数学者而言，其所研究的题目都是对前人研究的继承，很多是在把前人和别人的研究成果"想明白"后，用最符合新的或特定读者群口味的角度、方式、结构和语言，来对原有的问题进行重述。这实际上就是现代社会中专家们日复一日的工作。如果谁能够在这一基础上，寻找出新问题，进而建立新的研究范式，开某种风气之先，便可卓然成为一个大家，完成从学者到思想家的转换。显然，不论是专家还是大家，都万万离不开学术的积累和传承。离开学术的积累和传承，便不会有学术的创新，更不会有新思想的产生，有的只能是井底之蛙的天空、夜郎自大的世界。

这一感受是我在翻阅李剑鸣教授的新著《美国的奠基时代（1585—1775）》（人民出版社，2001）时突然冒出的。李剑鸣教授这本书，洋洋洒洒，45 万字，旁征博引，既注意吸纳"新史学"中数据统计、百姓生活、族裔交融、文化变迁等内容，又不忘"旧史学"注重故事、突出人物和叙事生动的特征，进而把美国的胚胎时期——英属北美 13 个殖民地的近 200年历史，勾画得棱角分明、有声有色，实在是一本不可多得的外国史著作。

在某些历史学者看来，研究美国史实在不算是什么学问，"200 多年的历史,有什么好研究的",这是一些朋友在知道我研究美国历史后的第一个反应。实际上,这一提问本身就说明提问者有偏见,正如李剑鸣著作所展示的那样,在美国立国前的近 200 年,北美殖民地已经有丰富的历史值得我们去研究和探索,最令人疑惑的问题便是:为什么西方殖民列强在拉丁美洲和加勒比海地区建立的众多殖民地,没有像北美殖民地那样走上"合众而一"的发展道路?

由于国内各种媒体和出版物对有关美国的知识供应充足,国人的美国知识相对丰富,自许美国研究专家的人也不在少数。但实际上,正像上面的问题一样,许多有关美国的信息甚至是基本信息都是错误的。比如说,几乎每年 7 月 4 日,国内媒体都把美国的"独立日"想当然地称为"国庆节";每一个新总统上台,国内美国史学者都要改正媒体把"××任总统"称为"××届总统"的问题。此外,社会上总是有些人愿意把中国人对美国的认识与美国人对中国的认识相比,而且觉得美国远比中国更容易研究和认识。针对这一观点,笔者曾经指出,不抱偏见的话,应该说中、美这两个世界大国由于独特的国情都不是那么容易被深入认识和了解的。如果说中国因其独特的传统性(悠久的历史、灿烂的文化和微妙的社会关系等)而让外来的研究者有"一部二十四史,不知从何说起"之叹的话,那么,美国也因其复杂的现代性(多样化的族裔构成、多向度的政治法律结构和多元化的价值取向等)而令外来的观察者眼花缭乱。

现代美国已经够复杂了,而产生现代美国的北美殖民地背景更复杂。要知道作为美国奠基时代的殖民地时期,论时间的长度与美利坚合众国的历史差不多,都是 200 年上下,但是,其内容的多样性和复杂性,却不是后来的统一的联邦国家可以比拟的。虽然都有"英属"这个共同的标签,但 13 个殖民地的建立背景各不相同,有的是追求利润的商业冒险公司所建,有的是英王的亲朋好友从皇家获得特许状建立的业主殖民地,还有的是个别宗教领袖与所在的殖民地主流不和,拉走一班人马建立的自治殖民地。就人口构成和经济特征而言,新英格兰的马萨诸塞等四个殖民地是清教徒的天下,小型农耕和工商业并重;大西洋沿岸中部纽约等四个殖民地族裔和宗教各异,以生产谷物为主;位于大西洋切萨皮克湾(Chesapeake Bay)的弗吉尼亚和马里兰两个殖民地以使用奴隶和契约仆的烟草种植园为主;而最南部的北卡罗来纳等三个殖民地则是典型的奴隶制,种植稻米和靛蓝草。这也是为什么1776 年北美殖民地人民发表《独立宣言》时,建立的并不是今天的美利坚合众国，而是"13个独立和自由的国家"，统一的美利坚合众国要到1787年《美国宪法》被这"13个独立和自由的国家"中的9个批准后才算成立。

如何把这些殖民地放在一个统一的框架中叙述，从而说明北美13个殖民地最终走在一起，团结起来争权利、闹革命，宣布独立，实在不是一件容易的事情。针对13个殖民地的复杂性、多样性和不确定性，历史学家不得不去寻找所谓的"内在统一性"。而作者对这样的统一性有一种历史学家应有但却又是不少历史学家常常缺乏的自觉："要寻求统一性，就不免剪裁或舍弃多样性。历史著述总是为这种顾此失彼的尴尬所困扰。事实上，无论以某个或某些殖民地作为英属北美的典型或代表，都难以避免削足适履之弊。"（第10页）

这番议论反映出作者较高的史识。一般说来，历史学家，写通史类著作时，都设立了类似司马迁提出的"究天人之际，通古今之变"的目标，往往想描绘出一幅全面、完整的图画，结果却是，或者毕生的研究都是未完成的残稿，或是一幅虽面面俱到但缺少神韵的工匠画。正是有这样难能可贵的自觉，作者放弃了我们在学术著作中常常见到的"高大全"的追求，既然不可能获得只存在于理论上的"高大全"结果，作者就把目标放在了最有益于读者的行之有效的叙述方式上："既然全面综述实无可能，就选取某些重点，力求以点带面，简约地交代北美社会的基本特征，兼及不同人群置身其中的各种情势的演化，着重叙述殖民地居民如何在新的环境中立足、求生、取得发展进而谋求独立的经历。实际上，即便是这种设想，也很可能仍是一个需要付出更大努力来实现的长远目标。"（第16页）

很显然，作者并没有认为自己已经完成这个长远目标。但是，从另一方面，李著的出版的确实现了一个"长远目标"，这就是延续了22年的"美国通史丛书"研究项目。22年前的1979年，中美关系刚刚正常化。中国老一辈美国史学者敏锐地感觉到，中国的改革开放必然激发学界乃至全社会对西方特别是对美国的兴趣，向广大读者提供准确的而不是夸大的、鲜活的而不是教条的有关美国的知识，是学者义不容辞的责任。为此，他们决心整合全国的研究力量，撰写"美国通史丛书"。为此，由南开大学杨生茂和武汉大学刘绪贻两位教授担任总主编的"美国通史丛书"项目上马了。刘教授还主撰了《战后美国史（1945—1986）》和《富兰克林·D.罗斯福时代（1929—1945）》两卷。他们两位教授和《美国内战与镀金时代（1861—19世纪末）》主编——已故的丁则民教授，是中国第一代美国史研究者，而且都是40年代中期或50年代初从美国著名学府拿到硕士学位后回来的。《美国的独立和初步繁荣（1775—1860）》主编张友伦教授和《崛起和扩张的年代（1898—1929）》主编余志森教授则是第二代美国史研究者，分别属于新中国留苏学者和自己培养的世界史学者。李剑鸣则是改革开放后的第一批大学毕业生，可谓第三代人。所以把这一项目称为"一套书，二十年，三代人"是一点都不为过的。这一项目的成功，不仅仅表现为六本高质量著作的出版，更重要的是，在编写这套书的过程中，新一代的美国研究者迅速成长起来了，同时不同学校各自的研究重点和特点也出现了。由此形成国内美国史研究各个基地各有特点的均衡局面。

在这项22年的学术事业中，丛书的责任编辑邓蜀生先生是位不能不提及的重要人物。长期以来，他对这套书的关心、督促和认真的编辑，保证了丛书的质量和以目前这种完璧的形式出版。他和作者们的交流、切磋和合作，树立了新时期中国出版界编辑和作者合作完美的典范。这位40年代中期就以报道抗战中缅北大捷而成名的年轻记者，后来却由于政治原因被迫离开了新闻界。这是新闻界的不幸，因为它失去了一位出色的国际问题评论家；但却是出版界的收获，它多了一位才识兼备的学者型编辑。

在这套书的编写过程中，除了资金短缺、资料不足和人员有限等学术研究中通常都会遇到的难题外，还有一些特殊的困难。因为，比起其他外国史研究，美国史的译著较多，有相当多质量不错的苏联学者和美国学者的美国史论著出版，如何写出自己的特色，是一个很大的挑战。此外，也有海外华人学者对主编泼冷水说，找几本美国人写得比较好的著作，翻译出来就行了。言下之意，认为中国学者根本没有必要（或许还暗含着没有能力）自己去费力编写美国通史。

另外一个意想不到的困难是，由于编写人员的变动和兴趣的转移，最初承担其中两卷书的作者中途退出，致使丛书不能及时出版。这时，这套书的两位主编和责任编辑都已是七八十岁的高龄，已经开始他们的退休生活，因此许多人认为这套书将不会以完整的面貌问世。但是，出乎他们的意料，这三位可敬的老人，以学者高尚的责任感出发，毫不气馁，重新物色了有关人选，另起炉灶，在21世纪开始的时候，完成了全书的编辑和出版，为他们敬业的学术生涯画上了一个辉煌灿烂的句号。

现在，以李剑鸣教授大作的出版为标志，这套六卷本的"美国通史丛书"，经三代历史学家的共同努力，历经22年的撰写和编辑之后，终于成为一块完璧，实在是件令人欣慰和值得庆贺的事情。另一件需要提及的事是，这套书虽然被列入 1981~1985 年国家哲学社会科学重点研究项目，但是当年其资助的额度比起今天的少则数万元多则数十万元来，可谓杯水车薪。这可能是社科基金资助项目中少有的"低投入高产出"的典范，而且也证明了已经被人淡忘的一个常识：在以文献研究为基础的人文学科中，最重要的不是有多少资助，而是由谁来主持和从事研究。

"美国通史丛书"也是一套严格按学术规范编就的书，且不谈六本著作中规范的注释和参考书目，仅就每卷必备的附有英文对照的中文主题和术语索引，就使之在众多的历史著述中独占鳌头。严格的规范加上丰富的内容和出色的作者队伍，使"美国通史丛书"成为中国外国史研究和写作中的范本，成为中国学者笔下的最具权威性的美国历史读本。

三代人 22 年的共同努力，体现的是学术积累与承传的重要性。当然，这一出色的成果不会是中国美国史研究的终点，但却是它一个重要的里程碑，必成为新一代学者研究美国历史的起点。毫无疑问，这套书还存在这样或那样的问题，有待各领域专家的具体和细致的批评，而且，未来的学术发展以及相关的成果最终也会超过它，但是，它所体现的学术研究中的严谨态度、规范做法、坚韧不拔的毅力和合作精神，却是永远不会过时的。

评《富兰克林·D. 罗斯福时代（1929—1945）》

李剑鸣

最近几年，国内的美国史研究进入了又一个收获的高峰期，专题研究性质的著作纷纷问世，刘绪贻教授主编并与李存训教授合撰的《富兰克林·D. 罗斯福时代（1929—1945）》，乃是其中有代表性的一部。这部五十余万字的著作，系杨生茂、刘绪贻教授主编的"美国通史丛书"中的一本，是目前国内史学界研究罗斯福当政时期这一重要时代的一部颇有分量的著作。它的最大特点是架构宏大、取材丰富、论证缜密、见解深刻，是一项高水准的美国史研究成果。

该书的整体构思的依据，在于对富兰克林·D. 罗斯福时代在美国历史上的重要性的认识。作者认为这个时代"是美国遭受空前严重经济危机（美国人一般称为大萧条），富兰克林·罗斯福政府为克服这一危机，顺应大多数美国人民的要求，背弃自由放任主义，迅速地、大规模地将美国一般垄断资本主义转为'新政'式的国家垄断资本主义的时代；是美国政府为维护和扩大其根据凡尔赛—华盛顿体系所取得的国际优势，参与绥靖法西斯主义势力，最后为保持资本主义民主和美国生活方式，不得不逐渐与英、苏结成战时同盟，和全世界人民一道，与法西斯主义，亦即最反动的沙文主义的军事国家垄断资本主义作殊死战斗的时代；是上述国内国际形势的交互发展引起美国社会结构和上层建筑剧烈变化的时代"。这个时代所发生的种种事件，不仅对当时的美国与世界产生了强烈冲击，而且"延长了美国垄断资本主义的生命，促成它战后近1/4世纪的经济发展，还在凯恩斯主义配合下，给整个资本主义世界找到一条克服经济大危机、避免法西斯主义与共产主义的可行途径，使之进入一个新的发展阶段——罗斯福'新政'式国家垄断资本主义的阶段"。

基于这种明确的总体把握，作者十分恰当地确定了全书框架，既顾及时代全貌，又突出历史进程中制约全局的重点。前五章叙述1929年大危机对美国社会的冲击以及罗斯福政府所实行的"新政"，不仅详细介绍了大危机的起因与后果以及"新政"的全过程，而且对"新政"中的一些重大问题以及对"新政"的性质、作用、历史地位和理论基础做了深入探讨，提出了独到见解。这一部分占全书正文的五分之二。这种安排恰如其分地反映了大萧条和"新政"在美国历史上所占的地位。第6~10章叙述1929~1945年美国的外交与军事活动，着重介绍美国从维护凡尔赛—华盛顿体系到最终加入反法西斯战争的历程，对美国在第二次世界大战期间的国内政治与经济生活亦着墨颇多。第三部分内容涉及富兰克林·D. 罗斯福时代美国社会结构与上层建筑的变化，在篇幅上占100页左右，就一部通史性质的著作而言，其分量是显而易见的。该书的这种体系，既较全面地涵盖了罗斯福时代各方面的内容，同时又对产生重大影响的事件进行了重点论述，体现了作者驾驭题材的深厚功力。

该书资料翔实。作者以做专题研究的态度来写作，其征引范围除中外学者的研究成果之外，还有大量的文献资料和经济学、社会学、哲学、人口学等领域的著作，其中不少是经过时间检验证明确有价值的权威之作，有些则是刚问世不久的新著。而且，作者在阐述自己的观点时，总是大量引述各家之说并加以评论，这样不仅使该书的论点持之有故，而且让人感到作者的每一提法都是经反复比较和思考的结果。

作者用了两条理论主线来统驭全书。一条描述美国社会的发展阶段及其性质，即罗斯福时代美国完成了由一般垄断资本主义向国家垄断资本主义的过渡，进入了"新政"式国家垄断资本主义发展阶段；另一条把美国社会视作一个整体，强调其各个部分之间的相互关系与交互作用。

第一条理论主线贯穿于作者对大危机与"新政"的论述、对二战期间美国国内政治经济变动的探讨以及对整个罗斯福时代美国社会关系和政治斗争的分析之中。在具体论述时，作者对列宁及一些西方学者关于19世纪末以来美国社会发展阶段性质的理论做了梳理和辨析，并借鉴列宁有关一般垄断资本主义向国家垄断资本主义过渡的理论，对美国的这种过渡方式和道路提出了独到见解，尤其是指出了美国模式的意义，在此基础上确立了美国"'新政'式国家垄断资本主义"的概念。读者对这种观点可能会有不同的看法，但无论赞同与否，想必都会折服于作者的这种理论探索精神。

第二条理论主线实际上就是作者制定全书框架的指导原则，体现于章节的安排与内容的取舍之中。不过，在最后以两章篇幅叙述罗斯福时代美国社会结构和上层建筑的演变时，则略显拘束。其主要原因大抵在于，相对于政治与军事事件，社会结构与上层建筑的变化速度较慢、过程较长，仅以十余年为一个时段来考察，不易探明其演变的趋势。作者无疑感到了这种困难，所以在叙述时往往把时段向前后扩展，涉及世纪初及战后初期的情况。

探讨罗斯福新政的章节，可以说是该书最精彩和最富特色的部分。作者把"新政"置于社会与时代的大背景中来考察，力图发掘"新政"在美国社会发展中的作用及其世界历史意义。根据作者的观点，美国一般垄断资本主义到20世纪20～30年代已发生深刻危机，因而实行变革不仅必要而且必然。但这种变革并不能一蹴而就。因为美国社会和统治集团内部对社会发展趋势的认识和理解并不一致，始终存在维持旧体制与实行新变革两种势力的较量。赫伯特·胡佛上任伊始即遇到大危机的狂风暴雨，但他基本上抱残守缺，不愿对生产关系进行重大调整，致使局面日益恶化，举国深陷灾难之中。罗斯福临危受命，上任后即着手大刀阔斧地改革，抛弃旧体制的过时成分，在不损害资本主义民主制度的前提下调整生产关系，为美国社会寻找一条摆脱危机的途径。他的尝试遇到了多方面的挑战。但"新政"代表了美国社会发展的方向，是不可抗拒的历史潮流，故能获得成功。"新政"不仅推动了美国社会走出大萧条的困境，而且为整个资本主义世界探索出一条继续发展的道路。这条道路的特点在于，"避免法西斯主义和共产主义"这两种方式，在"资本主义民主制度"的框架内，由国家对私人资本进行干预和控制，通过赤字财政、扩大就业、提高民众购买力等措施来刺激生产和克服危机，采用"福利国家"政策来协调阶级关系和缓和社会矛盾，也就是"大力加强向国家垄断资本主义的过渡"，以"延长垄断资本主义的生命"。作者把这条道路称作"罗斯福'新政'式国家垄断资本主义"。该书在论述"新政"的理论基础时指出，"新政"并不是依据凯恩斯的理论而实行的，两者的关系是不谋而合和相互促进。这也说明，"新政"式的改革确实是资本主义发展过程中的必然产物。

该书对"新政"各项具体措施的形成、内容及实施过程所述甚详，但作者感到意犹未尽，便专设两章来综论"新政"，深入地探讨了"新政"对劳工、资本和国家三方关系的影响，"新政"中的国营企业，"新政"与有色人种，"新政"的根本作用和历史地位，"新政"的理论基础，以及罗斯福个人与"新政"的关系等问题。关于其中的某些问题，作者从前已发表过专题论文，其观点曾在学术界引起较大反响，大凡关注国内美国史研究的读者，都不会没有深刻印象。值得一提的是，作者在书中专设一节来讨论罗斯福个人的经历、气质、个性和政治品格对其实施"新政"的影响，这对加深理解"新政"中的许多问题均有帮助，因为历史毕竟是人的活动，研究起重要作用的领袖人物的生平和个性，对了解历史事件的全貌也就具有很大的意义。另外，在叙述第二次世界大战期间美国国内政治经济状况时，作者的着眼点仍是战争对国家垄断资本主义的推动以及战争对"新政"的影响。这也体现了作者的全局眼光。

可以毫不夸张地说，该书关于"新政"的论述代表了目前国内史学界对这一问题研究的最高水平。但这并不等于说它已穷尽这方面的研究，实际上，通过该书可以看出，在对"新政"的研究中，还有不少问题有待进一步探讨。

作者在论述"新政"的形成过程时，对社会与时代的大背景着墨颇多，而对具体细节交代得比较简约。该书的第二章第二节题为"'新政'是长期酝酿、研究的成果"，可惜未对其"酝酿、研究"的过程做更细致的说明。有的读者或许很想了解，如何理解"新政"和美国政治传统的关系；制约"新政"的实施及其效果的实际因素有哪些；除了罗斯福本人之外，还有哪些人在"新政"的形成过程中发挥过什么样的作用；等等。另外，书中论及"新政"的具体措施时，对其出台经过所述甚详，但对"新政"大思路的形成则未做深究。

美国社会各阶级对"新政"的反应，乃是"新政"研究中的一个重要问题。因为像"新政"这样的改弦更张之举，必定有其社会基础，不探析其支持者与反对者的构成，也就无法理解其性质与历史地位。该书作者对这个问题给予了高度重视，但给人的印象是比较注重某一阶级的整体态度，而对不同的利益集团的反应差异未做深入分析，对产生不同反应的原因自然也就很少涉及。该书认为，"新政"是在一般垄断资本主义与国家垄断资本主义两种体制、两股势力的斗争中产生的，维持旧体制者逆历史潮流而动，倡导改革者则顺应了美国社会发展的趋势。对于胡佛与罗斯福、保守派与改革派的斗争性质，可否下如此绝对的断语？对于两种势力的政治和社会自觉意识，可否做如此之高的估计？这些大概也是值得再做推敲的问题。20世纪

50年代美国史学界盛极一时的"一致论"学派，极力否认美国历史上发生过激烈的阶级对抗、真正的社会革命和阵线分明的政治斗争，这种偏执一端的观点已为人弃而不取；但是，过分强调某些派别和集团之间的对立程度，也未必恰当。照我个人的理解，实行"新政"与反对"新政"的斗争，主要源于手段与方式的分歧，双方都极力维护美国的根本制度，所不同的是前者力主改革，后者则过于墨守成规。

从社会观念、经济信条和政权格局等方面看，"新政"在某种意义上乃是对美国传统的一种"背离"。在大萧条时期采取大刀阔斧的行动以挽救危局，无论怎样说都是必要的，但从历史研究的角度出发，不仅需要阐明这些行动的积极意义，还须指出其影响甚为深远的负面作用。而该书关于后一方面的论述，相对其正面的评价则显得比较单薄。

在"新政"实施过程中，随着政府干预范围的扩大，国家权力在社会生活中的作用明显增强，这种趋势与美国传统的自由主义与个人主义信条乃是大相径庭的。美国传统的自由主义把自由视为人生的终极价值之一，认为国家权力乃是自由的天敌，因此唯有限制政府权力方可防止其对自由的侵害；个人主义信条则坚持个体本位论，强调个人有权处理与自己有关的事务，倡导通过发挥个人首创精神来推动社会进步。这些观念在19世纪末便遇到挑战，从那时开始盛行的进步主义思潮便倾向于调和权力与自由的对立，主张借助政府的作用来达到维护自由的目的，通过政府干预来弥补个人奋斗的不足。这种观念的转变，实际上为罗斯福实行"新政"开了先声。但问题是，国家触角的四处延伸，势必侵犯自由的领地，导致危害个人自由、践踏公民权利和抑制个人首创精神的恶果。这种局面令美国的自由主义知识分子深感忧虑，他们中的一些人便重申有限政府论，再度打出了杰斐逊主义的旗帜。正是由于"新政"标志着对美国传统的一次"背离"，"新政"在当时就遭到一些自由主义者的批评。该书在涉及这一问题时评论道，"说'新政'扼杀个人自由，实际主要是埋怨'新政'限制垄断资本随意榨取剩余价值的自由"，说"'新政'挫折企业的积极性，实际主要是为垄断资本推卸对大萧条应负的责任"。这种解释撇开了美国的自由主义传统和个人主义价值观，剥离了美国人政治哲学的核心，与问题的实质显得有些隔膜。

另外，在财政经济政策方面，罗斯福不顾平衡预算的传统原则，开始实行赤字财政政策，这种做法到后来造成恶性循环，致使联邦债务日益增大；

罗斯福时期联邦行政权力的极大膨胀，对美国政治结构产生强大冲击，增加了政府滥用权力和行政专权的可能性；而罗斯福改组最高法院的举动，则完全违背了"分权与制衡"这一美国立国的基本原则。当然，罗斯福的举措都是受形势所迫而不得已为之，其负面影响也非罗斯福个人始料所及。今天来讨论这些问题，并非要算罗斯福的旧账，而只不过是旨在更全面地评价"新政"，更好地总结历史经验教训。

刘绪贻教授和他的《中国的儒学统治》

高　放

武汉大学刘绪贻教授学贯中西，博通古今，桃李遍野，著述等身，是当代中国社会科学界的著名大师。近十年来他寄赠我多本美国史专著以及《黎明前的沉思与憧憬——1948 年文集》和回忆录《箫声剑影》。还有一本特别引起我重视的是他早年的新奇论著《中国的儒学统治》，此书副标题为"既得利益抵制社会变革的典型事例"。

2012 年 5 月 13 日是刘老先生 99 周岁白寿大庆和百岁期颐华诞，我想借此百年难遇的良机，对这本奇书做出简介，并且写下我的学习体会，以深表我对先生的诚挚祝贺和崇高敬意。

一　从形式到内容的新奇之处

刘先生这部大作，从形式上来看有以下三点新奇之处。

第一，该书原是他于 1944～1947 年在美国芝加哥大学攻读社会学的硕士学位论文，原本是用英文写的，曾经被芝加哥大学一位著名人类学家认为较有分量，经过一定加工便可作为博士学位论文。可是他取得硕士学位后，1947 年暑假当即满怀报国热忱地回国，执教于武汉大学。这篇英文论文从未发表过。事隔将近半个世纪之后，武汉大学哲学系社会学专业研究生王进认为此书对当今中国社会仍有传播必要和社会价值，就在 1991 年试译出第一章，得到刘教授的肯定与鼓励。随后又有社会学专业研究生叶巍参与翻译，其间王进夫人唐汉蓉女士也翻译了部分章节。至 1995 年，历时 5 年之久，才完成这本 18 万字的译著。

第二，这部中译本书稿送交刘教授后，他以八十多岁耄耋高龄，对译稿进行精心细密的校订，正如"译后记"所说："倘若当年没有他的信任和惠许，没有他的鼓励和教导，没有他字斟句酌的校改，我们是绝对不能完成这件译事的。"正因为有刘教授字斟句酌的校改，我们现在读到的这本译著不仅译文通达流畅，而且在用词行文方面大体上保留了40年代的中文风格。

第三，更为难得的是，刘教授还亲自为该书撰写了近两万字的出版说明，其中讲述了他当年写硕士学位论文为什么要选定这个题目以及在写作中付出的艰辛和曲折的遭遇，例如，如何遭到美国教授中思想保守者的反对；同时，还细说了他1947年回国后，在近六十年来的亲身经历中如何痛感儒学对当代中国的深重不良影响和负面作用；最后，着重指明当今为什么要出版这本半个世纪前写的著作。简而言之，自70年代末改革开放以来，他深感当今肃清思想政治方面的封建主义残余影响依然任重道远，而当今儒学又在改头换面，刮起"复古"之风，甚至在幼儿园中要孩子们每天背诵儒学经典达20分钟之久。当今出版该书，旨在帮助读者认清儒学的保守性与反动性，不受新儒学的蒙蔽。

刘先生这部大作，从内容上来看也有以下三点新奇之处。

第一，作为社会学著作，该书揭示了中国古代社会结构变迁的特点。主要表现为春秋时期孔子之后中国逐渐形成一个被称为"儒家"或"儒生"的群体，他们不断鼓吹"尊君""忠君"思想，备受君王青睐，陆续被录用为幕僚和官吏；这批儒生享有高俸禄，免去赋税、徭役和兵役，与皇室一起形成特殊利益集团；从汉朝起，正是这个特殊利益集团成为社会的统治阶级，力图维持现存社会秩序，抵制社会变革与变迁。该书引用美国学者"既得利益"（Vested Interest）这个新概念来证明：如果一个社会的统治阶级的各个组成部分具有共同的既得利益，这个社会就很难实行变革；中国封建社会皇室和儒生阶层这两个组成部分在儒学统治中具有深厚的既得利益，所以，儒学统治必然阻碍中国的工业化和现代化。这在20世纪40年代是研究中国社会发展的一个很新的见解。

第二，作为政治学、历史学著作，该书阐明了中国儒学政治统治演进的历史过程。儒生不仅积极鼓吹尊君、忠君，而且坚决主张恢复周朝初期的封建和宗法制度，即贵贱有别、长幼有序的安定而等级森严的社会，使帝王能够安享"大一统"的太平盛世。在春秋战国时期，各地工商业得到较快发展，于是社会上出现了工商业者和游侠这样两个群体。到汉朝初期，他们对统治阶级构成越来越严重的威胁。儒生们重义轻利、重农轻工商，汉朝帝王采纳并推行儒生的建议，扼杀了工商业的发展，维护了农业本位的庄园经济。继而用儒学推崇的"六经"作为教育制度中培养新生代的教本，这样造就出来的一代又一代儒生多是墨守成规的平庸之流。正是从汉朝起，君主中央集权制的以儒学为精神思想支柱的军事政治官僚制度，较为稳定地建立起来了。后来历经晋、隋、唐、宋、元、明、清各个朝代，儒学在政治上加强中央集权统治，经济上扶助农业抑制工商业，文化教育上注重读诵经书，这三个方面一脉相承，变本加厉，长期阻碍中国社会的变革与变迁，堵塞了中国工业化、现代化之路。

第三，该书作为文化史、思想史著作，梳理了儒学本身发展变化的历史。儒学本是我国春秋战国时期百家争鸣中崛起的一个文化流派，从汉武帝"独尊儒术"起被奉为正传官学，其余诸家遭到罢黜。到汉元帝时推崇儒学五经的官方学派已增至 14 个，并且形成代代"师传"的传统，东汉以后进而变为"家法"，家家传承。到魏、晋时期，道家复兴与佛教繁荣构成对儒学的严重挑战与威胁。然而儒家依靠北周和隋唐皇室的支持得以重建其统治地位，同时儒学又善于吸纳道学与佛学的精华，从而又削弱了它们的影响。尤其是宋朝理学的崛起使儒学得以重新振兴。理学之集大成者是朱熹。朱熹既保留了儒学关注现实政治、注重人伦道德教化的本性，又采撷了佛、道对天道物理的精深思考，既克服了儒学的单薄与肤浅，又避免了佛、道的虚妄与空寂，将儒学中的"善"凌驾于道家的"道"和佛家的"心"之上，自成儒学的新体系。朱子经学融天理、物理、道理、义理、伦理、心理于一体，影响中国人的精神生活达七百年之久。朱熹之后，儒学在明、清两代又有过三次大转折，即明末王阳明鼓吹的心学、清初兴起的汉学以及清末今文经学。这三次转折表明，儒学已经愈益玄远衰微，然而其余毒犹存，依然在阻碍中国现代化的进程。

拜读刘先生的大作，受益良多，尤其是使我提高了对儒学阻碍中国社会工业化、现代化的认识。回想 1946～1948 年我在北京大学读书时因反对国民党专制独裁、贪污腐败而投奔解放区参加革命，没有料到，1949年春我却被华北解放区的华北大学招收为历史研究室研究生。先师何干之教授（1906～1969）曾经提出两个问题要我们深入研究，即中国封建社会发展为什么长期停滞以及中国封建社会是如何转变为半殖民地半封建社会的。何老师 30 年代在上海发表过许多论著。他于 1936 年出版的《中国的过去现在与未来》一书中认为，比之西欧诸国，中国封建社会之所以长期停滞不前、难以发育并发展资本主义，主要是因为中国有原始社会农村公社残余存在，货币地租不是普遍形式；中国的封建国家采取中央集权制而不是分权制，专制主义政权不断采取抑制工商业的政策，干涉手工业的发展［详见《何干之文集》（第一卷），北京出版社，1993］。总之，他是从经济和政治两方面着眼解答这个问题的。1949 年春，我随华北大学进入北京城后即开始从事马列主义政治理论课教研工作，没有再去研究这个问题。刘先生的大作使我认清了儒学以及儒生与皇室结合的既得利益集团乃是中国封建社会长期停滞不前的文化和社会原因。这样我们就能对中国封建社会长期停滞不前的问题获得经济、政治、文化、社会四个方面原因的较为全面的认识。

二 如何全面评价儒学及其历史作用

刘先生在 30 岁的青年时期能写成这本力作，得益于他在湖北老家上中学时就打下的坚实的文史基础，尤其是他后来受教于清华大学、西南联大潘光旦、吴文藻、费孝通、冯友兰诸位名师，既掌握西方社会学分析社会问题的方法，又熟悉"三史释今古，六书纪贞元"的路径，对儒学经典十分熟悉。所以，他对两千多年来中国儒学的统治能够做出鞭辟入里的分析，令人感受到儒学促成的官儒一体的既得利益集团是如何抵制社会变革，阻碍中国工业化、现代化的进程的。

刘先生的力作还启发我去思考当今我们应该怎样全面评价作为中国历史文化遗产之一的儒学及其在我国历史上的作用问题。愚以为，对儒学全盘否定与全盘肯定，是各走极端的偏颇之见，理应一分为二地做出全面、客观、公正的评价。这既是当今学者良知的体现，又有利于中国特色社会主义的建设及世界和平发展与合作大业。

中国是世界四大文明古国之一。古巴比伦文明早已泯灭，古埃及文明与古印度文明历经挫折，埃及与印度近代均沦为英国的殖民地，现代文明正处于起步阶段。唯独中国文明历经变乱，终能复兴。中华先贤创造的灿烂辉煌的古代优秀文化，使中华儿女能厚德载物、自强不息、艰苦奋斗、英勇善战、舍生取义，使近代中国不但没有沦为西方列强的殖民地，反而打倒了帝国主义与封建主义，摆脱了半殖民地半封建社会，争得了民族独立和人民解放，走上了社会主义新路。"文革"期间开展的"批林批孔"运动，对儒学采取全盘否定态度，大力批判孔子的"和为贵"和"中庸之道"等思想。可是，1978 年开始实行改革开放以来，又有人借弘扬中华传统优秀文化，把孔子和儒学抬举到无以复加的高度。中国历史近半个世纪以来对儒家的评价从全盘否定到全盘肯定这种戏剧性的转变，非常值得我们冷静思考，认真总结，缜密分析，做出判断。

总的说来，儒学是中国古代农业文明的思想产物，是中国封建社会的意识形态。儒学既含有精华，又有糟粕。其精华闪光，对中国社会历史的发展起过积极的推进作用；其糟粕发酵，对中国社会历史的发展起过消极的阻碍甚至反动作用。

儒学主张国家民族集中统一，社会人群和谐共处。人类行为讲中庸重诚信，人际关系讲仁爱重礼义，个人修养讲勤俭重伦理，劳动生产讲时令重农耕，繁衍后代讲教化重育才，持家当家讲孝悌重亲情，治国安邦讲民本重仁政，平定天下讲和解重大同，等等。这些理念在历代都不同程度地促进了社会的团结、稳定与发展，同时还维护了国家民族的完整与统一。纵观中国两千多年封建社会历史，分裂的朝代少、时间短（如后汉三国分立、魏晋南北朝与五代十国），统一的朝代多、时间长，而且汉民族逐步与周边诸少数民族交流融合，到近现代终于形成包括 56 个民族的中华民族。

在当今建设中国特色社会主义、实现社会主义现代化宏伟事业中，弘扬儒学的精华仍有现实意义和积极作用。儒学的政治理想是"天下为公"，从"小康"达到"大同"盛世；社会理想是"和为贵""和而不同"；经济理想是"使民以时""籍田以力""不患寡而患不均"；文化理想是"有教无类"，开启民智，隆礼施乐。这些都可以合理吸收，古为今用。但必须认清，社会主义是现代工业文明的思想产物，科学社会主义是社会主义社会的意识形态，中国特色社会主义是科学社会主义同当代中国实际相结合的理论结晶。中国特色社会主义要弘扬儒学的某些精华，但是这绝非儒学社会主义或儒教社会主义。而且中华传统优秀文化博大精深、丰富多彩，除儒家外，道家、墨家、法家、兵家、名家、农家等，都有其精华值得撷取。即便是未留下遗著的杨朱，因其曾经宣扬"拔一毛以利天下，不为也"，在历史上被斥责为极端利己主义者，而在当今看来也不失为维护个人权益、不愿为专制帝王效力的先驱。当时的天下是"普天之下，莫非王土"的天下，他敢于代表平民百姓挺身而出维护个人权益，是思想解放、敢为人先的表率。总之，对古代诸子百家，我们要以当今时代的眼光立足中华民族和中国人民当前之需，进行精心筛选，博采百家"鲜花"，精酿中国特色社会主义"甜蜜"，惠及中华儿女，增进人类福祉。

同时，我们也要充分认清儒学的局限性和保守性。如前所述，儒学是农业文明的思想产物，是封建社会的意识形态。正如刘先生在该书中所指出的，自汉朝以来儒生与皇室结合形成的既得利益集团是抵制中国社会变革，阻碍中国实现工业化、现代化的保守势力。在这里，我想再以宋、明、清三代为典型，简要说明中国自 12 世纪以来怎样因儒学统治而错失了三次工业化、现代化的机遇，以致渐渐落后于西方。

宋朝农业在许多地区已达到"寸土不容隙""无寸土不耕"的地步，商业和矿冶、纺织、制瓷、造船等手工业空前繁荣，对外贸易因南方丝绸之路的开辟而激增，多种货币并行，造纸、印刷、火药、指南针四大发明获得划时代发展。这可以说是已经开始孕育中国内生式资本主义工业化、现代化的因素。在这个拐点上，宋朝理学使儒学得以重新振兴，影响到国家决策，抑制了工商业的发展。王安石变法失败后，宋王朝专制腐败加剧，引起方腊、钟相、杨幺等农民起义，蒙古族乘虚而入，宋朝终于覆灭。

明朝后期，民营手工业和商业愈益兴旺，新兴城镇在诸多地区崛起，甚至已经形成市镇交往的密集线路，在手工业和农业中先后涌现了资本主义的雇佣关系，尤其是在沿海地区的纺织业、矿冶业和榨油业等行业中更为凸显，金属机械手工艺的技术水平空前提高，商品市场经济的初步繁荣对自足自给的自然经济开始造成颇大的冲击。这时西欧意大利、西班牙、葡萄牙、荷兰、英国等国已进入资本主义发展初期，通过一批传教士来华传教和考察，已开始输入欧洲先进科技和实践经验。中国如能及时吸收和借鉴，当能紧步跟随走上资本主义工业化、现代化之路。可惜又由于王朝政府依旧尊经崇儒，以朱子理学为正宗作为全国统一的指导思想，继续奉行抑制工商业的政策，加上严酷的专制主义极权统治的既得利益集团奢侈浮华的生活吞噬了大量财富，致使中国第二次内生式资本主义工业化、现代化的起步又被扼制。在张居正改革失败之后，官场愈显腐败无能，终于爆发李自成领导的农民起义，埋葬了朱明王朝。

1840 年鸦片战争失败后，西方资本主义列强纷纷入侵中国，迫使中国被卷入外来式资本主义工业化、现代化的世界大潮。从 19 世纪 70 年代起，民族工商业快速发展。然而，清王朝统治者依旧倚重儒生，独尊儒学，尤其是广征理学名士，力倡朱子理学，并且使清初兴起的汉学转而热衷于训诂考证，脱离现实经世致用，对社会变革漠不关心。清廷重臣张之洞从早年反对洋务运动到后来积极投身洋务运动，创立了诸多官办企业，并试图建立以武汉为中心的独立工业体系。1898 年 4 月，他抛出大有影响的《劝学篇》，主张"中学为体，西学为用"，依然要维护君主专制政体并且以中国传统的儒学作为本体，而学习西方的科学技术、工商百业只是讲求实际效用。1898年戊戌变法是中国第一次力图自上而下转变为君主立宪制，开启现代化新局面的尝试。它遭到以慈禧太后为首的顽固派镇压后，中国的资本主义现代化再次受挫。1901 ~ 1911 年的清末"新政"，虽然在经济、科技、军事、文教、法律方面获得新发展，但君主专制制度和儒学统治依旧不变。儒生与皇室结合的既得利益集团最后一次抵制社会变革，终于引发1911 年的辛亥革命，把中国最后一个君主专制王朝推翻了。

1912 年民主共和制度初建之后，儒学已经溃不成军。1919 年五四新文化运动兴起，各种资本主义和社会主义思潮纷至沓来，吴虞提出"打倒孔家店"口号后，儒学更受到重锤打击。然而，20 世纪 20 年代以来，仍有一些学者一代又一代重新研究儒学，并且推出新儒学。如果他们只限于学术研究，自可独立自由探求。实际上，他们之中仍有人在继续抵制中国的工业化、现代化。更为严重的是，儒学的"尊君""忠君"思想和"三纲"、家长制、轻视妇女等观念在民间甚至在一些最进步的共产党人中都有深远的影响和长久的惯性作用。孔子所倡导的"不患寡而患不均"这种带有浓厚平均主义色彩的经济思想，长期也被误当作社会主义的分配原则，阻碍了经济的发展和按劳分配原则的贯彻实施。

当今彻底清除儒学糟粕，肃清儒学余毒的消极影响，依然任重道远，时不我待。因此，当下出版和阅读刘先生的《中国的儒学统治》是很有现实意义和启蒙作用的。只有克服封建专制主义和资本主义利己主义，才能全面建成中国特色社会主义，圆满实现社会主义现代化，顺利完成建设富强、民主、文明、和谐的社会主义强国的目标。

西南联大的精神遗泽

——《箫声剑影》（上卷）读后感

赵 林

　　不久前刚刚由香港时代国际出版有限公司和广西师范大学出版社分别在香港和内地出版的《箫声剑影》（上卷）记载了一位百岁老人充满坎坷的求学历程和对社会历史的深刻反思。该书的口述者刘绪贻教授是我国美国史研究的主要开创者之一、蜚声海内外的历史学家，退休之前长期在武汉大学历史系执教。刘先生早年曾在清华大学和西南联大受陈达、潘光旦、吴文藻、费孝通等大师的影响而步入社会学领域，后来又在美国留学期间师从著名的"芝加哥学派"社会学家威廉·费尔丁·奥格本（William F. Ogburn）和路易斯·沃思（Louis Wirth）等人继续深造，并由社会学转而研究美国社会历史，尤其是罗斯福时代以来的美国现代史。2002 年，刘绪贻教授与南开大学杨生茂教授共同主编的六卷本巨著《美国通史》由人民出版社出版，该书至今仍被奉为我国美国史研究领域中不可超越的经典之作。尤其难能可贵的是，现今已是 98 岁高龄的刘绪贻先生仍然思维敏锐，每日笔耕不辍，孜孜不倦地对历史学和社会学领域的新问题进行探讨，并且撰文对各种社会时弊和学术腐败现象进行无情的批判。刘先生之所以能够在思想上始终保持"宝刀不老"的状态，与他早年的求学治学经历是分不开的，而这部口述自传不仅展现了一位胸怀报国之志的好学青年在旧社会环境中追求知识的坎坷历程，而且也以一种批判的眼光对童年梦幻、青春情怀、联大旧事和异国风情进行了富有启发性的反思。

　　《箫声剑影》（上卷）陈述了从 1913 年刘绪贻先生出生一直到 1947 年留美归国的这一段历程，在内容上可以分为三个部分：一是少年时代的启蒙教育；二是清华大学、西南联大的大学生涯；三是大洋彼岸的留学经历。其中清华大学、西南联大的大学生涯对先生日后的学术思想和人生道路影响至深。这种影响主要表现在两个方面：一是勤奋严谨的治学态度，二是刚直不阿的社会正义感。关于前者，刘先生晚年把自己的治学之道概括为三点原则："一是要勤奋认真，业精于勤；二是要有求索精神，坚持理论联系实际，上下求索，不断创新；三是要有点敢于坚持真理的勇气。"正是由于恪守这些治学原则，青年时代的刘绪贻先生在对中国传统社会进行深入研究的基础上，于芝加哥大学攻读硕士学位期间完成了题为《中国的儒学统治：既得利益抵制社会变革的典型事例》的长篇论文，对儒家学说的保守性和反动性，以及儒家统治阻碍中国现代化历程的消极作用进行了深刻的揭露。新中国成立以后，在政治环境极其恶劣的"文化大革命"期间，刘绪贻先生又冒着极大的政治风险开始对美国这个世界头号资本主义国家"腐而不朽"和"垂而不死"的现象进行研究，对列宁关于帝国主义是腐朽的、垂死的资本主义的断言提出了批判性的修正意见。在后来主编和主撰的《富兰克林·D. 罗斯福时代（1929—1945）》（《美国通史》第五卷）和《战后美国史（1945—2000）》（《美国通史》第六卷）中，刘绪贻先生提出了美国式国家垄断资本主义发展的两条新规律：第一，美国的国家垄断资本主义是一种不同于法西斯式国家垄断资本主义的新形式，它在保持资本主义民主和大力发展生产力的前提下，在一定程度上改善了资本主义内部的生产关系和广大劳动人民的政治经济处境，从而极大地缓解了资本主义社会的基本矛盾和阶级斗争；第二，罗斯福新政所导致的"福利国家"虽然可以暂时克服资本主义的经济危机，但是它的大规模财政赤字必然会引起通货膨胀，从而在资本主义基本矛盾所造成的生产停滞的基础上，引发资本主义社会的新型危机——"滞胀"危机。刘先生针对现代美国社会发展而提出的这两条新规律，经过近几十年来的实践检验，无疑是非常正确的。而这种富有创见的学术观点，正是遵循上述三条治学原则的结果。

刘绪贻先生不仅"妙手著文章"，而且在所著文章中表现出一种"铁肩担道义"的社会正义感。无论是在旧社会，还是在新中国，刘先生对各种非正义的邪恶事物都深恶痛绝，欲除之而后快。18 世纪法国大文豪伏尔泰曾经有一句响彻欧洲的口号："粉碎一切卑鄙无耻的东西！"而刘绪贻先生一生中都在自觉地对那些"卑鄙无耻的东西"进行无情批判，为此甚至不惜得罪权贵、触怒上司。早在青年时代，与政治保持距离的刘先生就因为看不惯国民党官场上的腐败堕落现象而在一些报刊上发表文章予以揭露。时至今日，已入耄耋之年的他仍然经常发表一些立场鲜明、笔触犀利的短文对各种丑恶的社会现象进行抨击。虽然因此而招致不少误解、报复，但是刘先生却坦然自若、矢志不移。他自己不无辛酸地将这种一意孤行的抗争称为"悲壮的抵抗"，在《89 岁断想》一文中他这样写道："多少年来，我老骥奋蹄，几乎没有寒暑假和星期天，写作和发表了约 900 万字。大体可以说，这些文字的许多内容，也都是抵抗那些我所痛恨厌恶的非正义、反社会事物的；它们抵抗'左'倾教条主义，抵抗封建主义残余影响，抵抗世界上的霸权主义，抵抗我国社会上贪污腐化、假冒伪劣等各种不正之风。然而，正如有的亲朋所说：'年纪大了，不要那么执着吧！这些恶势力岂是你那些区区文字所能抵抗的？何况你人微言轻！'这就使我的抵抗也有些悲壮的味道。""但我……积习难改；说得好听点，既然是人民的儿子，就要为人民的利益着想，不能只为自己着想。继续进行悲壮的抵抗，乐在其中。"从这些文字中，我们可以看到一个在消费主义盛行的时代顽强地捍卫崇高理想的悲剧英雄形象。

《箫声剑影》（上卷）一书视域广博、文笔优雅，作为一部口述自传可谓文情并茂，同时也为年轻读者生动地展现了一个既往时代的真实面貌。书中不乏精彩纷呈、令人掩卷而叹之处，尤其是对西南联大办学精神的追忆，给人留下了极其深刻的印象。

1937 年"卢沟桥事变"之后，日本帝国主义开始全面入侵中国。面对"国破山河在"的残败局面，为了保存中华文明的火种，北京大学、清华大学、南开大学等高校经湖南长沙辗转南迁至昆明，共同组成西南联合大学。在极其艰苦简陋的条件下，西南联大在八年的时间里为处于生死存亡之际的中华民族培养了数以千计的毕业生，这些人后来为祖国建设和世界学术做出了重大贡献，其丰功伟绩至今依然熠熠生辉。刘绪贻先生于 1936 年考取清华大学公费生，1938 年进入西南联大社会学系就读三年级，曾亲身聆受西南联大许多学术大师的思想恩泽。他在《箫声剑影》（上卷）中把西南联大在教育方面取得巨大成就的原因总结为五点，即爱国、民主、科学、艰苦、团结。

就爱国而言，西南联大创办于国难当头之际，全体师生无论贫富贵贱均胸怀救亡图存、雪耻复兴的民族大志。西南联大的校歌中写道："千秋耻，终当雪。中兴业，须人杰。便一成三户，壮怀难折。多难殷忧新国运，动心忍性希前哲。待驱除仇寇，复神京，还燕碣。"这悲愤激昂的校歌表达了西南联大师生同仇敌忾、发愤图强的心声，也不断激发学生刻苦学习、为国效命的决心和意志。西南联大的学生在勤奋读书的同时，也积极参与各种抗日救亡活动，不少人投笔从戎，直接加入抗击日寇的战斗行列，甚至马革裹尸，以身殉国。在中国西南边陲的敝陋校园中，始终洋溢着燕赵悲歌慷慨之气，激励着一代又一代西南联大学子发扬悬梁刺股的刻苦精神，勤奋求学以报效祖国。

西南联大的民主精神，"主要表现为学术思想自由、学校管理民主和反对国民党政府的专制统治"。刘先生在书中充满深情地回忆起当年由北京大学校长蒋梦麟、南开大学校长张伯苓、清华大学校长梅贻琦共同组成的西南联大校务委员会——以三者中较为年轻有为的梅贻琦为主席——在校务管理中所表现出来的民主作风。在校务委员会之外，还设有由全体教授和副教授组成的教授委员会，学校的一应大事，如审议教学、科研和学风的改进方案，学生成绩的审核和学位的授予，向校务委员会提交改革建议等，均由教授委员会负责，其决议具有不可违抗的权威性。刘先生讲述道："西南联大既无党派领导，也没有官本位体制，体现了教授治校精神，学校能自主办学。对学生管理，除学籍管理和学业管理极严外，主要采取学生自治方针。……西南联大虽然对教与学的质量的要求高而严，但决不主张把学生培养成'两耳不闻窗外事'的书呆子，而是鼓励学生关心国事、天下事。因此，西南联大师生大都抱有'天下兴亡，匹夫有责'的信念，教书读书不忘救国，救国不忘教书读书。"正是这种民主精神，使得西南联大的教师们能够各尽其才，学生们则可以自主学习，从而使得大量杰出人才从极其简陋的环境中脱颖而出。

西南联大的科学精神主要表现为尊重学术和尊重真理，在学术和真理的权威面前，富贵、资历和权位都一文不值。在西南联大，人们只对学问表示钦佩，大多数人都对做官不屑一顾。刘先生回忆说，蒋梦麟虽然当过国民政府的教育部部长，但是他在学生心中的威望远远不及陈寅恪、冯友兰、闻一多、吴有训、周培源、华罗庚等学术大师；"梅贻琦不得已接受了国民党中央委员名义，但这个头衔对他来说完全是形同虚设。……他深信强权和说教是极有害于科学事业的，西南联大师生大都支持和拥护他的这种信念"。联想到今天中国高校内盛行的行政化倾向，一些大学的行政管理者一旦官运亨通，就可以如愿以偿地当上教授、博士生导师，获得大量经费和奖项，甚至成为知名学者，学术和真理已经在权势面前毫无权威。长此以往，中国大学的科学精神将逐渐萎缩，喊得震天响的"创办世界一流大学"的豪言壮语也将成为一种自欺欺人的精神自慰。看来西南联大的科学精神在当今中国教育界真应该好好地加以发扬了！

至于艰苦和团结这两个方面，更是令人感动。"卢沟桥事变"后，北京大学、清华大学、南开大学三校南迁湖南，组成长沙临时大学。1938 年 2 月，长沙临时大学迁徙至云南，当时的 280 名学生和 11 名教师，风餐露宿、历尽艰辛，从长沙徒步行至昆明，历时 68 天，全程 1671 公里，步行达 1300 公里。西南联大建立之后，缺少教学设施和研究手段，师生们连基本的生活需要都得不到保障。刘先生回忆道，梅贻琦校长家里由于吃不起蔬菜，只能用辣椒拌饭，其夫人经常要摆地摊卖纺织品以补贴家用。一校之长尚且如此，一般师生的生活状况就可想而知了。更何况大家还要经常跑警报、钻防空洞，躲避日寇飞机的轰炸。就是在这样艰苦的条件下，北京大学、清华大学、南开大学三校师生患难与共、精诚合作，共同努力把西南联大办成中国最优秀的大学，为苦难深重的中华民族培养了大批优秀人才。据《箫声剑影》（上卷）记载，西南联大自 1938 年 5 月 4 日开始上课，到 1946 年 5 月 4 日宣布结束，在整整八年时间里，入校受教者 8000 余人，毕业生 3725 人。这些人后来或者成为新中国建设的栋梁股肱，或者成为海内外学术界的鸿儒巨擘。在 1955～1957 年选出的 190 名中国科学院学部委员中，有 118 人是西南联大校友，占总数的 62% 以上；而那些到海外继续深造的西南联大毕业生，也取得了举世瞩目的辉煌成就。据刘先生所述，在西南联大培养出来的这些优秀人才中，最具代表性的有诺贝尔物理学奖获得者杨振宁、李政道，中国"两弹一星"元勋邓稼先、朱光亚，半导体专家黄昆，数理逻辑学家王浩，气象学家叶笃正，气动热力学家吴仲华，我国返回式卫星总设计师王希季，远程火箭总设计师屠守锷，著名作家汪曾祺和诗人穆旦，以及享誉美国的政治学家邹谠和历史学家何炳棣等。

除了总结西南联大硕果丰盈的五大原因之外，刘绪贻先生在自传中还极其生动地展现了西南联大一些著名学者的人格风采。如陈达教授从谏如流的开阔胸襟、潘光旦教授融汇古今的渊博学识和豁达风趣的人生态度、吴文藻教授潜心治学和不谙世事的书生气、费孝通教授锲而不舍的实干精神，此外，还有学问超群而性情浪漫的吴宓教授、思想深邃而立场保守的冯友兰教授，以及叶公超、贺麟、柳无忌、李景汉、陈序经诸公，他们在刘绪贻先生的追忆中个个形象鲜活生动。尤其是对师母冰心（吴文藻教授之妻）的描述，清新优雅的文笔使冰心先生的高洁品性跃然纸上：

> 我因青少年时读过冰心先生优美的诗歌、散文，阅览过一些有关她的文字，听到过一些关于她的传说，常想象其为人。可能是第一次到她家，在她书房的窗台上看到一个小花瓶，既不名贵，也不华丽，不过是竹木为料的手工作品，但小巧玲珑，很是雅致。瓶之一侧，有一行清秀的小字：帘卷西风，人比黄花瘦。冰心先生此时年约三十八九，体态清癯，淡妆素裹，清标照人，活脱出一幅文学书籍插图中李清照画像。面临这新木焕香别墅、这绮窗、这雅致花瓶、这"西风人瘦"题词，联想到易安居士词与文中跃动着的高雅生活情趣，这些都使我铭刻在心，至今如在目前。

而刘先生这段淡墨轻彩的描述，也同样使冰心先生高雅清纯的音容风貌蓦然呈现在我们的眼前。

数月前，我的博士生导师——年逾八旬的杨祖陶教授的追忆之作《回眸——从西南联大走来的六十年》即将付梓，有感于恩师高山仰止的人品，我写了《润物细无声的学术影响与人格魅力》一文。而今我的硕士生导师——年近百岁的刘绪贻教授的口述自传《箫声剑影》（上卷）欣然问世，读后不禁心如潮涌，深为先生当年的孜孜求学情和拳拳爱国心所感动。刘绪贻先生与杨祖陶先生，无论是人生阅历、学术方向、情趣志向还是性格脾气都相去甚远，杨先生性情温良、淡泊超脱，刘先生却爱憎分明、疾恶如仇。然而，尽管性情迥异，在他们二人身上却同样表现出视学术为生命、视正义为神圣使命的崇高德行。这种一致性绝非偶然，我想似应与他们都曾在西南联大求学的经历有关。这种源自西南联大的崇高圣洁的学术境界和人格精神虽然历经磨难，却不曾泯灭，它正是我辈在人心浮躁、物欲横流的境遇中应该发扬光大者。

附 录 二

我研究美国史的经历

刘绪贻

我发表过研究美国史甘苦的文章。承蒙《书屋》编辑部的信任，让我再系统地谈谈我研究美国史的经历。我觉得《书屋》编辑部的这种意图必有其理由，所以乐于遵命。

一

我在清华大学和美国芝加哥大学是学社会学的，开始研究美国史并不是我自己的选择。

我从中学时代起，就希望并且计划以做学问作为自己的终身职业。为此，除主观条件外，还必须有客观条件，那就是中国民富国强，社会安定。前提条件是中国必须发扬科学与民主，实现工业化、现代化，使中华民族能自立于世界民族之林。因此，探索中国工业化、现代化的道路，研究鸦片战争以来中国仁人志士前仆后继力图实现工业化、现代化却失败的原因，就成为我学术活动的主流。1944 年底去美国芝加哥大学学习，也是带着这个问题去的。

后来，我通过硕士学位论文的写作，发现两千余年的儒学统治是阻碍中国社会实现工业化、现代化的极其重要的原因。这篇论文有自己的独立见解，得到一些思想比较开明的中、美学者的赞同。20 世纪 90 年代初，武汉大学社会学系研究生王进及其中学同学叶巍读此论文后，认为它在今天仍有现实意义，并且提出了一个批判儒学的崭新视角，于是花了两年时间将它译为中文，在中国人民大学出版社及该社李艳辉编审的支持下，以专著形式出版，全书 18.5 万字，题为《中国的儒学统治：既得利益抵制社会变革的典型事例》。该书出版后，受到开明学术界的好评。

另外，1947 年 9 月，我到武汉大学教授社会学，承续我在硕士学位论文中形成的思想路线，结合当时中国的社会实际，1948 年在上海《观察》《时与文》、南京《世纪评论》《大学评论》、北平《自由批判》等报刊上发表了 30 篇文章，引起广泛的共鸣，后来选了 23 篇，得到武汉出版社的支持，出版了《黎明前的沉思与憧憬——1948 年文集》。

这两件事情说明，我的社会学研究是取得了初步成果的，我是尝到了做学问的味道。如果不受干扰，我将继续进行社会学的研究工作，有可能取得更重要的成就。但是，新中国成立后，我国"一边倒"地学习苏联，社会学教研工作被取消了。作为一个社会学工作者，我的学术生涯不得不暂时中断，并不得不离开学校。

一直到 1964 年，武汉大学响应党中央的号召成立了美国史研究室，从未忘情于学术研究的我，打听到我有可能参加这个工作，于是积极申请回到武汉大学，这就是我开始研究美国史的原因。也就是说，尽管我当时对研究美国史的重要意义有较清楚的认识，也不无兴趣，但我研究美国史是当时的客观条件决定的。

二

我的美国史研究工作开始于 1964 年 4 月，大体上可以说是开始酝酿"文化大革命"的时代，因此面临三个问题。

一是缺乏切实可用的图书资料，我们能够得到的图书资料大都是受过苏联教条主义影响的。

二是我对自己时间和精力的运用不能自己做主。开始半年，我们还能为美国史研究做一些准备工作，但到 10 月，我便被调到农村去参加"四清"运动，直到 1965 年 5 月才回到学校。此后一年，我研究美国黑人运动史，撰写出《第二次世界大战后美国黑人运动简史》讲义，并应《光明日报》之约，写成《黑人暴力斗争理论的发展》一文（因时局变化，该报只寄来清样，未正式发表）。从 1966 年 5 月到 1972 年，我奉命参加"文化大革命"运动，美国史研究只能是在业余时间偶尔干的私活。从 1973 年到 1978 年底，我又奉命从事世界史、地区史和国别史以及联合国文献的翻译工作。这些工作虽然对美国史研究多少有点铺垫作用，但到底不是美国史研究。因此这13年，对于我这个美国史研究工作者来说，乃是虚度大好年华。

三是当时我研究美国史，经常感到一种"紧跟"的负担。美国史中哪些部分可以研究、哪些部分不可以研究，美国历史发展进程遵循什么规律，美国历史上人物和事件应如何评价等，都是要以指示尤其是最高指示为根据的。因此，除紧跟经典著作及《人民日报》《红旗》等报刊外，还得经常打听关于美国的事务最近有什么最高指示，发布了什么最新文件，以便找来阅读，作为"紧跟"的根据，否则寸步难行。当时研究美国史，特别是现当代美国史，似乎是存在一个公式的。从经济方面说，是经济危机日益频繁而严重，几近崩溃；从政治方面说，是实行资产阶级假民上，实际是欺骗、压迫广大人民群众，阶级斗争愈来愈严重，政权很不稳；从社会方面说，是机会不平等，人情冷漠，富者骄奢淫逸，贫者无家可归；从文化方面说，是粗俗浅陋，腐朽堕落；从对外关系说，是侵略扩张，失道寡助。因此，美国的综合国力是日益下降，世界的格局是"东风压倒西风"。总之，美国正是列宁说的腐朽的、垂死的帝国主义国家。当时的美国史研究，要摆脱这个公式的束缚是极其困难的，也是很危险的。

现在想来，由于有这种"紧跟"的负担，当时即使我能自己做主支配自己的时间与精力，我也不可能在美国史研究中做出真正成绩。

三

我的美国史研究的春天，开始于20世纪70年代末。这个春天是怎么来的呢？上面提到的那个美国史研究的公式，和列宁的名著《帝国主义是资本主义的最高阶段》（简称《帝国主义论》）有关。新中国将马列主义、毛泽东思想作为治国的指导思想，因此，列宁这本书中的所有论点都被认为是绝对正确的；既然这本书中说美国在19、20世纪之交已进入帝国主义阶段，而帝国主义又是"腐朽的、垂死的资本主义"，那么人们研究20世纪美国史，就不能不得出"美国是个腐朽的、垂死的帝国主义国家"的结论。但是，1972年美国尼克松总统访华后，中美关系日渐缓和，特别是1979年元旦中美正式建交后，两国各个领域的交流和人员往来日益频繁，国外关于美国和美国史的图书资料源源不断地进入中国，许多中国人特别是青年人，甚至个别老资格的中共领导干部，从实际接触中感受到、认识到：当代美国还不能说是"腐朽的、垂死的国家"，而是"腐而不朽，垂而不死"，甚至还有相当强的生命力。第二次世界大战以后，美国虽然还是不断出现经济危机，但总的趋势是经济不断高涨，美国是当时世界上两个超级大国之一。这种官方书面上的美国和日益扩大的人民群众心目中的美国的鲜明对照，使我感到，冲破"左"倾教条主义的束缚，根据美国历史发展的实际来研究美国史，这种学术活动是会越来越有市场的。

另外，1978 年，《实践是检验真理的唯一标准》这篇具有划时代意义论文的发表，和改革开放政策的理论与实践，又给我根据美国历史发展的实际研究美国史提供了机会和平台。从 1977 年 8 月 8 日到次年 4 月 22 日，邓小平四次谆谆告诫国人，一定要重视科学和教育，否则四个现代化便是空谈。他还要求制订出具体计划并予以落实。在这种形势下，1978 年夏在天津召开的全国史学规划座谈会建议：由武汉大学和南开大学牵头成立中国美国史研究会和编写美国史。据此，1979 年 4 月 21～26 日，在武汉大学召开了中国美国史研究会筹备会。1979 年 1 月受命主持武汉大学美国史研究室工作的我负责主持这次会议。会上，关于编写美国史的问题，与会者达成三点共识：第一，美国是当时世界上两个超级大国之一，在国际事务中具有重大影响，全面地、理性地、与时俱进地认识和对待美国，对我国四个现代化事业有巨大的作用和意义，这种形势，使得编写一套能够帮助国人科学地、深入地、系统地了解美国历史和现状的美国史成为迫切的需要；第二，从当时情况看，我国没有一个学术单位有能力编写出这样一套美国史，但把各有关单位的力量统一组织起来联合攻关，是有可能的，这种组织工作应交给即将成立的中国美国史研究会负责；第三，成立由北京大学、南开大学、吉林师范大学（今东北师范大学）、四川大学、武汉大学、南京大学有关教师组成的编写《美国通史》的班子（后来北京大学、四川大学和南京大学退出了，华东师范大学加入了），并选举杨生茂、刘绪贻任总主编。同年 11 月 29 日，中国美国史研究会正式成立，我被选为副理事长兼秘书处秘书长，实际上负起了组织编写工作的责任。后来因情况变化，我还不得不负起主编和主撰《美国通史》第五卷《富兰克林·D. 罗斯福时代（1929—1945）》和第六卷《战后美国史》的任务。

现在总结起来看，大体上可以说，在同事和学生的协助下，我的美国史研究取得了一定的成绩。1979～2006 年，我一共发表了美国史论文和其他文章 76 篇、译文 3 篇。1983 年，中国社会科学出版社出版了我主持翻译的《一九〇〇年以来的美国史》（上、中、下三册），中国美国史研究会印行了我主持翻译的《新政》。1984 年，湖南人民出版社出版了我与刘末合译的《被通缉的女人》（美国黑人女英雄塔布曼传）。1984～1987 年，武汉大学出版社出版了我主编的"美国现代史丛书"3 种。1987 年，湖北人民出版社出版了我主编的《当代美国总统与社会——现代美国社会发展简史》。1988 年，该社又出版了我主译并总校的《乔治·布什自传——注视未来》。这两本书产生了相当广泛的影响，据说美国有 4 份华文报纸为后一本书的出版发了消息（我手头只有纽约《联合日报》剪报），老布什总统还给我写了感谢信。1988 年，武汉大学出版社还出版了我和刘末合译的美、苏学者合著的《资本主义、社会主义与和平共处——从痛苦的过去到较好的未来》一书。1989 年，人民出版社出版了我主编并参加撰写的《战后美国史（1945—1986）》。1990 年，商务印书馆出版了我主持翻译的《多难的旅程——四十年代至八十年代初美国政治生活史》。1993 年，该馆又出版了我协助朱鸿恩翻译并由我总校的《罗斯福与新政（1932—1940 年）》。1994 年，人民出版社出版了李存训协助我撰写的《富兰克林·D. 罗斯福时代（1929—1945）》。2001 年，中国社会科学出版社出版了我所著的《20 世纪 30 年代以来美国史论丛》。1989～2001 年，人民出版社出版了我与杨生茂任总主编的"美国通史丛书"［《富兰克林·D. 罗斯福时代（1929—1945）》和《战后美国史（1945—1986）》收入该丛书作为第五、六两卷］。2002 年，中国社会科学出版社出版了我和李世洞共同主编的《美国研究词典》，人民出版社出版了我编撰的《战后美国史（1945—1986）》增订本《战后美国史（1945—2000）》。同年，人民出版社以这个增订本《战后美国史（1945—2000）》作为第六卷，并请"美国通史丛书"其他各卷负责人对原书做了必要的修订，出版了共约 300 万字的六卷本《美国通史》。2005 年，这套《美国通史》又由中国出版集团选入"中国文库"，由人民出版社再版。

这套《美国通史》在学术上有什么贡献呢？我们全体参加编写的人员，从制订编写这套书的计划起，就不断探讨这个问题。结合此前我国美国史研究中存在的不足，我们逐渐认识到，我们必须使这套书具有以下五个特点。第一，要以马克思主义作为指导思想，克服"左"倾教条主义，结合美国历史实际进行实事求是的论述。要写出中国美国史著作的特点，体现中国美国史研究的最高水平。第二，要理论联系实际，纠正一些流行的对美国历史的错误和模糊认识。既要借鉴美国对我国有益的经验，又要消除人们对美国存有的某些不切合实际的幻想。第三，要冲破虽未公开宣布但实际存在的第二次世界大战结束时期的界限，不能像以往美国史出版物那样只写到二战结束，以帮助读者更好地了解当今的美国。第四，要全面论述美国历史，不能只写成简单而片面的政治、经济史。第五，要运用比较丰富而新颖的资料，要附有全面扼要的外文参考书目和便利读者的索引。我们全体编写人员在写作过程中是力图体现这些特点的，但究竟做到什么程度，当然只能由读者做出判断。

从我个人来说，我在学术上是否做出过什么贡献呢？外界的评论很多，大都过誉。比如黄安年、任东来、杨玉圣三位教授说，刘绪贻在中国美国史研究的学科规划、队伍组织、人才培养、著书立说、翻译介绍诸方面，贡献彰著，德高望重；朱庭光、武文军两位研究员认为，刘绪贻的美国史研究可以自成一个流派。这都是我不敢当的。

具体而言，我做了以下工作。

第一，我和同事、研究生一起冲破了第二次世界大战后这个禁区。因为经典作家没有人对二战后资本主义做过系统的学术论证，人们难以找到"根据"，改革开放以前出版的我国学者写的世界史和国别史，没有一本敢写到二战后的（个别美国史著作略为涉及20世纪50年代初）。1979年起，我就陆续发表关于二战后美国黑人运动史的论文。1980年，我接受了主编并撰写《战后美国史》的任务。从此，除我自己发表涉及战后美国史论文外，还鼓励同事并指导研究生发表了一系列从杜鲁门总统到里根总统时期的美国史相关论文。这样，就如中国世界现代史研究会理事长齐世荣教授1984年4月5日来信所说："现代史尤其是战后的当代史，一向列为禁区，无人敢碰，您在这方面做了许多工作，很值得我学习。"的确，不仅美国史研究的战后禁区，还有世界史研究的战后禁区，从此都被冲破了。

第二，我成功地为罗斯福新政翻了案。新中国成立以来，特别是1960年以来，我国史学界大都对罗斯福新政持否定态度。有的书说："从罗斯福新政的主要内容可以看出，新政完全代表着美国垄断资本的利益。"有的文章说："新政摧残了人民民主权利。"又有的文章说："罗斯福新政与其他形形色色资产阶级克服危机的办法一样，结果是以彻底失败而告终的。"我查阅许多有关资料，了解到这些论断大都是"左"倾教条主义影响下的产物，与罗斯福实行新政的史实并不相符。比如，罗斯福新政是在1939年暂时告一段落的。这一年，美国的工业产值比 1932 年增长了 60%。按 1958 年美元计算，1939 年美国的国民生产总值从 1933 年的 1415 亿美元增长到 2094 亿美元；人均可以自由支配的个人收入从 1933 年的 893 美元增加到 1940 年的 1259 美元。垄断资本利润也增加了。因此，从 1981 年起，我就不断发表文章，为罗斯福新政翻案，将它的作用定位如下：罗斯福新政在美国垄断资本主义的基本矛盾发展到顶点、面临崩溃之时，迅速地、大规模地向非法西斯式的国家垄断资本主义过渡，在保存资本主义民主的前提下，局部改变生产关系，限制垄断资本主义阻碍生产力发展的某些因素，在一定程度上改善中、小资产阶级和广大劳动人民的政治经济处境，缓和了阶级斗争，基本上克服了 1929～1933 年美国最严重的经济危机，延长并加强了美国垄断资本主义制度。大约到 1987 年我主编的《当代美国总统与社会——现代美国社会发展简史》一书问世后，我国美国史和世界史的出版物中，就再也难看到否定特别是彻底否定罗斯福新政的论点了。

第三，我提出了两个新概念。其一，根据上述我对罗斯福新政作用的定位，罗斯福新政作为一种国家垄断资本主义，既不同于列宁论述的只对资本家、银行家有利而对工人、农民有害的国家垄断资本主义，也不同于对内专制独裁、对外扩张侵略的法西斯式的军事国家垄断资本主义，而是一种西方学者称为"福利国家"的国家垄断资本主义，我称之为"'新政'式国家垄断资本主义"。这个新概念已被一些美国史和世界史出版物所沿用。其二，我认为 20 世纪 30 年代经济大危机以来，特别是第二次世界大战以后，虽然仍然处在列宁在《帝国主义论》中说的"帝国主义和无产阶级革命的时代"，但因私人垄断资本主义已转变为国家垄断资本主义，它已不是一般的帝国主义和无产阶级革命的时代，而是帝国主义时代中的国家垄断资本主义和无产阶级革命的时代。从这个时代起，世界现代史中的许多现象，如果不考虑到国家垄断资本主义引起的变化，是不可能被认识和阐述清楚的。这个时代新概念的成立就意味着列宁时代概念的过时，所以有勇气接受的人还不多。

第四，我提出了两条垄断资本主义发展的新规律。一条是：垄断资本主义在其基本矛盾发展到顶点、面临崩溃之时，要挽救它并延长它的生命，有一种而且只有一种办法，那就是向国家垄断资本主义过渡，但这种国家垄断资本主义必须有别于法西斯式的军事国家垄断资本主义，要在保存资本主义民主的前提下，局部改变资本主义生产方式内部的生产关系，限制、消除私人垄断资本主义的某些弊病，在一定程度上改善中、小资产阶级和广大劳动人民的政治经济处境，以便适度减轻资本主义基本矛盾的作用，缓和阶级斗争。另一条是："新政"式国家垄断资本主义可以暂时克服垄断资本主义最严重的经济危机并延长垄断资本主义生命到一个相当长的时期，但是，这种大规模赤字财政政策必然引起通货膨胀，而且由于资本主义的基本矛盾仍然存在，生产停滞的危机也不能避免，两者相互作用，必然引起更加难以克服的新型经济危机——"滞胀"。

第五，我发展了马克思主义关于阶级斗争原理和列宁关于垄断资本主义亦即帝国主义的理论。我认为，马克思主义、列宁主义作为一个学术思想体系，要从总体上发展它们，并不容易，但想在个别问题上有所发展，只要本着与时俱进的精神，密切结合历史发展的实际，并不是不可能的。比如，在19世纪（主要是40~70年代）马克思、恩格斯所写的一些著作中，"工人变成了机器的单纯的附属品"，他们大都"几乎得不到或完全得不到保障去免除极度的贫困"，"国家不管他们，甚至把他们一脚踢开"；资产阶级则尽量榨取剩余价值，一般只习惯于原始的工业专制主义，即延长工时，压低工资，提高劳动强度，进行血腥镇压。因此，无产阶级与资产阶级之间的斗争，便成为一种"你死我活的斗争"。随着无产阶级的逐渐强大和日益觉醒，马克思在1867年出版的《资本论》中说："资本主义私有制的丧钟就要响了。剥夺者就要被剥夺了。"恩格斯在1847年末写的《共产主义原理》中说："共产主义革命发展得较快或较慢，要看这个国家是否工业较发达，财富积累较多，以及生产力较高而定。因此，在德国实现共产主义革命最慢最困难，在英国最快最容易。"后来，列宁、斯大林也一再宣布资本主义制度就要灭亡。但是，第二次世界大战后爬上资本主义世界霸主宝座的美国，工业、财富、生产力高度发展，为什么没有像经典作家们预言的那样，出现剥夺者被剥夺的革命呢？我认为这个问题是可以从美国垄断资本主义的发展变化中找到答案的，找到答案也就发展了马克思主义阶级斗争原理。后来，我通过钻研经典作家、经济学家们关于垄断资本主义发展史，特别是美国垄断资本主义发展史的论著，了解到第二次世界大战以后，特别是到了20世纪60年代，美国早已从一般或私人垄断资本主义转变为国家垄断资本主义，工人阶级大多数已成为中产阶级，不再是"机器的单纯的附属品"，也不再活不下去；资产阶级由于主客观条件的变化，对工人阶级也尽量不用《共产党宣言》中说的"公开的、无耻的、直接的、露骨的剥削"方法，而是一方面提供更有吸引力的工作环境，另一方面微妙地迎合工人的自我意识，把两者结合起来。这样，无产阶级与资产阶级之间虽然仍有矛盾和斗争，但已不是"你死我活的斗争"，而是"争取活得更好些的斗争"。这种斗争的目的，不再是推翻资产阶级的统治，而是改善无产阶级的政治、经济、社会地位。因此，就出现了工人运动和社会主义运动的低潮。

以上所述，就是我对马克思主义阶级斗争原理的发展。我是怎样发展列宁帝国主义亦即垄断资本主义的理论的呢？列宁在论述第一次世界大战期间一般垄断资本主义转变为国家垄断资本主义时，认为工人、农民将受到更严重的压迫和剥削，资本家将获得比战前更高的利润。这样的国家垄断资本主义，当然会加剧资本主义的基本矛盾，加速社会主义的到来。但是，后来资本主义世界的历史发展并非如此。我从对罗斯福新政的研究入手，发现"新政"式国家垄断资本主义不同于列宁看到的国家垄断资本主义，也不同于德、意、日的军事国家垄断资本主义，它能缓解资本主义的基本矛盾，缓和资本主义社会阶级斗争，延长并加强垄断资本主义制度。目前，各发达资本主义国家实行的，基本上都是"新政"式国家垄断资本主义。这就是我对列宁帝国主义理论的发展。总之，如不少评论者所说，我对列宁逝世后美国垄断资本主义发展史的研究是有独创见解的，但这种见解是否正确，则有待于读者的判断和时间的考验。

如果可以说我的美国史研究取得了一定的成绩，那么原因是什么呢？我以为有以下几点。一是时间和精力有保证。从1979年1月到2002年，特别是1987年退休以后，我放弃了一切节假日，这24年来，我所有的时间和精力，都用在了美国史研究上。近四年来，我虽然热衷于探讨民主和法治问题，反对儒学糟粕，但也没有放弃对美国史的关注。要是像以往那样对自己时间和精力的运用不能自己做主，那是很难做出成绩的。二是对学术工作有正确的认识。做学问是为了追求真理，增长知识，是为了对国家、对人民甚至对人类有益处，决不能计较个人得失。这样才能具有学术勇气，敢于反对"左"倾教条主义。三是进行学术交流，扩大学术视野。我不独感到我原来对社会学、文化人类学的学习和研究对我的美国史研究有些帮助，还特别觉得我对经济学著作的学习和研究，对我的美国史研究具有重要的作用。另外，我和美国一些著名美国史学家的交往，我到美国的访学和研究，我参加的有关国际学术会议，不仅使我获得许多有用的图书资料（包括第一手资料），而且使我得以借鉴许多不同性质国家的美国史学家的研究方法和成果，这对我扩大学术视野是极为有益的，也彻底改变了以往那种闭门造车、唯我正确的有害的为学之道。

从社会变迁到社会发展

——我的社会学研究历程

刘绪贻

  社会变迁是社会学研究的主要领域之一。自社会学奠基人奥古斯特·孔德以来，西方社会学家大都重视社会变迁的研究。

  马克思主义的社会学，可以说主要是研究社会变迁的。历史唯物主义研究的是社会变迁的原理，其着重点在于为什么资本主义社会必然发展成社会主义社会。作为社会学工作者，我主要研究的是社会变迁，或者说从研究社会变迁到研究社会发展。

一

  在美国芝加哥大学求学期间，我对美国著名社会学家威廉·费尔丁·奥格本的"社会变迁"和路易斯·沃思的"知识社会学"等课程甚感兴趣，并受其影响，重点研究中国社会长期停留在君主专政时代而不能转变为工业化（实即资本主义）时代的原因。我花一年多时间，从中国的二十五史等书中摘录资料，写了一篇约18万字的硕士学位论文，题为《中国的儒学统治：既得利益抵制社会变革的典型事例》。其主要内容如下。

  从孔子时代起，中国逐渐出现一个被称为儒家（或儒生、士）的特殊人群。他们学习、教授和发展六经（《诗》《书》《礼》《乐》《春秋》《易》）、《论语》、《孝经》、《孟子》、《荀子》等书，统称为儒家学说。他们一再试图说服春秋时代的诸侯、战国时代的诸王和汉朝皇帝，要求实行他们的学说。西汉初期，在陆贾、叔孙通等儒生的诱导下，马上得天下的汉高祖发现强调"忠君""尊君"思想的儒学对其专制统治非常有用，儒生于是逐渐得势，并从儒学中日益得到很多利益。到汉武帝时，汉武帝在董仲舒的怂恿下罢黜百家，独尊儒术。儒生只要考试合格，就可以不纳税、不服徭役和兵役。他们还试图垄断政府官职，而且在西汉元帝时基本取得成功。自此时起，皇室和儒生阶层更在儒学中获得深厚的利益。东汉光武帝为保证皇家统治的稳固，进一步鼓励读经，并对未入仕途的儒生也在物质和精神上予以奖励。这就更增加了读经的实用价值。隋、唐两代，鉴于魏、晋、南北朝儒学统治减弱影响皇权稳固，建立了以儒学为唯一或主要考试内容的科举制度，使统治阶级从儒学获取既得利益更加制度化。从宋代起，科举制度更加强化。宋时儒生犯罪，可以要求延期惩罚。明、清两代，儒生又被授予许多特权。除皇亲国戚外，儒生或士在中国的社会地位属于最高层，所谓"万般皆下品，唯有读书高"。为了报答皇恩，儒生在解释、讲说经书时，总是极力为皇权辩护，扩大皇权，并使皇权神圣化。此外，为保证和扩大他们的利益，也是从汉代起，皇室和儒生阶层就相互合作以抑制和镇压其他学说和社会群体。除晋至南北朝时期有些挫折外，一般来说他们都是成功的。这种将统治阶级各组成部分既得利益一致起来的社会分层模式，使得统治阶级既得利益群体成为一种非常强大的、抵制社会变革的力量。

由于以上原因，两千年来中国的朝代虽然一变再变，但都只换了皇室姓氏，而建基于儒家思想的社会总结构，特别是它的政治和宗法制度，一直是不变的，而且是日益强化的。儒家阶层中，旧的家族和个人被排挤了，新的家族和个人进入了，但作为一个阶层，它不独继续存在，而且日益强大（除晋至南北朝时期有所削弱外）。只要这种社会分层模式继续存在，凡是异于儒学的事物，是不能在中国社会得势的。比如，由于儒家阶层禁止言"利"，商业和工业的知识与技能只要开始抬头，便会受到压制。西汉年间就开始了这种压制，新中国成立以前的大约三百年间，这种压制更加典型。由于儒家耻谈"奇技淫巧"，认为"玩物丧志"，中国的科学技术发展也受到阻碍，难于兴旺发达。这就是儒学能在中国统治两千年的主要原因，也是中国社会难于发展为资本主义社会的极其重要的原因。

总的来说，儒学统治对中国工业化或现代化是具有重大阻碍作用的。我对儒学的这种看法，即使在接触过梁漱溟以来海内外主要新儒家为儒学辩护的各种论点以后，也未改变。

新中国成立后两三年，中国停止了社会学的教学与科学研究工作。1964

年，我转而研究美国黑人运动，不久"文革"开始，蹉跎十年，除译书外，研究成果有限。"文革"期间，"东风压倒西风""帝国主义行将崩溃"之说盛行，但与世界实际形势相去甚远。于是，改革开放以来，我以美国垄断资本主义社会的发展过程为典型，集中研究垄断资本主义社会的演变规律。十多年来，除数十篇论文外，还出版了三本专著。其主要论点如下。美国是19、20世纪之交由自由资本主义社会转变为垄断资本主义社会的。按照资本主义社会基本矛盾发展的规律，进入垄断资本主义社会后，由于垄断代替了自由竞争，这种基本矛盾就会更加尖锐，经济危机更加频繁而严重，无产阶级与资产阶级的斗争更加激烈，已经到了列宁说的无产阶级革命的前夜。从20世纪前三十余年情况看，列宁对垄断资本主义社会的分析，是符合美国社会发展实际的。在这三十余年中，美国经济危机已由19世纪的十年一次，加快到六年一次，从总的趋势看，程度也日益深刻。人民群众斗争日益发展，1918～1923年形成革命高潮。随后几年，虽然由于美国在第一次世界大战中发了横财，采用新技术、新设备，特别是提高劳动强度与覆盖率的生产合理化运动，美国出现过一段短暂繁荣时期，但也酝酿了更加尖锐的资本主义社会基本矛盾。果然，1929～1933年，出现了空前严重的经济危机，将美国垄断资本主义社会制度推到崩溃的边缘。那么，美国为什么没有出现无产阶级革命呢？对这个问题列宁曾做过解释。他在《帝国主义是资本主义的最高阶段》中虽然说垄断资本主义是垂死的资本主义，是无产阶级革命的前夜，但他在1920年7月6日为该书写的《法文版和德文版序言》中说："本书的主要任务，无论过去或现在，都是……说明20世纪初期，即第一次世界帝国主义大战前夜，全世界资本主义经济在其国际相互关系上的总的情况。"因此，世界形势如果发生变化，他在该书中的理论就得发展。随着第一次世界大战的发生和发展，列宁发展了他关于垄断资本主义的理论。他说："发展到帝国主义即垄断资本主义的资本主义，在战争的影响下已经变成了国家垄断资本主义。"而且，"因为国家垄断资本主义是社会主义的最完备的物质准备，是社会主义的入口，是历史阶梯上的一级，从这一级就上升到叫做社会主义的那一级，没有任何中间级"。这里，根据社会实践的检验，列宁不再说垄断资本主义，而是说国家垄断资本主义才是垂死的资本主义、无产阶级革命的前夜。

不过，后人研究垄断资本主义社会的发展规律，不能抱着列宁"昨日的理论"不放，而要随着社会实践的发展，发展列宁关于垄断资本主义社会发展的理论。因为，列宁看到的国家垄断资本主义，乃是第一次世界大战时期的国家垄断资本主义。当时，他在《大难临头，出路何在?》一文中说："无论美国或德国，'调节经济生活'的结果是给工人（和一部分农民）造成军事苦役营，给银行和资本家建立起天堂。这些国家的调节办法就是把工人'勒紧'，紧到挨饿的地步，另一方面保证（用秘密手段、反动官僚手段）资本家获得比战前更高的利润。"这样的国家垄断资本主义社会，当然会加剧资本主义社会的基本矛盾和阶级斗争，加速社会主义革命的进程。如果一战后美国仍然实行这种国家垄断资本主义，不能说没有可能发生无产阶级革命。但是，一战后美国又逐渐回到一般垄断资本主义社会。当这种社会制度发展到顶点，出现空前严重经济危机即美国人所谓"大萧条"时，1933 年上台执政的罗斯福政府为克服危机，再次实行的国家垄断资本主义，却与列宁在一战期间看到的国家垄断资本主义，即最反动、最沙文主义的军事国家垄断资本主义，不是一回事。如罗斯福所说，他实行新政，是为了摆脱造成大萧条的自由放任主义，又要保存资本主义民主，避免走德、意法西斯主义即最反动、最沙文主义的军事国家垄断资本主义和苏联的共产主义道路。社会实践证明，罗斯福实行的新政基本上是成功的，它体现了列宁不曾见到的一条垄断资本主义社会发展的新规律。这条新规律可表述如下：当垄断资本主义社会在其基本矛盾发展到顶点、而临崩溃之时，要挽救它并延长它的生命，有一种而且只有一种办法，这就是向有别于法西斯主义的国家垄断资本主义过渡，在保存资本主义民主前提下，局部改变资本主义生产方式内部的生产关系，限制、消除一般垄断资本主义社会中的突出弊病，在一定程度上改善广大劳动人民和中、小资产阶级的政治经济处境，适度减轻资本主义社会基本矛盾的作用，缓和阶级斗争。这就是为资本主义国家政界人士和学者们所称道的"福利国家"道路。我称之为"'新政'式国家垄断资本主义"。

"新政"式国家垄断资本主义政策的核心，是用大量的国家赤字开支来扩大就业，实行救济特别是以工代赈，提高国内购买力，克服生产过剩危机，为资本主义社会的进一步发展创造条件。但是，实行这种政策容易引起通货膨胀。另外，由于国家垄断资本主义社会并未消除资本主义社会的基本矛盾，更由于第二次世界大战期间及以后生产和资本的进一步集中，科学技术的迅速发展，这种基本矛盾还有所加强。二战以后，美国因生产过剩引起的经济危机更加频繁。这两种趋势相互作用的结果是，二战后美国逐渐出现生产停滞和通货膨胀两症并发的危机。这种"滞胀"危机在 1969～1970 年基本形成，在 1974～1975 年则举世公认。这种新型经济危机具有更大的破坏性，而且更难对付。因为不扩大赤字开支就不能解除生产停滞、失业增加的危机，而扩大赤字开支又加剧通货膨胀，真是"扶得东来西又倒"。以上这种发展趋势，体现了垄断资本主义社会的第二条发展规律，可简述如下："新政"式国家垄断资本主义是可以暂时克服垄断资本主义最严重的经济危机并延长垄断资本主义社会生命到一个相当长时期的，但这种大规模赤字财政政策必然引起通货膨胀，而且由于资本主义基本矛盾仍然存在，生产停滞的危机也不能避免，两者相互作用，必然引起更加难以克服的新型经济危机——滞胀。美国"滞胀"经济危机到吉米·卡特政府时期（1977～1981）发展到极其严重的程度。1980 年实际国民生产总值较 1979 年下降 0.2%，失业率达 7.0%，消费物价上涨率更达 13.5%。面对这种社会发展停滞的形势，大多数美国选民抛弃了民主党人卡特，使得以保守著称的共和党人罗纳德·威尔逊·里根上台执政。为摆脱这种阻碍美国社会发展的"滞胀"困境，里根制订了目的在于刺激生产和抑制通货膨胀的"经济复兴计划"，大力削减个人及公司所得税以促进储蓄和投资；削减非国防开支以减少预算赤字；放慢货币增长速度以遏制通货膨胀；切实放松政府对企业的微观控制，以增加企业的积极性、灵活性和创造性。实施结果是，里根政府最后取得了近八年的低通货膨胀率下的低速经济增长，基本克服了"滞胀"现象。但与此同时，为与苏联进行军备竞赛，里根政府又大规模增加国防开支。这种"紧通货、松财政"政策固然有助于刺激生产，但却造成里根政府空前的高预算赤字、高贸易逆差和高国债，还扩大了贫富差距，引起广大群众不满。

　　1993 年出任总统的民主党人比尔·克林顿除继续致力于防止"滞胀"外，还力图减少以至消灭预算赤字和贸易逆差。他综合调整财政以大规模压缩预算赤字；实行对经济既不起刺激作用也不起抑制作用的"中性"货币政策，继续抑制通货膨胀；大力鼓励和促进高新技术的迅速开发和应用、产业和产品结构的调整、企业的重组、管理水平的提高，以提高劳动生产率和国际竞争力；希望积极利用经济全球化进程以大力促进出口贸易。他执政六年来，美国不仅保持了长期低通货膨胀率下的低速经济增长，还消灭了预算赤字；虽然贸易逆差仍然存在，但出口贸易增长很快。据此情况，有少数观察家认为，克林顿经济学已经消灭了资本主义的商业周期。尽管他们的论点还没有足够的说服力，但目前美国社会经济的发展的确处于良好的状态。

为什么直到 20 世纪末资本主义仍有相当强的生命力呢？我的初步想法是，虽然资本主义社会是为利润而生产、存在阶级剥削和压迫的社会，但除法西斯专政型的资本主义社会外，英、美、法等资本主义社会具有的民主制度，使学术思想比较自由，较易避免教条主义统治；社会机制比较灵活，较易进行自我调整，不断根据社会发展需要，局部改变生产关系、上层建筑以适应生产力、经济基础的发展。比如，在自由资本主义社会转变为垄断资本主义社会以后，为防止各垄断集团的疯狂竞争影响垄断资产阶级的整体利益，论述国家干预社会经济生活必要性的学说不断出现，向当时美国占支配地位的自由放任主义发起冲击，最后形成符合凯恩斯主义的罗斯福新政理论。如前所述，罗斯福政府据此理论局部改变了当时美国社会生产关系，将一般垄断资本主义转变为国家垄断资本主义，使美国资本主义社会得到进一步发展；而且随着社会发展的需要，后来被定为官方经济学的凯恩斯主义还由阿尔文·汉森、詹姆斯·托宾等经济学家做了修订，当六七十年代美国逐渐出现"滞胀"危机时，又出现了反对凯恩斯主义的货币主义学派和供应学派，并成为里根政府社会经济政策的理论基础，而这种政策则基本上克服了"滞胀"危机。为解决里根政府和布什政府留下的高预算赤字和高贸易逆差问题，美国又出现了将凯恩斯主义、现代货币主义、供应学派和理性预期学派综合起来的新凯恩斯主义。克林顿政府成功的社会经济政策，正是以此为理论基础的。总之，20 世纪美国资本主义经济危机的克服与社会的发展，主要是由于美国具有比较自由的学术环境和比较灵活的自我调整的社会机制。我们不喜欢而且坚决反对美国日益横行的霸权主义，但我们应该研究并了解美国成为超级大国的原因。

以上是我研究社会变迁的简史。

二

90 年代初期以来，我由研究社会变迁转为研究社会发展。邓小平说，中国"从一九五八年到一九七八年整整二十年里，农民和工人的收入增加很少，生活水平很低，生产力没有多大发展"。社会主义民主和法治极被忽视，亟须加强。为什么按照马克思主义原理应当不断向前发展的社会主义社会，却如此停滞不前呢？为什么改革开放政策实施仅十余年，我国在经济上就取得了举世瞩目的成就呢？我们在建设有中国特色的社会主义道路上，还有哪些困难要克服、哪些问题要解决呢？面对这些问题，从 1992 年起，我就从改革开放所引起的中国社会转型入手，研究社会主义社会的发展问题。这种研究，是和研究社会变迁有所区别的，研究社会变迁没有价值取向，完全根据客观社会实践，既研究社会发展，也研究社会停滞甚至衰退。而如邓小平所说，建设社会主义，"发展才是硬道理"。所以研究社会主义的社会实践，就是要研究如何促进社会不断发展，不断提高社会的物质文明和精神文明水平。最近七年来，我主编了一本《改革开放的社会学研究》，发表了一些论文和短评。我认为当前中国的社会发展应该遵循以下几条规律。

第一，必须坚持以发展生产力为主导。生产力决定生产关系，经济基础决定上层建筑，这是大家已经非常熟悉的马克思主义的原理之一。据此原理，社会的发展必须以发展生产力为主导。但是，这种简单明了的原理，在以往各国的社会主义建设中，并未得到很好的遵循。比如在苏联，1921 年列宁实行的新经济政策，是遵循了这一原理的。但列宁逝世后，斯大林逐渐背离了新经济政策。到 1928 年，为应付粮食收购危机，他更是彻底抛弃新经济政策，采取"非常措施"，并使之成为正常的制度，经过两个五年计划，形成了建设社会主义的所谓"斯大林模式"。它在较短时间内取得了巨大成绩，人民的物质文化生活水平有很大提高，科学教育事业有很大发展。但是，它造成经济建设中农、轻、重比例严重失调，特别是农业生产在两个五年计划中连续下降；产品单调质劣，大量积压，而人民需要的产品奇缺，地下经济横行；经济效益低下，国家资源大量浪费。从长远看，它阻碍了生产力的提高和经济发展。这已为苏联后来的历史所证明。

新中国成立后，毛泽东建设社会主义的纲领基本上是借鉴斯大林模式的，而且也在短时间内取得了巨大成绩。到 1956 年，已经基本上完成对农业、手工业和资本主义工商业的社会主义改造。但是，社会主义改造后期过于急促和粗糙，遗留下许多问题。其中一个根本的问题，乃是建设社会主义究竟是以生产力为主导，还是以生产关系为主导。这个问题不解决，以后的发展就难免发生偏向，背离历史唯物主义。所以，1956 年中共八大虽然认为国内的主要矛盾是先进的社会主义制度与落后的社会生产力之间的矛盾，提出主要任务是发展生产力，但因当时国际国内出现了一些新情况，毛泽东就在 1957 年 9～10 月召开的八届三中全会上，将主要矛盾改为无产阶级与资产阶级、社会主义道路与资本主义道路之间的矛盾。后来的一段时间（中间除 1962 年初七千人大会后稍有醒悟外）一直坚持中国的社会发展必须以阶级斗争为纲，结果导致中国社会从 1958 年至 1978 年停滞不前。可见，应坚持发展社会生产力在社会发展中的主导地位，并使其深入人心。

第二，社会发展必须是全面的发展。《中国共产党第十一届中央委员会第三次全体会议公报》说："实现四个现代化，要求大幅度地提高生产力，也就必然要求多方面地改变同生产力发展不适应的生产关系和上层建筑，改变一切不适应的管理方式、活动方式和思想方式，因而是一场广泛、深刻的革命。"这就是说，我们实行改革开放所谋求的社会发展虽然以经济建设为中心，但要求社会的全面发展，而不仅仅是经济基础的发展。但 80 年代以来的实践证明，这种全面发展的要求并未得到满足。比如，1986 年 9 月 3 日邓小平在会见日本公明党委员长竹入义胜时说："我们提出改革时，就包括政治体制改革。现在经济体制改革每前进一步，都深深感到政治体制改革的必要性。不改革政治体制，就不能保障经济体制改革的成果，不能使经济体制改革继续前进，就会阻碍生产力的发展，阻碍四个现代化的实现。"从那时起到现在又 13 年了，我们的政治体制还远未能适应经济体制的改革，所以江泽民在十五大报告中提出，我国还要"继续推进政治体制改革"。又比如，改革开放以来，由于我们有的同志对邓小平提出的"两个文明一起抓"的思想体会不深，只注意了物质文明建设，却忽略了精神文明建设，致使"一些领域道德失范，拜金主义、享乐主义、个人主义滋长；封建迷信活动和黄赌毒等丑恶现象沉渣泛起；假冒伪劣、欺诈活动成为社会公害；文化事业受到消极因素的严重冲击，危害青少年身心健康的东西屡禁不止；腐败现象在一些地方蔓延，党风、政风受到很大损害；一部分人国家观念淡薄，对社会主义前途发生困惑和动摇"。由此可见，我们实行改革开放政策所谋求的中国社会的全面发展，并未得到认真落实。

第三，必须实施可持续发展战略。自 18 世纪工业革命以来，人类便面临一个开发与保护自然资源的协调问题。不开发自然资源便不能提高社会生产力，促进经济增长；不保护自然资源，便可能导致资源枯竭、环境污染，难以保证迅速膨胀的世界人口的生存特别是生活质量的提高。这种人类与自然的矛盾是逐渐加深的，人类对这种矛盾的认识以及解决这种矛盾的迫切心情也是逐渐增强的。到 80 年代，欧洲一些发达国家首先提出了"可持续发展"新观念。所谓"可持续发展"，指的是经济、社会的发展必须同资源的开发利用、环境保护以及人口增长相协调；既要满足当代人的需要，也要顾及子孙后代的需要；要从以物为本位的发展转变为以人为本位的发展。总之，决不能把社会的发展仅仅看成科学技术与经济的发展。近些年来，我国已逐渐注意到制订"可持续发展"战略的问题，并在制订"九五"计划和2010年远景目标时引入了"可持续发展"的思想，江泽民在十五大上也说："我国是人口众多、资源相对不足的国家，在现代化建设中必须实施可持续发展战略。"我以为，在落实这一战略思想的过程中，无论在理论上还是实践上，社会学工作者都是大有用武之地的。

第四，必须有正确的经济增长方式。江泽民在十五大报告第五部分提出，从现在起到21世纪的前十年，"建立比较完善的社会主义市场经济体制，保持国民经济持续快速健康发展，是必须解决好的两大课题"。经济既快速又健康地发展，当然是大好事，但是，如果方式不对，两者就不能兼顾。从半个多世纪的世界历史看，人类在谋求经济快速发展的问题上，是犯过严重错误的。第二次世界大战前及战初，德、日、意等法西斯国家用暴力和说教手段强制发展经济和军事力量，其速度是十分惊人的。但这种对内极端专制、对外疯狂扩张的人类发展史上的恶性怪胎，既不能持久，更不足以为法，与社会发展的正确道路毫不相干，我们不去说它。不过，社会主义社会发展也有个如何加快速度的问题。苏联成立初期，由于面临帝国主义的包围，不得不力求迅速发展经济、军事力量。为此，其采取了高度中央集权的政治经济体制——斯大林模式，布哈林称之为"将'非常措施'变成一种制度"。苏联著名经济学家斯坦尼斯拉夫·缅希科夫认为，这种发展模式虽然在短时期取得巨大成果，"但问题是它能否继续有效地使之发挥作用。我担心的是，事实已证明，一个过分中央集权的社会是不可能做到这一点的"。后来的历史已证明他的预言的正确性。1997年9月北京经济日报出版社出版的《顾准日记》，批评斯大林迅速发展社会经济的模式"苛政猛于虎"，是"反面教员"，是"保证少数人有正常与富裕生活条件下集中国力作战时经济式的建设"。苏联的这种快速发展社会经济的模式是不健康的。我国从1957年后期起实行的"三面红旗"（"大跃进"、人民公社和总路线）式的快速发展社会经济的模式，现在被大家公认是失败的，因为它违反经济规律，是一种运用政治强制手段甚至个人意志提高经济发展速度的方法，或者如十五大报告所说，是一种脱离中国社会实际的、超越时代的方法。要求社会发展的高速度是应该的，但是要时刻记住以往的教训，避免走歧路。

第五，必须与全球化进程接轨。为什么说当前中国社会的发展必须与全球化进程接轨呢？我认为有以下几方面原因。

首先，全球化是人类社会发展的必然结果。随着生产力的发展、科学技术的进步，人类社会发展的总趋势是社会的范围不断扩大。世界各国之间的经济与文化已形成一种你中有我、我中有你的局面，政治与军事之间的相互影响也日益加深，形成一种"牵一发而动全身"的态势。不仅亚洲金融危机这种重大事件使世界震动，有些看起来微不足道的事也可能产生世界影响。所以，当前中国社会的发展，不是要不要与全球化进程接轨的问题，而是要更加自觉地使我国社会发展与全球化进程接轨，使其对我国社会发展有利，同时也能促进整个人类社会的发展。

其次，从文化人类学的角度看，社会的发展有赖于文化（这里所说的文化是广义的，包括人类创造的全部事物）的积累和增长。美国文化人类学家拉尔夫·林顿指出："现存的所有文化中，大概没有一种，其全部组成部分有10%以上是该文化所属社会自己的成员发明的。"换言之，各个社会文化的组成部分的90%，都是从其他文化中吸收来的。如果一种文化与世隔绝，那么其文化的积累与增长亦即社会的发展将十分缓慢，塔斯马尼亚便是个很好的例子。所以，加强各社会之间的交往，是有益于人类文化积累与增长并有利于促进社会发展的。这也是邓小平说建设有中国特色的社会主义要吸收人类文明全部有用成果的原因。

当然，中国社会发展与全球化进程接轨，不仅要吸收其他社会文明成果促进中国社会的发展，中国社会的发展也应为整个人类社会的发展做出贡献，否则也会阻碍中国社会的发展。

最后，如前所说，人类社会发展到今天，全球化已成为一种不可遏止的趋势。"人类共同体""地球村"不再只是未来学家的预言，而是多少可以感触到的具体存在。虽然当前国家利益仍远高于人类整体利益，国际矛盾、冲突甚至战争不断，但人类也开始认识到，全球化进程中出现的许多新事物、新问题，对各国而言是休戚与共的，像人口过剩、贫富悬殊、种族歧视、环境污染、毒品贩卖、性病传染、恐怖活动、军火贸易、跨国犯罪、非法移民、战争与核讹诈等严重危害人类社会的问题，仅靠一个国家是不可能解决的，必须由全世界来共同解决。1995年在哥本哈根举行的联合国社会发展问题世界首脑会议通过的《宣言》和《行动纲领》就是证明。人类还逐渐认识到，国际矛盾与冲突，再也不能仅靠实力、武器来解决，还有赖于国际的理解、谅解和让步。否则，将"一损俱损"，核战争打起来，也可能同归于尽。我国作为一个社会主义国家，有责任高瞻远瞩，通过我国社会发展与全球化进程接轨，为解决这些世界性问题做出自己的贡献。

《改革开放的社会学研究》封面

六卷本《美国通史》诞生记

刘绪贻

一

1977年7月邓小平恢复党内外一切职务后，从8月8日到次年4月22日发表了四次讲话，谆谆告诫国人，一定要重视科学和教育，否则四个现代化就会成为一句空话。他不独从理论上阐明了加强发展科学、教育的重要性，而且要求制订出具体规划，予以落实。在这种形势下，1978年夏天，在天津召开的全国史学规划座谈会提议：成立中国美国史研究会；由武汉大学和南开大学牵头编写美国史。据此，在中国社会科学院世界历史研究所的督促与指导下，1979年4月21～26日，在武汉大学召开了中国美国史研究会筹备会。会上，与会者对于编写美国史的问题进行了认真的讨论，一致认为：美国是世界上两个超级大国之一，在国际事务中具有重大影响，改革开放以来，特别是1979年中美两国关系正常化以后，中美之间的经济、政治、军事等关系和文化、教育交流日益发展，正确地、全面地、理性地认识和对待美国，对我国现代化事业将有重大影响和意义。这种形势就使得编写能够帮助国人科学地、深入地、系统地了解美国历史以及现状的美国史成为迫切的需要。

当时，虽然我国美国史研究取得了一定成绩，出版了少数专著，发表了一批论文，但整体来说，美国史研究工作的基础仍然很薄弱。从已出版著作来看，存在以下问题：一是受"左"倾思想影响，对美国历史上的一些重大事件和人物缺乏实事求是的评价；二是对现代史特别是对第二次世界大战以后的美国史缺乏研究，对了解当代美国不利；三是偏重政治史、经济史，而社会史、文化教育史等方面的内容则极为贫乏，有碍于对美国历史的全面理解；四是所用资料不够丰富全面，而且比较陈旧。这就是说，我国当时还没有一种能够帮助国人科学地、深入地、系统地认识美国历史发展以及现状的美国史。

那么，我国当时有没有可能编写出这样的美国史呢？会议经过讨论认为，从人力、资料等情况看，当时我国任何一个学术单位都难以独自承担这一重大任务，不过把有关单位的力量统一组织起来，联合攻关，是有可能实现这一任务的。会议还讨论了美国史的分期和分阶段问题，并据此认为，可以编写一套多卷本的《美国通史》，或在编写"美国通史丛书"的基础上，再编写《美国通史》。最后，会议决定由即将成立的中国美国史研究会组织北京大学、南开大学、吉林师范大学（今东北师范大学）、四川大学、武汉大学、南京大学等六校有关人员，编写一套约150万字的六卷本《美国通史》，并推举南开大学杨生茂、武汉大学刘绪贻任总主编，杨生茂主要负责前三卷，刘绪贻主要负责后三卷。为配合这一任务，会议还要求参加编写的六校有关人员就其负责编写的历史时期提出重点研究课题，邀请全国有关学者共同参与研究，并要求六校的参与者陆续发表阶段性研究成果。

特别值得指出的是，出席筹备会的人民出版社资深编辑邓蜀生本人就是很有成就的美国史学者，他深感当时我国需要新的美国史著作的迫切性，不独在会议上一再为此出谋划策，而且主动为我们解决学术著作出版难的问题，代表人民出版社约稿，并担任责任编辑。

1979年11月29日，中国美国史研究会在武昌洪山宾馆正式成立。当讨论到落实编写《美国通史》问题时，有些原答应参与者由于教学任务重、图书资料欠缺、经费短缺等原因，表现出畏难情绪，甚至想打退堂鼓。邓蜀生编审再一次慷慨陈词，论述了编写新美国史的必要性和可能性，并希望大家鼓足勇气。在他的鼓励下，大家重振精神，具体制订出了《美国通史编写计划》，确定将这套《美国通史》作为为高等学校美国史专业学生和专业工作人员以及社会上的业余爱好者提供的教材和参考书，要求做到解放思想，实事求是；认真掌握材料，具有比较新颖的观点；内容全面，不能简单地写成政治史和外交史；不能只写到第二次世界大战结束，而要一直写到这套书出版之前美国的最新发展。此外，还要求观点明确，文字流畅，体例规范。编写任务分工如下：第一卷写殖民地时代，由北京大学负责；第二卷写独立战争前夕至内战前夕，由南开大学负责；第三卷写内战至19世纪末，由吉林师范大学负责；第四卷写 20 世纪初至 20 年代末，由四川大学负责；第五卷写 30 年代至 50 年代初（后改为 1929 年至第二次世界大战结束），由武汉大学负责；第六卷写 50 年代至今（后改为战后美国史），由南京大学负责。计划还提出了初步编写进度，预计 1985 年底完成初稿。

1980 年 10 月 12～21 日，在烟台举行的中国美国史研究会年会上，有五个学校提出了各自的编写提纲，还对南开大学的提纲进行了初步的讨论；有四个学校提出了所负责历史时期的重点研究课题。南京大学因另有任务，其负责的第六卷改由武汉大学承担。这次会议进一步讨论了《美国通史》的编写原则和体例，杨生茂教授据此写成《美国通史编写原则和体例说明（修订稿）》，供各校参考。此后，武汉大学拟出了第六卷编写提纲，其余各卷负责人对原提纲进行了较大修改和补充，并提交 1982 年 6 月在苏州举行的中国美国史研究会年会进行讨论。1983 年 1 月，中国世界史规划小组提出将《美国通史》列为第六个五年计划期间国家哲学社会科学重点研究项目。于是，各卷负责人就全书总的指导思想、基本内容与质量要求、理论意义与实际意义、各卷突破点、参加人员水平、资料情况以及更具体的编写计划进行了讨论，并由我综合写成《中华人民共和国哲学社会科学重点研究项目议定书（初稿）》。同年 5 月，经在长沙举行的世界史规划会议审查通过，《美国通史》被正式确定为第六个五年计划期间国家哲学社会科学重点研究项目。这不仅解决了部分经费问题，而且提高了参加编写人员的积极性。6 月上旬，各卷主编和全书责任编辑在北京大学举行小型会议，就全书及各卷指导思想、详细提纲、编写体例以及各卷衔接问题，又进行了一次讨论，并制订出《关于编写〈美国通史〉（六卷本）的几点讨论意见》和《〈美国通史〉（六卷本）体例说明（修订稿）》。会议还确定了当年各卷进一步的修改提纲，要求尽可能写出一至两个样章。到 1984 年 5 月，各卷负责人都完成了这一任务。

到 1985 年底，各校虽然都出版了不同形式的阶段性研究成果，但由于编写人员教学和社会工作任务重、经费短缺和资料不足等原因，都未能完成初稿。两位总主编对已完成的初稿特别是各卷样章进行审阅后，于 1986 年 2 月会同全书责任编辑，致函各卷主编，要求根据有关文件"对全书指导思想、内容和质量进行一次彻底检查"：体例一定要根据有关文件做到规范和统一，必须注意文字的逻辑性、科学性和风格的一致性，杜绝硬伤。

由于各卷编写进度不一致，全书不能保证从第一卷起按顺序出版，邓蜀生编审建议将全书暂称为"美国通史丛书"，哪一卷先定稿就先出版哪一卷。结果是我主编，韩铁、李存训和我合撰的第六卷《战后美国史（1945—1986）》最先写出初稿。1987 年 7、8 月，初稿经两位总主编统稿后，分卷主编又经过半年加工，1989 年 6 月由人民出版社出版。这是"美国通史丛书"的第一本（2000 年 10 月，我又应人民出版社之约，编写出下限至 2000 年的该书增订本，于 2002 年 4 月出版）。第二本是丁则民教授主编，丁则民、黄仁伟、王旭等合撰的第三卷《美国内战与镀金时代（1861—19 世纪末）》，出版于 1990 年 6 月。第三本是张友伦教授主编，张友伦、陆镜生、李青等合撰的第二卷《美国的独立和初步繁荣（1775—1860）》，出版于 1993 年 9 月。第四本是我主编，我和李存训著的第五卷《富兰克林·D. 罗斯福时代（1929—1945）》，出版于 1994 年 12 月。第一、四卷的编写工作，由于北京大学和四川大学原负责编写人员另有任务，两位总主编不得不另请人负责，因而又拖延了时间。最后，"美国通史丛书"的最后两卷——李剑鸣教授著第一卷《美国的奠基时代（1585—1775）》；余志森主编，余志森、王春来、陆甦颖等合撰的第四卷《崛起和扩张的年代（1898—1929）》——于 2001 年 9 月同时出版。至此，"美国通史丛书"共六卷全部出齐，全书总字数超出原定计划近一倍，共约 300 万字。在此基础上，人民出版社决定出版现在呈现在读者面前的六卷本《美国通史》。从策划至正式出版，具体参加编写的美国史研究工作者达 30 余人，历时 24 年。

由上所述，这部《美国通史》是在改革开放的东风吹拂下萌芽的。在策划和编写过程中，得到了人民出版社、中国社会科学院世界历史研究所（特别是该所朱庭光研究员、张椿年研究员）、中国世界史规划小组、中华美国学会、各有关学术刊物以及中国美国史研究会广大会员的关心与支持，这部《美国通史》是集体努力的成果。

二

上面提到，改革开放前我国美国史著作存在一些问题。这些问题中，最严重的是"左"倾教条主义的影响。由于这种影响，当时的美国史著作，特别是现当代美国史著作，似乎都有一个公式：从经济方面说，是经济危机日益频繁而严重，几近崩溃；从政治方面说，是实行资产阶级民主亦即假民主，实质则是剥削压迫广大人民群众，阶级斗争日益尖锐，政权不稳；从社会、文化方面说，是自私自利，腐朽淫逸；从对外关系方面说，是侵略扩张，失道寡助。因此，美国的综合国力是日益下降，世界格局是"东风压倒西风"。总之，美国正如列宁所说，是一个腐朽的、垂死的帝国主义国家。很显然，要写出能够帮助人们科学地、全面地、深入地认识美国的新美国史，就必须摆脱"左"倾教条主义的束缚，冲破这种公式。经过历次讨论，参加各卷编写的工作人员虽然都有这种思想准备，但也不无顾虑。因为改革开放之初尽管邓小平提出要"解放思想，实事求是"，但实际上"左"倾教条主义还相当牢固地统治着学术界，冲破这种公式是要冒风险的。这里，我作为《美国通史》第五卷和第六卷的主编和主撰者，谈谈我个人的一些经历和体会。

1964 年开始研究美国史时，我常常明显感到一种"紧跟"的压力。美国史中哪些部分可以研究、哪些部分不能研究，美国历史发展进程遵循什么规律，对美国历史上人物和事件如何评价等，都要有指示作为根据。因此，除紧跟经典著作及《人民日报》《红旗》等报刊外，还得经常打听关于美国的事务最近有什么最高指示，发布了什么最新文件，否则就寸步难行。这种情况，到我们编写《美国通史》时虽略有松动，但未得到根本扭转。因此，当我动手编写《美国通史》第五、六两卷时，就面临不少问题，其中主要有以下几个问题。

首先，尽管当时没有明令禁止史学界将世界史和主要资本主义国家史写到第二次世界大战后，但却明显存在一个禁区，因为难以找到"根据"。当时出版的我国学者写的世界史和国别史，几乎没有一本敢写到战后的（个别美国史著作略为涉及 20 世纪 50 年代初）。我接任《战后美国史》主编时，除研究生外，我的同事中只有一个人愿意与我合作。由此可见，编写《战后美国史》实际上就是闯禁区，当然难度很大。

其次，经过一番探索，我认为罗斯福新政是解释 20 世纪 30 年代以来美国及资本主义世界历史新发展的典型事例。然而，此前我国史学界受苏联史学界教条主义的影响，拘泥于经典作家个别词句对"新政"所做的解释，否定"新政"在克服美国 1929～1933 年空前严重经济危机中的作用，甚至说"'新政'摧残了人民民主权利"，"完全是维护垄断资本利益的"，所以"以彻底失败而告终"。这些论点违反历史事实，根本不能阐明 20 世纪 30 年代以来垄断资本主义的新发展。不过，要为罗斯福新政翻案，就很可能受到自命为马克思主义者的教条主义者的攻击，因而具有一定风险。后来，我的确一再遇到这种风险。

最后，在初步研究的基础上，我认为，20 世纪 30 年代以后，美国的阶级斗争形势和马克思、恩格斯时代的资本主义国家的阶级斗争形势有很大不同。如果不把这种变化讲清楚，就难以实事求是地论述 30 年代以后的美国历史发展状况。我还认为，列宁关于帝国主义的理论可以解释 20 世纪前 30 年美国历史的发展过程（垄断资本主义发展史），但不能解释 30 年代以后美国历史（由垄断资本主义逐渐转变为国家垄断资本主义）的发展过程。因此，要科学地论述 20 世纪 30 年代以来的美国史，便必须发展马列主义。可是，在当时条件下，发展马列主义是禁区，一个普通教授要公开发展马列主义，即使能有幸不在政治上栽跟头，至少也会被认为是狂妄和不自量力。

事情很明显，如果不解决上述这些问题，我们编写《美国通史》第五、六两卷的工作便不能进行，当然也就不可能保证质量地完成国家重点研究项目。即使勉强完成，也不过是陈词滥调、老生常谈，没有什么价值和意义。经过思想斗争，在邓小平倡导的"解放思想，实事求是"精神的鼓舞下，在知识分子社会使命感的督促下，我们决定迎难而上。我们认为，马克思主义作为一个学术体系，要从总体上发展它并不容易，但要在个别问题上有所发展，只要本着与时俱进的精神，结合历史发展的实际，并不是不可能的。幸运的是，有些出版机构和出版物也受到"解放思想，实事求是"精神的鼓舞，陆续发表了我们的阶段性研究成果。《历史教学》1981 年第 9 期、《世界历史》1983 年第 2 期首先发表了我对罗斯福新政重新评价的论文（后来《历史研究》《世界历史》《美国研究》《世界史研究动态》等刊物还陆续发表我的论文，就罗斯福新政问题进行补充论证）。紧接着，《世界历史》发表了一系列我的同事和研究生论述从杜鲁门总统到卡特总统时期美国历史的文章。论述里根总统和老布什总统时期美国史的论义，也得到《美国研究》《兰州学刊》《武汉大学学报》的支持。1987 年，湖北人民出版社还出版了我们的专著《当代美国总统与社会——现代美国社会发展简史》。这样，第二次世界大战后的世界史和美国史这个禁区，就在有关出版社与刊物特别是《世界历史》的支持下，被我们冲破了。后来，《社会科学》《学术季刊》《世界历史》《兰州学刊》《湖北社联通讯》等刊物又先后发表了我的有关论文，使我们上述面临的一些主要困难逐步得到解决，并终于问心无愧地完成了国家重点研究项目。

在这一过程中，我们不断受到各种干扰和压力，有人攻击我的阶段性研究成果是"反马克思主义的"，攻击我对罗斯福总统的评价是"胡说八道"。幸运的是，时代变了。改革开放以后，邓小平理论的影响使学术界有了一定的宽容度。因此，这些攻击既未损毁我们坚持真理的勇气，也没有阻碍我们将这些被攻击的阶段性研究成果写进《美国通史》第五、六两卷，并由人民出版社出版。应该说，没有改革开放，没有邓小平理论，就没有六卷本《美国通史》。

三

在六卷本《美国通史》被确定为国家哲学社会科学重点研究项目后，我们针对过去我国美国史出版物存在的主要问题，确定新编《美国通史》应具备以下特点。

第一，要以马克思主义为指导思想，克服"左"倾教条主义，结合美国历史实际进行实事求是的论述，必要时发展马克思主义。要写出中国美国史著作的特点，体现中国美国史研究的最高水平。

第二，要理论联系实际，纠正一些流行的对美国史的错误和模糊认识。既要借鉴美国对我国有益的经验，又要消除人们对美国存在的某些不切实际的幻想。

第三，要全面论述美国历史，不能只写成简单而片面的美国政治、经济史。

第四，要冲破虽未公开宣布但实际存在的不能写第二次世界大战后的禁区，不能像以往美国史出版物那样只写到第二次世界大战结束，以帮助读者更好地了解当今的美国。

第五，要运用比较丰富而新颖的资料，要附有全面而扼要的外文参考书目和便利读者的索引。

现在呈现在读者面前的《美国通史》究竟是否具有这些特点，则应由读者进行判断。

在本文结束前应说明的是：六卷本《美国通史》是集体研究成果，这篇文字是我个人体会，如有不当之处，由我负责；现在我国美国史研究形势很好，新人辈出，我相信在一定的时期内，是会有新的、超过我们这部书的多卷本《美国通史》出现的。

《20世纪30年代以来美国史论丛》序

刘绪贻

一

经过各方面权衡，从年轻时起，我就觉得自己比较适宜做学问。但能否从事学术研究，研究什么，如何做研究，却"每自不由人"。青少年时期家境清寒，耽误了不少读书的大好时光。后得公费之助，才在二十多岁进了大学。在清华大学、西南联大和美国芝加哥大学，我是学社会学的。回国后，在武汉大学从事社会学和文化人类学的教研工作，刚尝到一点做学问的味道，50年代初社会学又被禁，我的学术生涯不得不随之中断，只能在业余时间自学，即使称为学术活动，也不过是投石问路、零打碎敲而已。

1964年4月，我响应号召，回到武汉大学研究美国史。但直到1972年，真正专心做研究工作的时间只有一年半，其余时间只能偷空干点"私活"。1972~1978年，我被指派翻译世界史著作和文献，对美国史研究而言，虽不无铺垫作用，但终究非专攻。1978年，《实践是检验真理的唯一标准》这篇具有划时代意义论文的发表和改革开放政策启动的东风，才给我吹来了美国史研究的春天。虽然遭到阵阵"倒春寒"，但总的说来，毕竟是春暖花开的日子。

从1979年元旦起，这20年来，我的时间和精力基本上可说是完全用于研究工作了。

二

1964年开始研究美国史时，我常常感到一种"紧跟"的负担。美国史中哪些部分可以研究、哪些部分不能研究，美国历史发展进程遵循什么规律，对美国历史上的人物和事件如何评价等，都要有指示作为根据。因此，除紧跟经典著作及《人民日报》《红旗》等报刊外，还得经常打听关于美国的事务最近有什么最高指示，发布了什么最新文件。当时研究美国史特别是现当代美国史，似乎是有一个公式的：从经济角度说，是经济危机日益频繁而严重，几近崩溃；从政治角度说，是实行资产阶级民主亦即假民主，实质则是剥削压迫广大人民群众，阶级斗争日益尖锐，政权不稳；从社会、文化角度说，是自私自利，腐朽淫逸；从对外关系说，是侵略扩张，失道寡助。因此，美国的综合国力是日益下降，世界格局是"东风压倒西风"。总之，美国正是列宁说的腐朽的、垂死的帝国主义国家。

这种公式的残余影响，就是上面提到的改革开放时期美国史研究的阵阵"倒春寒"。对我的研究工作而言，这种"倒春寒"主要体现在三个方面。首先，1979 年末，我和杨生茂教授共同主编国家哲学社会科学重点研究项目——六卷本《美国通史》，我还承担最后两卷《富兰克林·D. 罗斯福时代》与《战后美国史》的主编工作并参加撰写。然而，当时情况是尽管没有明令禁止学术界将世界史和主要资本主义国家史写到第二次世界大战以后，但却明显存在一个禁区。因为难以找到"根据"，当时出版的我国学者写的世界史和国别史，几乎没有一本敢写到战后（个别美国史著作略为涉及 20 世纪 50 年代初）。我承担《战后美国史》主编后，除研究生外，我的同事中也只有一人愿意与我合作。因此，美国史研究要冲破战后这个界限，无疑困难不小。其次，经过一番探索，我认为罗斯福新政是解释 30 年代以来美国及资本主义世界历史新发展的典型事例，然而，此前我国史学界受苏联教条主义的束缚，拘泥于经典作家个别词句对"新政"所做的解释，否定"新政"克服美国 1929~1933 年空前严重经济危机的作用，甚至说"'新政'摧残了人民民主权利"，"完全是维护垄断资本利益的"，所以"以彻底失败而告终"。这是违背历史事实的，是完全不能阐明 30 年代以来垄断资本主义的新发展过程的。不过，要为罗斯福新政翻案，是可能受到自命为马克思主义者的教条主义者的攻击，有一定风险的。后来，我的确一再遇到这种风险。最后，在初步研究的基础上，我认为 20 世纪 30 年代以后，美国的阶级斗争形势，和马克思、恩格斯时代的资本主义国家阶级斗争形势有很大不同，不把这种变化讲清楚，就难以实事求是地论述 30 年代以后的美国历史发展过程。我还认为，列宁关于帝国主义的理论，可以解释 20 世纪前 30 年美国历史的发展过程（垄断资本主义发展史），但不能解释 30 年代以后美国历史（由垄断资本主义逐渐转变为国家垄断资本主义）的发展过程。因此，要科学地论述 30 年代以来的美国史，就需要发展马列主义。可是，当时"左"倾教条主义的余毒仍在，发展马列主义也是禁区，一个普通教授要公开发展马列主义，即使能幸免在政治上栽跟头，至少也会被视为不自量力。

事情很明显，如果不解决上述这些问题，我的美国史研究工作便不能进行，我也不可能保证质量地完成国家重点研究项目。即使勉强完成，也不过是陈词滥调、老生常谈，没有什么价值和意义。经过一番思想斗争，在邓小平倡导的"解放思想，实事求是"精神的鼓舞下，在知识分子社会使命感的督促下，在有关出版界、学术界的支持下，我决定迎难而上。虽频遭阻抑，屡挨闷棍，但我终于勇敢地提出了关于美国现当代史的若干新概念和新规律，并和我的同事、研究生共同出版了 6 种专著、8 种译著，发表了数十篇论文。基本上可以说，我们在与我们史学研究有关的极少数问题上发展了马列主义，重评了罗斯福新政，冲破了美国史以至世界史"战后阶段"这一禁区，为建立 20 世纪特别是 30 年代以来美国史甚至世界史新体系尽了绵薄之力。虽然这些成果的科学性还有待于历史的检验，但在国内外产生了一定的影响，却是事实。

三

这里选取的约 40 篇论文和图书评介，是 20 年来在完成我的美国史研究主要任务——主编和参加撰写《富兰克林·D. 罗斯福时代》和《战后美国史》——的过程中，陆续写成的。其中，《罗斯福"新政"的农业政策》和《美国社会学法学的兴起与建立》两文最近刚写成，尚未发表；关于黑人运动史的三篇写于 1965 年，80 年代发表时曾稍做修改。现在回忆起来，当时发表这些文章，虽然不是十分自觉，但都不无目的：主要是为了说明，仅靠 19 世纪马克思、恩格斯关于自由资本主义的论述、20 世纪 30 年代以前列宁关于一般垄断资本主义的论述，是不能科学地阐明 30 年代以来迅速由一般垄断资本主义转变为国家垄断资本主义的美国的历史发展过程的；也是为了和持有不同学术观点的历史学者交换意见、进行争鸣。另外，在研究过程中，我们有时发现美国历史上有些问题很重要，但当时尚未为我国史学界所普遍了解，而有关美国史专著由于篇幅关系，论述又太简略，于是写成专门论文，进行较充分而全面的阐释。至于那些图书评介文章，则主要是为了介绍美国学者的著作和学术观点，供我国学者参考和批判性吸收，以改变改革开放前我国史学界那种闭门造车或受困于教条主义的局面。

改革开放20年了。这20年来我国美国史研究取得了巨大的进步，新人不断涌现。除了向他们学习外，我把这些文章结集出版，是为了和大家进行学术交流。如果这本书多少有助于读者正确地、全面地认识美国，我就更高兴了。

《战后美国史》再版引言

刘绪贻

第二次世界大战以后的美国史，是罗斯福"新政"式国家垄断资本主义不断得到巩固和发展，然后逐步走向衰落并出现保守改革高潮的历史；是随着上述发展过程美国登上资本主义世界霸主宝座，进行全球扩张并和苏联进行冷战，冷战结束后又谋求世界霸权的历史；是美国社会上层建筑在上述两种发展过程影响下不断演变的历史。

1929~1933年空前严重的经济危机，把美国垄断资本主义制度推到了崩溃的边缘，资本主义生产关系不在一定程度上加以改变，就没有出路。但是，当时美国大多数人既不愿意彻底改变生产关系，走社会主义道路，也不愿意放弃资产阶级民主制度，走法西斯主义道路。因此，剩下的出路就只有放弃以往美国政府实行的自由放任政策，由国家积极直接干预社会经济生活，局部改变生产关系，迅速而大规模地将垄断资本主义转变为国家垄断资本主义，在一定程度上改善广大人民群众的处境，走"福利国家"道路。这就是罗斯福新政。虽不一定自觉，但这种政策是符合凯恩斯主义的。

罗斯福新政既然是用来克服垄断资本主义经济危机、延长垄断资本主义生命的措施，那么，只要垄断资本主义制度存在，就会不断发生经济危机，而美国又不愿意走社会主义或法西斯主义道路，就必然要实行"新政"式政策，以预防或克服经济危机，使生产力得以继续发展，垄断资本主义制度得以生存。当然，由于形势不断变化，1939年以后的"新政"式政策的各种措施，决不会也不可能和1933~1939年时期的"新政"措施完全一样。但基本措施与基本精神是一致的。所以我们称之为"'新政'式国家垄断资本主义"。

第二次世界大战期间，"新政"体制基本保留了下来，但没有发展，却因战争需要，暂时发展为军事国家垄断资本主义。战后，杜鲁门政府力图以"公平施政"的名义，按照美国化了的凯恩斯主义，继续推行"新政"式国家垄断资本主义。但是，由于杜鲁门政府把主要精力用在冷战上及共和党人和民主党保守联盟的掣肘等，"公平施政"的成效不大。它只是巩固了"新政"体制，并在某些方面有所扩展。艾森豪威尔作为共和党人，在"新政"体制基本适应生产力发展，并为美国广大人民群众所接受的情况下，他的政府实行的是介乎"新政"与前共和党政府实行的自由放任政策之间的中间道路。到 50 年代末，由于艾森豪威尔政府积极抑制"新政"式国家垄断资本主义的发展，美国经济增长缓慢，在速度上落后于日本、西欧和社会主义国家；由于苏联人造卫星上天，U－2 飞机被苏联击落，美国深深感到必须大力发展科学和教育；由于麦卡锡主义衰退，黑人运动兴起，贫穷问题日益引起舆论注意等，60 年代上台的肯尼迪政府和约翰逊政府两个民主党政府，继承"新政"和"公平施政"传统，根据后凯恩斯主义经济学，通过"新边疆"和"伟大社会"施政纲领，逐渐将"新政"式国家垄断资本主义推向顶峰。把大规模赤字财政政策及战时和经济危机期间的临时政策发展为和平时期的经常政策；在发展"新政"与"公平施政"立法的基础上，把"新政"式社会经济改革扩大到教育、卫生、民权、提高生活质量等新领域；在第三次科技革命和大量军费开支影响下，促使美国经济保持长期的高速发展。

"新政"式国家垄断资本主义或"福利国家"，虽可在一定时期克服垄断资本主义的经济危机，并延长垄断资本主义生命到一个相当长的时期，但它的大规模赤字财政政策必然引起通货膨胀，而且由于资本主义基本矛盾仍然存在，生产停滞的危机也不能避免。两者相互作用，必然引起新型经济危机——滞胀。到 70 年代中期，由于能源危机火上浇油，滞胀现象迅速发展成典型滞胀危机，并遍及整个资本主义世界。这种危机特别难于应付，用紧缩性财政金融政策医治通货膨胀，就会使生产停滞，失业增加；用凯恩斯主义赤字财政政策医治生产停滞，增加就业，又会加剧通货膨胀。真是"扶得东来西又倒"。因此，无论是尼克松和福特的共和党政府，还是卡特的民主党政府，都深深陷在这种滞胀困境之中。他们交替使用紧缩性财政金融政策和大规模赤字财政政策，却都只能见效于一时，最后总是失败。到 70 年代后期卡特执政时，情况更加严重。

"新政"式国家垄断资本主义不仅引起滞胀危机，还会造成"大政府"现象，导致高税收。所有这些，日益引起美国垄断资产阶级特别是西南部新兴垄断势力以及占美国人口大多数的中产阶级（中等收入阶层）的不满。他们把造成这些恶果的原因，归咎于"新政""伟大社会"等自由主义改革，亦即"福利国家"。这就使美国社会和政界日益转向保守。保守派政客罗纳德·威尔逊·里根，就是乘着这种保守浪潮进入白宫的。他的政府宣称信奉针对凯恩斯主义的供应学派和货币主义的经济学，反对"新政"式的国家干预，用大规模削减非国防开支（特别是社会福利开支和非营利事业开支）、限制货币增长速度、平衡预算等办法，医治通货膨胀；用大规模减税和大量增加国防开支等办法，医治生产停滞。里根执政八年，虽以一次严重经济衰退为代价，却取得低通货膨胀率下的经济增长，加强了国家经济军事实力，将冷战中苏攻美守的态势，转变为美攻多于守、苏守多于攻的态势，但他的政府留下的高预算赤字、高国债、高利率、高贸易逆差以及贫富悬殊程度扩大等问题，是非常严重的。1989年上台的老布什政府继承了里根政府的对内对外政策，虽因冷战结束在外交上取得若干成绩，但其在内政上的无所作为，使里根政府留下的严重问题更加严重，日益失去人心。这样，美国持续了12年的保守改革高潮，就逐渐式微了。1993年执政的民主党人克林顿，是个继承"新政"传统而又吸收某些共和党主张的新民主党人、新自由主义者，他以新凯恩斯主义为理论基础，实行宏观调控、微观自主并以振兴经济作为首要任务的政策，取得了巨大成就。直到2000年末任期结束，美国经济连续增长了112个月，超过了美国历史上任何一次增长期，而且这次经济增长同时拥有较低的通货膨胀率和失业率，基本上实现了经济学家们梦想的零通货膨胀下的充分就业水平，这是从来没有过的，因此人们称之为"新经济"。

在上述"新政"式国家垄断资本主义的发展和保守改革派与之较量的过程中，战后美国对外政策经过五次战略调整。第二次世界大战期间，为了反对法西斯主义，美、苏、英结成大同盟。战后，德、日、意法西斯政权彻底崩溃，形成上述大同盟的基础消失，加之英、法等国严重被削弱，无力与美国抗衡，因此，奉行全球扩张政策、谋求世界霸权的美国，必然将苏联作为主要对手。其结果是战时同盟迅速解体，美、苏冷战局势形成。杜鲁门主义是这种对外战略调整的正式标志。自此以后，一直到约翰逊政府时期，虽然具体表现形式因时而异，但对苏冷战一直是美国对外政策的中心。

冷战外交是要付出重大代价的。朝鲜战争与越南战争、遍及全球的军事基地和驻军、大量对外军援和经援等，虽然起了维护和发展美国国家垄断资本主义的作用，但使美国财政负担日益加重，并和跨国公司的大发展一起，使美元大量外流，最终造成以美元为中心的国际货币体系崩溃。与此同时，"新政"式国家垄断资本主义导致的高工资、高成本、设备陈旧、规章制度烦琐、劳动生产率下降等，使美国商品竞争能力逐渐落后于西德、日本等国，造成美国经济和军事实力相对下降，苏联经济和军事实力相对上升。这样，美国称霸世界的野心与力量不足的矛盾日益尖锐。此外，核武器的发展及其无比的毁灭能力，使美、苏双方日益认识到核战争的危险。于是，从肯尼迪政府时期起，美国就考虑到有与苏联缓和关系的必要。到60年代末，尼克松政府进行战略收缩，并推行多极均势外交，试图以退为进。这就是打着缓和旗号的尼克松主义，是战后美国对外政策的第二次战略调整。从尼克松政府到卡特政府早期，尼克松主义一直是美国政府对外政策的核心。在此期间，苏联乘美国经济陷入滞胀困境的机会，利用美国的缓和外交政策，大力发展经济和军事实力，使美、苏力量对比逐渐向不利于美国的方向发展；同时向外扩张，在争夺世界霸权中形成苏攻美守的局面，使美国超级大国地位面临严重的挑战。这种形势逐渐在美国引起一股新的民族主义浪潮，鹰派力量上升，纷纷对尼克松政府时期以来的缓和外交政策进行攻击。1979年末苏军入侵阿富汗后，卡特主义问世，由对苏缓和又转为对苏强硬。这是战后美国对外政策第三次战略调整的开始。完成这一战略调整的是里根政府。从此，美国外交又回到冷战时期，或说是冷战为主、缓和为辅的时期。

里根政府的积极反苏政策，加剧了美苏军备竞赛和核战争威胁，不仅引起欧洲盟国的反感，也使美国人民对这种政策的支持率日益下降。与此同时，1985年初上台的苏联领导人戈尔巴乔夫认真执行对美缓和外交政策，于是，里根政府也就大大改变了对苏态度，并从1987年美苏首脑华盛顿会晤起，开始了战后美国外交政策的第四次战略调整，美苏关系由对抗转为以对话与缓和为主的阶段。在这个阶段，由于东欧剧变和苏联解体，冷战结束，美国成为唯一超级大国，它独霸世界的野心更为显著了，这就是老布什提出的"世界新秩序"的全球战略。克林顿上台后，基本上继承了老布什这种在美国领导下、以谋求美国利益和推行美国价值观为主的"世界新秩序"，但他认为老布什的"世界新秩序"太空洞、模糊、消极，于是将之具体化为三项内容：一是积极推行"预防性防务"战略，努力建立美国主导的全球安全体系，防止出现比美国更强大的地区和国家，以确保美国统治下的和平；二是打着"人权"的幌子，加紧干涉别国特别是社会主义国家及其他发展中国家的内政，向全球推行以美国为代表的民主价值观；三是以国家力量推动对外经济工作，调动和开发全球资源为美国利益服务，继续保持美国经济在国际上的领先和领导地位。这就是所谓克林顿主义。原来在实行这种全球战略时，美国至少在表面上是经过联合国并遵守国际法的。但到 1999 年，以美国为首的北约，不仅用最先进的武器对南联盟进行了 70 多天惨无人道的狂轰滥炸，还提出"北约新战略概念"，公开宣称北约可以不经过联合国安全理事会授权干涉任何国家内政，这就从行动上和外交文件上又一次大大改变了美国的全球战略。我认为这是战后美国对外政策的第五次战略调整。包括美国人民在内的全世界人民如果不能对这种政策进行有效的监督和遏制，美国势必将成为 21 世纪在全世界实行强权政治的邪恶势力。

随着"新政"式国家垄断资本主义的演变、保守改革高潮的兴起和国际形势的变化，美国的社会结构和上层建筑也相应发生了深刻变化。从社会结构看，美国的人口从战后直至 50 年代末，出现了由生育高峰引起的增长高峰，青少年在人口中的比例上升。60 年代中期以后，人口增长率逐渐下降，人口老龄化趋势日益明显。关于移民构成，从 60 年代初起，非白人比例迅速增加。到 2000 年，白人占美国总人口的比例，已不到 70%，拉丁裔美国人数量已超过黑人，亚裔美国人数量排第三位。关于社区和地区的兴衰，从六七十年代起，美国东北部日显颓势，西南部阳光地带迅速崛起；从 50 年代初起，城市中心日益衰落，郊区日益发展。这两种趋势一直持续到 20 世纪末。在产业结构方面，美国垄断企业日益向综合化和国际化方向发展，但自 70 年代末以来，似乎出现了企业小型化的苗头；另外，在美国三大产业中，第一、二产业的地位下降，第三产业地位迅速上升，到 90 年代中期，80% 的就业岗位属于第三产业。在阶级结构方面，农业人口日益减少，垄断资产阶级队伍有所扩大，非农业劳动力中的白领阶层急剧扩大，逐渐超过蓝领阶层；80 年代以来，贫富差距日益扩大。

战后美国社会上层建筑的主要变化如下。在政治制度方面，总统权力越来越大，甚至有"帝王式总统"之称；国会实现了各委员会的现代化和工作人员的专业化，并在席位分配方面进行了合理化改革，而且从1973年起，还着手恢复失去的权力，寻求更充分地参与制定国家政策的途径。在司法方面，联邦最高法院积极行使司法审查权，成为促进社会改革的有力工具。联邦制在约翰逊政府时期中央集权发展到顶点后，从尼克松政府时期起，开始实行以联邦与州分享税收为中心的新联邦主义。由于里根政府的新联邦主义太偏向州引起不满，克林顿政府对这个问题采取了中间的立场。政党制的作用，从60年代中期起有所下降。利益集团的活动则日益盛行。

在战后教育事业方面，虽有曲折，但总的形势是大发展。从50年代起，改革者对统治美国教育界达40年之久、强调实用主义的教育思想展开了批判，加强了基本理论、知识与技能的训练，注意提高师范教育的质量，加强教师队伍建设。60年代，改革者致力于促进教育机会平等，使这一时期成为美国历史上教育大普及时期。由于这一改革在消灭贫困方面效果尚不显著，战后对教育改革的高度关注，在70年代冷了下来。1983年起，由于学校教育质量下降，美国又重新掀起提高教育质量的热潮。但里根政府、老布什政府都只是在口头上重视教育，实际上没有多少作为，真正的教育改革措施是在克林顿政府时期采取的。

在宗教方面，50年代兴起新的信仰热。60年代宗教热情大减，不仅教会成员增长率突然稳定下来，世俗化趋势也大大加强。70年代宗教活动出现了新倾向，深受滞胀经济危机折磨的人民群众看到上帝并不能给他们降福，乃乞灵于占星术、巫术等迷信活动和具有先验论色彩的东方宗教。与此同时，主流派新教地位下降，原教旨主义的圣灵降临派和福音派地位上升。70年代后期以来，以杰里·法威尔牧师的"道德多数派"为代表的宗教右派，背弃美国政教分离的老传统，成为里根、老布什保守政府的强大后盾；天主教逐渐变成一个有许多派别的、松散的统一组织；犹太教陷入严重的危机。到20世纪末，美国出现了一个不相信宗教的年轻人小群体，同时出现了各种宗教互相融合的趋势。

战后学术思想、文学艺术的演变，当然是美国经济基础、社会政治生活演变的反映。但是，这种反映的机制是非常复杂的，反映的结果是多样化的。我们在该书最后两章中，对战后美国哲学、社会科学的几个主要学科以及文学艺术的发展变化情况进行了简要论述。由于篇幅的关系，这里就不具体介绍了。

《战后美国史（1945—2000）》封面

《黎明前的沉思与憧憬——1948 年文集》序

刘绪贻

　　1947 年夏，我从美国回来，到武汉大学教授社会学和文化人类学，对天下事、国家事、民族前途、人类命运等，想得很多，有许多话要说。在教学工作初步站稳脚跟后，便发愤写作，1948 年至 1949 年 1 月在上海、北平、南京和天津等市的杂志、报纸上发表文章 30 篇。有些朋友和学生认为，这些文章中探讨的问题，在新中国成立以后并未完全消失，有的还显得很顽强，在隐蔽一段时间以后又出来兴风作浪，阻碍着新中国的现代化进程。因此，这些文章到今天仍有参考价值，可能会引起读者的兴趣。于是，我选了发表在上海《观察》和《时与文》、南京《世纪评论》与《大学评论》、北平《自由批判》等杂志上的 23 篇结成一个集子，全书约 12 万字。

　　这些文章大体分为三类。（1）属于社会学范畴的 15 篇，其中属于知识社会学范畴的 11 篇，发表于储安平主编的上海《观察》杂志，影响较大，收到了不少读者的共鸣信。这些读者主要是国内的大、中学生，也有留学生、持异见的国民党军政人员，甚至还有僧人。储先生要求我结集列入《观察》丛书，和我的老师费孝通教授的《乡土中国》一同出版。因为我当时已参加共产党领导的地下工作，有所顾虑，婉言谢绝了。这些年来，国内外当年读过这些文章的学者，仍有人致函询问是否结集出版过。（2）属于文化人类学的 6 篇，其中有两篇发表在上海《时与文》杂志，当时也受到比较广泛的关注，并引发争议。（3）时论 2 篇，其中一篇揭露国民党打着民主的幌子顶多也不过实行"民本"政治的文章，颇受欢迎。

　　1948 年我写这些文章时，在政治上早已认识到，只有共产党才能救中国，领导中国人民实现现代化，使中华民族立于世界民族之林，并且愿意跟着共产党走。但在学术思想上，我还远不是一个马克思主义者；我反对封建主义和帝国主义的意识是较彻底的，而在中学、清华大学、西南联大和美国芝加哥大学所受的长期教育，则使我未能完全摆脱它对我的思想影响。

这些文章的内容，大都是以社会学（特别是知识社会学）和文化人类学的观点，结合旧中国的实际情况提出问题和分析问题的。这些问题不是国民党腐朽反动统治的那些表面问题，而是形成和延续这种统治的、较深层次的文化思想问题，所以比较能触动知识分子的灵魂。在体裁和风格方面，由于我想尽量扩大读者面，虽然很注意文章的科学性，但不是正式科学论文，尽量少用专业术语，多少有点接近于杂文、随笔，具有一定可读性。

这些文章中，虽然有少数内容和部分遣词用字，要是我今天重写，会有些改动，比如对中医的看法会写得更全面，"知识阶级"会改为"知识阶层"，宜于用"地"的地方不用"的"，许多数目字会改用阿拉伯数字等，但为了保存历史的真实性，当时是怎么写的，基本仍旧。

在武汉大学社会发展研究所罗教讲所长的支持下，罗芳女士为我打印了全部书稿，在此深致谢意。

2000 年 6 月 10 日

于珞珈山

《黎明前的沉思与憧憬——1948 年文集》封面

《中国的儒学统治》序

刘绪贻

一

　　几经波折，我 60 年前写的一本英文小书《中国的儒学统治：既得利益抵制社会变革的典型事例》的中译本，终于在中国人民大学出版社的大力支持下，于 2006 年 5 月出版了。感谢《书屋》刘文华编辑的关心，他在浏览了该书后，一再鼓励我对这本书的身世做一番交代，以便人们了解我急欲出版这本尘封 60 年之久的小书的拳拳之心。

　　我 1913 年出生在一个清寒的知识分子家庭，幼年时读书成绩比较突出，除家人外，戚族朋友都对我寄予厚望，我自己也希望长大后事业有成。不过我知道，"朝内无人不做官"。我家无龙鳞可攀，入仕途很难，也不会有出息，我亦无兴趣。这样，30 年代上半期读高中时，通过阅读《独立评论》，颇慕胡适之为人，认为他忧国忧民，不畏强权，敢于发表自己的独立见解，很想有一天能像他那样当个大学教授，凭自己见识和良心著书立说。但我又想到，要想长期安静地在大学里教书、做学问，就需要民富国强，社会安定，而前提条件是中国必须实现工业化、现代化，使中华民族能自立于世界民族之林。然而在国民党政府专制、腐败统治下，这几乎是不可能的。因此，探索中国工业化、现代化的道路，研究鸦片战争以来中国仁人志士前仆后继力图实现工业化、现代化却失败的原因，便成为我知识活动的主流。1944 年底去美国芝加哥大学学习社会学，也是带着这个问题去的。研究这个问题虽然涉及方方面面，但选择学位论文题目时不能太宽泛，于是我想探本溯源，先寻求这个问题的历史、文化原因，并以《中国的儒学统治：既得利益抵制社会变革的典型事例》作为我硕士学位论文题目。经过研究，我认为中国之所以极难迈出工业化、现代化步伐，是和中国两千年的儒学统治密不可分的。

西汉初，在陆贾、叔孙通等儒生诱导下，马上得天下的汉高祖发现强调"忠君""尊君"思想的儒学对其专制统治非常有用，渐相援引，于是儒生逐渐得势，日益获取更多优惠。到武帝时，汉武帝在董仲舒怂恿下，罢黜百家，独尊儒术。儒生只要考试合格，便可不纳税，不服兵役和徭役。他们还试图垄断政府官职，而且在元帝时基本取得成功。自此时起，皇室和儒生阶层更从儒学中获得深厚的既得利益。东汉光武帝为了保证皇家统治的稳固，进一步鼓励读经，并对未入仕途的儒生也从物质和精神上予以奖励。这就更增加了读经的实用价值。隋、唐两代，鉴于魏、晋、南北朝儒学有所削弱，影响皇权稳固，于是建立以儒学作为唯一或主要考试内容的科举制度，使皇室和儒生阶层组成的统治阶级从儒学中获取的既得利益更加制度化。从宋代起，科举制度日益严密而强化。宋代儒生犯罪，可以要求延期惩罚。明、清两代，儒生又被授予许多特权。除皇亲国戚外，儒生或士在中国的社会地位居于最上层，所谓"万般皆下品，唯有读书高"。为了报答"皇恩浩荡"，儒生在解释、讲授、演绎儒学时，总是努力为皇权辩护，扩大与强化皇权，使皇权神圣化。

皇室和儒生阶层为保证和扩大他们的既得利益，也是从西汉时代起，就相互合作以抑制和镇压其他学说和社会群体，比如工商业者、游侠等，使中国社会永远处于一种靠皇权和宗法制度维持秩序的小农经济状态。除魏、晋、南北朝时期稍有变动外，一般来说都是如此。这种统治阶级各组成部分既得利益一致的社会分层模式，使得统治阶级这一既得利益群体成为一种非常强大的抵制社会变革的力量。

基于上述原因，两千年来中国朝代一变再变，但都只改变了皇室姓氏，而建基于儒学的社会总结构，特别是它的专制政治制度和为其服务的宗法制度以及它们的经济基础小农经济，一直是不变而且日益强化的。儒生阶层中的旧家族和个人可能被排除了，新的家族和个人进入了，但作为一个阶层，它不仅继续存在，而且日益强大。凡是异于儒学的事物，是很难甚至不能在中国社会得势的。比如，儒学禁止言"利"，商业和工业知识与技能只要开始抬头，便会受到压制和排斥。又比如，儒学鄙视奇技淫巧，认为玩物丧志，科学技术发展在中国社会也受到阻碍。同样，对两千年来中国的专制政治体制虽有"外儒内法"的说法，但在公开场合，法学和法家比起儒学和儒家来，总是处于弱势的。

这种对异于儒学的事物的压制，是从汉代就开始的。在新中国成立以前的大约 300 年间，由于西风东渐，建基于儒学的中国社会制度和秩序逐渐动摇，依附于此的中国统治阶级的既得利益受到严重威胁，这种压制变得更加强烈、更为典型。这就是儒学在中国统治两千余年的主要原因，也是中国社会难以过渡到资本主义社会的极其重要的原因。总的来说，儒学统治对中国工业化、现代化是具有重大阻碍作用的。

二

我写这篇硕士学位论文花了较长的时间，仅仅收集资料就在芝加哥大学远东研究所的图书馆待了一年。论文译成中文有 17 万多字，但它得到承认却经历了一番周折。当时我的好友，在芝加哥大学学习俄语的美籍犹太人马尔科姆·伯森（Malcolm Berson），是个普通话说得很好、同情中国共产党并与某些中共党人和民主同盟盟员有联系的本科学生。他仔细读了这篇论文，完全同意论文的主题思想。芝加哥大学著名人类学家罗伯特·雷德菲尔德（Robert Redfield）夫妇是我清华大学老师费孝通教授好友，由于这层关系，雷德菲尔德夫人也仔细阅读了这篇论文。她因热爱中国传统文化，对论文中某些对儒家文物制度的尖锐批评并不太同意，但她认为这篇论文很有分量，甚至可以作为博士学位论文，至少近于博士学位论文水平。但是，当论文交给我的导师路易斯·沃思（Louis Wirth）教授以后，他说他对中国历史、文化特别是文献不熟悉，将论文转交给芝加哥大学远东研究所实际负责人——颇有名气的汉学家赫利·G. 克里尔（Herlee G. Creel）夫妇评审。当时我就感到这是一种不祥之兆。因为我知道，克里尔在学术思想上是服膺儒学、反对进步思想的，他平时对我借阅中共学者吕振羽的著作就表现出一种不屑和不悦的神态；在政治上，他是站在中国国民党一边反对中国共产党的，他和当时美国众议院议员、美国院外援华（实际上是援蒋介石独裁政权）集团积极分子沃尔特·贾德（Walter Judd，中文名字为周以德）是好友，曾请贾德到芝加哥来向中国留学生宣传他们的观点。所以，我感到克里尔夫妇很可能受他们意识形态的制约，加上对中国社会史、文化史只是一知半解，对我的论文不能做出公正的评价。事实也正是这样，他们否定了我的论文。但是，我对自己的论文仍然怀有信心，而且也相信讲究学术民主、学术思想自由的我的导师沃思能听进我的申辩。我对沃思说："我不是选读过你教授的'知识社会学'课程吗？知识社会学认为，世界上没有绝对的真理，真理是相对的；个人和社会群体所认为的真理，都和其所处社会地位、思想志趣、既得利益等密切相关。克里尔夫妇是美国社会中的保守派，他们喜欢儒学，深深同情提倡研读儒家经典的蒋介石独裁政权；我的论文则彻底揭露儒家学说的保守性甚至反动性，认为儒学统治是阻碍中国社会工业化、现代化的极其重要原因，并认为提倡读经的蒋介石独裁政权是儒学统治的余孽。在这种情况下，克里尔夫妇能对我的论文做出公正评价吗？"沃思教授听了我的申辩后笑了笑，点头认可了。他将我的论文寄给了康奈尔大学的另一位汉学家（可惜我忘了他的姓名），这位汉学家不仅像马尔科姆·伯森一样完全同意我论文的主题思想，而且颇有赞美之词。这样，我就不仅战胜了颇有名气的汉学家克里尔获得硕士学位，而且在沃思教授的帮助下获得一笔小小奖学金。

三

1947年9月，我到武汉大学教书。由于我的言行受到中共武汉市地下党组织的关注，我1949年初参加了党的地下工作。新中国成立后，中国摆脱了半殖民地半封建（中国自秦至清社会是君主专制宗法社会，是对"封土建国"的周代封建社会的否定，两者根本不是一回事。将自秦至清中国社会称为封建社会、鸦片战争至新中国成立中国社会称为半殖民地半封建社会，主要是受列宁影响，是一种误植。我们这里沿用此称，只是为了行文方便，并非同意这种误植）的地位，并且在三年恢复时期通过土地制度改革和其他民主改革运动，进一步打击了封建主义，使我心情愉快，感到中国的工业化、现代化不再是遥遥无期，而是已经在望了。但是，在接下来的第一个五年计划期间，如胡绳在《中国共产党的七十年》（中共党史出版社，1991）中所说："社会主义改造后期过于急促和粗糙，遗留下许多问题……来不及反复研究和慎重决策，就在改革高潮中被掩盖起来。"也就是说，我们在对封建主义的批判和改革还不彻底时，过早过激地进行了消灭资本主义的斗争。特别是如胡绳所说，1957年党的八届三中全会改变了党的八大关于我国社会主要矛盾的正确判断，"毛泽东在全会初期讲话中提出，当前我国社会的主要矛盾仍然是无产阶级和资产阶级、社会主义道路和资本主义道路的矛盾"。由于这种错误判断未受到任何抵制，从 1957 年末起，直到改革开放前，我们就放松了对统治中国两千余年的封建主义残余及其理论基础——儒学进行必要的、不懈的斗争，而只是集中力量致力于消灭资本主义。

"文化大革命"期间，邓小平经过"三落三起"，清醒地意识到 1978 年以前的 20 年间中国社会主义建设的根本问题，在 1978 年 12 月 13 日中共中央工作会议闭幕会上，做了题为《解放思想，实事求是，团结一致向前看》的讲话，号召大家打破"许多重大问题往往是一两个人说了算"所造成的"僵化或半僵化的状态"，解放思想；而且提出"民主是解放思想的重要条件"，"为了保障人民民主，必须加强法制"，还"要真正实行'双百'方针"。这个讲话虽未直接提出反对封建主义的字眼，但其主旨实质上是反对封建主义的。经过一年多的实践，邓小平深感封建专制主义的影响对实施改革开放政策的严重阻碍作用，并在 1980 年 8 月 18 日中共中央政治局扩大会议上做了题为《党和国家领导制度的改革》的讲话，明确指出：党和国家领导体制中存在的主要弊端有"官僚主义现象，权力过分集中的现象，家长制现象，干部领导职务终身制现象和形形色色的特权现象"，而"上面讲到的种种弊端，多少都带有封建主义色彩"。在进一步指出许多封建主义残余影响的具体事例后，他紧接着提出："我们进行了二十八年的新民主主义革命，推翻封建主义的反动统治和封建土地所有制，是成功的，彻底的。但是，肃清思想政治方面的封建主义残余影响这个任务，因为我们对它的重要性估计不足，以后很快转入社会主义革命，所以没有能够完成。现在应该明确提出继续肃清思想政治方面的封建主义残余影响的任务，并在制度上做一系列切实的改革，否则国家和人民还要遭受损失。"

由上所述，足见必须"继续肃清思想政治方面的封建主义残余影响"的论点，乃是邓小平理论的重要组成部分。改革开放以来，邓小平理论一直是我国党和政府的指导思想，但是，改革开放近 30 年来我国在经济建设上虽然取得举世瞩目的成就，但改革开放之初邓小平就提出的这个"继续肃清思想政治方面的封建主义残余影响"的任务，我们完成情况如何呢？看起来是很不理想的。人们只要留心，就会从日常生活中，从国家的政治、经济、法律等的实际运作中，从报刊上，从各级政府的有关文件里，看到、听到、体会到邓小平在上述讲话中指出的各种封建主义残余影响的表现，还十分流行，有时在有些地方还很猖獗，引起了广大人民群众的愤恨和有识之士的深深忧虑。1997 年 7 月 30 日《中国经济时报》刊发了王干才的文章。该文指出，反对封建主义任重而道远：一方面，我们在与资本主义做斗争时自觉不自觉地借用封建主义的武器，"文革"时期是典型的例子；另一方面，当与封建主义做斗争时，又往往拒绝资本主义较封建主义优越的事物，而且将许多不属于某一社会形态而属于全人类社会发展中固有的优秀遗产，看作资本主义的东西加以排斥。正是这种历史和现实双重原因，致使封建主义至今还根深蒂固，顽强而广泛地表现自己。该文还指出，封建主义还宣扬大多数人对个人的依附和顺从，久而久之，它已积淀为民族心理的深层成分，融化在人们的血液中，成为人们自觉不自觉地观察、思考、解决问题的既定思维方式和价值取向。这是和建设、发展社会主义市场经济所需要的独立、自主、公正、平等、竞争、进取等价值观念背道而驰的，是极有害于改革开放事业的。1999 年 6 月 24 日，著名学者任继愈在《人民日报》撰文说：不仅要脱贫，而且要脱愚；这些年来，一些人在弘扬传统文化的幌子下，塑神像，看风水，招亡魂，滥修庙宇，向神灵求雨、求药，种种消沉多年的封建迷信活动又猖獗起来，而在这些封建迷信活动中，最引人注意的现象，是在研究《周易》的名义下，进行占卜、算命，并且把这种腐朽的算命叫作预测科学。2000 年《半月谈》第 8 期刊发了记者采访资深革命学者任仲夷的文章。任老说，改革开放初期，他曾不止一次讲过，解放思想要过三关：林彪、"四人帮"的极左路线关，"文革"以前"左"的思想影响关，几千年的小农经济、封建思想影响关。现在看来，前两关还比较容易过，唯有从封建主义思想影响下解放出来的问题，还须下很大力气去解决，因为对受封建专制统治长达数千年的中国人来说，要彻底消除封建思想影响，的确阻力不小，绝非一朝一夕所能做到的。同年，中共中央党校杨春贵副校长在《半月谈》第 17 期上撰文指出：中国是一个具有两千多年封建历史的国家，封建思想源远流长，其影响不可低估；进入社会主义时期最初的二十年，我们在思想战线上重视对资本主义思想的批判，而严重忽视了对封建主义的批判，有时还不自觉地用封建思想去批判资本主义，甚至用封建主义去批判马克思主义，这个教训是极其深刻的。该文还指出：在我国当前社会生活中，在一些部门和单位，特别是在基层，封建残余思想有相当广泛的影响，例如，个人专权擅权、滥施淫威的"霸王"现象，等级森严、论资排辈的"官本位"现象，跑官要官、买官卖官的吏治腐败现象，"一人做官，鸡犬升天"的血缘宗法现象，拉帮结派、培植亲信的宗派现象，装神弄鬼、算命测字、神秘气功的迷信现象等，随处可见。这些现象说明，在当代中国，反对封建主义残余思想，仍然是一项十分严峻的历史任务。

四

还应提到的是，不仅肃清思想政治方面的封建主义残余影响的任务远未完成，作为封建主义理论基础的儒学，还以现代新儒学的名义，不断跳出来兴风作浪。对于这个问题，方克立教授在其《现代新儒学与中国现代化》（天津人民出版社，1997）一书及其他一系列论文中进行了详细的讨论。据他研究，新中国成立以后，现代新儒学在内地（大陆）已经失去市场，只在香港、台湾延续其生命，"文革"期间发展比较迅速，其代表人物是由大陆流亡去的唐君毅、牟宗三、徐复观、钱穆、方东美等人，流亡美国的张君劢也参与了活动。这些人都受过五四运动洗礼，认识到没有现代化，中华民族就不能自立于世界民族之林，中国的救亡图存也是一句空话；但是要现代化，就必须有科学与民主。因此，这些现代新儒家的主要学术活动便是"返本开新"，以"内圣"开"外王"。所谓"返本开新"，即返儒学之本以开科学与民主之新；所谓以"内圣"开"外王"，即以儒家道德心性之学开出科学与民主。然而，港、台现代新儒家虽然很努力，却未能实现其"返本开新""以'内圣'开'外王'"的幻想，反而日益走向消亡。劳思光先生对他们提出了两点中肯批评：一是对传统儒学抱着一种宗教崇拜的心理，缺乏分析和批判；二是只重视内在的心性工夫，舍事而求理，但从事中显理，还未找到一条切实可行的道路。

从1980年起，西方出现了一场遍及全世界的反思现代化的思潮，认为西方实证主义、科学主义、实用主义等片面强调工具理性，忽视价值理性和对人的终极关怀，有损于人类幸福。20世纪60年代后期以来，日本、东亚"四小龙"经济迅猛发展，引起了"儒家资本主义"概念的流行；"四人帮"批孔批儒引起的逆反心理，使得少数知识分子与现代新儒家声气相通，于是，现代新儒学进入了一个新的发展阶段，影响有所扩大，出现了一批以杜维明、刘述先等为代表的、方克立教授称为第三代的现代新儒家。杜维明是20世纪80年代以来推进现代新儒学最有影响的人物之一。他不同意列文森（J. R. Levenson）在其《儒教中国及其现代命运》（*Confucian China and*

Its Modern Fate）一书中做出的"儒家传统在现代中国已经死亡"的结论，认为作为政治化的儒家之代表的"儒教中国"死亡以后，被厘清了的、表现中国人文理想的真正的儒家传统不但不会死亡，而且可以获得新生，使儒学有第三期发展之光明前景。杜维明把"儒教中国"和"真正的儒家传统"区分开来，他所谓的"真正的儒家传统"是什么呢？像他的前辈们一样，他也认为是一种身心性命之学，既有道德实践意义，也有深厚宗教内涵。我们则认为，这种身心性命之学，是从"儒教中国"的社会制度中孕育出来的，是由"儒教中国"决定的。离开了"儒教中国"的社会制度，还会有什么儒家的身心性命之学呢？所以我们认为杜维明的这种区分是不能成立的，他以此区分为立足点来复兴儒学是不可能的，至少是极其困难的。刘述先对现代社会弊病深有感触，认为从根本上说是人失去了生命的意义和价值，最有效的医治之道是"恢复我们传统中已经开发的慧解"，即由内在仁心的亲切体证，建立生生而和谐的世界观，使每个人都能在自己的心性泉源中"当下即是，不假外求"地找到自己生命的意义和价值。他认为这就是人类走向未来所能依赖的唯一的定盘针。我们觉得，如果我们的传统中确已开发出这种"慧解"，这种人类走向未来唯一可依赖的定盘针，那当然是使我们感到非常自豪的大好事，但问题在于：我们的传统儒学中有这种灵丹妙药吗？五四运动以来传统儒学受到的批判，刘述先当然是了解的，看来基本上也是认可的。因此他主张对儒学中过了时的纲常礼法、典章制度以及汉儒的阴阳五行等进行解构，以便保住儒学的"最核心的本质"。但是，不把儒学当作一种宗教来崇拜、不以敬畏之心而以科学精神与方法研究儒学的人一般都认为，两千余年来中国的传统儒学，其"最核心的本质"是三纲六纪或三纲五常，而不是刘述先所赞扬的"慧解"，更不是人类走向未来唯一可依赖的定盘针。

至于所谓儒家资本主义的论点，经过美国坦普尔大学傅伟勋教授、新加坡国立大学郭振羽教授和我国方克立教授等的有说服力的辩驳，已日益显示其虚妄。实际上，还有一个否定这种论点的更有说服力的例子在那里摆着。如果说儒学可以开发出资本主义，可以导致经济的迅猛发展甚至现代化，那么，作为儒学发源地、被儒学统治两千余年的中国，为什么直到改革开放前，从未出现资本主义、经济迅猛发展和现代化呢？

综上所述，第三代新儒家虽然在国际上找到少数共鸣者，但他们处境却如方克立教授所描述的那样：他们还是不能摆脱"寂寞孤怀"的境遇，他们的学问在社会上甚至在学术界被视为"迂远不切事情",也没有受到哪一个当权政府的真正重视。

五

港台和海外现代新儒家之所以处境可悲,当然是由于现代新儒学不合时宜,对现代化毫无助益,只能给那些反马克思主义者和对现代化进行反思和批判的人们提供某种安慰。但是,港台和海外现代新儒家虽然处于这种"花果飘零"的状态,而从20世纪80年代中期起,"弘扬儒家学术""重建儒家价值系统""儒学的第三期发展"这些20世纪50年代后期以来港台和海外现代新儒家提出和一直坚持的口号,随着对外开放和海内外学术交流的发展,逐渐被国内极少数学者所吸收。此后几年,许多学者关注并参与讨论以中国传统哲学为核心的传统文化与现代化的关系问题,形成一种文化热。在这种文化热中,由于海外华裔现代新儒家杜维明等人回国讲学时的大力宣扬,长期生活在国内、曾经属于现代新儒家的几位先驱的重整旗鼓,"四人帮"批孔批儒运动引起的逆反心理导致的孔子和儒学地位的上升,国内在思想感情和理论观点上和现代新儒家通声气的人,便日益多起来了。1989年,甚至有人在台湾《鹅湖》杂志上发表文章,认为中国大陆当前最大的问题,不是发展经济和政治民主的问题,而是"民族生命无处安立""民族精神彻底丧失"的问题,表现为"儒家传统遭到普遍否定""中国大陆已经全盘西化"等。文章批评的矛头不仅指向马克思主义,也指向祖国大陆的现实社会、政治、经济制度,认为大陆当前最大的任务是"复兴儒学"。

面对这种情况,国内有识之士当然忧心忡忡。毕生研究儒学的蔡尚思老教授在上海《文汇报》著文批评后,资深革命学者李一氓给蔡老写信(该信发表于1990年12月26日上海《文汇报》)说:"我们都是经过五四运动以后的人,一般来说,也是受过马克思主义教诲的人,看见孔子哲学仍然具有官方哲学的味道,横行天下,真使人瞠目以对。""你反驳了他们,孔子学说的封建性质不会促进资本主义的发展,这是很有道理的。但事情更奇怪的是:现在泛滥的孔子学说——一个非常封建的学说,不仅企图证明它会促进资本主义的发展,而且更进一步,企图证明它还会促进社会主义的建设。……我们决不相信这种说法能够成为社会发展的历史证明。"司马儒在读了这封信后,在《真理的追求》1991年第3期上著文说:"生活在2400

多年前的孔子，以及他的思想学说的产生和形成，都是当时社会经济和政治的产物，并为当时的社会经济和政治服务的。从先秦以迄明清，孔子的学说虽然屡经变化，但是作为它的核心的唯心主义哲学体系没有变，为封建统治阶级服务的基本社会功能没有变。时至近代，孔子的思想学说……已经不可避免地随着封建社会的腐朽衰亡而趋向没落；它日益丧失了时代的活力，以至无力抗御西方的挑战和冲击。倘如孔子真的是'道冠古今'的'至圣先师'，他的学说果真是万古常新的真理，那么许多本来自幼曾受孔学熏陶的维新志士和革命先驱者们，为什么还要历尽千辛万苦向西方去寻找救国救民的真理呢？为什么在五四时期，各种社会政治思潮纷至沓来的时候，新文化运动的倡导者们，要把主攻的锋芒指向孔子及其学说呢？"

虽然这些论断极有说服力，但毕竟中国是个被儒学统治了两千余年的国家，思想政治上的封建主义残余影响远未肃清，到20世纪90年代，中国又出现一股文化保守主义思潮。这种思潮包含对80年代文化热中激进主义和五四以来激进言论的反思，也和冷战后新世界格局的思想反映具有密切联系。它从批判文化激进主义进而批判政治激进主义，否定近代以来历次中国人民革命，发表不少翻案文章，褒扬曾国藩、洋务派和改良派，贬低资产阶级革命派，甚至褒扬袁世凯，贬低孙中山。与此同时，有些人在弘扬民族文化的口号下，打出了"复兴儒学"和"大陆新儒家"的旗帜，宣称"21世纪是儒学的世纪"。他们不仅完全认同港台新儒学，还主张港台新儒学反哺祖国内地（大陆），在内地（大陆）全面复兴儒学。一时之间，简直令人感到乌烟瘴气。

这种极有害于中国现代化事业的思潮，理所当然地引起了学术界的关注。《哲学研究》1994年第6期发表的罗卜的《国粹·复古·文化——评一种值得注意的思想倾向》一文，尽管人们可以批评它将学术问题上升为政治问题有些过激，但它认为：一些人从先秦的神秘主义中寻找理解当代文明的钥匙，一些人宣扬当代中国还需要孔子、董仲舒，需要重构与马克思主义并列的儒学新体系，乃是一种迂腐的文化改造观。我认为这是完全应该予以同情的理解的。正是由于这种同情的理解很不够，也由于当今中国社会民主与法治十分脆弱、道德败坏风气普遍流行引起的逆反心理，此后报刊上鼓吹儒学的文章不断，直至20世纪和21世纪之交，不独给现代新儒学的发展以可乘之机，使在台湾始终无法堂堂皇皇宣讲其所谓"正理"于台湾大学、台湾"中央研究院"等主要学术机构的现代新儒家，却能在大陆的著名高校堂堂皇皇宣讲现代新儒学，还使有些人能像封建王朝和民国时期某些军阀一样，提倡起读经来。报刊上不断出现儿童读经和经书出版的报道。《中华读书报》总第 368 期第 8 版还报道北京大学有个教授倡议建立"儒家文化保护区"，试图完整地保存儒家文化，使其"可以作为一种活生生的形态，在现代化建设中发挥它的积极作用"。另一位北京大学教授还写文呼吁"领导重视"，"各界支持"。我无缘阅读这位教授对其倡议的详细论证，不知道他试图"完整地保存儒家文化"的社区是否设立皇朝和皇帝，是否实行"三纲六纪"，也不知道他是如何证明"儒家文化保护区"可以在现代化建设中发挥积极作用的。我只知道，从 1840 年起，160 余年苦痛的历史告诉我们：儒家文化一而再再而三地证明，它是妨碍现代化的重大阻力，它使中华民族在世界现代化的浪潮中，丧失了自立于世界民族之林的能力，陷入半殖民地半封建社会的屈辱处境。我只知道，20 世纪 20 年代以来，经三代现代新儒家的积极努力，直到今天也未开出科学与民主来。在这种铁的事实面前，即使把"儒家文化保护区"推广到全中国，难道我们能希望它、相信它在中国现代化建设中发挥积极作用吗？难道我们能不担心，在以电子信息技术为核心的高科技推动的日益加强的全球化进程中，它不会使中国失去竞争力，再次沦为半殖民地半封建社会吗？

道理在那里明摆着，事实在那里明摆着，然而，就是有极少数人把在世界现代化浪潮冲击下屡屡败下阵来的儒学视若神明，捧到天上。据一些学者研究，自 20 世纪 80 年代中期以来，在港台现代新儒家的反哺下，经过十余年的酝酿准备，内地（大陆）逐渐出现了一小批新生代的现代新儒家，方克立教授称之为第四代现代新儒家。其代表人物为蒋庆、康晓光、陈明、盛洪等，他们是在 2004 年 7 月贵阳阳明精舍儒学会讲（或称"中国文化保守主义峰会"）上集体亮相的。这一小批新生代现代新儒家"新"在何处呢？大体上说，主要在于他们不满足此前现代新儒家只致力于心性儒学和形上儒学的研究，认为这样复兴儒学，既是片面的，又是不能成气候的。因此，蒋庆提出了"政治儒学"的概念，他认为儒学实有两大传统：一为心性儒学传统，也就是"内圣"之学；一为政治儒学传统，也就是"外王"之学。在儒学发展过程中，这两大传统是相辅相成的。此前现代新儒学继承宋明儒学余绪，将心性儒学推向高潮，把儒学改造成一种系统的关注个体生命存在的形而上学，始终开不出新"外王"。因此，当代新儒学的首要任务是克服只关注身心性命的极端倾向，积极干预社会政治生活，从社会、政治方面儒化中国。他用"三重（合乎天道、民意和历史文化）合法性"的理论来否定中国现行国体、政体的合法性，主张恢复儒家的王道政治，因为这种政治具有三重合法性，是世界上最好的政治；这种政治在"治道"上实行议会制，政府由议会产生，对议会负责。议会由通儒院、庶民院、国体院组成，每一院分别代表一重合法性。通儒院议长由儒教公推之大儒担任，终身任职；议员来源有二，一为社会公推之儒家民间贤儒，一为通儒学院专门培养的精通"四书""五经"等儒家经典并通过政治实习和考核的儒生。庶民院议长、议员按西方民主政治议会产生的规则与程序产生。国体院议长由孔府衍圣公世袭，议员则由衍圣公从我国历代圣贤后裔、历代君主后裔、历代历史文化名人后裔、社会贤达以及道教界、佛教界、伊斯兰教界、喇嘛教界、基督教界人士中指定。三院具有平等的地位，任何法案必须在三院都通过才能成为法律。由此可见，这样组成的国体、政体，乃是一种"儒家共同体专政"的国体、政体，蒋庆就是要用这种国体、政体来代替我国现行的国体、政体。

新生代现代新儒家的另一新特点是不仅要复兴儒学，还要复兴儒教。蒋庆、康晓光、陈明对此都有所论述，康晓光尤为积极，简直是以儒化中国、儒化中国共产党、儒化整个中国社会为己任。他旗帜鲜明地提出，中国应该拒绝祸国殃民的民主化，而选择儒化，也就是根据儒家精神重建中国社会。儒化的原则是和平演变；儒化的策略是双管齐下，首先在上层儒化中国共产党，同时在基层儒化社会。要用孔孟之道来代替马克思主义，要有意识地在儒家学统与政统之间建立垄断性的制度化的联系。一旦儒学取代了马克思主义，共产党成了儒生共同体，儒家的仁政也就实现了。关于儒化社会的问题，从短期来看，最关键的是将儒学纳入国民教育体系，从小学到大学都要设国学课；从长期来看，最关键的是将儒教确立为国教，使之成为儒学强有力的载体。康晓光说：历史上儒家是一个最成功的宗教，皇帝就是它的教皇，整个政府就是它的教会，所有的官员都是它的信徒；官府之外，统治社会的士绅也是儒家信徒；老百姓也要接受儒家教化。这是一个非常成功的政教合一、教教（宗教和教化）合一的体制。今天儒家要重建自己的载体，其最佳形态就是国教。

总起来说，新生代现代新儒家的新特点，就是要建立一个以儒教为国教、政教合一的、儒家共同体专政的儒化国家，以取代中华人民共和国。虽然这是妄想，但他们积极造势：开会、出书、办杂志、办网站、演讲、接受媒体采访、促进儿童读经。这的确骗了一些轻信的人，起着一定的干扰、妨碍我国现代化进程的作用。

六

综上所述，就是我要出版这本 60 年前写的小书的原因。这本小书的主旨，是论证儒学统治是使中国社会长期停滞在封建主义阶段，难以实现工业化、现代化的极其重要的原因。比起其他论述阻碍中国实现现代化的论著来，它有以下特点。第一，它从社会学角度，运用"既得利益"这一概念证明：如果一个社会的统治阶级的各个组成部分具有相同既得利益，这个社会就很难实行变革。中国封建社会统治阶级的两个组成部分——皇室和儒生阶层都在儒学统治中具有深厚的既得利益，所以儒学统治就必然阻碍中国的工业化、现代化。这一论点似尚未见其他类似论著系统阐述过。第二，这本小书系统叙述了中国儒学长期发展的历史，特别是揭露西汉皇室和儒生阶层互相利用以使儒学取得独尊地位，此后历代皇室和儒生阶层相互利用以维护儒学统治的各种不光彩活动，有利于人们摆脱或免于产生对儒学不应有的盲目信仰和敬畏之情。第三，这本小书举了一些实例，证明儒学统治是如何阻碍科学与民主的产生和发展的，有助于人们少受甚至不受各种现代新儒家的欺骗。

《中国的儒学统治》封面

2007 年 8 月 29 日

于珞珈山

《箫声剑影——刘绪贻口述自传》[*]
（上卷）前言

刘绪贻

在这里，我想简要地谈谈以下几个问题。

第一，在认识《长江日报》记者、江汉大学城市研究所特约研究员余坦坦以前，我从来没有考虑过写口述史的问题。首先，我虽然遭遇过一些坎坷、一些波浪，但最后基本上都能化险为夷，波暂平而浪暂静，而且这种转化过程不够雄壮，不够突兀，传奇性不足。其次，我虽然只要条件许可，就"不用扬鞭自奋蹄"，夜以继日地劳作，希望而且实际上也为国家、为人民做出了点滴贡献，但微不足道。因此，我自认为，我的生平事迹没有记录下来的价值。最后，由于主观、客观原因，我浪费了大量宝贵的时间。但从1979年起，三十年来，我自认为是很少浪费时间的。我总感到我有许多工作要做，时间不够用。2002年完成了《美国通史》的撰写和主编工作以后，我综观国际国内形势，认为应该把余年全部献给呼吁民主与法治和反对儒学的糟粕，没有时间和精力从事其他工作。自从20世纪90年代认识余坦坦后，经他的反复劝说、鼓励、督促和具体帮助，这种情况渐渐地有所改变。到2006年，我终于同意和他合作写我的口述史。他说服我所用的一些理由，虽然我觉得有些过誉，但也不是毫无根据的。这些理由，在他为这本书所写的"后记"中，有比较详细的叙述，我这里就不重复了。总之，如果我没有认识余坦坦，就不会有这本《箫声剑影——刘绪贻口述自传》。

---

* 该书香港时代国际出版有限公司版本封面标题为《箫声剑影——97老人刘绪贻口述自传》，版权页标题为《箫声剑影——刘绪贻口述自传》，本书以版权页为准。

第二，我认为，写口述史必须绝对说真话，还要勇于揭露自己的缺点和问题。我觉得我是基本上做到了这一点的。说"基本上"，是因为我担心伤害他人、忤逆他人，在极个别问题上还是有所省略、有所禁忌的。

第三，完成这本口述史上卷后，我已九十五岁半。虽然想继续写下卷，但下卷内容主要涉及我的学术思想和政治思想的复杂演变过程，主观、客观的困难和障碍不少，加上年老力衰，而又不能忘情于国事、天下事，不能专心一志，所以要完成下卷，还是要自己下大决心并得到家人和朋友的大力支持的。

第四，余坦坦希望除"刘绪贻口述自传"之外，还加个书名。我平生颇慕龚自珍之为人，他生于1792年，1841年逝世，正是清代内忧外患兴起并日益严重的时期。他不仅清楚而深刻地先于一般人认识到这种危机，还忧国忧民，力图匡济，倡议改革。当他的这种抱负和志向被官僚大地主阶级反对和压制时，他愤世嫉俗，深感无奈。他把这种思想感情的发展变化用文学形式予以表达，写出了以下的诗词佳句："来何汹涌须挥剑，去尚缠绵可付箫。""绝域从军计惘然，东南幽恨满词笺。一箫一剑平生意，负尽狂名十五年。"

"怨去吹箫，狂来说剑，两样销魂味。"有位友人还给他画了一幅《箫心剑态图》。因此，我和余君商量，为表达我对龚氏的倾慕，将这本口述自传加个书名"箫声剑影"。

第五，这本书上卷之得以写成和出版，我应该深深感谢我的老伴周世英、大女儿刘东教授、小孙女《武汉晚报》记者刘元聪、深圳大学徐建华副教授和武汉大学新闻与传播学院毕业生赵晓悦的帮助和鼓励，我还要特别感谢香港时代国际出版有限公司及其负责人的大力支持。

《箫声剑影》封面

2009 年 9 月 30 日

于珞珈山

《箫声剑影——刘绪贻口述自传》
（下卷）前言

刘绪贻

这里我想谈谈四个问题。

第一，首先要提到的，是感谢武汉大学的女学生赵晓悦。2007 年 4 月 18 日，作为新闻与传播学院二年级学生，她同 4 位同班女同学前来采访我，晚上又给我发来电子邮件。第二天，她又应我要求，约好一批一年级女同学，陪同我前往东湖植物园赏花，并共进晚餐。从这两天接触中，我觉得她为人落落大方，文字较通顺，特别是知识面较广，信息量较大，对她印象较深刻。

4 月 23 日，她送来 19 日她在东湖植物园的摄影作品，我们进行了较深入的交谈。她告诉我，她的外公赵同杰是西南联合大学的进步学生，在校时与闻一多先生多有交往；她的父亲林永刚特别尊敬外公，她出世后就让她姓赵；外公也特别喜欢她，亲自授业解惑，她深受外公影响。因此，她很仰慕一些民国时期的学者，读过一些开明的书刊，非常愿意像陈寅恪先生那样，做一个具有"独立之精神，自由之思想"的人。她胸襟豁达，乐于助人，交游很广。听了她的这番自我介绍，我觉得她是一个和我志趣相同的青年。

5 月 18 日，她发来一篇她和刘昊合写的采访我的记录《一个学者与两个时代——三面刘绪贻》。这篇文章因赶时间，有不少史实错误，而且逻辑也不严密，经我提了具体而详细的意见后，她们进行了改正。后来，我们逐渐成为知己朋友，经常交流书刊、信息和学习心得，议论世事，臧否人物。此后，我们的友谊不断发展，学术上互相促进，生活上互相关心，直到她2009 年夏秋间毕业。

　　我和赵晓悦初相识的前两三个月，余坦坦配合我写口述自传已近一年，一共写出了上卷八章初稿，并且口述到第十六章。但是，我日益感到他因本职工作忙，所揽业余写作任务过多，力有未逮，对于配合我写口述自传的工作，不像开始时那样敬业，那样有帮助，所整理书稿的质量越来越不合格，需要我重写。特别是第九章，史实错误既多且严重，有的甚至荒唐；整章文字也逻辑混乱。我于是告诉他，我们再也不能像现在这样合作下去，必须改进合作方式。他虽口头答应，但无实质性行动。因此，我日益失去与他继续合作的信心，准备另寻合作者。上卷第十章至第十三章都是我重写的，没用他整理的稿子，第十四章更未向他口述，由我独自完成。现在想来，我和余坦坦合作不太顺利，可能和两人思想志趣不太相同也有关系。

　　上述这些情况，赵晓悦在和我交往过程中，都是了解的。尽管她从未向我提出和我合作写口述史下卷的问题，但她不独帮我做了许多应是余坦坦做的工作，2008年1月上旬，还和我合写了《从怎样办春节联欢晚会看构建和谐社会的途径》一文，检验了一下我们共同写作的可行性。2月至6月，赵晓悦在广州南方日报实习。

　　5月，我正式通知余坦坦解除合作关系，并邀请当时执教于深圳大学的徐建华副教授和我合作，她因对我生平和思想志趣有较深了解，掌握有关资料也不少，欣然同意。但由于两人分居两市，一直找不到适当合作方式，难以继续下去。于是我想到和赵晓悦合作的问题，并在和她的通信中有所提及。

　　大约到了9月，赵晓悦开始申请去英国伦敦政治经济学院媒介系研读全球媒介与传播专业的硕士学位（MSc in Global Media and Communications），我为她写了推荐信。11月29日，她在电子邮件中告诉我：如果申请留学的事成功，将申请休学一年，留在武汉帮助我写《箫声剑影——刘绪贻口述自传》下卷。她认为这是一种很有意义的事业，既可对我提供帮助，也可以锻炼她自己，她是非常愿意为之的。

　　我收到此信非常高兴，认为从我们一年又七个月的交往中建立起的友谊和相互理解来看，她的确是一个很合格的写作合作对象。12月20日，我俩还共同研讨了一次合作写书的各种可能方式。2009年3月中旬，她接到伦敦政治经济学院正式的录取通知书，当晚即提出理由申请休学一年，5月1日得到批准。这样，她大学本科毕业后，从2009年7月到2010年6月，用一年时间，帮助我为《箫声剑影——刘绪贻口述自传》下卷勾画出一个大体轮廓，还共同拟订出前十章非常详细的、稍加润色便可成书的提纲。为此，她还牺牲了伦敦政治经济学院第一年5000英镑的助学金。对这种慷慨大方、切实有效、令人愉快的帮助，你说我是不是应当感谢呢？无论如何，我是永远也不会忘记的。

第二，谈谈"下卷"变"中卷"的问题。2010年7月赵晓悦离开武汉后，我因失去全职的得力助手，下卷写作过程大大减速。虽然有过新的助手，但因彼此相知不深，事前的准备不足，她是在读博士生，业余时间有限，我们只是在我和赵晓悦拟订的下卷前十章详细提纲的基础上，对前八章提纲进行加工、润色，写出了初稿，无力再考虑、顾及后两章的写作问题。

与此同时，从2010年5月末起，我患痛风，6月还住了7天医院，出院后一直到10月才基本痊愈。在此情况下，我感到完成下卷的写作遥遥无期，而已完成的前八章可以作为一个单元，将之作为中卷先出版。但又考虑到，这八章书稿只有12万字，作为一本书，比起上卷来，似乎有些单薄。这样，我又觉得不应出中卷，而应将此八章作为下卷的上编。不过，这又会大大延后出版的时间。

2011年2月，出版社编辑来信，认为将原下卷前八章书稿作为中卷先出版是个好想法。最后决定，书名用《箫声剑影——刘绪贻口述自传》（二），但实际上是中卷。

第三，比之上卷，中卷里没有青少年成长的原汁原味的生活故事，也没有涉及爱情，似乎是板着面孔说话，有点枯燥。但是，除对1947～1949年我的生活轨迹的剧烈而丰富的变化的描述外，中卷还对新中国时期近三十年的历次重大运动和各种重要政策，从我接触或被裹挟的角度，进行了简明而扼要的叙述、分析和评论，往往能提出自己独到的见解。如毛泽东自己所说，他发起的这些运动和实行的这些政策，不仅关系到全中国人民，也关系到全人类命运。从这个角度看，中卷的内容似乎是可以甚至应该受到有心的读者关注的。

第四，《箫声剑影——刘绪贻口述自传》中卷之得以写成并出版，我还应当深深感谢武汉大学社会学系的在读博士生宋雯。她对这八章书稿的详细提纲的加工和润色，大都做过贡献。她还帮我处理了工作与生活上许多杂事，协助我完成过我不好不接受的有关出版单位的采访和约稿，使我得以集中精力经营中卷。

此外，我要感谢深圳大学历史学系的徐建华副教授。她不仅对中卷的写作十分关心，而且还提出过一些很中肯的意见。

最后，我要感谢老伴周世英和大女儿刘东教授的关心和意见，刘东还为我选择了照片。武汉大学历史学院的保研生易文璐，为我统一了全部书稿的体例格式，制作了电子版，助选了照片；余坦坦提供的他所记录的大量我的口述资料起了一些作用。他们也都是我要感谢的。

2011 年 5 月 26 日

于珞珈山求索斋

刘绪贻教授著译总目（1941～2011 年）

刘 绪 贻

说明：

本《总目》，包括作者历年发表的关于历史学、社会学、文化人类学的论著以及理论著作、散文、杂文及随笔、传记、时论的目录。

甲　历史学

一　专著

1. 《当代美国总统与社会——现代美国社会发展简史》（主编并主撰），武汉：湖北人民出版社，1987。

2. "美国现代史丛书"（主编），武汉：武汉大学出版社，1984～1987。（已出版时殷弘《尼克松主义》、韩铁《艾森豪威尔的现代共和党主义》、张红路《麦卡锡主义》3 种）

3. 《战后美国史（1945—1986）》（主编并参加撰写），北京：人民出版社，1989。（刘绪贻、杨生茂任总主编的"美国通史丛书"之一）

4. 《富兰克林·D. 罗斯福时代（1929—1945）》（主编并主撰），北京：人民出版社，1994。（刘绪贻、杨生茂任总主编的"美国通史丛书"之一）

5. "美国通史丛书"（六卷）（与杨生茂共同主编），北京：人民出版社，1989～2001。

6. 《20 世纪 30 年代以来美国史论丛》，北京：中国社会科学出版社，2001。

7. 《美国研究词典》（与李世洞共同主编），北京：中国社会科学出版社，2002。

8.《战后美国史（1945—2000）》［《战后美国史（1945—1986）》增订本］（主编并参加撰写），北京：人民出版社，2002。（刘绪贻、杨生茂任总主编的《美国通史》第6卷）

9.《美国通史》（六卷本）（与杨生茂共同主编），北京：人民出版社，2002。

10.《美国通史》（六卷本）（与杨生茂共同主编），北京：人民出版社，2005。（"中国文库·史学类"之一种）

二 译著

1.《芬兰史》（上、中、下三册）（合校），武汉：湖北人民出版社，1973。

2.《中东简史》（上、下两册）（合译、合校），武汉：湖北人民出版社，1975。

3.《世界史编年手册（古代和中世纪部分）》（主译），北京：三联书店，1981。

4.《一九〇〇年以来的美国史》（上、中、下三册）（主译、校），北京：中国社会科学出版社，1983。

5.《新政》（合译、总校），武汉：中国美国史研究会，1983。

6.《被通缉的女人》（塔布曼传）（与刘末合译），长沙：湖南人民出版社，1984。

7.《乔治·布什自传——注视未来》（与刘末合译），武汉：湖北人民出版社，1988。

8.《资本主义、社会主义与和平共处——从痛苦的过去到较好的未来》（与刘末合译），武汉：武汉大学出版社，1988。

9.《多难的旅程——四十年代至八十年代初美国政治生活史》（合译、合校），北京：商务印书馆，1990。

10.《罗斯福与新政（1932—1940年）》（协助朱鸿恩译并总校），北京：商务印书馆，1993。

11.《美国的八大冤假错案》（刘末译）（校），北京：商务印书馆，1997。

三 论文及其他文章

1.《奴隶贸易》，载《读一点世界史》（1），武汉：湖北人民出版社，1973。

2.《近年来美国黑人暴力斗争理论的发展》，《江汉历史学丛刊》1979年第 1 期。

3.《从合法斗争到非暴力群众直接行动——四十年代后期到六十年代初的美国黑人运动》，载《美国史论文集》，北京：三联书店，1980。［中国社会科学出版社 2001 年版（下同）《20 世纪 30 年代以来美国史论丛》全文转载］

4.《从蒙哥马利到伯明翰——五十年代中期到六十年代前期的美国黑人运动》，《武汉大学学报社会科学论丛》1980 年第 1 辑。（《20 世纪 30 年代以来美国史论丛》全文转载）

5.《日本的美国史研究机构》，《世界史研究动态》1980 年第 12 期。

6.《二次世界大战后十年美国黑人运动的起伏》，《武汉大学学报》（哲学社会科学版）1981 年第 2 期。（《20 世纪 30 年代以来美国史论丛》全文转载）

7.《最新的美国现代史——〈美国时代〉》，《世界史研究动态》1981年第 3 期。（《20 世纪 30 年代以来美国史论丛》全文转载）

8.《罗斯福"新政"对延长垄断资本主义生命的作用》，《历史教学》1981 年第 9 期。［天津人民出版社 1984 年版《美国史论文选（1949—1979）》全文转载］

9.《美国政治制度史·前言》，载曹绍濂《美国政治制度史》，兰州：甘肃人民出版社，1982。

10.《保罗·康金的〈新政〉——一本最优秀的对罗斯福"新政"的简明批评性著作》，《美国史译丛》1983 年第 1 期。（《20 世纪 30 年代以来美国史论丛》全文转载）

11.《罗斯福"新政"的历史地位》，《世界历史》1983 年第 2 期。［三联书店 1983 年版《美国史论文集（1981—1983）》、武汉大学出版社 1984年版《哲学社会科学近期学术论文选》、湖北人民出版社 1987 年版《当代美国总统与社会——现代美国社会发展简史》、兰州大学出版社 2000 年版《20 世纪中华学术经典文库·历史学·世界历史卷》（下册）全文转载］

12. 《〈美国现代史丛书〉序》，《历史教学》1983 年第 12 期。

13. 《美国垄断资本主义发展史与马列主义》，《社会科学杂志》1984 年第 2 期。（湖北人民出版社 1987 年版《当代美国总统与社会——现代美国社会发展简史》转载时，将题目改为《美国垄断资本主义发展史的两个新规律》）

14. 《关于罗斯福新政的寿命问题》，《世界史研究动态》1984 年第 5 期。（《20 世纪 30 年代以来美国史论丛》全文转载）

15. 《美国垄断资本主义与马列主义》，《兰州学刊》1984 年第 3 期。（本文较《美国垄断资本主义发展史与马列主义》一文扩充篇幅近一倍，原为提交意大利贝拉焦国际学术会议"外国人看美国史"的论文，中国人民大学书报资料中心编《世界近代、现代史》1984 年第 7 期全文复印，《第十六届国际历史科学大会中国学者论文集》、《中国历史学年鉴 1984》、美国学者 John R. Moore 的 *The State of American History Studies in the People's Republic of China* 摘要转载）

16. 《世界现代史体系中的一个重大问题》，《世界历史》1984 年第 5 期。（中国人民大学书报资料中心编《世界近代、现代史》1984 年第 11 期、湖北人民出版社 1987 年版《当代美国总统与社会——现代美国社会发展简史》全文转载，《第十六届国际历史科学大会中国学者论文集》摘要转载）

17. 《开创美国史研究新局面的有效途径》，《世界历史》1984 年第 5 期。

18. 《美国史》，载《中国历史学年鉴 1984》，北京：三联书店，1984。

19. 《〈历史的视野〉——二战以来英美新左派史学的主要成就》，《世界史研究动态》1984 年第 7 期。（《20 世纪 30 年代以来美国史论丛》全文转载）

20. 《有关罗斯福"新政"的几个问题——与黄绍湘同志商榷》，《世界历史》1985 年第 1 期。（中国人民大学书报资料中心编《世界近代、现代史》1985 年第 3 期全文复印）

21. 《在贝拉焦学术会议上》，《世界史研究动态》1985 年第 2 期。

22. 《现代美国社会里的阶级斗争》，《湖北社联通讯》1985 年第 7 期。

23. 《试论 1980 年罗纳德·里根竞选的胜利》，《武汉大学学报》（社会科学版）1986 年第 4 期。（中国人民大学书报资料中心编《世界近代、现代史》1986 年第 8 期全文转载）

24.《中国的美国史研究概况》，《史学月刊》1986 年第 5 期。（中国人民大学书报资料中心编《世界近代、现代史》1986 年第 11 期全文转载。该文英文版载 *Organization of American Historians Newsletter*，题为 "American History Research in China"）

25.《试论胡佛政府对付 1929—1933 年经济危机的政策》，《历史教学》1986 年第 11 期。（《20 世纪 30 年代以来美国史论丛》全文转载）

26.《里根上台执政的社会历史背景》，《美国研究》1987 年第 2 期。

27.《里根经济学与经济政策》，《湖北社会科学》1987 年第 7 期。（《20 世纪 30 年代以来美国史论丛》全文转载）

28.《〈现代美国社会发展简史〉序》，《世界史研究动态》1987 年第 9 期。

29.《美国新右派初探》（与胡全平合作），《美国研究》1988 年第 4 期。（《20 世纪 30 年代以来美国史论丛》全文转载）

30.《〈战后美国史〉引言》（与杨生茂合作），《世界历史》1988 年第 5 期。

31.《乔治·布什的外交政策思想与中美关系的未来》，《社会科学动态》1989 年第 7 期。

32.《战后美国对外政策的四次战略调整》，《兰州学刊》1990 年第 1 期。（《20 世纪 30 年代以来美国史论丛》全文转载）

33.《富兰克林·罗斯福与联邦最高法院斗争的性质》，《历史研究》1990 年第 4 期。（《20 世纪 30 年代以来美国史论丛》全文转载）

34.《1932 年美国总统选举及其意义》，《世界历史》1990 年第 5 期。（《20 世纪 30 年代以来美国史论丛》全文转载）

35.《译者序》，载《多难的旅程——四十年代至八十年代初美国政治生活史》，北京：商务印书馆，1990。

36."美国 1929～1933 年经济危机"；"新政"；"罗斯福，F. D."；"美国民权运动"；"尼克松，R. M."；"水门事件"；"里根，R. W."，载《中国大百科全书·外国历史》，北京：中国大百科全书出版社，1990。

37.《罗斯福新政与凯恩斯主义》，《美国研究》1991 年第 1 期。（《20 世纪 30 年代以来美国史论丛》全文转载）

38.《英美学者论"新政"国家理论》，《世界史研究动态》1991 年第 2 期。

39.《从垄断资本主义的发展规律看划分两次新政的意义》，《世界史研究动态》1991 年第 9 期。

40.《田纳西河流域管理局的性质、成就及其意义》,《美国研究》1991年第4期。

41.《洛克滕堡的〈富兰克林·罗斯福与"新政"〉一书评介》,《世界史研究动态》1992年第1期。

42.《罗斯福"新政"与黑人问题》,《中南民族学院学报》(哲学社会科学版)1992年第1期。

43.《罗斯福"新政"、劳工运动与劳方、资方、国家间的关系》,《美国研究》1992年第2期。

44.《美国1932年反禁令法是怎样诞生的》,《历史教学》1992年第5期。

45.《"影响世界历史进程丛书"总序》,"影响世界历史进程丛书",上海:文汇出版社,1992。

46.《罗斯福是否有自己的经济理论——读罗斯福"新政"史札记之二》,《史学月刊》1993年第1期。(《20世纪30年代以来美国史论丛》全文转载)

47.《读罗斯福"新政"史札记之一——对"新政"的评价》,《世界历史》1993年第1期。

48.《布什政府的全球战略》,《美国研究》1993年第1期。(《20世纪30年代以来美国史论丛》全文转载)

49.《在新形势下如何推动世界史学科发展》,《世界历史》1993年第3期。

50.《小罗斯福时代美国学校教育的危机与变革》,《九江师专学报》1993年第4期。(《20世纪30年代以来美国史论丛》全文转载)

51.《不能这样谈历史》,《美国史研究通讯》1993年第2期。

52.《一本求真求实的〈法西斯新论〉》(与桂立合作),《兰州学刊》1994年第3期。

53.《罗斯福"新政"在世界史上的地位》,《美国研究》1994年第1期。(《20世纪30年代以来美国史论丛》全文转载)

54.《喜闻雏凤清声》,《美国研究》1994年第3期。

55.《罗斯福与中国抗日战争》,《长江日报》1995年5月12日。(增订版载《美国史研究通讯》1995年第3期)

56.《〈女性的崛起〉序》,《中国妇女报》1995年8月8日(有删节)。

（全文载《世界历史》1996 年第 3 期和《20 世纪 30 年代以来美国史论丛》）

57.《〈法西斯体制研究〉的重要贡献》，《世界历史》1995 年第 6 期。

58.《法治和"自我约束"》，《读书》1996 年第 3 期。

59.《评〈中国可以说不〉》，《今日名流》1996 年第 6 期。（《20 世纪 30 年代以来美国史论丛》全文转载）

60.《〈德意志道路——现代化进程研究〉序》，《世界历史》1998 年第 3 期。

61.《可贵而有效的支持》，《世界历史》1998 年第 6 期。

62.《有计划地把"再就业工程"和环保、公共等工程结合起来：罗斯福"新政"对再就业工程的借鉴》，《武汉经济研究》1998 年第 4 期。

63.《人权的演进与我国人权的保障》，《长江日报》1999 年 1 月 4 日。

64.《威斯康星州历史学会的启示》，《文化报》（武汉）1999 年 7 月 8～14 日。

65.《第一批官费留美生与中美文化交流》（与林婕合作），载陶文钊、陈永祥主编《中美文化交流论集》，北京：中国社会科学出版社，1999。

66.《一个苏联人心目中的小罗斯福总统》，《黄河》1999 年第 5 期。（《20 世纪 30 年代以来美国史论丛》全文转载）

67.《美国第一个女总统候选人》，《湖北日报》"世界博览"第 62 期。

68.《20 世纪世界史中亟待进一步研究的重大课题》，《太平洋学报》2000 年第 3 期。（张健民主编《武汉大学历史学集刊》第五辑全文转载）

69.《〈30 年代以来美国史论丛〉序》，《学术界》2001 年第 2 期。

70.《继承和发扬"五四"运动中知识分子的批评精神》，《理论月刊》2001 年第 4 期。

71.《罗斯福"新政"的农业政策》，《史学月刊》2001 年第 3 期。

72.《世界遗产与爱国爱人类爱世界公民意识》，《中国教育报》2002 年 2 月 7 日。

73.《论罗斯福"新政"的货币政策》，《历史教学》2002 年第 10 期。

74.《〈美国通史〉总序》（与杨生茂合作），《博览群书》2003 年第 1 期。

75.《中国美国史研究会诞生记》，《美国史研究通讯》2003 年第 2 期。

76.《我看美国新经济》，《读书》2003 年第 3 期。

77.《解放思想　实事求是》，《史学月刊》2003 年第 9 期。

78. 《6 卷本〈美国通史〉诞生记》,《世界历史》2004 年第 1 期。

79. 《美国宪法与宪政》,《博览群书》2004 年第 10 期。(张健民主编《武汉大学历史学集刊》第五辑全文转载)

80. 《中西法治观和法治体制比较及意义》,《社会科学论坛》2005 年第 9 期。

81. 《〈牧畜王国的兴衰〉序》,载周钢《牧畜王国的兴衰——美国西部开放牧区发展研究》,北京:人民出版社,2006。

82. 《西方的法治观与法治体制》,《博览群书》2006 年第 5 期。

83. 《论中国传统的法治观与法治体制》,《学术界》2006 年第 5 期。

84. 《我研究美国史的经历》,《书屋》2007 年第 2 期。

85. 《孔子是个反动派》,《新京报》2007 年 7 月 13 日。

86. 《我冲破了世界史研究的一个禁区》,《北京日报》2007 年 8 月 6 日。(此文是《北京日报》某编辑在未与我通气的情况下,摘录我的论文并以我的名义撰写,发表后经我认可的)

87. 《西南联大的奇迹》,《社会科学论坛》(学术评论卷)2008 年第 2 期。

88. 《读〈“封建”考论〉》,《读书》2008 年第 12 期。

89. 《悼念约翰·霍普·富兰克林》,《书屋》2009 年第 6 期。

90. 《美国社会学法学的兴起与建立》,《书屋》2010 年第 6 期。

91. 《亲历大跃进中的湖北教育革命》(刘绪贻口述,宋雯、赵晓悦整理),《炎黄春秋》2011 年第 2 期。

92. 《和而不同——我与美国著名史学家柯特勒的交往》(刘绪贻口述,赵晓悦整理),《史学月刊》2011 年第 3 期。

四 译文

1. 《黑人历史研究的新方向》,《美国历史研究资料》1979 年第 1~2 期。

2. 《富兰克林·D. 罗斯福与总统权力的扩张》(与陈泽伦合译),《美国历史研究资料》1981 年第 1 期。

3. 《内战前美国技术与工业的发展》(王锦瑭译,刘绪贻校),《世界历史译丛》1980 年第 5 期。

4. 《日本的美国史研究概况》,《美国史研究译丛》1982 年第 1 辑。

乙　社会学

一　专著

1.《改革开放的社会学研究》（主编并参与撰写），武汉：武汉大学出版社，1997。

2.《黎明前的沉思与憧憬——1948 年文集》，武汉：武汉出版社，2001。

3.《中国的儒学统治：既得利益抵制社会变迁的典型事例》，北京：中国人民大学出版社，2006。（此书系刘绪贻英文著作的中译本，叶巍、丁进译，刘绪贻校）

二　译著

1.《美国社会发展趋势》（主译、合校），北京：商务印书馆，1997。

三　论文及其他文章

1.《人口问题与智识阶级》，《实验卫生季刊》1943 年妇婴卫生特辑。

2.《知识生活的偏向》，上海《观察》第 3 卷第 19 期，1948 年 1 月 30 日。（此文及以下 14 篇文章俱收入武汉出版社 2001 年版《黎明前的沉思与憧憬——1948 年文集》）

3.《风雅里的悲剧》，上海《观察》第 3 卷第 24 期，1948 年 2 月 7 日。

4.《狭路相逢》，上海《观察》第 4 卷第 5 期，1948 年 3 月 27 日。

5.《两种克服自然的知识活动及其冲突》，上海《观察》第 4 卷第 10 期，1948 年 5 月 1 日。

6.《读〈中国法律与中国社会〉以后》，重庆《社会建设》第 1 期，1948 年。

7.《人性的压抑与了解》，上海《观察》第 4 卷第 13 期，1948 年 5 月 22 日。

8.《成事不足，败事有余》，上海《观察》第 4 卷第 16 期，1948 年 6 月 12 日。

9.《退无以守，进必以战》，上海《观察》第 4 卷第 19 期，1948 年 7

月 3 日。

10.《锦上添花的代价》，上海《观察》第 4 卷第 23～24 期，1948 年 8 月 7 日。

11.《知识·生活·宇宙》，上海《观察》第 5 卷第 3 期，1948 年 9 月 11 日。

12.《生育节制与儿童福利》，上海《儿童与社会》第 1 卷第 4 期，1948 年 9 月。

13.《道德的眼镜》，上海《观察》第 5 卷第 7 期，1948 年 10 月 9 日。

14.《富贵之道》，南京《世纪评论》第 4 卷第 16 期，1948 年。

15.《工业化的利弊——读了潘光旦先生〈工业化与人格〉一文以后》，上海《观察》第 5 卷第 10 期，1948 年 10 月 30 日。

16.《长指甲里藏着什么?》，上海《观察》第 5 卷第 16 期，1948 年 12 月 11 日。

17.《化整为零的研究方法》，天津《益世报》社会学副刊，1948 年。

18.《社会学浅议》，《社会科学动态》1980 年第 30 期。

19.《社会学的起源和在中国的发展》，《江汉论坛》1982 年第 2 期。

20.《建设精神文明与社会控制》，《社会》1982 年第 4 期。

21.《关于社会主义社会的稳定问题》，《人与社会》1990 年第 1～2 期。

22.《一本具有中国特色和时代特色的农村社会学著作》，《社会》1991 年第 4 期。

23.《〈社会调查研究通论〉序》，载李和中、龚贻洲、郭正林主编《社会调查研究通论》，武汉：武汉大学出版社，1992。

24.《大力促进改革开放社会学研究》，《华中理工大学学报》（社会科学版）1992 年第 4 期。[《中南民族学院学报》（哲学社会科学版）1993 年第 2 期、中国人民大学复印报刊资料《社会学》1993 年第 3 期全文转载，题目改为《开展改革开放社会学研究》；武汉大学出版社 1997 年版、"武汉大学学术丛书"之一《改革开放的社会学研究》全文转载，题目改为《积极开展改革开放的社会学研究》]

25.《社会史新著〈美国社会发展趋势〉》，《世界史研究动态》1992 年第 8 期。（《20 世纪 30 年代以来美国史论丛》全文转载）

26.《莱文、伦布克论美国社会学中的马克思主义学派》，《马克思主义与现实》1993 年第 1 期。

27.《为什么要研究交际学?》，《长江日报》1995 年 1 月 27 日。

28.《我国社会学工作者的机遇与使命》，《华中理工大学学报》（社会科学版）1995 年第 2 期。（武汉大学出版社 1997 年版《改革开放的社会学研究》全文转载）

29.《研究交际学的重大意义》（"交际学丛书"总序），李元授主编"交际学丛书"，武汉：华中理工大学出版社，1996。

30.《世纪之交中国社会发展面临的几个重大问题》，《社科信息》1997 年第 2 期。

31.《世纪之交中国的社会发展必须与全球化进程接轨》，《长江日报》1997 年 3 月 31 日。

32.《从人的两重性看妇女特性》，《长江日报》1997 年 4 月 1 日。

33.《社会发展的正确道路》，《长江日报》1997 年 7 月 17 日。

34.《个人自律与有效的监督》，《长江日报》1997 年 8 月 1 日。

35.《既得利益：新一轮改革的阻力》，《长江日报》1997 年 10 月 23 日。

36.《大学毕业生的异化》，《长江日报》1997 年 11 月 24 日。

37.《知识分子的特殊使命》，《长江日报》1998 年 2 月 14 日。

38.《再大声响应蔡特金一次》，《长江日报》1998 年 3 月 9 日。

39.《假想的社会发展趋势》，《长江日报》1998 年 9 月 5 日。

40.《当前中国社会发展必须遵循的几条规律》，《中南民族学院学报》（哲学社会科学版）1999 年第 1 期。（中国大百科全书出版社编《中国优秀创新成果通报》2001 年第 1 卷全文转载）

41.《为湖北省、武汉市人文和社会科学的进一步发展旧话重提》，《武汉文史资料》1999 年第 1 期。

42.《中国的儒学统治是怎样开始的》，《华中理工大学学报》（社会科学版）1999 年第 4 期。

43.《从社会变迁到社会发展——我的社会学研究历程》，载简永福、皮明庥主编《时代的回响——新中国武汉地区社会科学评述》，武汉：武汉出版社，1999。

44.《计划经济荫庇下高校管理体制必须改革》，《学术界》2000 年第 1 期。（编者未经我同意换了题目《应当改变学术期刊等级制的"土政策"——高校学位授予体制必须改革》，现在改回来）

45. 《西汉早期中国社会的重新分层》，《华中科技大学学报》（社会科学版）2000 年第 4 期。（中国人民大学书报资料中心编《先秦、秦汉史》2001 年第 2 期全文转载，《高等学校文科学报文摘》摘要转载）

46. 《〈农村社会学〉序一》，载李守经主编《农村社会学》，北京：高等教育出版社，2000。

47. 《必须有效监督一把手》，《长江日报》2003 年 4 月 3 日。

48. 《大学生的学习目标》，《长江日报》2005 年 5 月 6 日。

49. 《忆先师吴文藻与师母谢冰心》，《社会学家茶座》2007 年第 3 期。

50. 《博学、济世、风趣的社会学家潘光旦》，《社会学家茶座》2007 年第 4 期。

51. 《天助自助者——忆先师费孝通教授》，《书屋》2007 年第 8 期。

52. 《重视实证研究、胸襟开阔的陈达教授》，《社会学家茶座》2007 年第 5 期。

53. 《为什么要出版这本六十年前写的〈中国的儒学统治〉》，《书屋》2007 年第 12 期。

54. 《给第四代新儒家提个醒——我再版 60 年前旧作〈中国的儒学统治〉之因由》，《北京日报》2008 年 6 月 30 日。（此文是在我不知情的情况下，别人根据我的文章并以我的名义撰写，发表后由我认可的）

四　译文

1. 《亲职社会学》，《社科信息》1988 年第 5 期。

丙　文化人类学

一　论文及其他文章

1. 《文化脱节与民主政治》，重庆《大公报》1941 年 6 月 4～5 日。

2. 《文化的渐变和剧变》，上海《时与文》第 2 卷第 24 期，1948 年 3 月 26 日。（此文及以下 5 篇文章，俱由武汉出版社 2001 年版《黎明前的沉思与憧憬——1948 年文集》全文转载）

3. 《民族性与文化》，南京《世纪评论》第 3 卷第 3 期，1948 年。

4. 《从"镜中自我"里看民主》，南京《世纪评论》第 3 卷第 23 期，

1948 年 6 月 5 日。

5. 《中国需要全盘的变·迅速的变——论文化变迁和它的连环性》，上海《时与文》第 3 卷第 14 期，1948 年 7 月 23 日。

6. 《装饰性的文化》，南京《大学评论》第 3 卷第 3 期，1949 年。

7. 《看不见的牢狱》，北平《自由批判》第 1 卷第 8 期，1948 年 11 月 1 日。

8. 《浅谈城市人类学》，《社会科学动态》1990 年第 5 期。

9. 《一种新生的太平洋文化》，《长江日报》2003 年 6 月 26 日。

10. 《中国传统文化与儒学》，《书屋》2006 年第 6 期。

丁　理论著作

一　论文及其他文章

1. 《人民自己作主人才是真正的民主——论"民本"不是"民主"》，上海《时与文》第 3 卷第 20 期，1948 年 9 月 3 日。（武汉出版社 2001 年版《黎明前的沉思与憧憬——1948 年文集》全文转载）

2. 《马克思主义的阶级斗争原理需要发展》，《社会科学》1986 年第 8 期。（湖北人民出版社 1987 年版《当代美国总统与社会——现代美国社会发展简史》、中国社会科学出版社 2001 年版《20 世纪 30 年代以来美国史论丛》、人民日报出版社 2000 年版《中国当代论文选粹》、北京汉苑文化中心与世纪之光丛书编委会 1999 年版《世纪之光》、中国经济出版社 1999 年版《中国新时期社会科学成果荟萃》等全文转载）

3. 《美苏学者谈资本主义、社会主义及两者的关系》，《武汉大学学报》（社会科学版）1989 年第 1 期。

4. 《论当代资本主义新特点（答魏风问）》，《湖北日报》1989 年 2 月 23 日。

5. 《列宁帝国主义理论的正确性及时代局限性》，《上海社会科学院学术季刊》1991 年第 1 期。

6. 《讲究唯物辩证法，防止思想僵化》，《长江日报》1997 年 5 月 1 日。

7. 《一种千真万确却常被人忽视的道理》，《武汉晚报》1997 年 12 月 9 日。

8. 《改革政策的理论基础》，载刘绪贻主编《改革开放的社会学研究》，武汉：武汉大学出版社，1997。

9. 《从马克思主义发展史看邓小平对生产力理论的贡献》，《中南民族学院学报》（哲学社会科学版）1998 年第 2 期。

10. 《防止思想僵化需要制度保证》，《中国改革报》1998 年 4 月 5 日。

11. 《打破反腐禁区》，《中国改革报》1998 年 5 月 6 日。［兰州大学出版社 1999 年版《迈向理性——中国政治年报（1999 年版）》全文转载］

12. 《强权和说教证明不了真理》，《长江日报》1998 年 9 月 21 日。

13. 《民主，就是让人民自己作主》，《长江日报》1998 年 11 月 4 日。

14. 《假实践不能检验真理》，《长江日报》2000 年 8 月 21 日。

15. 《道德与个性》，《长江日报》2000 年 9 月 4 日。

16. 《道德与法律》，《长江日报》2000 年 9 月 11 日。

17. 《道德与科学》，《长江日报》2000 年 9 月 18 日。

18. 《道德须重建》，《长江日报》2000 年 9 月 25 日。

19. 《解放思想是一个长期而艰巨的任务》，《长江日报》2001 年 9 月 26 日。

20. 《现代新儒学评介——〈现代新儒学与中国现代化〉等读后》，《学术界》2002 年第 6 期。

21. 《继续肃清封建主义残余影响》，《长江日报》2002 年 12 月 31 日。

22. 《关于社会主义政治文明的本质》，《长江日报》2003 年 8 月 21 日。

23. 《分清民本与民主思想》，《长江日报》2004 年 3 月 4 日。

24. 《从宪法到宪政的有效制度保证》，《长江日报》2004 年 7 月 22 日。

25. 《儒学的精华与糟粕》，《长江日报》2006 年 4 月 6 日。

26. 《试论儒学与传统文化的关系》，《学术界》2007 年第 6 期。

27. 《辨析一个习惯性的提法》（此文原来题目是《论统一思想的可能性》，现在题目是责任编辑改的），《北京日报》2008 年 2 月 25 日。（据责编及友人通知，《文摘报》《报刊文摘》《中国剪报》都已转载此文）

28. 《应尊重马克思主义创建者的看法》，《领导者》2009 年第 6 期。（中国选举与治理网、爱思想网站全文转载，黄安年博客推荐）

29. 《教育不是灌输，而是点燃火焰》，《时代周报》2011 年 1 月 10 日。（李怀宇采访稿）

30. 《我们应该顺应历史潮流》，《南风窗》2011 年第 2 期。（马国川采

访稿）

31. 《再论把"民主"与"民本"区分开来》，《同舟共进》2011 年第
4 期。

32. 《谈学术研究的"主客观条件"——以我的美国史研究为例》，《北
京日报》2011 年 7 月 18 日。

（上面列入历史学的《美国垄断资本主义与马列主义》《从垄断资本主
义的发展规律看划分两次新政的意义》《20 世纪世界史中亟待进一步研究的
重大课题》《世界现代史体系中的一个重大问题》《美国社会学法学的兴起
与建立》、列入社会学的《当前中国社会发展必须遵循的几条规律》等文，
也都可列入理论著作）

戊　散文

1. 《在社会缝隙里自得其乐的美国人》，《长江日报》1990 年 7 月 15
日。（杨玉圣、辛逸、胡玉坤编《我说美利坚》全文转载，但将题目改为
《在生活的夹缝中逍遥》）

2. 《情比桃花潭水深——忆丰子恺先生》，《光明日报》1991 年 4 月 2
日。（据徐以骅教授电告，有 4 种美国中文报纸转载此文，其中可能有纽约
《侨报》，但我只接到居于纽约的表侄女王媛寄来的一份剪报，上面没有关
于发表此文出版物及发表时间的记载）

3. 《冰心生活情趣》，纽约《侨报》1993 年 7 月 29 日。（《武汉晚报》
1999 年 3 月 29 日全文转载）

4. 《寄给大洋彼岸的思念——忆我与柏生的友谊》，《长江日报》（具体
发表时间待查）。

5. 《永恒的诺言》，《长江日报》1995 年 2 月 20 日。

6. 《几位清华教授轶事》，《武汉晚报》1995 年 2 月 22 日。

7. 《文坛祖母冰心与她的"傻姑爷"》，《楚天周末》1995 年 11
月 18 日。

8. 《西南联合大学的几副春联》，《长江日报》1996 年 2 月 14 日。

9. 《自称"湖北佬"的世界著名作家聂华苓》，《武汉春秋》1996 年第
2 期。

10. 《马约翰教授轶事》，《武汉晚报》1996 年 8 月 16 日。

11. 《撩人的黄昏后》，《楚天周末》1996 年 10 月 26 日。（编者未经我同意改过题目，现在改回来）

12. 《国际书缘》，《长江日报》1997 年 8 月 3 日。

13. 《美国教授的赠书信》，《长江日报》1998 年 3 月 6 日。

14. 《安徽白猴》，《长江日报》1998 年 4 月 19 日。

15. 《敢将椽笔续〈离骚〉——记诗人聂绀弩》，《武汉春秋》1996 年第 4 期。

16. 《更有意义的纪念》，《长江日报》1998 年 5 月 2 日。

17. 《我和汉口四官殿的一段情缘》，《武汉晚报》1998 年 6 月 24 日。

18. 《与储安平缘悭一面》，《长江日报》1998 年 11 月 9 日。

19. 《"黄鹤楼公园不宜企业化"之我见》，《武汉晚报》1999 年 1 月 26 日。

20. 《难忘那个野味香》，《武汉晚报》1999 年 1 月 26 日。

21. 《渡江涉水的木划子》，《文化报》（武汉）1999 年 2 月 26 日至 3 月 4 日。

22. 《奉命竞选教授会主席》，《文化报》（武汉）1999 年 5 月 13～19 日。

23. 《86 老翁缘何健?》，《武汉晚报》1999 年 5 月 29 日。（编者未经我同意对题目有所改动，现在改了回来）

24. 《灵魂给肉体加鞭——86 岁感怀》，《长江日报》1999 年 6 月 21 日。

25. 《黎明前的觉醒与搏击——忆解放前夕我的地下斗争生活》，《武汉文史资料》1999 年第 6 期。

26. 《平生幸伴东湖住》，《长江日报》1999 年 1 月 8 日。

27. 《千姿百态的养生之道》，《武汉晚报》1999 年 8 月 7 日。

28. 《〈十面埋伏〉的魅力》，《好书》1999 年第 7、8 期。

29. 《多情人不老》，《长江日报》2000 年 6 月 21 日。

30. 《白山黑水拾珠》，《长江日报》2000 年 9 月 6 日。（编者曾改换题目，现在改回来）

31. 《我谈旅游》，《长江日报》2000 年 12 月 12 日。

32. 《硝烟弥漫闯花旗》，《武汉晨报》2000 年 5 月 28 日。

33. 《清清的香　淡淡的甜》，《武大校友通讯》2000 年第 2 辑。（广州《老人报》2001 年 3 月 20 日摘要转载）

34. 《深切怀念丁则民教授》，《美国史研究通讯》2001 年第 1 期。

35. 《绛帐春风——忆清华大学社会系几位教授》，《中华读书报》2002 年 2 月 20 日。（《读者》2002 年第 9 期、纽约《侨报》全文转载）

36. 《89 岁断想》，《中华读书报》2002 年 4 月 24 日。（《美国史研究通讯》2002 年第 1 期全文转载）

37. 《年近九十学电脑》，《长江日报》2002 年 11 月 10 日。

38. 《怀念周鲠生校长》，《武汉大学报》2003 年 11 月 29 日。

39. 《桃李无言，下自成蹊——忆清华大学梅贻琦校长》，《黄河》2003 年第 2 期。

40. 《从"哲学工"到法治国家》，《长江日报》2005 年 8 月 25 日。

41. 《著书不为稻粱谋》，《武汉大学报》2006 年 4 月 25 日。（《学术界》2006 年第 3 期全文转载）

42. 《深切怀念密加凡同志》，《江汉论坛》2006 年第 10 期。

43. 《真正的马克思主义者——我所认识的李达同志》，《武汉大学学报》（人文科学版）2007 年第 2 期。

44. 《管理民主学术自由——西南联合大学民主制》（此文被编辑删得太厉害），《新京报》2007 年 11 月 23 日。

45. 《痛悼冯承柏教授》，《南开大学报》2008 年 1 月 7 日。（《春思秋怀忆故人——冯承柏教授纪念集》全文转载）

46. 《绛帐春风》，《和谐》（第 3 辑），武汉：武汉出版社，2008。

47. 《留美杂忆》，《武大校友通讯》2008 年第 1 辑。

48. 《愧对慎之》，《领导者》2008 年第 23 期（总）。（截至 11 月 6 日，国内已有 9 个网站全文转发；仅在天益网站，阅读已达 3332 次。美国中文杂志《民主中国》也全文转载）

49. 《我所知道的吴宓教授》，《社会科学论坛》（学术评论卷）2008 年第 12 期。

50. 《忆挚友史国衡教授：一位潜力被扼杀的社会学家》，《读书》2009 年第 4 期。（清华校友总会编《校友文稿资料选编》第 14 辑全文转载）

51. 《祖国的召唤》，《武汉大学报》2009 年 10 月 23 日。

52. 《回忆诗人曾卓》（刘绪贻口述，赵晓悦整理），《领导者》2009 年第 12 期。（《社会科学论坛》2010 年第 4 期、中国选举与治理网、爱思想网站全文转载）。

53.《万千陇亩黄花艳，人力居然黠上苍》（刘绪贻口述，赵晓悦整理），《和谐》2010 年第 2 期。

54.《我认识的潘光旦和吴宓》（刘绪贻口述，余坦坦记录），《博览群书》2010 年第 6 期。

55.《堕阱之虎——忆故友傅国虎》，清华校友总会编《校友文稿资料选编》第 15 辑。

56.《痛悼益友杨生茂教授》，《社会科学论坛》2010 年第 16 期。

57.《生平治学的几点心得》，《学术界》2010 年第 9 期。

58.《记纹身师刘元睿》（刘绪贻口述，易文璐整理），《书屋》2011 年第 12 期。

己　杂文与随笔

1.《高等教育也要打假》（编者曾将题目改为《"百年树人"关系民族前途》，将原题目用作副标题，现在改回来。此文发表时用笔名"鲍光"），《长江日报》1996 年 2 月 26 日。（《学术界》2000 年第 2 期全文转载，标题为《"百年树人"关系民族前途》）

2.《旅居美国威州麦迪逊城札记》，《美国史研究通讯》1997 年第 2 期。

3.《"微小暴力"掩盖下的"公地悲剧"》，《长江日报》1997 年 6 月 23 日。

4.《"天道"何时"酬勤"》，《长江日报》1997 年 8 月 25 日。

5.《白居易还应有一"愧"》，《武汉晚报》1997 年 9 月 11 日。

6.《人民不是生来就怕"公仆"的》，《长江日报》1997 年 11 月 2 日。

7.《论"生财有道"》，《长江日报》1997 年 12 月 8 日。

8.《冲破"帕金森定理"》，《长江日报》1998 年 1 月 5 日。

9.《从"人狗奇缘"谈起》，《长江日报》1998 年 3 月 30 日。

10.《回忆不一定都能净化人的心灵——与季羡林先生商榷》，《长江日报》1998 年 4 月 4 日。

11.《当官不是做老爷》，《长江日报》1998 年 4 月 6 日。

12.《谨防"利令智昏"》，《长江日报》1998 年 5 月 18 日。

13.《怎样纪念校庆》，《长江日报》1998 年 10 月 10 日。

14.《一出严肃的闹剧——克林顿绯闻案之我见》，《长江日报》1998

年 10 月 30 日。

15. 《富了方丈穷了庙》，《长江日报》1998 年 11 月 23 日。

16. 《严重扭曲的亲情》，《长江日报》2000 年 5 月 17 日。

17. 《有感于母鸡的承诺》，《长江日报》2000 年 11 月 13 日。

18. 《谈谈美国》，载邓丽兰《美国！美国？美国……——世纪之交中国大学生的美国观》，沈阳：辽宁人民出版社，2001。

19. 《论清官》，《学术界》2003 年第 6 期。

20. 《商鞅的悲剧》，《长江日报》2005 年 7 月 7 日。

21. 《不要再毒害孩子了》，学术批评网。（《长江日报》2006 年 2 月 23 日全文转载，但将题目改为《应当怎样看待儿童读经》）

22. 《刘绪贻教授谈大陆新儒家等问题》，http//www. Confucius2000. com。

23. 《养生之道也忌讳教条主义》，《武大校友通讯》2010 年第 1 辑。

庚　传记

1. 《箫声剑影——刘绪贻口述自传》（上卷），香港：时代国际出版有限公司，2010（刘绪贻口述，余坦坦记录）；桂林：广西师范大学出版社，2010（刘绪贻口述，余坦坦整理）。

辛　时论

1. 《饲虎》，《正义报》（武汉）（具体日期待查）。

2. 《狂澜》，上海《观察》第 5 卷第 17 期，1948 年。

3. 《紫荆花一定会开得更鲜艳——香港的今天与明天》，《长江日报》1997 年 6 月 30 日。

4. 《20 世纪回顾与 21 世纪展望》，《长江日报》2000 年 1 月 1 日。

5. 《社会主义与资本主义矛盾斗争回顾与展望》，《长江日报》2000 年 12 月 13 日。

6. 《新时期法治建设的成绩与问题》（与陈海妮合写），《长江日报》2005 年 3 月 10 日。

补充说明：

第一，从 1949 年到 1964 年发表的有关工会和高等学校教研工作的文章 40 余篇，待查补；

第二，诗词、信札以及发布在网上的部分文章，未列入；

第三，中学时代和在重庆工作时期五六篇文章，未查到；

第四，2011 年部分报刊采访录，未列入。

附 录 三

讣 告

武汉大学刘绪贻先生治丧委员会

    中国共产党党员、著名历史学家和社会学家、中国美国史研究的主要奠基人之一、武汉大学教授刘绪贻先生，因病医治无效，于北京时间 2018 年 11 月 10 日上午 10 点 50 分，在武汉大学中南医院逝世，享年 106 岁。

    刘绪贻先生 1913 年 5 月 13 日出生于湖北省黄陂县，1940 年获清华大学学士学位，1947 年获芝加哥大学硕士学位，归国后一直执教于武汉大学。1949 年初，加入中国共产党外围组织——新民主主义教育协会，参加武汉大学护校活动，迎接武汉解放。新中国成立后，先后担任武汉大学协助接管委员会主席、武汉大学校务委员会委员兼代理秘书长，1953 年加入中国共产党。1964 年任美国史研究室主任，1989 年离休。曾担任中国美国史研究会副理事长兼秘书长，湖北省社会科学院特邀兼任研究员，中国美国史研究会、中国社会学会、天津社会科学院顾问，《美国历史杂志》（*The Journal of American History*）国际特约编辑等。

    刘绪贻先生一生主要致力于美国史、社会学的教学与研究工作，是中国美国史研究事业的重要奠基人之一。他是中国美国史研究会创立者之一，是六卷本三百多万字的巨著《美国通史》的主编者之一。自 1964 年主攻美国史之后，著作和译著颇丰，多次获得国家级及省部级奖项。主编和参撰的美国史专著有《美国通史》（六卷本）［包括主撰《富兰克林·D. 罗斯福时代（1929—1945）》《战后美国史（1945—2000）》］、《当代美国总统与社会——现代美国社会发展简史》、"美国现代史丛书"、《美国研究词典》等；相关译著有《世界史编年手册（古代和中世纪部分）》《一九〇〇年以来的美国史》《乔治·布什自传——注视未来》《资本主义、社会主义与和平共处》《新政》《美国社会发展趋势》等十余部。在社会学研究方面，独撰、参撰和主编的著作有《改革开放的社会学研究》《中国的儒学统治》《黎明前的沉思与憧憬》等。

1979年，刘绪贻先生与国内美国史同仁共同发起创办中国美国史研究会，出任研究会副理事长并兼任秘书长，秘书处设在武汉大学长达十年。他以其非同寻常的热情与组织才干，为中国美国史研究会的建立与发展呕心沥血，扎扎实实做了很多开创性的工作。在刘绪贻先生的著作中，最具影响力的是《美国通史》（六卷本）。他作为《美国通史》的总主编之一，负责全书的策划、统稿，并亲自承担其中第五、六卷的主编和撰写工作，历经二十余载，数易其稿，终成这部300多万字的在中国美国史研究领域具有划时代意义的标志性成果。刘绪贻先生学术思想最有建树的部分，是他对垄断资本主义，特别是国家垄断资本主义发展史的开拓性研究，得到了学术界高度评价。1988年，在其译著《乔治·布什自传——注视未来》出版后，美国前总统乔治·布什专门致函刘绪贻先生，感谢他"为增进中美两国之间的了解所作的努力"。

刘绪贻先生既是德高望重的学者，也是诲人不倦的良师。他爱生如子，注重培养学生严谨治学的态度，严格要求学生不断提高科研能力和外语水平，指导学生参加他所主持的翻译与研究工作，在美国史研究的实践中学习成长；同时他还一直注重关怀、提携学界后学晚辈，为我国世界史尤其是美国史研究培养了不少优秀人才。

刘绪贻先生思想开放，精力过人，高龄之后仍然笔耕不辍，尤其关怀中国现代化建设，撰文著说。百岁前后，他还连续出版了他的口述史回忆录《箫声剑影》，受到广大读者的高度赞誉，真正做到了"生命不息、奋斗不止"。刘绪贻先生也是珞珈山著名的长寿老人，他长寿的秘诀除了心态年轻、精神豁达外，学术研究与他终生相伴也是重要原因。

刘绪贻先生学贯中西，胸怀天下，淡泊名利，一生致力于学术研究和教书育人，为我国世界史学科特别是美国史研究的发展和教育事业做出了卓越的贡献。

我们沉痛悼念先生，学习、弘扬先生的高尚品德和敬业精神，以寄托哀思！

刘绪贻先生千古！

2018年11月11日

唁电、唁函选

中国美国史研究会等

中国美国史研究会唁电

武汉大学历史学院、刘绪贻先生家属等：

惊悉刘绪贻先生于 2018 年 11 月 10 日在武汉因病医治无效驾鹤西去，深为悲恸和惋惜，谨此致哀。

刘绪贻先生是我国著名的历史学家、中国美国史研究会的创始人之一、中国美国史研究会原副理事长；与杨生茂先生主编了六卷本《美国通史》（人民出版社），并主持编写了其中两卷，另独撰、合著或翻译多种美国史著作，担任 *The Journal of American History* 中方特约编辑；在 1979～1990 年中国美国史研究会秘书处设在武汉大学期间，刘绪贻先生与其团队积极谋划、群策群力，为中国美国史研究会的壮大做出了重要贡献；刘绪贻先生为人谦和，虚怀若谷，笔耕不辍，德高望重，堪称我国知识分子的楷模，为我国世界史学科发展尤其是美国史研究做出了不可磨灭的贡献。

刘绪贻先生的不幸逝世不仅是武汉大学的重大损失，也是中国世界史特别是中国美国史研究会的重大损失。刘先生走了，但先生"豁达"的人格魅力和睿智卓识的学术贡献将与世长存。

我们永远怀念刘绪贻先生。

中国美国史研究会
2018 年 11 月 11 日

蔡禾唁电

惊悉恩师仙去，悲痛万分！先生乃一代鸿儒之代表，毕生研史论天下、疾书忧国家、经世致用、铮铮铁骨。能成为先生的学生乃此生之万幸！先生的音容笑貌永远印在学生的脑海里，先生的谆谆教诲永远激励学生前行！

先生千古！

蔡禾　中山大学社会学与人类学学院院长

2018 年 11 月 12 日

何顺果唁电

中国美国史研究会秘书处：

今悉刘绪贻先生以 106 岁高龄去世，深感悲痛，特向先生家属、武汉大学历史学院表达深深的哀悼！刘先生在改革开放后创建美国史研究会及主持《美国通史》的编写，功劳甚大。在美国现代史研究方面，创意颇多。他在历史学、社会学乃至整个人文学科领域造诣很深。

我与先生相隔遥远、交往不多，只在珞珈山山腰他的寓所拜访过一次，但当年陪他从武汉到西安参加美国史年会时，曾同他在一个火车包厢里谈天说地，发现他还是一个对生活很有情趣的人。他甚至说："我们的心是相通的。"学生记忆犹深。

望先生在天堂里安息！

何顺果　北京大学世界史教授

华庆昭唁电

学会秘书处：

惊悉刘绪贻先生仙逝。刘先生对中国美国史学科的创建和发展，贡献巨大。

我有幸在杨生茂先生处拜识刘先生，并受到他的指教和鼓励，至今历历在目，难以忘怀。作为后辈，我敬致悼忧，并祈家属顺变节哀。刘老安息！

华庆昭叩　天津社科院研究员

黄安年唁电

武汉大学历史学院
中国美国史研究会秘书处
并请转刘绪贻先生治丧委员会：

惊悉德高望重的学界人瑞刘绪贻先生于 2018 年 11 月 10 日仙逝。作为和先生有着 40 年密切交往的后学，我感到十分悲痛，失去了良师益友。先生是中国美国史研究会主要创始人之一、著名的美国史学家和社会学家，直到他跨入第二个百年之际依然笔耕不辍，改革开放为先生开启了创新性学术研究新贡献的宽广空间，先生为中国美国史研究和中国美国史研究会留下了宝贵的学术遗产和无私奉献的道钉精神，他的为人、为文、为友实为学界楷模、后辈榜样。

刘绪贻先生我们怀念您，刘绪贻先生一路走好，刘绪贻先生家人节哀！

黄安年　北京师范大学历史系教授

2018 年 11 月 11 日

黄仁伟唁电

中国美国史研究会秘书处：

惊悉刘绪贻先生逝世，不胜哀痛！刘先生是中国美国史研究会创始人之一，是六卷本《美国通史》总主编之一，是国内史学界研究罗斯福新政的泰斗。通过研究罗斯福新政，刘先生较早提出"社会主义可以搞市场经济，资本主义可以搞计划经济"的创新观点，为社会主义市场经济理论的形成做出了独特的贡献。刘先生为中国美国史研究会付出心血，他担任秘书长期间，研究会学术创新，观点争鸣，先贤豁达，新人辈出，为中国的美国史领域开创了一个黄金时代。刘先生的去世，是我们研究会的重大损失，也是中国思想界的一大损失。我本人得到刘先生多次教诲，至今历历在目，受益终生。

刘绪贻先生千古！

黄仁伟　上海社科院研究员

2018 年 11 月 10 日

黄柯可、孟庆龙、高国荣唁电

惊闻刘绪贻先生仙逝，深感震惊和悲痛。刘先生是德高望重、学贯中西的社会学家和美国史专家。他生性率直、豁达，勇于探索和创新；辛勤耕耘，著作等身；教书育人，桃李天下。刘先生在中国美国史研究会的筹建与发展、6 卷本《美国通史》的编撰、对外学术交往的扩展等方面殚精竭虑，不畏艰难，发挥了重要作用，为推动中国美国史研究的发展做出了巨大贡献。刘先生的逝世，是我国学界的重大损失。谨对刘先生的逝世表示沉痛哀悼，对刘先生的家属致以诚挚问候。

刘绪贻先生千古！

黄柯可　孟庆龙　高国荣　中国社会科学院世界历史研究所研究员
2018 年 11 月 10 日

梁茂信唁电

刘绪贻先生治丧办并转其亲属：

惊悉前辈刘绪贻先生不幸离世，东北师范大学美国史后学万分悲痛，谨表沉痛哀悼，并向先生亲属表示深切慰问。刘绪贻先生是我国美国史的奠基者之一、中国美国史研究会的创立者之一、六卷本《美国通史》的主编者之一，在 20 世纪美国史研究中具有不可替代的地位。他一生追求真理，淡泊名利，奖掖后学，为人师表，永远是我们学习的榜样。我们一定化悲痛为力量，继续推进中国的美国史研究事业。请以我个人和中国美国史研究会的名义，向刘绪贻先生代献一个花圈（用款后寄）。

刘绪贻先生千古！

梁茂信　长春市东北师范大学美国研究所
2018 年 11 月 10 日

林广唁电

武汉大学刘绪贻教授治丧委员会

刘绪贻先生家属：

惊悉刘绪贻先生仙逝，后学深为悲痛！

先生是我国著名的美国史研究大家，中国美国史研究奠基人之一，他和杨生茂先生共同主编的《美国通史》（六卷本），是中国美国史研究领域的权威著作，其中先生领衔主编的第五卷《富兰克林·D. 罗斯福时代（1929—1945）》及第六卷《战后美国史（1945—2000）》，成为中国美国史研究的奠基之作，是吾辈学习、教学、研究美国史的重要文献。

我仍记得先生75岁高龄时还亲笔来信，为我报考代培研究生提供有关大学的招生信息和大学详细地址；先生提携后学，指点迷津，犹如春风化雨，令我终身难以忘怀！如今先生走了，但先生的治学精神和高尚人品将与世长存！我对先生去世表示深切怀念和哀悼，并向家属表示深切慰问。

刘绪贻先生千古！

林广　华东师范大学历史学系教授

2018 年 11 月 10 日

刘崇顺唁电

刘绪贻先生治丧委员会：

惊悉刘绪贻教授与世长辞，我深感悲痛。谨向刘绪贻先生表示深切哀悼，并通过你们向刘绪贻先生家属表示诚挚慰问！

刘绪贻先生不仅是享誉海内外的美国史专家，也是中国社会学界特别是湖北地区社会学界的一面旗帜，中国社会学恢复重建近40年来，湖北地区社会学界同仁深受其影响和教育。他的逝世，使中国社会学界特别是湖北地区社会学界同仁失去了一位可亲可敬的导师和朋友，我们永远缅怀他！

刘绪贻先生安息！

刘崇顺　武汉市社会科学院首席研究员

2018 年 11 月 13 日

孙港波唁电

恩师刘绪贻先生虽是仁寿天年，106 岁驾鹤西去，可是，惊闻恩师仙逝，弟子依然错愕不已，心绪大乱，痛彻五脏六腑，一夜难眠。一个仁者至诚、学者通达、智者高蹈的人离我而去，让学生不忍，说好的，要过茶岁的呀！学生不舍啊！

您这棵参天大树永远活在学生的心里！恳请您在天国里还要时常赐教弟子、护佑清明的学界！

孙港波　大连大学历史学院教授

陶德麟、吴佩钧唁函

惊悉敬爱的刘绪贻先生仙逝，不胜悲痛。

1949 年，我们在武汉大学经济系就读时，为我们讲授社会学课程的老师就是刘绪贻先生。他用的教材是被毛主席誉为"中国人自己写的第一本马克思主义哲学教科书"的《社会学大纲》，他讲的社会学实际上就是中国化的马克思主义哲学。他是我们系统学习马克思主义哲学的第一位启蒙老师，是使我们终身受益的恩师。他毕生以追求真理、服务人民为立身之本，以探讨学术和培育人才为神圣使命，胸怀祖国和人民，视名利如刍狗，不计个人得失。他著作等身、桃李满园而从不自诩；历经坎坷而从不怨艾。年逾期颐时仍笔耕不辍，精品迭出，得到学术界和广大读者的高度赞誉。他的为人为学堪称学者和教师的楷模。他以接近"茶寿"的高龄飘然逝去，留下的却是不可磨灭的宝贵精神财富。他离开了我们而又没有离开我们。我们作为他六十九年前的亲炙弟子，谨申哀忱，不尽欲言。

陶德麟　教育部社会科学委员会委员兼哲学学部召集人
吴佩钧　武汉大学经济学系教授

王希唁函

从学会邮件公告中得知刘绪贻教授不幸去世的消息，甚是难过，同时也对他具有传奇色彩的人生感慨万千。刘先生是中国美国史研究领域的奠基者之一，在本领域的学术积累、体制建设和人才培养等方面成就卓著，做出了开拓性的贡献。

我虽然没有与刘先生深谈过，但从他创作的大量美国史研究成果中获益良多，对他坚持真理的勇气和敢于创新的精神充满敬佩，并尤其铭记他在艰苦环境下为开拓与美国史学界的专业联系所做的大量具有创意性的工作。恳请学会向刘先生的亲属转达我的哀悼和敬意。

王希　北京大学历史学系教授
2018 年 11 月 10 日

王旭唁电

我们怀着悲痛的心情，悼念刘绪贻先生。

刘绪贻先生的逝世，是中国美国史研究会的重大损失。刘先生早年积极推动创建中国美国史研究会，1979 年研究会成立后又出任副理事长和首任秘书长。在先生任秘书长的 7 年时间，秘书处的工作从起步到平稳运行，发展会员 500 多人，召集 5 次年会，组织编写《美国通史》，编辑翻译《美国史译丛》，出版《美国史论文集》和研究会《通报》，建立国内外的学术联系等卓有成效的工作，为研究会奠定了很好的基础，形成了严谨、务实、高效、节俭的工作作风，增强了中国美国史研究会的凝聚力，使我国的美国史研究出现了兴盛的局面。改任顾问后，仍继续关心和指导研究会的工作。先生对中国美国史研究会的贡献至伟，对此，研究会的后生晚辈有口皆碑。

在学术研究中，先生更是一马当先。刘先生和杨生茂合作主编的六卷本《美国通史》，已成为中国美国史研究会的标志性成果。此外，先生个人近 900 万言的著述，独树一帜。特别是，先生以其特有的胆识和魄力，敢于突破禁区，倡导重新认识资本主义发展规律，发展马克思主义。这些主张直到今天仍令我们振奋不已。先生步入期颐之年，仍笔耕不辍，为我们树立了一个令人景仰的标杆。

王旭　厦门大学历史系教授

2018 年 11 月 11 日

徐以骅唁电

刘绪贻先生治丧委员会办公室：

惊悉恩师刘绪贻先生已于日前离世，不胜悲痛。刘先生的去世，不仅使我们弟子痛失良师，也使我国学界和母校痛失学术大师。本人因出差在外，不能参加恩师的遗体告别仪式。请转达我对恩师家属和母校师友的深切同情和诚挚慰问。

徐以骅　复旦大学国际政治系教授/主任　上海市人民政府参事

徐再荣唁电

武汉大学历史学院、中国美国史研究会秘书处：

惊悉刘绪贻先生于 2018 年 11 月 10 日仙逝，深感悲痛！先生长期以来关心和支持《世界历史》杂志的发展，曾在《世界历史》《世界史研究动态》发表 20 篇文章，在学界产生广泛影响。先生是我国美国史学科的奠基者之一，毕生潜心研究，笔耕不辍，为我们留下了丰厚的学术和思想遗产。先生胸怀坦荡，淡泊名利，独立思考，敢为人先，为人为学皆为后辈榜样。

刘先生一路走好！

徐再荣　《世界历史》编辑部副主任

原祖杰唁电

研究会秘书处：

惊悉我会创始人之一、武汉大学教授刘绪贻先生不幸逝世，十分悲痛。

从 1987 年转程前往武大请益，到两年前府上拜谒，三十年来多次受教于先生。先生从 20 世纪 80 年代领导武汉大学美国史研究室开启美国政府改革研究，引领中国美国史研究之新风，激励着美国史学界在新领域不断开疆拓土。先生对中国美国史研究的奠基之功、开拓之劳，泽被无数后学，一直为学界敬仰。先生的离世，是中国美国史学界的重大损失。我谨在此代表四川大学世界史系同仁，并以我个人的名义，对刘先生的逝世表示沉痛的哀悼！恳请研究会秘书处向刘先生家人转致深切问候！刘绪贻先生千古！

原祖杰　四川大学历史文化学院世界史系教授

2018 年 11 月 12 日

谢红星唁电

刘绪贻先生治丧委员会：

惊悉我国著名历史学家和社会学家、武汉大学资深教授刘绪贻先生不幸逝世，我谨代表长江大学，并以我个人的名义，对刘绪贻先生的逝世表示沉痛的哀悼，对其家属致以深切的慰问！

刘绪贻先生一生致力于美国史、社会学的教学与研究工作，是中国美国史研究事业的重要奠基人之一、中国美国史研究会创立者之一、巨著《美国通史》的主编者之一，为我国世界史学科特别是美国史研究的发展和教育事业做出了卓越的贡献。刘绪贻先生的逝世是我国教育界、史学界的巨大损失！

我在武汉大学学习和工作期间，多次聆听刘绪贻先生教诲。他学贯中西，胸怀天下，淡泊名利，思想开放，高龄之后仍然笔耕不辍，撰文著说，始终关心教育事业发展和人才培养工作，真正做到了"生命不息，奋斗不止"。他为人师表，诲人不倦，提携后学，爱生如子，桃李满天下，是一名广受学生爱戴、敬仰的优秀教师和人生导师，为我国世界史尤其是美国史研究培养了不少优秀人才。刘绪贻先生高尚的人格魅力、严谨的治学态度和无私的奉献精神将永远是我们学习的榜样。

刘绪贻先生千古！

长江大学校长　谢红星

2018 年 11 月 12 日

复旦大学历史学系唁电

刘绪贻先生治丧委员会并转其家属：

　　惊悉我国著名历史学家刘绪贻先生驾鹤仙逝，中国世界历史学界痛失一位德高望重、淡泊名利的学界泰斗，在此谨表达复旦大学历史学系全体同仁的沉痛哀悼之情，并请向其家属表达深切慰问之意。刘绪贻先生是中国美国史研究开创者之一，学贯中西，著述等身，传承学脉，奖掖后进，为我国世界历史学科的建设和发展呕心沥血，做出了自己的贡献，堪称学界楷模。

　　教育为国家的根本，学术乃天下之公器，让我们谨记刘绪贻先生的治学教诲和从教愿景，化悲痛为力量，积极推动世界史学科的发展。

　　刘绪贻先生千古！

复旦大学历史学系

2018 年 11 月 11 日

福建师范大学社会历史学院唁电

武汉大学历史学院：

　　惊闻刘绪贻教授不幸逝世，我院同仁倍感哀痛。刘先生是我国著名的历史学家、中国美国史研究领域之泰斗，刘先生德隆望重，学术造诣深厚，在海内外有崇高的声誉和影响，他的逝世是我国历史学界和教育界的巨大损失！我们对刘绪贻教授的逝世表示深切的哀悼，并请代为转达对刘先生亲属的问候，节哀、保重！

　　刘绪贻先生永垂千古！

福建师范大学社会历史学院

2018 年 11 月 11 日

湖北省社会学学会唁电

刘绪贻先生治丧委员会并刘绪贻先生亲属：

惊悉湖北省社会学学会名誉会长、尊敬的刘绪贻先生因病于 2018 年 11 月 10 日上午 10 时逝世，我们深感震惊和悲痛！谨向您表达湖北省社会学学会全体同仁的深切哀悼，向刘绪贻先生的亲属表示深切慰问！

刘绪贻先生是杰出的社会学家、历史学家。1947 年刘绪贻先生在芝加哥大学学成归国后一直任教于武汉大学，为湖北省及全国的社会学研究、社会学教育事业发展努力工作了七十余年，做出了卓越的贡献。从改革开放初期起，随着国内社会学教学和研究的逐步恢复、重建，刘绪贻先生先后担任湖北省社会学学会首任理事长、名誉理事长、中国社会学会顾问，为团结湖北省社会学界、整合全省社会学力量、促进湖北省社会学事业的发展做了大量卓有成效的工作。刘绪贻先生的逝世是中国哲学社会科学尤其是湖北社会学界的重大损失。湖北省社会学界同仁将秉承刘绪贻先生为国为民为学术而不懈努力、无私奉献的精神，把湖北省的社会学事业推向前进。

刘绪贻先生千古！

湖北省社会学学会

2018 年 11 月 11 日

华东师范大学历史学系唁电

武汉大学历史学院并刘绪贻先生家属：

惊悉刘绪贻先生仙逝，深为震惊和悲痛，谨此致哀！

刘绪贻先生是我国美国史方面贡献卓著的著名学者、中国美国史研究会创建者之一，在我国世界史学科建设和发展方面厥功甚伟。先生曾兼任中国社会学会、中国美国史研究会、天津社会科学院顾问，《美国历史杂志》国际特约编辑，为推动我国世界史、美国史教学与研究做出了重大贡献。刘绪贻先生在美国史学方面的巨大贡献之一，就是和杨生茂先生共同主编的、国内史学界的名著《美国通史》（六卷本）。该书历 24 年，经过三代学人的共同努力，成为中国美国史研究领域内具有划时代意义的标志性成果。先生领衔主编的第五卷《富兰克林·D. 罗斯福时代（1929—1945）》及第六卷《战后美国史（1945—2000）》，成为中国学界美国史研究的奠基之作，在国内外学术界产生了广泛的影响。

刘绪贻先生在美国史研究领域建树颇多，最突出的部分是他对垄断资本主义，特别是国家垄断资本主义发展史做出的开拓性研究。先生主编并参与编写的专著有《战后美国史（1945—2000）》《当代美国总统与社会——现代美国社会发展简史》等，都是该研究领域的扛鼎之作。

华东师范大学世界史学科和美国史研究同仁多年受惠于先生提携、帮助和支持，一直感恩于心。

刘绪贻先生走了，他的治学精神和学术贡献将与世长存！

刘绪贻先生千古！

华东师范大学历史学系
2018 年 11 月 10 日

华中科技大学社会学院唁电

武汉大学刘绪贻先生治丧委员会：

惊悉著名历史学家、社会学家刘绪贻先生因病逝世，华中科技大学社会学院师生十分悲痛！刘绪贻先生学贯中西，胸怀天下，淡泊名利，一生致力于学术研究和教书育人，为我国世界史学科、社会学学科研究的发展和教育事业做出了卓越的贡献。

我们全体师生沉痛悼念刘绪贻先生，学习、弘扬先生的高尚品德和敬业精神，以寄托哀思！

刘绪贻先生千古！

华中科技大学社会学院

华中农业大学文法学院唁电

武汉大学刘绪贻先生治丧委员会并刘绪贻先生家属：

惊闻刘绪贻先生逝世，我们深感悲痛。刘绪贻先生是中国著名的社会学家、历史学家，是湖北省社会学学会的发起人之一和首任理事长，也是中国社会学会的顾问。刘先生学识渊博，德高望重，提携后学，对湖北地区社会学的恢复、重建，团结和凝聚湖北省社会学界同仁推动湖北省社会学学科发展做出了卓越贡献。

刘绪贻先生的逝世是中国哲学社会科学，尤其是湖北省社会学界的重大损失。华中农业大学文法学院携社会学系、社会工作系全体师生表示沉痛的哀悼，并向刘绪贻先生家属致以最诚挚的慰问。

刘绪贻先生千古！

华中农业大学文法学院
2018 年 11 月 12 日

华中师范大学社会学院唁电

武汉大学刘绪贻先生治丧委员会：

惊悉刘绪贻先生不幸病逝，我们感到万分悲痛。刘绪贻先生是我国著名历史学家、社会学家，他一生主要致力于美国史、社会学的教学与研究工作，是中国美国史研究事业的重要奠基人之一。

刘绪贻先生学贯中西，胸怀天下，淡泊名利，一生致力于学术研究和教书育人，为我国世界史学科特别是美国史研究的发展和教育事业做出了卓越的贡献。

对他的不幸逝世，我们表示深深的哀悼，并向刘绪贻先生的亲属表示深切的慰问。

华中师范大学社会学院
2018 年 11 月 11 日

江西师范大学欧美研究中心唁电

中国美国史研究会秘书处：

惊悉武汉大学历史学院教授、中国美国史研究会原副理事长刘绪贻先生于 2018 年 11 月 10 日在武汉仙逝，悲恸不已，深致哀悼，尚望节哀，并慰哀衷。

刘绪贻先生是我国著名的历史学家、社会学家和教育学家，是中国美国史研究会的创始人之一；先生与杨生茂先生一起主编了六卷本《美国通史》（人民出版社），并主持编写了其中两卷，泽被后学，已是美国史学界必读书目。先生另独撰、合著或翻译多种美国史著作，并担任 *The Journal of*

American History 中方特约编辑,在学界享有声望。刘绪贻先生终生勤奋治学,老而弥笃;道德文章,堪称后世楷模;诲人不倦,桃李天下芬芳。今先生遽尔长逝,痛惜何似!人间少名俊杰,瑶池来位贵客。先生虽驾鹤西去,先生之治学精神和学术成就将永久嘉惠学林,激励后来者。我们将永远铭记先生教诲,将先生的严谨治学精神和高尚人格继承发扬光大。恳请宽辟哀情,善自珍重。

刘绪贻先生千古!

江西师范大学欧美研究中心

2018 年 11 月 14 日

南开大学美国研究中心、南开大学美国历史与文化研究中心唁电

惊悉刘绪贻先生不幸逝世,万分悲痛。我们对中国美国史学界痛失一位德高望重的学者深表哀悼,特向贵校及刘先生的家人表示衷心的慰问!

刘绪贻先生是中国美国史研究的重要奠基人之一。1979 年他与国内美国史研究同仁一道发起成立中国美国史研究会,并先后担任中国美国史研究会副理事长和顾问。他与杨生茂先生共同主持编写《美国通史》,历经二十余年,数易其稿,终成 6 卷本 300 多万字的巨著。

刘先生在美国史等领域耕耘不辍,成就卓著,德高望重,为中国世界史学科特别是美国史研究的发展做出了卓越的贡献。刘先生的逝世是我国学术界尤其是美国史学界不可挽回的重大损失。刘先生的道德文章必将成为我国史学界的宝贵财富,与世长存。

刘绪贻先生永垂不朽!

南开大学美国研究中心

南开大学美国历史与文化研究中心

2018 年 11 月 10 日

山东师范大学历史与社会发展学院唁电

刘绪贻先生家属、治丧委员会：

惊悉我国著名历史学家、中国美国史研究的开拓者刘绪贻教授驾鹤西游，我们感到万分悲痛！

刘先生是我国历史学界德高望重的老前辈。半个多世纪来，他致力于美国史的研究，取得了丰硕成果。他为我国培养出了一大批美国史学的研究人员，而他主编的《美国通史》亦对学术界和思想界产生了重要影响。直到耄耋之年，刘先生仍然笔耕不辍，时刻记挂着中国美国史研究事业的发展。可以说，他为我国的美国史研究献出了毕生的精力。我们永远怀念他。

刘先生的逝世使我们失去了一位敬仰的老前辈、一位极为优秀的史学家。谨此，我们表示深切的哀悼。

刘绪贻先生千古！

山东师范大学历史与社会发展学院

2018 年 11 月 11 日

陕西师范大学美国历史与文化研究中心唁电

秘书处并转刘绪贻先生家人：

惊悉刘绪贻先生于 2018 年 11 月 10 日不幸病逝，万分悲痛。先生是中国美国史研究的奠基人之一、中国美国史研究会主要创始人之一、著名的美国史学家和社会学家。先生主编、撰写的诸多书籍和论著，深刻影响了中国几代美国史研究学人。

先生的逝世是中国学术界特别是中国美国史学界的重大损失。谨表达后学们的深切哀悼，并向先生家人致以诚挚的慰问。

刘绪贻先生千古！

刘绪贻先生家人节哀！

陕西师范大学美国历史与文化研究中心

2018 年 11 月 12 日

上海大学历史系唁电

武汉大学刘绪贻先生治丧委员会办公室：

惊闻我界前辈、著名历史学家刘绪贻先生不幸病逝，我系全体同仁不胜悲悼！刘绪贻先生是中国美国史研究会的创始人之一，曾经担任中国美国史研究会副理事长兼秘书长，为中国世界史学科与美国史研究的发展做出了卓越贡献。先生学贯中西，胸怀天下，真诚坦荡，淡泊名利，诲人不倦，奖掖后进，一生致力于教书育人与学术研究，为我国世界史学科，特别是美国史研究培养了大批优秀人才，其主编的《美国通史》（六卷本）已成为中国美国史研究的标志性成果。

刘绪贻先生的不幸辞世无疑是中国史学界和教育界的一大损失。在此，谨代表上海大学历史系表示深切哀悼，并向其亲属表示诚挚慰问。

刘绪贻先生千古！

上海大学历史系

2018 年 11 月 11 日

首都师范大学历史学院唁电

武汉大学刘绪贻先生治丧委员会：

惊悉刘先生已于 2018 年 11 月 10 日上午 11 时在武汉仙逝，在此谨致深切哀悼。

刘绪贻先生是我国著名的历史学家、中国美国史研究会的创始人之一、中国美国史研究会原副理事长兼秘书长。刘先生虽然是在艰苦的环境下开始进行学术研究的，但他老当益壮，以自己的勤奋、勇气和才华，奠基铺路，在创建中国美国史研究会、主持《美国通史》的撰写、开展对外学术交流以及挑战禁区进行学术创新等方面贡献卓著。此外他在培养人才、提携后学方面也殚精竭虑，甘做人梯，使得中国的美国史研究薪火相传，后继有人，不断走向繁荣。

首都师范大学历史学院一直与武汉大学历史学院保持着深厚的友谊，刘先生对首都师范大学的世界史研究也一直关怀有加。先生的逝世不仅是武汉大学的损失，也是中国世界史学界的损失。我们永远怀念刘先生，刘先生千古！

首都师范大学历史学院

2018 年 11 月 11 日

武汉大学社会学系唁电

武汉大学刘绪贻先生治丧委员会并刘绪贻先生亲属：

惊悉著名历史学家、社会学家刘绪贻先生不幸病逝，武汉大学社会学系全体教职工不胜悲痛。

刘绪贻先生一生致力于美国史、社会学的教学研究工作，是中国美国史研究的重要奠基人之一，是中国美国史研究会创立者之一，也是湖北省社会学学会首任理事长，其学术理论与成果在学界有着深远的影响，为我国世界史学科及社会学学科的传承发展做出了卓越的贡献。刘绪贻先生一生德高望重，严谨治学，潜心研究，为人师表，诲人不倦，成果丰硕，桃李芬芳。同时，对我系社会学学科的建设和发展给予莫大的关心和支持。他的高尚品德、崇高学术风范和严谨治学精神，永远是我们学习的榜样。

刘绪贻先生的逝世不但是我校不可弥补的损失，也是我国学术界和教育界的重大损失。武汉大学社会学系全体教职工谨通过武汉大学刘绪贻先生治丧委员会向先生的逝世表示沉痛的哀悼，并向先生亲属表示诚挚的慰问。

刘绪贻先生千古！

武汉大学社会学系全体教职工

2018 年 11 月 12 日

武汉市社会学学会唁电

刘绪贻先生治丧委员会并刘绪贻先生亲属：

惊悉中国社会学会顾问、湖北省社会学学会名誉会长、著名的社会学家刘绪贻先生因病于 2018 年 11 月 10 日上午 10 时逝世，我们深感震惊和悲痛！谨通过你们向刘绪贻先生表达武汉市社会学学会全体同仁的深切哀悼，向刘绪贻先生的家属表示深切慰问！

刘绪贻先生是享誉海内外的历史学家和社会学家，一生主要致力于美国史、社会学的教学与研究工作。1947 年刘绪贻先生从芝加哥大学社会学系学成归国后一直执教于武汉大学，在武汉市生活、工作了七十余年，为武汉市、湖北省乃至全国的社会学事业做出了不可磨灭的贡献。1983 年 12 月武汉市社会学学会成立以后，刘绪贻先生多次参与和指导学会组织的重大学术活动，为团结武汉市社会学界、整合全市社会学力量、发展和繁荣社会学教学研究工作做出了卓越的贡献。

刘绪贻先生的逝世是社会学界尤其是武汉市社会学界的重大损失。武汉市社会学界同仁将秉承刘绪贻先生胸怀天下、潜心学术的高尚品德和敬业精神，把武汉市的社会学事业推向前进。

刘绪贻先生千古！

武汉市社会学学会

2018 年 11 月 12 日

厦门大学历史系唁函

获悉刘绪贻先生逝世，不胜悲痛。

刘先生是著名历史学家，中国美国史研究的重要奠基者。先生数十载如一日，勤勉治学，著述等身，勇于创新，彪炳史册，垂范后人。刘先生是中国美国史研究会的主要创始人，担任首届副理事长、秘书长，在研究会发展初期，披荆斩棘，兢兢业业，为中国美国史研究会的成长做出了不可磨灭的卓越贡献。

先生风范，永存千古！

厦门大学历史系

2018 年 11 月 11 日

中国社会科学院世界历史研究所唁电

武汉大学并刘绪贻先生家属：

惊悉刘绪贻先生仙逝，我们深感痛惜和悲痛！在此谨向您表示我们深切的悼念！

刘绪贻先生是中国美国史研究的主要奠基人之一，对推动我国世界史学科尤其是美国史研究的发展做出了不可磨灭的重要贡献。他于1964年领导成立了武汉大学美国史研究室，1979年与其他学者一道发起并成立了中国美国史研究会，大力推动了中国的美国史研究。他与杨生茂先生共同主持编写的6卷本《美国通史》，是我国世界史和美国史研究的鸿篇巨制，嘉惠学林。他勇于开拓，勤于探索，教书育人，桃李天下，深为学界所敬重！

刘绪贻先生多年来一直关心和支持世界历史研究所的各项工作，为世界历史研究所的发展贡献良多，深为全所同仁所铭记和感念！

刘绪贻先生是德高望重的历史学家。他品行高尚，磊落坦诚，治学严谨，成就卓著。刘先生的逝世是我国世界史学界不可挽回的重大损失。刘先生的学术成就作为我国史学界的宝贵财富，将与世长存。

刘绪贻先生千古！

中国社会科学院世界历史研究所

2018 年 11 月 11 日

中国社会学会唁电

刘绪贻先生治丧委员会：

11 月 10 日，惊闻武汉大学教授、中国社会学会顾问、中国社会学前辈、著名美国史专家刘绪贻先生离世的消息，顿感悲痛！

刘先生早年学习社会学，留学美国，回国后从事社会学的教学和研究工作，并积极参与革命活动，宣传革命思想，后长期从事美国历史的研究和教学，成为美国史研究专家，在改革开放后又参与了社会学学科恢复和重建工作，对社会学学科的成长、社会学知识的传播发挥了重要作用。刘先生的治学经历，对于社会学后辈有很强的垂范意义。

中国社会学会在此谨致哀悼，并向先生的家属表示诚挚的慰问！

中国社会学会

2018 年 11 月 11 日

中南财经政法大学社会学研究所唁函

武汉大学刘绪贻先生治丧委员会：

惊闻著名学者刘绪贻先生不幸辞世，我们万分悲痛。

刘绪贻先生一生精勤不倦，奋斗不息，堪为学术界楷模。先生多年来著作等身，为中国社会学的恢复重建和教学研究，特别是湖北社会学的发展做出了巨大贡献。他的不幸逝世是国家和学术界的一大损失！人虽逝而精神不朽，更达人生至高境界。

逝者已矣，望家属节哀顺变。

中南财经政法大学社会学研究所

诗友苑社长陈志鸿悼诗

鹧鸪天·沉痛悼念刘绪贻教授

珞珈山麓一苍松，经风沐雨仍凌空。
研磨通史名川海，培育人才誉界中。
布什赞、碧湖颂，丹心野老驾鸿公。
临终依旧豁达秀，百过稀年遂鹤宫。

曾寿悼诗

黄鹤西去

——悼 105 岁刘绪贻先生

黄鹤西辞学府楼，白云驻足恋回头。
东湖洒泪静云照，珞地躬腰悲气浮。
德感高山招手唤，恩来故里置身留。
神仙若再回人世，总览环球续旅游。

杨玉圣唁函

中国美国史研究会秘书处

转武汉大学刘绪贻教授治丧委员会：

惊悉刘先生已于 2018 年 11 月 10 日上午 11 时仙逝，在此谨致深切悼忱。

论年龄，本人比刘先生小五十岁，然自 1984 年起与刘先生通信、1986 年夏在兰州中国美国史研究会年会上第一次谋面，三十多年来，一直有密切交往。刘先生八十九周岁时，本人与黄安年教授、任东来教授合作，编纂了《美国史研究与学术创新——刘绪贻教授九十华诞祝贺集》（中国法制出版社 2003 年版）；刘先生九十九周岁时，本人与韩铁教授等发起编纂《野老丹心一放翁——庆祝刘绪贻教授百岁华诞文集》（湖北人民出版社 2012 年版）。

刘先生是一位德高望重的历史学家、社会学家，也是中国美国史学界迄今最长寿的一位文化老人。除与杨生茂教授合作主编六卷本《美国通史》（人民出版社出版）这一出自中国学者之手笔的集大成的美国史巨著外，刘先生还有《20 世纪 30 年代以来美国史论丛》《中国的儒学统治》《黎明前的沉思与憧憬》等专著和专题文集，主持翻译《一九〇〇年以来的美国史》等名著，主编《改革开放的社会学研究》等。其 97 岁时出版的口述回忆录《箫声剑影》，尤其脍炙人口，广受好评，风靡读书界。《愧对慎之》等抒情散文之作，直入人心，感人肺腑。

刘老三年多前即已住院，作为晚辈，我曾利用往江城开会的机会，在年已九旬的薛国中教授、年逾八旬的李世洞教授陪同下，两次带门下弟子，去医院看望老人。去年 5 月最后一次在医院见面时，躺在病床上的刘先生，因听力问题，主要是借助写字板的大字，我写，老人爽朗地说，相聚相谈，欢声笑语。临别前，我问刘先生：今天高兴吗？老人大声说：高兴！高兴！我跟照顾刘先生的阿姨说：您照顾的，是一位国宝级的文化老人，是缘分。为此，我还给了阿姨一点儿小费，她一再推辞才羞涩地收下，表示：一定会像照顾自己的父亲一样，照顾好刘先生。随后，我们一行六人和老人合影留念，一一握手告别。未料，这竟成为与先生的最后一次话别。

按照国人的传统观念，八十八周岁为米寿，即高寿了。按虚岁论，刘先生享年 106 岁，大概是迄今当代中国的历史学家、社会学家中最长寿的一位人瑞了。刘先生的老伴周世英先生，是在 102 岁时走的。夫妻双双，恩爱一生，均过百岁，四世同堂，大概在当世中国人文社会科学界是绝无仅有的一对，堪称圆满人生之奇迹。

先生虽逝，然其人生传奇、学术生命将永存。

刘先生之道德文章，将千古流芳！

杨玉圣

2018 年 11 月 11 日

编 后 记

在刘先生遗体告别仪式上，与专程自多伦多赶回江城参加刘先生遗体告别仪式的韩铁教授相逢。出身书香门第的韩教授，一向是刘先生最欣赏、最得意的大弟子，在美国当代史、美国法律史等领域，均有重要的学术创获。论年龄，韩教授比我年长，但他和刘先生一样，虚怀若谷，平易近人，故虽平素来往不多，然君子之交，亦师亦友。于是，我倡议编纂刘先生追思集，当即得到韩教授的首肯；此后，又就相关事宜，与刘先生长女刘东教授达成共识。

本书作者，包括刘先生的弟子、家人、同事和友朋。除新写的追思之作外，还选收了部分学者为刘先生百岁诞辰写的祝贺之作。为了让读者更全面地了解刘先生的学术人生，还选收了若干刘先生的学术回顾之作和部分序文，作为本书的附录。

本着分工合作的原则，韩铁教授负责约请刘门弟子撰稿，刘东教授负责约请刘先生子女和一些我不认识的朋友撰稿。感谢韩教授和刘东大姐的信任，委托我具体负责本书编纂事务。故而，本书中的瑕疵均由本人负责。

还应补充说明的是，由于我个人的原因，这本原拟在刘先生逝世一周年之际出版的追思集，耽搁下来。这使我内心一直深感不安、愧疚。

在此，我们三位编者要特别感谢各位作者的赐稿。就本人而言，我还要感谢中国政法大学县域法治研究中心为本书提供出版资助，尤其是感谢该中心主任李树忠教授始终如一的信任与支持，也感谢社会科学文献出版社和张晓莉博士对包括本书在内的"学术共同体文库"始终如一的大力支持。

谨以本书的编纂与出版，深切追悼刘绪贻先生，并纪念刘先生一百零七周岁冥诞。

杨玉圣

2019 年 11 月 26 日

图书在版编目（CIP）数据

　　学术之树常青：刘绪贻教授追思集/韩铁，刘东，
杨玉圣主编 . -- 北京：社会科学文献出版社，2021.10
　　（学术共同体文库）
　　ISBN 978 - 7 - 5201 - 9020 - 6

　　Ⅰ . ①学…　Ⅱ . ①韩…　②刘…　③杨…　Ⅲ . ①刘绪贻
－纪念文集　Ⅳ . ①K825.1 - 53

　　中国版本图书馆 CIP 数据核字（2021）第 184269 号

·学术共同体文库·

学术之树常青
　　——刘绪贻教授追思集

主　　编／韩　铁　刘　东　杨玉圣

出 版 人／王利民
组稿编辑／张晓莉
责任编辑／邓　翙　叶　娟
文稿编辑／程丽霞
责任印制／王京美

出　　版／社会科学文献出版社·国别区域分社（010）59367078
　　　　　地址：北京市北三环中路甲 29 号院华龙大厦　邮编：100029
　　　　　网址：www. ssap. com. cn
发　　行／市场营销中心（010）59367081　59367083
印　　装／三河市东方印刷有限公司

规　　格／开　本：787mm × 1092mm　1/16
　　　　　印　张：25.25　插　页：1　字　数：424 千字
版　　次／2021 年 10 月第 1 版　2021 年 10 月第 1 次印刷
书　　号／ISBN 978 - 7 - 5201 - 9020 - 6
定　　价／169.00 元

本书如有印装质量问题，请与读者服务中心（010 - 59367028）联系